Kohlhammer

Udo Wilken/Reinhold Popp (Hrsg.)

Freizeit-kulturelle Bildung im Lebenslauf

Gestaltung und Förderung
von der Kindheit bis ins Alter

Verlag W. Kohlhammer

Dieses Werk einschließlich aller seiner Teile ist urheberrechtlich geschützt. Jede Verwendung außerhalb der engen Grenzen des Urheberrechts ist ohne Zustimmung des Verlags unzulässig und strafbar. Das gilt insbesondere für Vervielfältigungen, Übersetzungen, Mikroverfilmungen und für die Einspeicherung und Verarbeitung in elektronischen Systemen.

Die Wiedergabe von Warenbezeichnungen, Handelsnamen und sonstigen Kennzeichen in diesem Buch berechtigt nicht zu der Annahme, dass diese von jedermann frei benutzt werden dürfen. Vielmehr kann es sich auch dann um eingetragene Warenzeichen oder sonstige geschützte Kennzeichen handeln, wenn sie nicht eigens als solche gekennzeichnet sind.

Es konnten nicht alle Rechtsinhaber von Abbildungen ermittelt werden. Sollte dem Verlag gegenüber der Nachweis der Rechtsinhaberschaft geführt werden, wird das branchenübliche Honorar nachträglich gezahlt.

Dieses Werk enthält Hinweise/Links zu externen Websites Dritter, auf deren Inhalt der Verlag keinen Einfluss hat und die der Haftung der jeweiligen Seitenanbieter oder -betreiber unterliegen. Zum Zeitpunkt der Verlinkung wurden die externen Websites auf mögliche Rechtsverstöße überprüft und dabei keine Rechtsverletzung festgestellt. Ohne konkrete Hinweise auf eine solche Rechtsverletzung ist eine permanente inhaltliche Kontrolle der verlinkten Seiten nicht zumutbar. Sollten jedoch Rechtsverletzungen bekannt werden, werden die betroffenen externen Links soweit möglich unverzüglich entfernt.

1. Auflage 2025

Alle Rechte vorbehalten
© W. Kohlhammer GmbH, Stuttgart
Gesamtherstellung: W. Kohlhammer GmbH, Heßbrühlstr. 69, 70565 Stuttgart
produktsicherheit@kohlhammer.de

Print:
ISBN 978-3-17-044835-3

E-Book-Formate:
pdf: ISBN 978-3-17-044836-0
epub: ISBN 978-3-17-044837-7

Inhalt

Einführung 7

I Freizeit-kulturelle Bildung als individuelle und gesellschaftliche Herausforderung

1 Freizeitbildung als Lebens-Kultur-Gestaltung 13
   Udo Wilken

2 Lebensqualität – Freizeitqualität – Freizeitbildung. Sechs
   Zukunftsdiskurse für eine bessere Lebens-Kultur-Gestaltung ... 35
   Reinhold Popp

3 Freizeit als Lebensaufgabe. Beiträge der
   Psychotherapiewissenschaft zur Lebens-Kultur-Gestaltung ... 59
   Martina Heichinger

II Gestaltung der Freizeitbildung von der Kindheit bis ins Alter

4 Bildung als selbstbestimmte Freizeitgestaltung: Grundlagen
   der Freizeitbildung im Kindesalter 79
   Elmar Drieschner

5 Zukunftsfähige Lernwelten: Neue Bildungsorte für die
   Jugend von heute und morgen 100
   Michael Pries

6 Fakten zum Freizeitverhalten: Umfang, Aktivitäten,
   Wünsche und Hindernisse 119
   Ulrich Reinhardt & Ayaan Güls

7 Freizeitkulturelle Lebenszeit im Alter: Teilhabe und
   Erlebnisgestaltung 142
   Dieter Brinkmann

III Exemplarische Beispiele freizeit-kultureller Entwicklungen

8 Erlebnispädagogik: Die Welt entdecken und aktiv mitgestalten 175
F. Hartmut Paffrath

9 Fußball ist unser Leben!? – Leerformel oder gesellschaftspolitische Herausforderung 194
Gunter A. Pilz

10 Aktuelle Trends und Transformationsprozesse der Kulturellen Bildung in der Freizeitgestaltung 213
Susanne Keuchel

IV Verzeichnisse

Die Autorinnen und Autoren 237

Einführung

Die Befähigung zu einer sinnvollen, verantwortungsbewussten sowie gegenwarts- und zukunftsorientierten freizeit-kulturellen Lebensgestaltung ist eine individuelle und gesellschaftliche Erziehungs- und Bildungsaufgabe, die sich über den gesamten Lebenslauf erstreckt. Ihr widmen sich aus unterschiedlichen Perspektiven die einzelnen Beiträge dieses Buches.

Beginnend mit der familialen und institutionellen Bildung in der frühen Kindheit sowie in der Phase der schulisch begleiteten Entwicklung des heranwachsenden jungen Menschen können die vermittelten freizeit-kulturellen Fähigkeiten und Fertigkeiten zu einer entspannten, interessegeleiteten und kommunikativen Lebensführung beitragen. Diese Kompetenzen sollen dann im Erwachsenenalter mit dem Eintritt in die Berufstätigkeit, im Umgang mit Kollegen und Freunden sowie hinsichtlich Partnerschaft, Ehe und Familiengründung die weitere Kultivierung konkurrierender Optionen der Lebensgestaltung in der Alltags-, Berufs- und Freizeitwelt ermöglichen. Neben den Angeboten zur freizeit-kulturellen Bildung für Kinder, Jugendliche und Erwachsene richtet sich sodann der Blick auf die Altersphase. Für sie werden angemessene Gestaltungsformen zur Entfaltung und Sicherung der Lebensqualität dargestellt. Die einzelnen Buchbeiträge vermitteln durch freizeittheoretische Reflexionen, durch erfahrungsbezogene Erkenntnisse und bewährte erlebnisbezogene freizeit-kulturelle Beispiele, wie Freizeitbildung als Lebens-Kultur-Gestaltung in den unterschiedlichen Lebensphasen und Erfahrungsräumen praxisnah gelingen könnte.

In diesem Zusammenhang wird verdeutlicht, dass neben den selbstbestimmten Aneignungs- und Gestaltungsformen von Freizeitbildung auch gesellschaftlich zu fördernde lebenszeitbegleitende Freizeitangebote benötigt werden. Diese sollen dazu beitragen, dass die Kultivierung der vielfältigen Einflüsse auf die individuelle Lebensführung in den sich kontinuierlich verändernden Lebenswelten gelingt und herausfordernde Lebensbedingungen bewusster gestaltet werden können. Gleichwohl bleibt die Verwirklichung einer selbstbestimmten und verantwortungsvollen freizeit-kulturellen Interessenentfaltung auf die lebensbegleitende individuelle Bildungsbereitschaft angewiesen, auch wenn diese immer wieder aufs Neue der Motivation, Anregung und Unterstützung bedarf.

Das vorliegende Buch zur freizeit-kulturellen Bildung im Lebenslauf ist in drei größere Abschnitte gegliedert: Der erste Teil thematisiert bedeutsame *individuelle und gesellschaftliche Herausforderungen* unter Rückgriff auf theoretische Aspekte sowie auf den Zusammenhang von Arbeit und Freizeit. Zudem werden die bestehenden psychosozialen Bedingungen, Chancen und Schwierigkeiten bei der Teilhabe und dem Erwerb freizeit-kultureller Bildung dargestellt. Dabei wird im Besonderen die Bedeutung der selbstbestimmten Umsetzung und Gestaltung der freien Zeit im Lebenslauf herausgearbeitet. Zugleich wird auf die ökonomische Bedeutung der Vielzahl wirtschaftlicher Wachstumspotentiale verwiesen, die sich mit der Freizeitgestaltung ergeben. Gleichwohl gilt, dass der Wunsch nach einem immer höheren Lebensstandard nicht automatisch zu mehr Lebensqualität führt; zumal dann nicht, wenn die individuelle Freizeitgestaltung in eine vornehmlich konsumistische Lebensführung abdriftet. Aus der Sorge etwas zu versäumen, erwächst dabei allzu leicht Hektik und Freizeitstress, anstatt sich in der freien Lebenszeit selbstbestimmt einer interessengeleiteten, entspannten, kommunikativen und zukunftsoffen Daseinsgestaltung zuzuwenden. Mit einem Beitrag zum Verhältnis von Psychotherapiewissenschaft und Freizeit-Kultur-Gestaltung wird der erste Gliederungsteil abgeschlossen. Da Freizeitgestaltung mit der Fähigkeit verknüpft ist, die eigenen Bedürfnisse wahrzunehmen und zu befriedigen, erweist sich die psychische Befindlichkeit als wichtiger Einflussfaktor auf die Ausformung der Freizeit. Der daraus resultierende enge Zusammenhang von Freizeitgestaltung und psychischer Gesundheit verdeutlicht die psychoanalytische Dimension der Freizeit und zeigt, wie sich der gelingende Umgang mit der Freizeit als eine Herausforderung darstellt, die als zentrales Lebensthema für den Menschen des 21. Jahrhunderts wahrgenommen werden muss.

Der zweite Teil des Buches widmet sich differenziert der *Gestaltung der Freizeitbildung von der Kindheit bis ins Alter*. Dabei werden die Bedeutsamkeit der frühen familialen Kindheit, die Freizeitbildung im Rahmen der Kindertagesbetreuung sowie die damit verbundenen Aufgaben einer freizeit-kulturellen schulischen Ganztagsbetreuung thematisiert. Im Blick auf die zunehmend kulturell bedingten Unterschiede im familialen Erziehungsverhalten wird veranschaulicht, welche Hilfen insbesondere auch bildungsfernen und sozioökonomisch schwächeren Familien bei der Entwicklung von angemessenem Freizeitverhalten zu vermitteln wären, damit sich bei den Kindern nicht vornehmlich passiv-rezeptive Verhaltensweisen ausbilden. Insgesamt wird betont, dass sich die erwachsenen Bezugspersonen mit zunehmender interessegeleiteter Selbsttätigkeit der Kinder bei der Vorstrukturierung der freien Zeit zurücknehmen können und eine Überfülle an Freizeitangeboten vermeiden sollten.

Mit Blick auf freizeit-kulturell passende Gestaltungsformen von Jugendlichen und jungen Erwachsenen werden sodann die Einstellungen, Interessen und Vorlieben in diesen Lebensphasen herausgearbeitet und es wird auf entsprechend anregende freizeit-kulturelle Angebote verwiesen. Dabei gilt, dass Jugendliche grundsätzlich nicht als homogene Gruppe betrachtet werden sollten, denn sie unterscheiden sich deutlich nach familiärem Hintergrund, Lebensstandard, sozialen Milieus, kulturellen Szenen und formalem Bildungsniveau. Dennoch gibt es gemeinsame Merkmale, die sie als Generation charakterisieren. Für die freizeit-kulturelle Arbeit mit Jugendlichen ist es daher essenziell, die bestehenden sozialen Dynamiken zu verstehen, um ihre Bedürfnisse und Perspektiven im Kontext vielfältiger Einflüsse gezielter ansprechen zu können. Für Jugendliche bedeutet dies, dass sie befähigt werden sollen, ihre Zukunft aktiv, selbstbestimmt und nachhaltig zu gestalten. Als hilfreich haben sich dabei Bildungslandschaften erwiesen, die auf

Grund ihrer flexiblen Bildungsstrukturen eine enge Verzahnung von Schule, Jugend-, Sozial- und Kulturarbeit ermöglichen.

Als aufschlussreich erweisen sich sodann die Ausführungen zu den aktuellen freizeitbezogenen statistischen Daten der erwachsenen Bevölkerung. Sie verdeutlichen die vielfältig vorhandenen Interessen, Wünsche und Bedürfnisse im Blick auf die Bedeutung einer freizeit-kulturellen Lebensgestaltung. Zugleich machen sie unter Berücksichtigung geschlechtsspezifischer Aspekte deutlich, wie wichtig ein reflektierter und bedürfnisorientierter Umgang mit dem jeweils gegebenen Freizeitbudget ist.

Betrachtet man zudem den gegenwärtigen demographischen Wandel auf Grund des deutlichen Anstiegs der Lebenserwartung von älteren Menschen, so wird einsichtig, wie sich dies auch in besonderer Weise auf den sozial-kulturellen Stellenwert der Freizeit in unserer Gesellschaft auswirkt. Für die immer stärker wachsende Bevölkerungsgruppe älterer Personen bedeutet der Eintritt in den Ruhestand, sich neuen Herausforderungen zu stellen und sich mit den veränderten Bedingungen und Ansprüchen hinsichtlich der Gestaltung der vor ihnen liegenden Lebensfreizeit auseinanderzusetzen. Die damit einhergehenden Chancen und Risiken werden herausgearbeitet und es wird auf die gesamtgesellschaftliche Verpflichtung verwiesen, freizeit-kulturelle Teilhabe zu fördern. Dabei zeigt sich, welche Bedeutung ein angemessener Umgang mit den unterschiedlichen Formaten der freizeit-kulturellen Lebensgestaltung für diesen heterogenen Personenkreis hat, um durch sinnvolle und befriedigende Aktivitäten zur Lebenszufriedenheit beizutragen.

Der dritte Buchabschnitt veranschaulicht *exemplarische Beispiele freizeit-kultureller Entwicklungen.* Hier werden zunächst bewährte erlebnispädagogisch gestaltete Freizeitformate vorgestellt, die sich auf Grund ihrer handlungsorientierten kommunikativen Aktionen als geeignet erweisen, eine anregende freizeit-kulturelle Lebensgestaltung zu ermöglichen. Zudem besitzen diese Angebote das Potential, nicht nur flüchtige Eindrücke, sondern nachhaltig wirksame Lern- und Erlebnissituationen zu generieren, und zwar durch selbstgesteuerte, bisweilen auch anstrengende Aktivitäten, bei denen es um etwas anderes geht, als nur den routinierten »Alltag« zu meistern. Damit wird anschaulich, dass und wie entsprechende Angebote der Erlebnispädagogik von der Kindheit bis ins Alter zu einer individuell passenden Lebens- und Erlebnisgestaltung beitragen können, und wie sie in der Tradition ganzheitlicher Bildung durch humanistisches Denken und Handeln mit Ihren Aktionen das Erlebnis freizeit-kultureller Selbstverwirklichung fördern.

Die nachfolgende Thematik zum Fußballsport verdeutlicht seine Bedeutung als eine der beliebtesten Freizeitinteressen. Als Grund dieser spezifischen Faszination wird darauf verwiesen, dass Fußball für die Zuschauer noch nicht zu einem austauschbaren Segment der Unterhaltungsbranche geworden ist, nicht zuletzt deshalb, weil er bei vielen Menschen zu psychischer Entlastung beiträgt. Dies verdeutlichen auch die beschriebenen Wandlungen der Fußballzuschauer[1] vom leidenschaftlichen Anhänger zum fanatischen Fan und elitären Hooligan bis hin zu

---

1 Den Autorinnen und Autoren dieses Bandes wurde es frei überlassen, eine Variante des Genderings zu wählen. Soweit hier das generische Maskulinum verwendet wird, gilt auch dieses für alle Geschlechter.

den neuzeitlichen Ultras sowie die damit verbundene eminente sozialkommunikative Bedeutung, die der Fußball für diese Gruppierungen in ihrem Leben besitzt. Neben durchaus notwendigen gewaltpräventiven Aufgaben wird im Blick auf die freizeit-kulturelle Bildung die Bedeutung des aktiven Fußballspielens insbesondere für junge Menschen herausgearbeitet und die gesellschaftspolitische Herausforderung verdeutlicht, adäquate Freiräume für kind- und jugendgemäßes Gruppenverhalten zu schaffen, in denen sich Bewegungsdrang, Abenteuerlust und Aggressionserprobung in spielerischer Art ausagieren können. Dadurch soll es ihnen möglich werden, sich selbst zu verwirklichen, einen Sinn für ihr Leben zu finden, Perspektiven für die Zukunft zu entwickeln und eben auch ein wenig Spannung und Abenteuer zu erleben.

Den Abschluss des Bandes bilden Ausführungen zu den in unserer Gesellschaft vorhandenen freizeit-kulturellen Bildungsangeboten und aneignungsbezogenen Bildungsformaten sowie zu aktuellen und zukunftsorientierten Veränderungstendenzen. Entfaltet werden die Bedeutsamkeit der kulturellen Bildung für die Persönlichkeitsentwicklung, ihr gesellschaftsstärkender Aspekt sowie – angesichts des hohen Migrationsanteils in der Bevölkerung – der angemessene Umgang mit kultureller Vielfalt. Diese breit gefasste kulturelle Bildung wird für die freizeit- und alltagsbezogene Lebensstilgestaltung unter Einbezug digitaler Medien und Techniken näher dargestellt. Verwiesen wird dabei auf die Öffnung klassischer Kultureinrichtungen unter dem Motto einer altersspezifisch ausdifferenzierten »Kultur für alle« mit Eventcharakter, soziokulturellen Begegnungsräumen, aber auch verstärkten Ökonomisierungstendenzen mit vielfältigen Auswirkungen auf die individuellen Bedürfnisse und freizeit-kulturellen Gestaltungsformen.

Die Autorinnen und Autoren hoffen, dass die in diesem Buch versammelten Ausführungen dazu beitragen, die Bedeutung der freizeit-kulturellen Bildung im Lebenslauf verständlich und nachvollziehbar zu verdeutlichen, und zu einer kritischen Reflexion und Diskussion anregen. Insgesamt gilt es für eine zukunftsfähige Bildungspolitik, angesichts der gesellschaftlichen und wirtschaftlichen Veränderungsprozesse den Blick für die Weite der Bildungswelten zu schärfen und eine nachhaltige Verallgemeinerung der benötigten freizeit-kulturellen Kompetenzen zu fördern.

Udo Wilken & Reinhold Popp

I Freizeit-kulturelle Bildung als individuelle und gesellschaftliche Herausforderung

1 Freizeitbildung als Lebens-Kultur-Gestaltung

Udo Wilken

1.1 Die Relevanz ganzheitlicher lebensbegleitender Bildung

Der Lebensbereich Freizeit hat sich als bedeutsames Segment umfassender individueller und gesellschaftlicher Kulturgestaltung entwickelt. Dabei stellt die Befähigung zu freizeit-kultureller Selbstverantwortung in normativ-sozialer wie auch kritisch-reflexiver Perspektive eine gegenwarts- und zukunftsorientierte Erziehungs-, Bildungs- und Gestaltungsaufgabe dar, die mit vielfältigen Erwartungen an die Lebensqualität verbunden ist. Auf Nachhaltigkeit hin orientierte freizeit-kulturelle Konzepte müssen deshalb gleichermaßen auf die Person wie auf die Umwelt gerichtet sein, um hinsichtlich gelingender Tages-, Wochen-, Jahres- und Lebensfreizeit verantwortlich zu gestaltende Freiheitsräume in der Spannung von ›Freiheit von‹ und ›Freiheit für‹ erschließen zu können.

In diesem Zusammenhang wird nachfolgend der Begriff Kultur nicht mit Kunst in einem hochkulturellen musisch-ästhetischen Sinne gleichgesetzt, der über die alltagsweltlichen Gegebenheiten hinausweist, sondern generalistisch als inhaltliche und zielgruppenoffene Breitenkultur verstanden (vgl. Schmid 1998, 129 ff., Opaschowski 2004, 283), die sich auf die bestehenden und sich entwickelnden natürlichen, technischen und sozialen Lebenswelten und Lebensformen bezieht, die auf Grund diverser Lebensentwürfe und Gestaltungsbedingungen zu unterschiedlichen bedürfnisreflexiven Praktiken, Beziehungen und Identitätsausprägungen führen. Dieser erweiterte Kulturbegriff erfasst, »wie der Mensch lebt und arbeitet, wie er wohnt, seine körperlichen und geistigen Fähigkeiten entwickeln kann, welche Kunst ihm zugänglich ist und welche er sich selbst schafft, wie er seine freie Zeit verbringt und wie er seine Beziehungen zu anderen Menschen gestalten kann« (Doris Gau zit. n. Freericks et al. 2010, 197).

Demgemäß thematisieren die nachfolgenden Ausführungen die Förderung freizeit-kultureller Teilhabemöglichkeiten über die gesamte Lebensspanne hin durch freizeitpädagogisch sowie kultursensibel gestaltete Bildungs- und Entscheidungsprozesse, seien diese durch formale Lernarrangements sowie non-formale Lerngegebenheiten oder durch informelles Erfahrungslernen vermittelt (vgl. Freericks et al. 2010, 30, 42). Insbesondere werden die sich lebensgeschichtlich entwickelnden Lebensentwürfe und die an das Individuum herangetragenen gesellschaftlichen Bildungserwartungen sowie die notwendigen förderlichen Bedingungen zur individuellen Interessenentwicklung unter Berücksichtigung altersgemäßer Lebensbezüge von der frühen Kindheit bis in die Phase des Ruhestands bedacht. Dabei soll verdeutlicht werden, wie sich in der Verwirklichung des Möglichen die Gestaltung des Lebens entfalten könnte und wie durch eine allseitige lebenskulturelle Bildung diese Ermöglichung bedürfnisreflexiv zu fördern wäre.

Zudem erstreckt sich der Aspekt der gesellschaftlichen Bildungserwartung auch auf die Befähigung des Individuums, einen zukunftsorientierten Beitrag zum »Fortbestand der Welt« zu übernehmen (Hannah Arendt zit. n. Herzog 1991, 18). Dieser Beitrag besteht nicht zuletzt in der verantwortungsvoll realisierten Kultivierung konkurrierender Lebensgestaltungsoptionen in der Alltags-, Berufs- und Freizeitwelt. Es geht darum, ein individuell und sozial verbundenes sinnhaftes und befriedigendes Leben führen zu können, in dem die Entfaltung kultureller und humaner zivilisatorischer Betätigungen ermöglicht wird. Im Blick auf die Herausbildung eines selbstbestimmten freizeit-kulturellen Verhaltens sind dabei insbesondere die von den sozialen Verhältnissen mitbestimmten milieuspezifischen Gegebenheiten, Risiken und Chancen zu bedenken. Deshalb sind die Voraussetzungen zu schaffen, damit sich angesichts wandelnder existenzieller Bedingungen (vgl. Freericks et al. 2010, 22 ff.) bedürfnisorientierte, altersgerechte und kulturgemeinschaftliche Lebensstile entwickeln können, die hinsichtlich der Ausgestaltung einer Work-Life-Balance zu einer guten Lebensführung verhelfen und ein gesundes Gleichgewicht zwischen privatem, familialem, beruflichem und öffentlichem Leben ermöglichen (vgl. Vester 2015; Sinus-Milieus 2020). Hilfreich sind dabei Fähigkeiten und Gestaltungsbedingungen, die Zeitsouveränität, Mündigkeit, Kommunikationsfähigkeit, Konflikttoleranz und Kreativität ermöglichen.

Anders als noch zu Beginn dieses Jahrhunderts (vgl. Wilken 2005, 292 f.) konstatiert gegenwärtig selbst die Wirtschaft: Bildung ist mehr als Fachlichkeit. Programmatisch kommt diese Sicht in einem Gutachten zum Ausdruck, das im Auftrag der Vereinigung der Bayerischen Wirtschaft erstellt wurde und mit Nachdruck die Notwendigkeit einer lebenslangen mehrdimensionalen und ganzheitlichen Bildung hervorhebt (vgl. vbw 2015). Demzufolge können Menschen

> »nur dann zu sich selbst und einem erfüllten Leben gelangen, wenn sie über Wissen und Kompetenz hinaus über eine Persönlichkeitsstruktur verfügen, die ihnen neben Verhaltenssicherheit auch die Bereitschaft und Fähigkeit zur Gestaltung ihres eigenen Lebens und zur Beteiligung an den gesellschaftlichen Herausforderungen ... vermittelt« (ebd. 9).

Es gilt deshalb u.a., im Rahmen der schulischen Bildung die Aufmerksamkeit wieder auf die Bedingungen für die Entwicklung und Entfaltung »von Persönlichkeit im Sinne von Identität, moralischer und politischer Kompetenz, interkultureller Fähigkeiten, aber auch musischer und ästhetischer Bildung« zu richten – Aspekte einer mehrdimensionalen Bildung, die oftmals als eine lediglich für »nachrangig gehaltene Dimension« eingeschätzt wird (ebd., 10).

Bildung ist also umfassend als individuelle und gesellschaftliche Herausforderung zu betrachten, die sich zudem über die gesamte Lebensspanne erstreckt, wobei sie die Kultivierung der eigenen Person wie auch den achtsamen Bezug zu anderen Menschen und zur Umwelt anstrebt. Auch wenn grundlegende schicht- und milieuspezifische Gewohnheiten, Mentalitäten und Einstellungen bereits in früher Kindheit weitgehend unbewusst erworben werden und Wissen, Können und Verhalten während des Schul- und Jugendalters zunehmend reflexiv vermittelt, angeeignet und erprobt werden, müssen sich die erworbenen Qualifikationen, einschließlich jener mit freizeit-kultureller Relevanz, im Erwachsenenalter unter dem kritischen Aspekt der Lebenstauglichkeit bewähren. Sie sollen ihren nachhaltigen Nutzen im Lebenslauf erweisen, auch indem sie die Stärkung der freizeit-kulturellen Selbstkontrolle im Rahmen unterschiedlicher Formen der Lebensverwirklichung gemäß den eigenen Maßstäben fördern. Zugleich sind die vorhandenen Kompetenzen durch passende lebenszeitbegleitende Bildungsformate weiterzuentwickeln, damit sie zur Kultivierung der zivilisationsbedingten Einflüsse auf die Lebensgestaltung in den sich kontinuierlich verändernden Lebenswelten und Lebensbedingungen beitragen können.

Dabei sind die unterschiedlichen Wahrnehmungen und Umsetzungsaktivitäten von Freizeitbildungsangeboten im Lebenslauf auf Grund der jeweiligen kulturellen Sozialisationsbedingungen in Verbindung mit den Prägungen durch das soziale Milieu im Blick zu behalten. Dies ist zudem relevant, weil Erwachsene für junge Menschen hinsichtlich eines nachvollziehbaren reflexiven, handlungsbezogenen und emanzipatorischen Umgangs mit den unterschiedlichen Standards der bestehenden kulturellen Lebensformen eine Motivations-, Vorbild- und Modellfunktion besitzen (vgl. Ahrbeck 2004, 151 ff.). Deshalb sollten sich Eltern, Erzieher und Lehrer sowie Sozial-, Freizeit- und Erlebnispädagogen, aber auch Personen aus den unterschiedlichsten individuell und gesellschaftlich bedeutsamen Lebensbereichen ihrer besonderen Verantwortung bewusst sein, die sie bezüglich der Formung guter und richtiger freizeit-kultureller Verhaltensgewohnheiten besitzen. Denn sie fungieren im intergenerationellen Transformationsprozess hinsichtlich des fortwährenden Kulturwandels in den diversen Lebenswelten als Vorbilder für die nachfolgenden Generationen und können sich im Blick auf die Entwicklung genuiner humaner Interessen, Fähigkeiten und Verhaltensweisen wie Neugier, Verantwortungsbewusstsein, Empathie, Kompromissfähigkeit und Gerechtigkeit als anregend und prägend erweisen.

1.2 Die Chancen freizeit-kultureller Bildung und Erziehung

Mit der Disziplin Freizeitpädagogik als einer interdisziplinären Repräsentantin der lebensweltlichen Bezüge des Pädagogischen gibt es hinsichtlich der Förderung freizeit-kultureller Bildung ein Fachgebiet zur Kompetenzvermittlung für eine bewusste Gestaltung der freien Lebenszeit als Teil der Kultivierung der gesamten Lebensführung. Freizeitbildung mit dem Ziel der Enkulturation möchte denn auch zu einer verantwortungsvollen selbstbestimmten Lebensführung in der Freizeit befähigen, die entsprechend den subjektiven Bedürfnissen Entspannung und Erholung, geistige Anregung und Geselligkeit sowie die Befriedigung eigener Wünsche und erlebnisreiche Erfahrungen ermöglicht.

In dieser Perspektive beabsichtigt Freizeitpädagogik, freizeit-kulturelles Wissen, Können und Verhalten zu vermitteln, damit sich das Individuum, angeregt durch diesbezügliche Bildungsprozesse, als weitgehend selbstbestimmte, freizeit-kulturell gebildete Persönlichkeit entfalten kann, um das eigene Leben im Blick auf den Gestaltungsrahmen einer befriedigenden Work-Life-Balance führen zu können. Es geht mithin um eine bewusste und sinnerfüllte Lebensgestaltung, die nicht mehr einseitig nur von der existenziellen Relevanz der Berufsarbeit und ihren aktuellen Veränderungsdynamiken dominiert wird. Vielmehr sollen Arbeit und private Lebensgestaltung stärker in ein gesundes Gleichgewicht gebracht werden – wobei sich im Falle des Gelingens dieser Balance positive Auswirkungen gerade auch auf die berufliche Lebens- und Leistungsgestaltung ergeben, zumal wenn unter dem Aspekt der Humanisierung der Arbeitswelt der Arbeitsplatz zugleich als kommunikativer, kreativer und emotionaler Lebensraum dient.

Zu bedenken ist allerdings auch, dass die Realisierung einer balancierten freizeitbezogenen Lebensführung oftmals durch eine vornehmlich fremdbestimmte Konsumlust erschwert wird, wenn diese lediglich zu einer kurzfristigen Wunsch- und Bedürfnisbefriedigung beiträgt und, motiviert durch die Verheißungen einer verführerischen Freizeitwerbung, nach immer stärkeren Konsumerlebnissen und Prestigegewinnen verlangt. Deshalb bedarf es auch im Blick auf eine notwendige Konsumentensouveränität begleitender lebenslaufbezogener Anregungen zur Förderung angemessener Sach-, Sozial- und Selbstkompetenzen.

Zwar ist der Bedarf an freizeit-kultureller Kompetenzentwicklung gegenwärtig relativ unstrittig und deren Realisierung als bedeutsame Ressource zur individuellen und sozialen Kultivierung im Blick auf eine umfassende und ganzheitliche Lebensgestaltung durchaus anerkannt. Gleichwohl werden Angebote zur Befähigung der »Lebensführung« unter Einbezug freizeitpädagogischer Bildungsprozesse, die auch die Kluft zwischen Wissen und Handeln in den Blick nehmen, immer wieder in ihrer grundlegenden Bildungsrelevanz als nachrangig eingestuft,»als verstünden sie sich von selbst, sodass sie zu erlernen kein Gegenstand von Bildung und Erziehung« zu sein bräuchten (Schmid 1998, 119). Zudem sei der Erwerb von Freizeitkompetenzen ein Vorgang, der sich möglichst naturwüchsig ereignen müsse und deshalb jegliche ›Pädagogisierung‹ zu vermeiden wäre (vgl. Wilken 2015a, 481 f.). Solche und weitere Fehleinschätzungen (vgl. Popp 1999, 76 ff.) haben schließlich vor einigen Jahren zu einem akademischen Bedeutungsverlust geführt und mit dazu beigetragen, dass entgegen der internationalen Entwicklung von ›Recreational and Leisure Studies‹ zahlreiche freizeitwissenschaftliche Modellstudiengänge in Deutschland geschlossen wurden. Es mangelt deshalb in Deutschlands Bildungssystem bis heute an der notwendigen Zahl von Forschungs- und Ausbildungsstätten für diejenigen, die sich mit dem Stellenwert von Freizeit-Kultur-Arbeit im Rahmen der frei verfügbaren Lebenszeit beruflich und wissenschaftlich beschäftigen sollten (vgl. Nahrstedt 1995, 19 ff., Freericks et al. 2010, 34 ff.).

Allerdings liegt diesen eher kulturrelativistischen und ideologischen Perspektiven ein didaktisches Selbstmissverständnis zugrunde, wenn nicht hinreichend unterschieden wird, dass pädagogisches Handeln zwar auf subjektive Aneignungsprozesse angewiesen ist, diese aber die objektive Notwendigkeit und Möglichkeit pädagogisch-intentionalen Handelns nicht ausschließen, sondern sie nachgerade erforderlich machen (vgl. Ahrbeck 2004, 93 ff.). Denn das Wissen um die eigenen Bedürfnisse und die darauf zu beziehende reflexive Selbstbestimmung der freien Zeitgestaltung hat die Vermittlung einer kriteriengeleiteten Wertsetzung bei der handlungsbezogenen Interessenentfaltung zur Bedingung, ohne die eine Kultivierung der Lebensgestaltung und die ihr zugrunde liegende Bildsamkeit des Menschen kaum verwirklicht werden kann (vgl. Wittpoth 2018, 287 f.).

Bei den freizeit-kulturellen Erziehungs-, Bildungs- und Sozialisationsprozessen geht es eben auch um motivierende Anregungs- und Gestaltungsformen bezüglich der Entfaltung einer Freizeitfähigkeit, die den vielfältigen Einflüssen subtiler Fremdbestimmung (vgl. Hellmann 2015) sowie einer diskriminierenden Zugangs- und Teilhabebeschränkung (vgl. Meder 2008, 210; Wilken 2015a, 471 f.) im Freizeitkulturbereich entgegentreten muss. Deshalb sollen aktivierende, kreative und sozial-kommunikative Fähigkeiten individuell geweckt und gesellschaftlich gefördert werden, die Gegenkräfte mobilisieren gegen ein nur passives Sich-treiben-Lassen, das Erlebnis- und Erfahrungsmöglichkeiten verkennt, anstatt sie zur bewussten Förderung der Lebensqualität zu nutzen. Wenn empirische Erhebungen zeigen: »Fast jeder dritte junge Erwachsene (31 % der 18 bis 24-Jährigen) langweilt sich oftmals in seiner Freizeit und weiß nicht, was er tun soll«, dann ist dies, angesichts eines nicht selten durch »Passivität statt Aktivität« bestimmten Freizeitalltags der Mitbürger (Stiftung für Zukunftsfragen 2019), ein wichtiges Indiz für die Bedeutsamkeit der Befähigung zu reflektierten freizeit-kulturellen Gestaltungsformen im Zusammenspiel mit einer gesellschaftlich zu fördernden Lebens-Kultur-Entwicklung.

Freizeitpädagogik hat deshalb ganz wesentlich auch die motivierende Aufgabe, Generationen übergreifend durch ermutigende Anstöße (vgl. Thaler, Sunstein 2012) und animierende Vorbilder anzuregen und das Gegebene mit neuem Sinn für das Mögliche zu füllen. Denn es sollen inkonsistente und für den Einzelnen letztlich ungünstige Präferenzen durch bessere Entscheidungsoptionen kompensiert werden. Zudem ist es aus pädagogischer Sicht nicht beliebig, ein individuell mögliches freizeit-kulturelles Niveau zu unterschreiten, weil dies die befriedigende lebenszeitbegleitende Entfaltung humaner Entwicklungs- und Gestaltungspotentiale begrenzt und damit die Aneignung und weitere Ausformung der gesellschaftlich tradierten freizeit-kulturellen Wertefülle nachhaltig behindert (vgl. Wilken 2015a, 479).

Es braucht deshalb zur Verlebendigung freizeit-kultureller Gestaltungsaktivitäten verlässliche Vermittlungswege, damit sich die Lebensrelevanz von Goethes Diktum: »Was du ererbt von deinen Vätern hast, erwirb es, um es zu besitzen« in kritisch reflektierter intergenerationeller Auseinandersetzung bewähren kann (vgl. Meder 2008, 208). Demgemäß sollten die nachfolgenden Generationen durch entsprechende Lern- und Bildungsangebote befähigt werden, sich des kulturellen Erbes unserer Zivilisation bewusst zu werden, um dann in freizeit-kultureller Hinsicht nachhaltige, d. h. zukunftsoffene und transformationsfähige Gestaltungsformen entwickeln zu können, die in individueller wie auch kollektiver Hinsicht zu reflexiven, sozialverträglichen und umweltfreundlichen Lebensstilen führen (vgl. Weizsäcker et al. 2017, 369 ff.).

Wichtig ist dabei jedoch zu bedenken, dass ›standard of living‹ nicht gleichbedeutend mit ›quality of life‹ ist. Dies zumal dann, wenn es auf Grund des massenhaften Konsums von Waren und Informationen zu exzessiven ökosozialen Verwerfungen kommt. Deshalb sollte ein verantwortliches wertebezogenes Handeln zu einem möglichst entschleunigten und »reduktiven Kulturmodell« führen, das Übernutzung meidet und sich an dem Grundsatz ›Weniger ist mehr‹ orientiert (Welzer 2019, 19). Anschaulich wird dieses Erfordernis einer selbstbegrenzenden ›Konsumaskese‹ etwa bei gewissen Formen des Massentourismus, wenn es zu ›Overtourism‹ mit negativen Auswüchsen für die Urlaubsgebiete und deren Bewohner kommt, oder bei den Folgen der Reizüberflutung auf Grund eines hyperdigitalisierten Kulturwandels des Zusammenlebens, der ein permanentes kommunikatives Up-to-date suggeriert, aber zu einer Vernachlässigung von unmittelbaren Face-to-face-Kontakten führt.

1.3 Freizeit-kulturelle Formung und Entwicklung im Lebenslauf

Von Beginn seines Lebens an ist der heranwachsende Mensch vor allem Objekt der seitens der Umwelt auf ihn einwirkenden Kulturförmigkeit, die er zudem überwiegend unbewusst verinnerlicht. Allerdings wird er im Laufe seiner Entwicklung zunehmend herausgefordert, die Fähigkeit zur Kultivierung seiner Lebensgestaltung bewusster auszubilden, um als Subjekt im Prozess der lebensbegleitenden Selbsterziehung und Ausbildung seiner Charakterstrukturen verantwortlich handeln zu können.

Aufgabe des Konzeptes der Freizeitbildung und seiner inhaltlichen Anwendungspotentiale ist es dabei, mittels unterschiedlicher Formen freizeit-kultureller Anregungs-, Aneignungs- und Gestaltungsprozesse zur Entwicklung individueller Lebensstilkompetenzen beizutragen. Auf diese Weise kann eine zunehmend reflektierte Freizeitgestaltung angesichts konkurrierender Ansprüche von Alltag, Beruf und Freizeit dazu verhelfen, dass die Work-Life-Balance gelingt. Deren Leitbild sollte als Inspirationsquelle und Potential zur Kultivierung der gesamten Lebensgestaltung beitragen, indem sie hilft, sowohl die Bereiche der berufs- und alltagsbezogenen Lebensführung wie auch die der bewusst gestalteten Freizeit- und Mußeaktivitäten unter Berücksichtigung sozial-kommunikativer, familien- und genderspezifischer Anforderungen auszubalancieren (vgl. Beckmann 2015, 220 ff.).

Demgemäß sind Arbeit und Freizeit eben nicht als konkurrierende Lebensformen zu bewerten, bei denen der Freizeit lediglich die Aufgabe zufällt, angesichts einer bestehenden Dominanz der Welt der Arbeit kompensatorisch regenerative Gestaltungsformen anzubieten. Vielmehr sollten Arbeit und Freizeit jeweils als

Lebenszeit immer wieder in ihrem komplementären Aufeinander-bezogen-Sein in den Blick genommen werden (vgl. Wilken 2015a, 475 f.). Dadurch soll eine Work-Life-Balance ermöglicht werden, die durch umfassende Humanisierung und Kultivierung dieser Lebenswelten zu individueller Lebenszufriedenheit beiträgt, auf der Grundlage eines reflektierten »Verhältnisses zu sich selbst, zum Anderen und zur Welt« (Schmid 1998, 130). Gleichwohl ergeben sich im Blick auf mögliche Zukunftsperspektiven durchaus ambivalente Herausforderungen bezüglich der Bedingungen für eine angemessene und sinnvolle Gestaltung von Alltag, Beruf und Freizeit.

So werden aktuell Entwicklungshorizonte im Zusammenhang mit ›New Work‹ thematisiert (vgl. APuZ 2023), die sich etwa auf das flexibilisierte Arbeitszeitmodell einer ›4-Tage-Woche‹ mit 32 Stunden bei vollem Lohnausgleich beziehen, oder auf Modellüberlegungen für ein ›Bedingungsloses Grundeinkommen‹, die bei Teilen der Bevölkerung durchaus positive Reaktionen hervorrufen, nicht zuletzt hinsichtlich der damit erhofften umfänglicheren Freizeitgestaltungsmöglichkeiten. Andererseits gibt es Bedenken, dass die existenziellen Konsequenzen der digitalen Transformation zu einem möglichen Verlust klassischer beruflicher Beschäftigungsverhältnisse, einschließlich bestehender unternehmenskultureller Werte, führen könnten und damit eine weitere Erhöhung des Leistungsdrucks sowie weniger arbeitnehmerorientierte Arbeitsbedingungen oder gar Arbeitslosigkeit verbunden wären. In diesem Zusammenhang wird befürchtet, dass in Verbindung mit den Folgen der Corona-Pandemie und weiteren weltpolitischen Eskalationen bisherige zivilisatorische Errungenschaften mit ihren Standards der Kultivierung des individuellen und gesellschaftlichen Lebens infrage gestellt würden und gänzlich veränderte alltagspraktische, berufliche sowie sozial- und freizeit-kulturelle Gestaltungsformen erforderlich werden.

Unbeschadet der zukünftigen gesellschaftlichen und ökonomischen Entwicklungsverläufe ist es daher bei der Gestaltung von nachhaltigen lebenslaufbegleitenden Bildungsprozessen prinzipiell sinnvoll, eine interessenbezogene und bedürfnisreflexive Selbstbestimmung sowie die Stärkung der individuellen psychischen Stabilität im Blick zu haben, um die jeweiligen Herausforderungen an die Kultivierung der Lebensgestaltung aktiv, pragmatisch und möglichst resilient angehen und bewältigen zu können.

1.3.1 Frühkindliche Sozialisation und Bildung

Um die benötige allseitige Befähigung für einen möglichst gelingenden und resilienten Lebenslauf zu fördern, kommt nun in besonderer Weise der frühkindlich-familialen, der vorschulischen und schulischen Sozialisation mit ihren Erziehungs-, Lern- und Bildungsprozessen eine grundlegende Bedeutung zu, die dann im selbstverantworteten lebenslangen Lernen, in der Erwachsenenbildung und angesichts des demographischen Wandels, zunehmend auch durch die Geragogik, ihre angemessene Fortführung im jeweiligen Lebenskontext finden sollte.

Beginnend mit dem Einfluss der familialen Tradition auf die soziokulturelle Entwicklung der nächsten Generation (vgl. Autorengruppe Bildungsberichterstattung 2020, 76) gilt die Weitergabe von Generationen übergreifendem Wissen und Verhalten als eine sinnvolle, Identität bildende Orientierung und Befähigung in der jeweiligen Lebenswelt. Dabei entstehen schon in der allerersten Lebenszeit für den Säugling Lernprozesse, die bedeutsame und prägende Grunderfahrungen bilden. Um sich nämlich als Akteur seiner Entwicklung entfalten zu können, ist für den Säugling das Erleben verlässlicher Zuwendung und Zugehörigkeit im Rahmen der Befriedigung alltäglicher Lebensbedürfnisse bedeutsam. Hierzu zählen insbesondere die aufmerksamen, zu wechselseitiger Kommunikation führenden emotionalen Reaktionen der Menschen im primären Lebensumfeld auf seine unterschiedlichen situationsbezogenen kindlichen Lautäußerungen wie auch auf Gestik und Mimik (vgl. Tomasello 2011, 342 f.). Die auf Grund solcher Achtsamkeit der Bezugspersonen ermöglichte Entwicklung von ›Urvertrauen‹ erleichtert die Entfaltung einer nachhaltigen Persönlichkeits- und Interessenbildung. Mit dem Hineinwachsen in die vorherrschende Sprachkultur erweitert sich sodann dieser basale kommunikative Austausch und eröffnet damit zugleich Verwirklichungschancen für einen von Neugier, Wissbegierde und Kreativität geleiteten Umgang mit den unterschiedlichsten Lebenssituationen.

Einen weiteren interessanten Beitrag zur Einbeziehung in das gesellschaftliche Gefüge auf Grundlage praktizierter frühkindlicher familialer Kulturgestaltung bietet das Feiern von Festen, Bräuchen und Ritualen, etwa im Zusammenhang mit der Namensgebung oder der Taufe. Über die Identifikation mit dem Bedeutungsgehalt der jeweiligen Vornamen hinaus wird durch die damit verbundene Sitte der Übernahme einer Patenschaft ein bedeutungsvolles familienergänzendes Angebot ermöglicht. Denn durch den vertrauensvollen Sozialkontakt zu den Paten ergeben sich für das heranwachsende Kind vielfältige Gelegenheiten, über den engeren Familienkreis hinaus unterschiedliche Formen der Lebens-, Wohn- und Alltagskulturgestaltung in einem solidargemeinschaftlichen Rahmen kennenzulernen.

Unter Berücksichtigung entwicklungsangemessener Bedingungen führen im weiteren Verlauf der frühen Kindheit spielerisch angebotene Bewegungsaktivitäten, kreatives Basteln und Malen, phantasievolles Gestalten wie auch musische Betätigungen zu freudvollen und interessegeleiteten Vorlieben und Hobbies. Solche Primärerfahrungen dienen in besonderer Weise als Alternativen angesichts einer immer stärker um sich greifenden ›digitalen Familienkindheit‹. Im weiteren Lebensverlauf können sie unter positiv verstärkenden sozial-kommunikativen Bedingungen, die Ausprägung und Verwirklichung erlebnisbereichernder und bedürfnisorientierter Freizeitbetätigungen ermöglichen.

Als zudem für die Enkulturation bedeutsam erweist sich in den sensiblen frühpädagogischen und vorschulischen Entwicklungsphasen die Förderung von Soziabilität durch die Begegnung mit den diversen Gleichaltrigen-Kulturen. Da diese Kontakte, etwa im Blick auf die Einhaltung bestimmter Verhaltensstandards, nicht immer konfliktfrei ablaufen, kommt insbesondere den institutionalisierten Betreuungs- und Förderangeboten, zumal unter dem Einfluss multikultureller Milieubedingungen, die Aufgabe zu, die Beziehungs- und Konfliktfähigkeit der Kinder achtsam und empathisch zu begleiten (vgl. Brinkmann 2015, 204). Dies vor allem, weil durch gelingendes sozial-kommunikatives Peer-to-Peer-Learning sich das Interesse an anderen kulturellen Lebensformen auf die Identitätskonstruktion bei den

Kindern positiv auswirken kann, insbesondere dann, wenn auch die Eltern entsprechend sensibilisiert werden.

Gerade in dieser Entwicklungsphase sollte bei allen Betätigungen auf die begleitende unmittelbare alltagsintegrierte Förderung der sprachlichen Kommunikationsfähigkeit geachtet werden. Dies gilt für das Leben in der Familie wie für die institutionellen Angebote der Kindertageseinrichtungen, zumal 2019 22 % der diese Tagesstätten besuchenden 3- bis unter 6-jährigen Kinder »zu Hause vorrangig nicht Deutsch sprachen« (Autorengruppe Bildungsberichterstattung 2020, 97). Das gemeinsame Betrachten von Bilderbüchern und das unmittelbare dialogische Gespräch mit dem Kind über deren Inhalt erweist sich dabei als besonders förderlich für die sprachliche Kompetenzentwicklung. Denn Sprache als fundamentales menschliches Kulturgut hat zumal in dieser Entwicklungsphase eine umfassende und nachhaltig prägende Bedeutung im Blick auf die individuelle Entfaltung und Ausformung der zukünftigen Lebensgestaltung.

1.3.2 Interessenförderung in formalen, non-formalen und informellen Kontexten

Das durch dialogisches Vorlesen geweckte Interesse an Kinderliteratur kann etwa bei zusätzlicher Verwendung von digitalen Lese- bzw. Hörstiften für Kinderbuch-Dateien zu einer immer selbstständigeren Beschäftigung mit Bilderbüchern und schriftlichen Informationen führen. Auf diese Weise angeregt und durch die schulisch vermittelte Lesekompetenz befähigt, ermöglicht die Schlüsselqualifikation Lesen als eine wesentliche Bedingung für gute Bildung, beruflichen Erfolg, soziale Integration und gesamtgesellschaftliche Entwicklung, sich eigenbestimmt und interessenbezogen die Welt zu erschließen (vgl. Stiftung Lesen 2020). Nicht zuletzt nimmt durch die angemessene Vermittlung der Lesekompetenz ihre Bedeutsamkeit für ein anregendes, entspanntes und phantasievolles Lesevergnügen in der freien Zeit zu, auch wenn es bedenklich ist, dass die Lesefähigkeit und eine nachhaltige Lesekultur in den unterschiedlichen Sozialmilieus, zumal auf Grund der allgemeinen digitalen Überflutung, mitunter mangelhaft ausgeprägt sind (vgl. Börsenblatt 2019).

Hinsichtlich der schulischen Bildungssozialisation ist zu bedenken, dass die verschiedenen Unterrichtsfächer nicht nur auf Grund ihrer jeweiligen Fachdisziplin bedeutsam sind, sondern dass sie zudem das Potenzial besitzen, einen wichtigen und wirksamen Beitrag für die Entwicklung einer unmittelbar anwendungs- und erlebnisbezogenen freizeit-kulturellen Interessenbildung zu leisten. Insofern gilt: ›Nicht für die Schule, sondern für das Leben – auch in der Freizeit – lernen wir.‹

Von daher können freizeitpädagogische Verknüpfungen unter dem didaktisch-methodischen Aspekt der Förderung intrinsisch motivierter selbstgesteuerter Bildungsprozesse und der sich daraus ergebenden alltagskulturellen Handlungspraxen zu interessengeleiteter Lernfreude, kreativer Anstrengungsbereitschaft und damit zu einer erweiterten und vertieften Bedeutung der jeweiligen Unterrichtsfächer führen (vgl. Rat für Kulturelle Bildung 2017, 42–54). Dabei erstreckt sich der hier gemeinte freizeitpädagogische Bezug nicht allein auf den Schulsport und die Fächer der musisch-kulturellen und ästhetischen Bildung. Vielmehr betrifft er als unterrichtsdidaktische Querschnittsaufgabe mehr oder weniger alle schulischen Unterrichtsfächer, die gemäß den individuellen Vorlieben vielfältige freizeit-kulturelle Teilhabechancen eröffnen.

Allerdings wird der jeweilige immanente freizeit-kulturelle Mehrwert zu selten vermittelt und für die notwendige Gestaltung von Schule als kollektivem Lernort und Lebensraum für die Ermöglichung von Selbstbildungsprozessen herausgearbeitet. Um dem abzuhelfen, wird empfohlen, »den Schülern und den Lehrern mehr freie Verfügungsstunden für selbstständiges Arbeiten und freigewählte Beschäftigungen in Neigungs- und Interessengruppen« zu gewähren (Opaschowski 2004, 313), die sich an Lehr- und Lernformen orientieren, die Kopf, Herz und Hand aktivieren; und es gilt zu vermeiden, dass die zwanghafte Dominanz der Prüfungsrelevanz des Unterrichtsstoffes zu ›Bulimie-Lernen‹ führt, das eine nachhaltige Interessenbildung am Unterrichtsstoff begrenzt.

Zudem reduziert ein undifferenzierter Ganztagsschulbetrieb (vgl. Bundesvereinigung Kulturelle Kinder- und Jugendbildung 2023) wie auch das Anfertigen einer übertriebenen Fülle häuslicher Schularbeiten die den Schülern verbleibende disponible Zeit für außerschulische Interessenentfaltung und für unmittelbare Freizeitkontakte mit Freunden (JIM-Studie 2019, 10). Diese Kontakte stehen jedoch im Rahmen der beliebtesten Freizeitaktivitäten mit an vorderster Stelle (vgl. Shell Deutschland 2020, 214). Infolge der zeitlichen Komprimierung kommt es deshalb hinsichtlich der erwünschten selbstbestimmten Gestaltungsaktivitäten einerseits immer wieder zu Freizeitstresssituationen, die sich negativ auf die Gesundheit auswirken können. Andererseits ergeben sich durch begrenzte kommunale Angebotsstrukturen und fehlende jugendkulturelle Aktionsräume sowie im Falle wenig entwickelter individueller Freizeitgestaltungsinteressen und einer durch die Länge des Schultags reduzierten Eigenmotivation anhaltend passiv-konsumtive Freizeitverhaltensweisen. Diese können alsbald zu einem von Langeweile geprägten ›Zeitvertreib‹ führen, der oftmals in einer exzessiven Nutzung digitaler Medien (vgl. ebd., 29 f., 226), in selbstgefährdenden riskanten Aktionen oder gar im Verlust eines zivilisierten Umgangs mit Menschen und Sachen besteht.

In Kenntnisnahme der Bedürfnisse junger Menschen (vgl. ebd., 106, 214), wozu auch die Ermöglichung einer aktiven Mitgestaltung der Schüler an der Schulgemeinschaft und ihrer demokratischen Schulkultur gehört, aber auch im Blick auf die Bedeutung von Schule angesichts der gesellschaftlichen Zukunftsherausforderungen bedarf es einer verstärkten freizeit-kulturellen Selbstvergewisserung der Lehrkräfte aller Schulformen. Sie soll dazu befähigen, sich mit den Möglichkeiten und Chancen einer freizeitdidaktischen Konzept- und Praxisentwicklung im Blick auf unterrichtsbezogene wie auch schulergänzende Angebote stärker vertraut zu machen, um diese Thematik angemessen mit den Schülern bearbeiten zu können. Entsprechende Anregungen zu einer motivierenden und emotional aktivierenden freizeit-kulturellen Bildungs- und Erziehungsarbeit liegen auf der Grundlage der Ergebnisse der pädagogischen Freizeitforschung (vgl. DGfE 2020) sowie der Spiel-, Medien- und Erlebnispädagogik vor (vgl. Rehm 2020).

Grundsätzlich bedarf es hinsichtlich einer nachhaltigen Planung und Durchführung von Projektwochen und Schullandheimaufenthalten (vgl. Wilken 2002a), einschließlich Interesse weckender AGs in Sexualkunde, Werken, Ernährung und Hauswirtschaft, kreativem textilen Gestalten sowie der MINT-Fächer und der beruflichen Orientierung (vgl. aluMINTzium 2020), eines erweiterten Bildungsverständnisses in Verbindung mit einer entsprechend qualifizierten Lehreraus- und -fortbildung. Deren Aufgabe ist es zu vermitteln, wie die Relevanz der Unterrichtsthemen didaktisch motivierend für die Lebenswelt der Schüler herauszuarbeiten ist. Allerdings besteht an der Sicherstellung einer dementsprechenden ›Fortbildungskultur‹ ein eklatanter Mangel.

Dabei ist zu verdeutlichen, dass eine nachhaltige Steigerung der Schülerinteressen nicht primär vom Einsatz digitaler Medien abhängig ist, die ohnehin ihr persönliches Leben bestimmen – wenn auch teilweise nicht ohne problematische Effekte, sondern von Lerngelegenheiten mit Wirklichkeitsbezug und einer handlungsdidaktisch sinnvollen Einbindung sowohl von analogen als auch von digitalen Methoden in das jeweilige Unterrichtsgeschehen (vgl. Autorengruppe Bildungsberichterstattung 2020, 283, 296). Diese immer notwendiger werdende neue schulische Lernkultur zielt auf die Entwicklung und Förderung von kreativer Intelligenz und Neugierverhalten, auf ein gesundes Selbstvertrauen in die eigene Leistungsfähigkeit, auf eine resiliente Frustrationstoleranz sowie auf Team- und Kooperationsfähigkeit.

Allerdings stellen sich die gegenwärtigen schulisch-formalen Gestaltungsmöglichkeiten immer wieder als begrenzt heraus, was den oftmals wenig schülerfreundlichen Schulbauten, den medientechnischen Rahmenbedingungen, wie auch den pädagogischen Prozessen unter Einschluss des heterogenen Profilbildes der Schulsozialarbeit geschuldet ist (vgl. Zankl 2017, 43). Deshalb empfiehlt sich im Blick auf einen notwendigen schulischen Kulturwandel eine verstärkte Kooperation mit außerschulischen Trägern der verbandlichen und offenen Jugend-, Sozial-, Bildungs- und Kulturarbeit, um den freizeit-kulturellen Herausforderungen mehr Raum zu geben, wobei diese gleichwohl der kommunalen freizeitpolitischen Förderung bedürfen (vgl. Popp 1999, 83 ff.; Autorengruppe Bildungsberichterstattung 2020, 128 ff.). Deren Angebote im Rahmen non-formaler und informeller Bildungskontexte, aber auch weitere Kontakte zu regionalen Hobby- und Do-it-yourself-Initiativen, zu Freizeitsportgruppen und musisch-kulturell aktiven Zirkeln sowie zu Netzwerken des sozialen und ökologischen Engagements erweisen sich oftmals als geeignet, über die Schul- und Berufsschulzeit hinaus lebenslaufbegleitend mit Freude sowohl individuell als auch mit Gleichgesinnten weiterbetrieben zu werden. Nicht zuletzt die Erfahrungen im Zusammenhang mit der Corona-Pandemie haben aber auch gezeigt, wie bedeutsam es ist, beim Wegbrechen gewohnter alltäglicher Routinen, allein mit sich selbst und seinem Leben auch in ›unfreiwillig freier Zeit‹, etwas Sinnvolles anzufangen wissen, ohne gleich in eine übertrieben singularisierte Lebensführung abzudriften (vgl. Sinus-Jugendstudie 2020, 580 ff.).

1.3.3 Bedürfnisreflexive Selbstkompetenz im Erwachsenenalter

Die durch den familialen Lebensstil vermittelten und während der Kindheit sowie der Schul- und Jugendzeit mit Freude und Begeisterung verfolgten freizeit-kulturellen Aktivitäten sind in ihren nachhaltig animativen Auswirkungen insbesondere dann gefragt, wenn junge Menschen, nach Adoleszenz, Berufsausbildung und Auszug aus dem elterlichen Zuhause, mit dem Eintritt ins Erwachsenalter als selbstständig handelnde Personen eigenverantwortlich ihre Lebensgestaltung ergreifen. Im Zusammenhang mit den vielfältigen Anforderungen dieses neuen Lebensabschnitts sind auch Entscheidungen zu treffen, die sich auf eine angemessene Work-Life-Balance erstrecken. Wie die 18. Shell-Jugendstudie belegt, geht es dabei den meisten jungen Leuten »nicht allein um die materiellen Aspekte der eigenen Erwerbstätigkeit. Sie wünschen sich vielmehr, ihre Berufstätigkeit als sinnvoll und erfüllend zu erleben«. Damit verbunden steht sehr deutlich »die Erwartung, genügend Freizeit neben der Berufstätigkeit zu haben, […] sehr hoch im Kurs« (Shell-Deutschland 2020, 189). Es gilt daher für junge Erwachsene, die eigenen Vorstellungen bezüglich ihrer Lebensplanung als Herausforderung anzunehmen und sich in Hinsicht auf die Kultivierung ihrer jeweiligen aktuellen Lebenslage durch ein reflektiertes pragmatisches ›Selbstmanagement‹ auf der Grundlage von Wissen, Können und Verhalten weiter zu vervollkommnen, ohne dabei ihre Selbstentfaltungswerte einem dysfunktionalen Perfektionismus der Selbstoptimierung zu opfern.

Richtet man den Blick auf die gegenwärtige Einschätzung erwachsener Personen hinsichtlich des Gelingens ihrer freizeit-kulturellen Lebensgestaltung, so steht einer diesbezüglich befriedigenden Selbstwirksamkeit nicht selten das schon in biblischer Zeit formulierte Hindernis entgegen: »Wollen habe ich wohl, aber vollbringen das Gute finde ich nicht« (Römer 7, 18). Augenscheinlich wird dies bereits bei den negativen Auswirkungen eines wenig gesundheitsförderlichen Ernährungsverhaltens auf den BMI, auf Grund mangelhafter Ernährungsbildung in Verbindung mit einer geringen reflexiven Bedürfnissteuerung, sowie eines bundesweit immer stärker um sich greifenden kollektiven Bewegungsmangels. Denn trotz langjähriger Schulsporterfahrungen bewegen sich der WHO zufolge einer von vier Erwachsenen und vier von fünf Jugendlichen nicht ausreichend (vgl. aerzteblatt.de 2020). Diese und weitere nicht unproblematische Bedingungen und Verhaltensweisen tragen dazu bei, dass mit Ausnahme der Ruheständler nur etwa jeder zweite Bundesbürger mit der eigenen Alltags- und Freizeitgestaltung zufrieden ist, die sich zudem häufig zwischen den Polen passiver Routine und digitaler Hektik bewegt (vgl. Stiftung für Zukunftsfragen 2019).

Angesichts einer Übereinstimmung von 46% der Bevölkerung mit der Einstellung, in meiner Freizeit »mache ich nicht das, was ich wirklich will« (ebd. 4), wird die kollektive Bedeutsamkeit einer diesbezüglich umfassenden Kultivierung der Lebensgestaltung deutlich, und zwar sowohl hinsichtlich eines reflektierten individuellen Verhaltens als auch hinsichtlich des Bedarfs an freizeit-kulturell motivierenden gesellschaftsstrukturellen Informations-, Bildungs- und Animationsinitiativen, die über die freizeitpädagogischen Zielsetzungen der Schul- und Jugendzeit hinausreichen. Demzufolge möchte freizeit-kulturelle Erwachsenenbildung dazu beitragen, dass Selbstwirksamkeit durch bedürfnisreflexive Selbstkompetenz gelingen kann. Insofern ist sie bestrebt, den Einzelnen in seinem Wollen zu unterstützen und ihn anzuregen, individuell das Gute und Richtige zu tun, um dadurch dem Leben mit seinen unterschiedlichen Rollenanforderungen in verantwortlicher Weise Sinn, Befriedigung und einen gesellschaftsförderlichen Nutzen geben zu können.

Bei der Kulturvierung der freien Lebenszeitgestaltung in Verbindung mit der Aktivierung der Potenziale zur Steigerung der Lebensqualität des erwachsenen Menschen geht es denn auch nicht allein um die Realisierung von Bedingungen, die ein gelegentliches ›Fit for fun‹ ermöglichen sollen – so faszinierend die damit verbundenen ›Flow-Erlebnisse‹ auch sein mögen (vgl. Szell 2019). Vielmehr gilt es jeweils aktuell herauszufinden, in welcher Form die erwünschte freie Zeitgestaltung der Tages-, Wochen-, Jahres- und Lebensfreizeit innerhalb der gesamten Lebensführung möglichst nachhaltig verwirklicht werden kann, und zwar unter dem Aspekt des Wohlbefindens durch Pflege eigener Interessensbereiche, durch Rhythmisierung des Tagesablaufs, durch Besinnung auf das Wesentliche, durch Muße und Spontaneität sowie durch gesellige Kontakte, das Feiern von Festen und durch erlebnisreiche Betätigungen, die Spaß, Freude, Abwechslung und Entspannung bringen.

1.3.4 Freizeitkulturelle Lebensstile in ethischer Verantwortung

Für die Förderung und Verwirklichung von freizeit-kulturellen Bildungs- und Gestaltungsinteressen stehen der erwachsenen Bevölkerung in unserer Gesellschaft, nicht zuletzt auf Grund ihres sozial- und kulturstaatlichen Selbstverständnisses, die verschiedensten zielgruppenspezifischen Angebotsformate für Körper, Seele und Geist zur Verfügung (vgl. Keuchel 2015, 310). Hierzu zählen auch die in vielen Kommunen vorhandenen öffentlichen Parkanlagen, Spiel- und Sportplätze, Bäder, Bibliotheken, Museen, Theater, Chöre und Volkshochschulen. Die dort bestehenden nutzerorientierten Angebote unterliegen einer kontinuierlichen Angebots- und Nachfrageveränderung durch neue Entwicklungen, die Interesse wecken und zum Handeln anregen möchten. Häufig sind sie so gestaltet, dass sie die benötigte intrinsische Motivation stimulieren, die es braucht, um verschüttete Bedürfnisse zu beleben und den Einzelnen anzuregen, seine ihm möglichen freizeit-kulturellen Teilhabe- und Gestaltungsinteressen im Blick auf ein umfassend resilientes ›Well-Being‹ zu aktivieren.

Zugleich besteht aber im Blick auf weitere vielfältige und unterschiedlichste Angebote zur Freizeitgestaltung bei nicht wenigen Menschen das Problem einer plakativen konsumistischen Bedarfsweckung und manipulativen Bedarfslenkung durch die Freizeitwerbung, die nicht zuletzt vom wirtschaftlichen Interesse der Freizeitindustrie am Konsumgut Freizeit bestimmt wird. Diese Problematik ergibt sich insbesondere dann, wenn etwa bei mangelhaft ausgebildeter Bedürfnis- und

Konsumkompetenz die Selbstinszenierungshoffnungen der angepriesenen Verheißungen mit ihren prestigeträchtigen Events, Marken und Trends obsiegen und zu unbedachtem Konsum verleiten (vgl. Opaschowski 2004, 281 ff.). Dadurch wird die Entfaltung freizeit-kultureller Werte und Verhaltensweisen begrenzt und damit eine selbstbestimmte Lebensorientierung, die sich, etwa im Blick auf die individuelle Konsumfreiheit, nicht in einem unreflektierten konsumbezogenen Konformitätsverhalten erschöpfen sollte. Es wäre deshalb bei manchen überzogenen Formen der konsumorientierten Lebensführung sinnvoll und bedenkenswert, sich nach dem Motto ›Weniger könnte mehr sein‹, zu verhalten, um dadurch zu einer individuell suffizienten und auch kollektiv nachhaltigeren Lebens-Kultur-Gestaltung beizutragen.

Indes sind die Zugangswege zu freizeit- und konsumkulturellen Offerten wie auch zu gesundheitsförderlichen Fitnessangeboten in Verbindung mit den jeweils aktuellen Gestaltungsformen der Kultivierung zeittypischer Szenen und modischer Lebensstile nicht nur von den individuellen Freizeitinteressen und den sozialisationsgeprägten Verhaltensweisen abhängig, sondern eben auch von den materiellen Ressourcen der Nachfragenden (vgl. Sparwelt 2019). Diese beeinflussen zudem die schicht- und milieuspezifischen Werthaltungen bei der Realisierung der jeweiligen sozial-kulturellen Lebensentwürfe (vgl. Schulze 1995, 277 ff.; Sinus-Milieus 2020). Sie erschweren damit, zumal bei begrenzten finanziellen Spielräumen, die kritisch-korrektive Ausbildung einer nachhaltig angemessenen Bedürfnisbalance. Aus diesem Grund müssten die in Teilen der Bevölkerung bestehenden begrenzten partizipativen Lebensbedingungen sowie ihre berechtigten bedürfnisorientierten Freizeitwünsche und internalisierten Konsummuster bedacht werden. Sie sind als sozial-inklusive Herausforderungen wahrzunehmen und bedürfen einer differenzierten sozialpolitischen Berücksichtigung, um eine sinnvolle und gleichberechtigte Teilhabe aller an einer demokratischen und humanen Lebens-Kultur-Gestaltung zu ermöglichen (vgl. Kramer 2016, 137 ff.).

Gemeinsam ist allerdings den meisten Menschen, dass sie unter Beachtung ihres persönlichen Lebensstils ihre Muße- und Freizeitinteressen unmittelbar im Rahmen der Gegebenheiten ihrer individuellen Wohnkultur durch die Gestaltung ihres Haushalts befriedigend verwirklichen wollen (Popp 2015, 207 ff.). Insofern hat ein behagliches, funktionsgerechtes und bezahlbares Zuhause große Bedeutung, denn

> »fast sämtliche von der Mehrheit der Bevölkerung ausgeübte Freizeitaktivitäten finden daheim statt. […] Nach Feierabend wird sich auf dem Sofa entspannt, informiert und unterhalten. […] Außerhausaktivitäten sind dagegen das Highlight der Woche, wenn nicht sogar des Monats« (Stiftung für Zukunftsfragen 2019).

Fernsehen ist für 94 % der Bevölkerung das häusliche Leitmedium, gefolgt von Radiohören, Telefonieren, Musikhören, im Internet surfen und Smartphone-Nutzung. Mit deutlichem Abstand folgen außerhäusliche Freizeitunternehmungen: 35 % der Bevölkerung geben an, wenigstens einmal pro Woche sportlich aktiv zu sein, 28 % besuchen Sportveranstaltungen. 25 % beschäftigen sich mit Gartenarbeit. 20 % sind wenigstens einmal pro Monat ehrenamtlich engagiert, 17 % treffen sich wöchentlich persönlich mit Freunden. Ins Restaurant, die Kneipe, die Kirche, zum Stammtisch oder zum Shopping in die Geschäfte zieht es knapp jeden zehnten

Bürger regelmäßig. 14 % gehen wenigstens einmal im Monat ins Kino, 4 % ins Theater, in die Oper, ins Ballett oder besuchen ein klassisches Konzert. 5 % finden den Weg in ein Museum. Nicht zu vergessen ist das Interesse an Zeitungen und Zeitschriften, das noch von 67 % wenigstens einmal die Woche wahrgenommen wird, sowie an der Buchlektüre (29 %) (vgl. ebd.).

Durch die Coronakrise bedingt ergaben sich verständlicherweise veränderte Freizeitverhaltensweisen und -bedürfnisse, da viele Freizeitangebote nur begrenzt zugängig waren oder nicht ausgeübt werden konnten. So nutzten im Jahr 2020

> »96 % der Bundesbürger regelmäßig (wenigstens einmal in der Woche) das grenzenlose Onlineangebot des World Wide Web als Informationsquelle, Kontaktbrücke, Spiele- oder Unterhaltungsplattform. Mit einigem Abstand folgt das Fernsehen (86 %) auf Platz zwei, knapp vor der Computer-/Laptop- oder Tabletnutzung (83 %). Auch auf den weiteren Plätzen zeigt sich die Dominanz der Medien in der Freizeitgestaltung: Privater Mailverkehr, Musik und Radio hören und mit dem Smartphone spielen, surfen und chatten« (Stiftung für Zukunftsfragen 2020a, 1).

Allerdings führt die permanente und undifferenzierte Wahrnehmung dieser Angebote bei immer mehr Menschen zu einem exzessiven und zunehmend hektischeren Lebensrhythmus auf Grund der Sorge, etwas Bedeutsames und Erlebnisbereicherndes zu verpassen. Dieses an Mediensucht grenzende Verhalten mit seinen Fluchten in die Suggestion digitaler Pseudorealitäten hat wiederum Auswirkungen auf die zwischenmenschliche Kommunikation, mit der Folge, dass der »Austausch mit Nachbarn, gemeinsame Aktivitäten mit Enkeln bzw. Großeltern, Unternehmungen mit Kindern, Freunden oder Bekannten sowie das Teilen von Momenten mit dem Partner« immer seltener ausgeübt wird, verkümmert und zunehmend Einsamkeit bewirken kann (Stiftung für Zukunftsfragen 2023). Dieser Verlust alltäglicher Kommunikationserlebnisse, der sich selbst auf das Verhalten während der regenerativen betrieblichen Ruhepausen auswirkt, führt zu negativen Auswirkungen auf die unmittelbare integrative Lebens-Kultur-Gestaltung, und zwar nicht nur im individuellen, sondern auch im gesamtgesellschaftlichen Rahmen.

Wenn auch die Kluft zwischen attraktiven Freizeitgestaltungswünschen und den tatsächlich wahrgenommenen Freizeitaktivitäten bei nahezu jedem zweiten Bundesbürger nicht immer befriedigend zu überbrücken ist, so stimmten im Jahr vor der Corona-Pandemie doch 55 % folgender Feststellung zu: »Ich mache genau das, was ich will, und bin zufrieden mit meiner Freizeit« (Stiftung für Zukunftsfragen 2019). In besonderer Weise gilt dies für die Planung einer Urlaubsreise, gleich ob sie der körperlichen und seelischen Erholung, dem Natur- und Kulturgenuss oder der Flucht aus der Alltagsroutine dienen soll. Ferienreisen können als »die populärste Form des Glücks« gelten, auf die die meisten Zeitgenossen nicht verzichten möchten. So haben denn auch »61 % der Deutschen […] 2019 mindestens eine Reise von wenigstens fünf Tagen Dauer unternommen« (Stiftung für Zukunftsfragen 2020b). Obgleich das Umweltbewusstsein wächst und vielen Touristen die negativen Folgen von ›Overtourism‹ bekannt sind, wollen die in der Regel reiseerfahrenen Urlauber dennoch »mehr Authentizität, Atmosphäre und individuelle Angebote« weltweit erleben und nicht »austauschbare Bettenburgen an überfüllten Stränden« (ebd.). Gleichwohl zeigt sich im Blick auf das Reiseverhalten der Bevölkerung während der Corona-Pandemie eine gewisse Bereitschaft, auf eine größere Reise zu verzichten. Gegenwärtig ist aber die Reiselust der Bürger wie vor der Coronakrise ungebrochen. So unternahmen im Jahr 2022 68% der Bevölkerung eine Urlaubsreise und für 2023 wie auch die folgenden Jahre wird ein weiteres kontinuierliches Wachstum erwartet, zu dem auch der zunehmende Trend zum Zweiturlaub gehört (vgl. ADAC Tourismusstudie 2023).

Dies macht deutlich, dass es zukünftig einer stärker sozial- und umweltverträglichen Reisegestaltung bedarf, um Overtourismus durch einen stetig wachsenden Massentourismus zu begrenzen (vgl. Laage 2022, 122ff.). Es sind daher angemessene Forderungen im Blick auf eine reflektierte, nachhaltige und ggfs. selbstbegrenzende Reisekultur zu bedenken und die notwendigen Konsequenzen im Rahmen verantwortungsbewusst gestalteter Freiheitsspielräume zu ziehen. Entsprechende Bildungsmaterialien für solch angemessenes Reiseverhalten liegen sowohl für Schulen als auch für die außerschulische Jugend- und Erwachsenenbildung vor und sind kostenfrei im Internet abrufbar (vgl. Tourism Watch 2020). Freizeit- und tourismusgestalterisch gilt es daher, ohne qualitative Einbußen, aus weniger mehr zu machen.

Als eine diesbezüglich verhaltensmotivierende Anregung für Urlaubsreisende können die ›Sympathie-Magazine‹ dienen, die nahezu alle internationalen Reiseziele im Blick haben (vgl. Studienkreis für Tourismus 2020). Im Rahmen ihres freizeit- und tourismusbezogenen Erwachsenenbildungskonzepts informieren diese Magazine nicht nur über die jeweils attraktiven Sehenswürdigkeiten in den Zielgebieten, sondern thematisieren differenziert das Leben der Einheimischen und die Konsequenzen, die der Tourismus für sie und ihre Region hat. Vergleichbare Intentionen liegen auch den Konzeptionen zum Slum-Tourismus und den sozialen Stadtführungen zugrunde. In Verbindung mit ihren spezifischen Hintergrundinformationen möchten sie zu einem achtsamen sozial-kulturell und ökologisch reflektierenden Perspektivenwechsel beitragen (vgl. Wilken 2015b).

Insgesamt werden aber freizeit-kulturelle Informations- und Bildungsangebote, die mit guten Gründen reflexive und sozial-verantwortliche Gestaltungskompetenzen für die freie Lebenszeit intendieren, ihr humanes Anliegen weder in einer kulturelitären Attitüde noch im Gestus sozialer Vormundschaft artikulieren, wenn sie die Menschen zur Verwirklichung eines bewussten und selbstbestimmten Entscheidungsverhalten motivieren wollen (vgl. Thaler & Sunstein 2012, 14f.). Vielmehr sind motivierende Anregungen sowie emotional stimmige und sachliche Argumente nötig, die darauf zu richten sind, dass der Einzelne die Kultivierung seiner Lebensgestaltungsinteressen im Rahmen einer möglichst freien, selbstbestimmten und sozial verantwortlichen Entscheidung verwirklichen kann.

Dennoch haben manche Menschen Schwierigkeiten damit, für sich eine gute und richtige Entscheidung im Blick auf ihre Lebens-Kultur-Gestaltung zu treffen. So führen durchaus selbstkritisch eingeschätzte ungute Gewohnheiten, wie etwa der wider besseres Wissen zu wenig beachtete Hinweis ›Rauchen ist tödlich‹, vor Augen, dass eine reflexive und selbstdisziplinierte Lebensgestaltung in der Tat für manchen eine Herausforderung an die Selbsterziehungsbereitschaft darstellen kann und der Glaube an die individuelle Willenskraft mitunter als zu optimistisch erscheinen mag. Denn der reine Willensakt, sich seines Verstandes und seiner Emotionen hinsichtlich der Realisierung von wünschenswertem Verhalten, gemäß dem eigenen charakterlichen Ideal selbstbestimmt zu bedienen, wird oftmals durch stärkere vitale Grundbedürfnisse und ihre ›An-Triebe‹ gesteuert – und damit vereitelt. Angesichts der bereits biblisch tradierten Erfahrung »Der Geist ist willig, aber das Fleisch ist schwach« (Matthäus 26, 41) ist es daher nötig, sich solcher Situationen und ihrer Bedingungen bewusst zu werden, um mit ihnen angemessen umgehen zu können. Dies ist eine bedeutsame lebensbegleitende Bildungsaufgabe, die zudem der ergänzenden gemeinschaftlichen Unterstützung und Stärkung bedarf.

Wenn daher 46 % der Bevölkerung der Meinung sind, dass sie im Rahmen ihrer Lebens- und Freizeitgestaltung nicht das machen, was sie wirklich wollen (Stiftung für Zukunftsfragen 2019), ist es hilfreich, wenn diesbezüglich Informationen zur Persönlichkeitsentwicklung zugänglich sind und seitens der kommunalen Freizeitpolitik niedrigschwellige kommunale Treffpunkte existieren, die insbesondere auch Sozialschicht und Generationen übergreifende Begegnungen ermöglichen. Angesichts belastender Berufs- und Alltagsverpflichtungen ermuntern solche Angebote zu freizeit-kulturell förderlichen Gestaltungsaktivitäten und fördern damit zugleich das Erlebnis gesellschaftlicher Zugehörigkeit (vgl. Fleige, Gassner & Schams 2020, 11 f.).

Demgemäß gibt es über die eigenmotivierten Aktivierungsprozesse hinaus wie auch jenseits konsum-kultureller Animations- und Zerstreuungsofferten der Vergnügungs- und Freizeitindustrie sowie allgemein zugänglicher literarischer Anregungen und medialer Informationen durchaus attraktive Angebote im Rahmen der Träger institutioneller Erwachsenenbildung. Diese wollen einer vielgestaltigen freizeit-kulturellen Lebensgestaltung dienen und orientieren sich bewusst an den Bedürfnissen der Teilnehmenden. Neuere Teilnehmerstatistiken weisen dabei interessante Trends auf: »58 % der informellen Lernaktivitäten Erwachsener wurden nicht aus beruflichen, sondern aus privaten Gründen und 76 % der Aktivitäten in der Freizeit realisiert.« Häufig wird der »Bereich der Geisteswissenschaften und Künste« gewählt, darunter »die Aneignung von Sprachkenntnissen oder Kenntnisse in Geschichte und Archäologie«. Wenn auch »Computeranwendungen als Lerninhalt« verständlicherweise sehr intensiv nachgefragt werden, so besteht gleichwohl für analoge Do-it-yourself-Angebote wie »hauswirtschaftliche Themen, Instandhaltung und Reparatur von Wohngebäuden«, aber auch an Diskussionsgruppen ein reges Interesse (Autorengruppe Bildungsberichterstattung 2020, 218).

Auf vergleichbare andragogische Tendenzen verweisen auch die Daten der 895 Volkshochschulen mit ihren 2883 regionalen Außenstellen (ebd., 209). Obwohl rezeptiv vermittelte Themen emanzipatorische Bildungserlebnisse anregen und zur Aktivierung befriedigender emotionaler Lern- und Erfahrungsergebnisse führen können und damit einen sinnvollen freizeit-kulturellen Mehrwert aufweisen, zeigt sich aktuell eine eindeutige Veränderung der Teilnehmererwartungen dahingehend, dass sie VHS-Kursangebote favorisieren, die Selbsttätigkeit und Kreativität in den Mittelpunkt stellen. »Neben der Wissensvermittlung sind Produkt-, Prozess- und Erlebnisorientierung wichtiger geworden« (Groppe 2018, 2). So besteht ergänzend zu aktivierenden Angeboten für Yoga und zu gesundheitsförderlichen Themen eine zunehmende Nachfrage nach Kursen, die eine entspannte und kreative Interessenausprägung ermöglichen, etwa »im Malen und Zeichnen, im Textilbereich, beim Goldschmieden oder Tischlern. […] Techniken wie keramisches Arbeiten oder der

Siebdruck kehren zurück...« (ebd., 8). Viele Teilnehmende suchen einen anregenden und kommunikativen Ausgleich zu einer immer stärker vereinseitigten und digitalisierten Berufs- und Alltagsroutine. Sie hoffen, dass sich dies positiv auf die alltagsweltliche Kultivierung ihrer Work-Life-Balance auswirkt und beiträgt, ihr Wohlbefinden sowohl bei der Arbeit wie im Freizeitbereich zu steigern. Sie möchten »neue Erfahrungen machen, die gut ins Selbstbild passen« und die es ermöglichen, durch einen gelassenen »kreativen Lebensstil« vorhandene Freiräume im Blick auf ihr soziales und »kulturelles Bildungsprofil« zu verwirklichen, und zwar im Rahmen einer individuell angemessenen und von ihrem gesellschaftlichen Umfeld durchaus anerkannten verantwortungsbewussten Lebensgestaltung (ebd., 5).

1.3.5 Teilhabe und Erlebnisgestaltung im Alter

Eine weitere bedeutsame Herausforderung hinsichtlich einer gelingenden freizeit-kulturellen Lebensgestaltung ergibt sich für die Zeit der nachberuflichen Lebensphase im Ruhestand. Entsprechend den unterschiedlichen altersbedingten Bedürfnissen, Interessen und Möglichkeiten sollten anregende und im höheren Alter geragogisch ermutigende Angebote zur Gestaltung dieser Lebensphase unter Berücksichtigung der Bildungs-, Lern- und Kommunikationserfahrungen, die lebenslaufbegleitend entstanden sind, vermittelt werden. Es geht um vielfältige Formen freizeit-kultureller Bildungs-, Erlebnis- und Teilhabeentfaltung für einen zunehmend heterogenen Personenkreis. »Sich sein Leben im ›Ruhestand‹ selbst organisieren zu können, wird zu einer Basiskompetenz für ein aktives Altern« und damit zu einer wichtigen Bedingung bei der Kultivierung des Alterns (Brinkmann 2015, 200). Dabei darf das Insistieren auf Barrierefreiheit etwa bei der Wohnraumgestaltung, der medientechnischen Ausstattung, bei Unterhaltungs-, Sport- und Erwachsenbildungsangeboten wie auch bei der Durchführung von Reisen (vgl. Wilken 2002b), nicht als überzogene Anspruchshaltung betrachtet werden, sondern als gesellschaftlich zu garantierender Rechtsanspruch auf Partizipation angesichts der Zunahme der Lebenserwartung (vgl. Bundesministerium 2020, 123).

Da unter aktiven Ruheständlern, auf Grund einer positiven Selbstwahrnehmung des Alterns, eine relativ hohe subjektive Zufriedenheit mit der Freizeitgestaltung besteht (vgl. Stiftung für Zukunftsfragen 2019), wäre es angebracht, wenn in unserer Gesellschaft an Stelle der oftmals übergeneralisierten Belastungsdiskurse die positiven Auswirkungen inklusiver freizeit-kultureller Teilhabe in allen Phasen des Alterns stärker verdeutlicht würden. Auch hinsichtlich der individuellen Lebenszufriedenheit erweist sich das kalendarische Alter als weniger ursächlich. Ausschlaggebend für die Resilienz im höheren Lebensalter sind vielmehr das funktionelle Bildungs-, Interessen- und Aktivitätsniveau, hinreichende finanzielle Ressourcen sowie der Gesundheitsstatus.

Eine weitere positive Auswirkung auf die Gestaltung des vorhandenen freien Zeitbudgets hat sodann das Eingebundensein in familiale und soziale Netzwerke von Jung und Alt, wodurch ein aktiv-partizipativer Lebensstil ermöglicht wird, bei dem die Chance besteht, eigene Lebenserfahrungen mit anderen Menschen zu teilen und neue Sichtweisen zur Kenntnis zu nehmen. Ein diesbezüglicher sozialer Resonanzraum kann vor allem im höheren Alter von über 80 Jahren helfen, Einsamkeit und soziale Isolation zu reduzieren (vgl. Pro Alter 2019). Daher ist die Sicherung der Lebensqualität durch Generationen übergreifende wie auch altersspezifische Angebote zur Entfaltung von freizeit-kulturellen Interessen bedeutsam, wobei die jeweils vorhandenen Kompetenzen und Potentiale zu berücksichtigen und kultursensibel zu verlebendigen sind (vgl. Pro Alter 2023).

Zur Kultivierung des Lebens in der Altersphase gehört es aber auch, dass älter werdende Menschen die Möglichkeit erhalten, angesichts eines begrenzten Lebenszeithorizonts und der Veränderung ihrer körperlichen und geistigen Kräfte, ihr personbezogenes So-Sein realistisch wahrzunehmen (vgl. Pro Alter 2021). Hierfür sind Angebote etwa von Seniorenselbsthilfeinitiativen sinnvoll, die entsprechende Anpassungsleistungen begleiten und damit zur Entfaltung einer »Lebenskunst der inneren Selbstfindung« beitragen können (Kolland 2015, 50). Dadurch werden Handlungsspielräume zur Selbstregulation bedeutsamer Daseinsthemen zugänglich, die befähigen wollen, mit den Herausforderungen und Zumutungen des Alterns lebensdienlich umzugehen und sich nicht in negativen Selbstbildern zu verlieren. Der hierfür benötigte ›innere Halt‹ kann dabei bereits durch den ›äußeren Halt‹ einer verlässlich rhythmisierten aktiven Gestaltung des Tagesablaufs angebahnt werden wie auch durch realistische Perspektiven einer überschaubaren Zukunftsgestaltung. Bestand während der Berufsjahre eine wichtige Aufgabe darin, festgelegte Determinationszeit, zweckgebundene Obligationszeit und frei verfügbare Dispositionszeiten in eine gute Balance zu bringen, so kann im Alter eine gelassenere Zeitsouveränität praktiziert werden, auch wenn der Alltag nicht nur aus Freizeit besteht (vgl. Schönknecht 2003, 80 f.).

So gewiss sich in dieser Lebensphase eine altersgerechte Gestaltung und die Zugänglichkeit von unterschiedlichen Freizeit- und Bildungsangeboten förderlich für einen aktiven und kommunikativen Lebensstil erweisen, so besteht doch aus freizeitwissenschaftlicher Perspektive, wie sie in den vorliegenden Ausführungen vertreten wird, ein nicht zu unterschätzender prägender Einfluss durch die lebenslaufbegleitend erworbenen und praktizierten Formen freizeit-kultureller Daseinsgestaltung. Deutlich wird diese elementare Identitätsquelle bei dementen Personen, die bei entsprechender Anregung oftmals Lieder, Märchen, Gedichte und Tanzschritte aus ihrer Kindheit und Jugend erinnern und aktivieren können (vgl. Hoogklimmer 2014). Es ist deshalb bedeutsam, die lebensgeschichtliche Kultivierung der freien Zeitgestaltung von frühester Kindheit an im Blick zu haben, gerade auch weil sie sich bis zum Lebensende als relevant, anschlussfähig und nachhaltig erweist.

Literatur

ADAC Tourismusstudie (2023): Reiseverhalten im Wandel. Online verfügbar unter: https://www.adac.de/verkehr/standpunkte-studien/mobilitaets-trends/tourismusstudie-reisen-corona/. Zugriff am 8.6.2023.
Aerzteblatt.de (2020): WHO gibt neue Aktivitätsempfehlungen heraus – »für die Gesundheit zählt jede Bewegung«. Online verfügbar unter: https://www.aerzteblatt.de/nachrichten/118657/WHO-gibt-neue-Aktivitaetsempfehlungen-heraus-fuer-die-Gesundheit-zaehlt-jede-Bewegung#:~:text=Mindestens%20150%20Minuten%20Bewegung%20in,300%20Minuten%20aktiv%20zu%20sein, Zugriff am 15.6.2023.
Ahrbeck, B. (2004): Kinder brauchen Erziehung. Die vergessene pädagogische Verantwortung. Stuttgart: Kohlhammer.
aluMINTzium e.V. außerunterrichtliche Lernumgebung und MINT-Zentrum Emmendingen. Online verfügbar unter: www.alumintzium.org/wp/, Zugriff am 18.5.2020.
APuZ – Aus Politik und Zeitgeschichte (2023): New Work. Zeitschrift der Bundeszentrale für politische Bildung, 73 (46).
Autorengruppe Bildungsberichterstattung (2020): Bildung in Deutschland 2020. Online verfügbar unter: ssoar-2020-Bildung_in_Deutschland_2020_ein.pdf, Zugriff am 19.6.2023.
Beckmann, S. (2015): Herrschaftszeiten – Genderdimensionen von Zeitverwendung und Zeitwohlstand. In: R. Freericks & D. Brinkmann (Hrsg.): Handbuch Freizeitsoziologie. Wiesbaden: Springer, S. 211–232.
Börsenblatt (2019). Online verfügbar unter: https://www.boersenblatt.net/2019-12-03-artikel-zeit_fuer_einen_bundesweiten_lesepakt-ergebnisse_der_pisa-studie_2018.1771690.html, Zugriff am 1.5.2023.
Brinkmann, D. (2015): Freizeit im Kontext des demografischen Wandels. In: R. Freericks & D. Brinkmann (Hrsg.): Handbuch Freizeitsoziologie. Wiesbaden: Springer, S. 189–210.
Bundesministerium für Familie, Senioren, Frauen und Jugend (2020): Achter Altersbericht. Ältere Menschen und Digitalisierung. Berlin. Online verfügbar unter: https://www.bmfsfj.de/blob/159916/3970eecafb3c3c630e359379438c6108/achter-altersbericht-bundestagsdrucksache-data.pdf, Zugriff am 1.10.2020.
Bundesvereinigung Kulturelle Kinder- und Jugendbildung e.V. (2023): Arbeitshilfe »Ganztagsprojekte – Kooperationen und Bündnisse für Kulturelle Bildung entwickeln«, Berlin.
DGfE – Deutsche Gesellschaft für Erziehungswissenschaft (2020): Publikationen der Kommission Pädagogische Freizeitforschung. Online verfügbar unter: https://www.dgfe.de/sektionen-kommissionen-ag/sektion-10-paedagogische-freizeitforschung-und-sportpaedagogik/kommission-paedagogische-freizeitforschung/publikationen, Zugriff am 30.5.2020.
Fleige, M., Gassmer. K. & Schams, M. (2020): Kulturelle Erwachsenenbildung. Bielefeld: wbv media.
Freericks, R. & Brinkmann, D. (Hrsg.) (2015): Handbuch Freizeitsoziologie. Wiesbaden: Springer.
Freericks, R., Hartmann, R., Stecker, B. (2010): Freizeitwissenschaft. Handbuch für Pädagogik, Management und nachhaltige Entwicklung. München: Oldenbourg.
Groppe, H.-H. (2018): Kulturelle Bildung in den Volkshochschulen als Herausforderung und Chance für eine weltoffene Bürgergesellschaft. Online verfügbar unter: https://www.vhs.cloud/d.php/1/6/0.622770258148.DPHRfFJdFKR4zaiuo6Sw7HzU.LzE4My8xODQ, Zugriff am 6.6.2020.
Hellmann, K.-U. (2015): Alles Konsum oder was? Zum Verhältnis von Freizeit und Konsum. In: Freericks, R. & Brinkmann, D. (Hrsg.) (2015): Handbuch Freizeitsoziologie. Wiesbaden: Springer, S. 537–553.
Herzog, W. (1991): Das moralische Subjekt. Bern: Huber.
Hoogklimmer, W. (2014): Gemeinsames Singen tut gut! Praxistipp für Pflegende und Angehörige von Menschen mit Demenz. In: Pro Alter, 46 (4), S. 56f.
JIM-Studie 2019 – Jugend, Information, Medien. Basisuntersuchung zum Medienumgang 12- bis 19-jähriger. Hrsg.: Medienpädagogischer Forschungsverbund Südwest 2020. Online

verfügbar unter: https://www.mpfs.de/fileadmin/files/Studien/JIM/2019/JIM_2019.pdf, Zugriff am 19.5.2020.

Keuchel, S. (2015): Zur Soziologie kultureller und künstlerisch-kreativer Freizeitaktivitäten. In: Freericks, R. & Brinkmann, D. (Hrsg.): Handbuch Freizeitsoziologie. Wiesbaden: Springer, S. 299–323.

Kolland, F. (2015): Neue Kultur des Alterns. Forschungsergebnisse, Konzepte und kritischer Ausblick. Bundesministerium für Arbeit, Soziales und Konsumentenschutz, Wien. Online verfügbar unter: http://www.forschungsnetzwerk.at/downloadpub/2015_soziale-themen_alter-kultur-kolland-2015-studie.pdf, Zugriff am 10.7.2020.

Kramer, D. (2016): Konsumwelten des Alltags und die Krise der Wachstumsgesellschaft. Marburg: Jonas.

Laage, P. (2022): Vom Glück zu Reisen. Ein Handbuch. Berlin: Reisedepeschen.

Meder, N. (2008): 30 Jahre Freizeitpädagogik. In: Spektrum Freizeit, 30., I & II, S. 199–211.

Nahrstaedt, W. (1995): Freizeitpädagogik – Kulturpädagogik – Reisepädagogik. Zur Metamorphose einer neuen erziehungswissenschaftlichen Teildisziplin. In: Freizeitpädagogik, 17 (1), S. 8–23.

Opaschowski, H. W. (2004): Deutschland 2020. Wie wir morgen leben – Prognosen der Wissenschaft. Wiesbaden: Springer.

Popp, R. (1999): Sozialpädagogik der freien Lebenszeit. In: Wilken, E., Vahsen, F. (Hrsg.): Sonderpädagogik und Soziale Arbeit. Rehabilitation und soziale Integration als gemeinsame Aufgabe. Berlin: Luchterhand, S. 76–90. Online verfügbar unter:: https://www.pedocs.de/volltexte/2010/2032/pdf/Wilken_Sonderpaedagogik_1999_D_A.pdf, Zugriff am 15.5.2020.

Popp, R. (2015): Österreich 2033. Zukunft – Made in Austria. Antworten auf 166 Zukunftsfragen. Wien: LIT.

Pro Alter – Selbstbestimmt älter werden (2019): Einsamkeit im Alter. 51 (4).

Pro Alter – Selbstbestimmt älter werden (2021): Endlichkeit, Lebensende und Sterben. 53 (1).

Pro Alter – Selbstbestimmt älter werden (2023): Kulturen intergenerationalen Lernens. 55 (2).

Rat für Kulturelle Bildung e. V. (2017): WENN.DANN. Befunde zu den Wirkungen kultureller Bildung. Essen. Online verfügbar unter: https://www.rat-kulturelle-bildung.de/fileadmin/user_upload/pdf/RKB_02_ABSCHLUSSBERICHT_08_WEB.pdf, Zugriff am 28.6.2020.

Rehm, M. (2020). Informationsdienst Erlebnispädagogik & Soziale Trainings. Online verfügbar unter:: http://www.erlebnispaedagogik.de/, Zugriff am 7.6.2020.

Schmid, W. (1998): Philosophie der Lebenskunst. Eine Grundlegung. Frankfurt a.M.: Suhrkamp.

Schönknecht, C. (2003): Sport und Reisen im Alter. Einflüsse und Hemmnisse. Berlin: Weißensee.

Schulze, G. (1995): Die Erlebnisgesellschaft: Kultursoziologie der Gegenwart. Frankfurt a.M.: Campus.

Shell Deutschland Holding (Hrsg.) (2020): Jugend 2019. Eine Jugend meldet sich zu Wort. Sonderausgabe für die Bundeszentrale für politische Bildung, Bonn.

Sinus-Jugendstudie 2020 – Wie ticken Jugendliche. Bundeszentrale für politische Bildung (Hrsg.), Bonn. Online verfügbar unter: https://www.bpb.de/shop/buecher/einzelpublikationen/311857/sinus-jugendstudie-2020-wie-ticken-jugendliche, Zugriff am 6.8.2020.

Sinus-Milieus 2020: Online verfügbar unter:: https://www.sinus-institut.de/sinus-loesungen/sinus-milieus-deutschland/, Zugriff am 3.5.2020.

Sparwelt GmbH (2019): Forsa-Umfrage: Das lassen sich die Deutschen ihre Freizeit kosten. Online verfügbar unter: https://www.checkout-charlie.com/de/presse/freizeittipps/, Zugriff am 16.6.2023.

Stiftung für Zukunftsfragen (2019): Freizeit Monitor 2019. Online verfügbar unter: https://www.stiftungfuerzukunftsfragen.de/forschung-aktuell-286-40-jg-12-09-2019/?_gl=1*1ouqy6k*_ga*MTI3OTQ3NzAyOC4xNjg2OTIzNDUz*_up*MQ, Zugriff am 15.6.2023.

Stiftung für Zukunftsfragen (2020a): Freizeit-Monitor 2020. Online verfügbar unter: https://www.stiftungfuerzukunftsfragen.de/forschung-aktuell-288-41-jg-17-09-2020/?_gl=1*pewwn0*_ga*NzE1MDExOTQ3LjE2ODY5MjM4NzE.*_up*MQ, Zugriff am 15.6.2023.

Stiftung für Zukunftsfragen (2020b): Tourismusanalyse 2020: Reisebilanz 2019. Online verfügbar unter: https://partner.ostbayern-tourismus.de/wp-content/uploads/2021/06/Stiftung-fuer-Zukunftsfragen-Tourismusanalyse-2020.pdf, Zugriff am 15.6.2023.

Stiftung für Zukunftsfragen (2023): Freizeit-Monitor 2023. Online verfügbar unter: https://www.stiftungfuerzukunftsfragen.de/freizeit-monitor-2023-die-beliebtesten-freizeitaktivitaeten-der-deutschen/, Zugriff am 5.9.2023

Stiftung Lesen (2020). Online verfügbar unter: www.stiftunglesen.de/, Zugriff am 16.6.2023.

Studienkreis für Tourismus und Entwicklung (2020): Tourismus bringt Menschen zu Menschen. Online verfügbar unter: https://www.sympathiemagazin.de/news-detail/tourismus-ist-mehr-als-eine-oekonomische-transaktion-tourismus-bringt-menschen-zu-menschen.html, Zugriff am 18.6.2020.

Szell, György (2019): Amüsieren wir uns zu Tode? Neil Postmans Vermächtnis. In: SP Soziale Passagen, 2/2019, S. 351–367.

Thaler, R. H. & Sunstein, C. R. (2012): Nudge. Wie man kluge Entscheidungen anstößt. Berlin: Ullstein.

Tomasello, M. (2011): Die Ursprünge der menschlichen Kommunikation. Frankfurt a.M.: Suhrkamp.

Tourism Watch (2020): Bildungsmaterial für Nachhaltigkeit im Tourismus. Verantwortungsvoll reisen. Online verfügbar unter: https://www.tourism-watch.de/literatur/, Zugriff am 16.6.2023.

vbw – Vereinigung der Bayerischen Wirtschaft e.V. (Hrsg.) (2015): Bildung. Mehr als Fachlichkeit – Gutachten. Münster: Waxmann. Online verfügbar unter: https://www.pedocs.de/volltexte/2017/14007/pdf/Bildung_Mehr_als_Fachlichkeit_Gutachten.pdf, Zugriff am 16.6.2023.

Vester, M. (2015): Die Grundmuster der alltäglichen Lebensführung und der Alltagskultur der sozialen Milieus. In: R. Freericks & D. Brinkmann (Hrsg.): Handbuch Freizeitsoziologie. Wiesbaden: Springer, S. 143–187.

Weizsäcker, v. E. U., Wijkman, A. u.a. (2017): Wir sind dran. Was wir ändern müssen, wenn wir bleiben wollen. Gütersloh: Gütersloher Verlagshaus.

Welzer, H. (2019): Wissen wird überbewertet. Nachhaltigkeitstransformation ist eine Sache der Praxis. In: Aus Politik und Zeitgeschichte: Klimakurse, 69 (47–48), S. 16–20.

Wilken, U. (2002a): Schullandheimaufenthalte als Chance zur Entwicklung wechselseitiger Integrationskompetenz von behinderten und nichtbehinderten Schülern. In: Ders.: Tourismus und Behinderung. Ein sozial-didaktisches Kursbuch zum Reisen von Menschen mit Handicaps. Berlin: Luchterhand, S. 173–187. Online verfügbar unter: https://www.pedocs.de/frontdoor.php?source_opus=4581, Zugriff am 15.5.2020.

Wilken, U. (2002b): Zur Überwindung des Alten-Klischees im Kreuzfahrttourismus. In: Ders.: Tourismus und Behinderung. Ein sozial-didaktisches Kursbuch zum Reisen von Menschen mit Handicaps. Berlin: Luchterhand, S. 153–165. Online verfügbar unter: https://www.pedocs.de/frontdoor.php?source_opus=4581, Zugriff am 15.5.2020.

Wilken, U. (2005): Aspekte einer zukunftsorientierten Bildung für ein Leben in Beruf und freier Zeit. Herausforderungen angesichts unterschiedlicher Lernausgangslagen im gegliederten Schulsystem. In: Popp, R. (Hrsg.): Zukunft: Freizeit: Wissenschaft. Wien: Lit, S. 285–304.

Wilken, U. (2015a): Freizeit für alle – barrierefrei. In: R. Freericks & D. Brinkmann (Hrsg.): Handbuch Freizeitsoziologie. Wiesbaden: Springer, S. 465–487.

Wilken, U. (2015b): Slum-Tourismus und pro-soziale Stadtführungen – Herausforderungen und Gestaltungsaufgaben einer ›Kultur der Solidarität‹. In: R. Freericks & D. Brinkmann (Hrsg.): Die Stadt als Kultur- und Erlebnisraum. S. 205–216. Online verfügbar unter: https://media.suub.uni-bremen.de/handle/elib/4538, Zugriff am 22.6.2023.

Wittpoth, J. (2018): Soziale Welten als ermöglichende und beschränkende Räume des Lernens. In: E. Glaser, H.-C. Koller, W. Thole & S. Krumme (Hrsg.): Räume für Bildung – Räume der Bildung. Opladen: Budrich, S. 283–290.

Zankl, P. (2017): Die Strukturen der Schulsozialarbeit in Deutschland. Online verfügbar unter: https://www.fachportal-paedagogik.de/literatur/vollanzeige.html?FId=1136154#vollanzeige, Zugriff am 22.6.2023.

2 Lebensqualität – Freizeitqualität – Freizeitbildung. Sechs Zukunftsdiskurse für eine bessere Lebens-Kultur-Gestaltung

Reinhold Popp

In Anbetracht der steigenden Bedeutung des gesellschaftlichen Phänomens Freizeit entwickelte sich in der deutschsprachigen Erziehungswissenschaft seit den 1960er Jahren ein systematischer Diskurs über den verstärkten Bedarf an (freizeit-)pädagogisch fundierten Analysen und Interventionen. Die Notwendigkeit dieses Diskurses wurde implizit und zum Teil auch explizit mit der plausiblen Annahme von zukünftig zu erwartenden gesellschaftlichen Wandlungsprozessen begründet. Dabei spielte das prospektive Werk »Die 40.000 Stunden« (1966) des französischen Soziologen Jean Fourastie, der einen kontinuierlichen Bedeutungsverlust des beruflich gebundenen Teils der Lebenszeit prognostizierte, eine wichtige Rolle. Der vorliegende Beitrag greift diese vorausschauende Argumentation sowie den damit verbundenen Reformanspruch auf und skizziert den immer wichtiger werdenden Bildungsbedarf im Hinblick auf die Verbesserung der Freizeitqualität – im Kontext der gesamten Lebensqualität. (Dabei werden Thesen aus den folgenden Publikationen genutzt: Jank-Humann, zu Hohenlohe & Popp 2024; Popp 2011, 2018, 2019b, 2025; Popp & Reinhardt 2015a; Popp & Schwab 2003a, 2003b, 2005.)

ZUKUNFTSDISKURS Nr. 1: Zukunftsdenken, vorausschauende Wissenschaft und prospektive Freizeitforschung

Zukunftsdenken im Alltag

Niemand weiß, wie die Zukunft wirklich wird! Deshalb ist die Zukunft seit jeher eine Projektionsfläche für die Ängste, Hoffnungen und Pläne der Menschen. Zur Reduktion der Ängste, zur Bekräftigung der Hoffnungen und zur Optimierung der Planungskompetenz wurde in der Menschheitsgeschichte – vom antiken Orakel über die Astrologie bis hin zur modernen prospektiven Forschung – eine beachtliche Menge von Ideen, Konzepten, Strategien, Ritualen und Methoden entwickelt. Auch im heutigen Alltag geht es bei der vorausschauenden Vorsorge und Lebensplanung im Alltag um die kreative Antizipation zukünftiger Entwicklungsmöglichkeiten einerseits sowie um die (selbst-)kritische Einschätzung der Ressourcen und Kompetenzen für die Zukunftsgestaltung andererseits.

Zukunftsbilder

Das deutsche Wort »Bild« ist vieldeutig. Es kann sich sowohl auf Fotos, Gemälde oder Grafiken als auch auf Ideen, Meinungen oder Vorstellungen beziehen. In der englischen Sprache wird dagegen zwischen »picture« und »image« klar unterschieden.

Trotz der Ungewissheit der zukünftigen Entwicklungen und obwohl auch die Wissenschaft nur mit gewissen Vorbehalten plausibel vorausschauen kann, müssen im Alltag aller Menschen Zukunftsbilder entworfen und Entscheidungen getroffen werden, die sich unweigerlich auf das Leben in der Welt von morgen und übermorgen auswirken. In diesem Sinne werden die kurz-, mittel- und langfristig wirksamen Weichenstellungen für das persönliche Berufs- und Familienleben vorgenommen, Konzepte der Kindererziehung definiert, Wohnwelten konzipiert, Pläne für die Freizeitgestaltung geschmiedet sowie finanzielle Rahmenbedingungen für diese vielfältigen Vorhaben geschaffen. Bei diesen schwierigen Prozessen der Vorausschau und Vorsorge spielen zukunftsbezogene Meinungen, Zukunftsängste, Wünsche, Sehnsüchte und Zukunftsträume eine wichtige Rolle. Diese individuellen Zukunftsbilder werden durch die Vielfalt der kollektiven Zukunftsbilder, die in den Medien, in der Fachliteratur, in Science-Fiction-Geschichten und -Filmen sowie in der Kommunikation von Familien und Freundeskreisen vermittelt werden, maßgeblich beeinflusst. In enger Verbindung mit der Verarbeitung dieser Vielzahl von Einflüssen und im Hinblick auf die Entfaltung von eigenen Entwicklungspotenzialen konstruiert jedes Individuum die jeweils lebensstiltypischen Bilder (»images«) vom zukünftigen Spiel des Lebens. Dabei verbinden sich rationale Analysen und Prognosen mit der Dynamik des menschlichen Gefühlslebens, also mit Ängsten und Hoffnungen (ausführlicher dazu: Popp 2022a und 2022b).

Vorausschauende Wissenschaft

Im *wissenschaftlichen* Zukunftsdenken und bei der Entwicklung der wissenschaftlich fundierten Zukunftsbilder geht es um die vielzähligen und vielfältigen Themen, die auch im Alltagsleben der meisten Menschen eine große Rolle spielen, also um die möglichen, wahrscheinlichen, wünschenswerten oder zu vermeidenden Zukünfte von Arbeitswelt, Wirtschaft, Demokratie, Recht, Technologien, Medien, Bildung, Gesundheit und Krankheit, sozialer Sicherheit, Familie, Wohnen, Klima, Mobilität – und selbstverständlich auch um die Zukünfte der Freizeit (zu Ansätzen der explizit zukunftsbezogenen Freizeitforschung siehe Popp & Reinhardt 2015, S. 112 f.). Im Sinne dieser thematischen Vielfalt werden zukunftsbezogene Probleme in fast allen wissenschaftlichen Disziplinen erforscht. Keine Disziplin kann eine exklusive Zuständigkeit für zukunftsbezogene Forschung beanspruchen. Dies gilt sinngemäß ebenso für jene Forschungsrichtungen, die sich ausschließlich bzw. überwiegend der interdisziplinären Auseinandersetzung mit Zukunftsfragen widmen, etwa für die *Innovationsforschung*, die *Risikoforschung*, die *Technikfolgenforschung* oder die *Zukunftsforschung*. Die integrative Zusammenführung dieser unterschiedlichen disziplinären und interdisziplinären Ansätze prospektiver Forschung zu einer eigenständigen wissenschaftlichen Disziplin *Zukunftswissenschaft* (in Analogie zur *Geschichtswissenschaft*) ist jedoch bisher (noch) nicht gelungen (siehe dazu: Popp 2020, S. 234; vertiefend zur prospektiven Forschung und zum vorausschauenden Denken: Popp 2019c, 2020, 2021a, 2021b, 2022a, 2022b, 2022c, 2023a, 2023c; Popp & Grundnig 2021; Popp, Rieken & Sindelar 2017; Popp & zu Hohenlohe 2023).

ZUKUNFTSDISKURS Nr. 2: Freizeit wird immer wichtiger

Steigende Lebenserwartung

In den meisten Ländern Europas, auch in Deutschland und Österreich, hat sich das Verhältnis zwischen der *beruflich* gebundenen Zeit einerseits und der *außerhalb des Berufs* verbrachten Zeit andererseits im Laufe des vergangenen 20. Jahrhunderts in einem fast unglaublichen Ausmaß verschoben. Konnten die Durchschnittsbürger*innen zu Beginn des 20. Jahrhunderts mit einer Lebenszeit von rund fünf Jahrzehnten rechnen, so hat sich die durchschnittliche Lebenserwartung bis heute um rund drei Jahrzehnte verlängert. Die Tendenz ist bekanntlich steigend. Deshalb werden viele heuer geborene Kinder noch viele Geburtstage zu Beginn des 22. Jahrhunderts feiern.

Heute dauert ein Menschenleben in Deutschland und Österreich rund 720.000 Stunden. Zukünftig wird die statistische Lebenswartung um rund zweieinhalb Monate pro Jahr bzw. innerhalb von fünf Jahren um ein Jahr ansteigen. In den nächsten 20 Jahren wächst in Deutschland und Österreich also die durchschnittliche Leben*serwartung* um rund vier Jahre. Allerdings hat die Übersterblichkeit durch die Corona-Pandemie in den Jahren 2021 bis 2023 den dynamischen Anstieg der statistischen Lebenserwartung ein wenig gebremst.

Der Zeitbudgetanteil der »Freizeit« wächst

Noch nie hatte in der Menschheitsgeschichte ein so großer Teil der Bevölkerung in wirtschaftlich hoch entwickelten Ländern so viel freie Zeit zur Verfügung wie heute.

Freizeit ist jedoch nicht gleichzusetzen mit *Tourismus!* Denn höchstens 2 bis 3 % des gesamten Lebenszeitbudgets lassen sich touristischen Aktivitäten zuordnen. Trotz der in den vergangenen Jahrzehnten erfolgten deutlichen Erhöhung des außerhalb des Berufs verbrachten Zeitbudgets gibt es – im Unterschied zu manchen diesbezüglichen Schlagzeilen – keinen Grund zu der Annahme, der *Beruf* würde in der Zukunft völlig bedeutungslos werden und wir würden uns in Richtung einer *hedonistischen Freizeitgesellschaft* entwickeln. Richtig ist allerdings, dass der Lebensbereich *Beruf* schon heute seine zentrale Bedeutung im Leben der meisten Menschen verloren hat und weiter verliert. Die Zeiten, in denen die Mehrheit der Menschen glaubwürdig sagen konnte: »Wir leben, um zu arbeiten«, und die spärliche Freizeit überwiegend der Erholung für den Beruf dienen musste, sind – jedenfalls in den meisten Ländern des globalen Nordens – längst vorbei. Insgesamt betrachtet hängen Lebenszufriedenheit und Lebensglück für eine wachsende Zahl von Menschen vermehrt von der Qualität der Lebensbereiche *außerhalb* des Berufs ab. Zukünftig wird der frei verfügbare Teil des gesamten Lebenszeitbudgets weiterwachsen.

Freizeit als Wirtschaftsfaktor

Das wirtschaftliche Wachstumspotenzial der mit dem gesellschaftlichen Phänomen »Freizeit« verbundenen Märkte und Berufe ist beachtlich. Dies liegt allerdings nicht nur am Teilbereich des Tourismus, also an Gastronomie, Hotels, Seilbahnen, Reisebüros und Kur- bzw. Wellnessbetrieben, sondern noch viel mehr an den freizeitbezogenen Entwicklungen im weiten Spektrum von Erlebniskonsum, Medien, Sport, Kultur, Unterhaltung und Bildung. So gesehen gibt es eine Reihe von Berufen, die zwar nicht Freizeitberufe im engeren Sinne sind, in denen jedoch ein wesentlicher Teil der Funktionen mit den vielfältigen Ausprägungsformen des modernen Freizeitlebens eng verbunden ist. Dies gilt etwa für viele Jobs in der Medienwirtschaft, bei der Bahn und beim Flugverkehr, in der Auto-, Rad- und Motorradbranche, in der boomenden Sportgeräte- und Spieleindustrie und in wesentlichen Teilen des Handels. Dazu kommen noch einige freizeitorientierte Arbeitsplätze im Segment des öffentlichen Dienstes, z. B. Mitarbeiter*innen im Freizeitbereich ganztägiger Schulformen, in öffentlichen Bädern, Parks, Spiel- und Eislaufplätzen oder auch bei der Polizei, etwa wenn es um die Regelung des wachsenden Freizeitverkehrs oder um die Sicherung von Sportveranstaltungen geht. Übrigens erfüllen auch Friedhöfe eine vielfach unterschätzte Freizeitfunktion. So paradox dies im Gegensatz zum weit verbreiteten Alltagsverständnis von »Freizeit« klingt: Freizeit ist ein wichtiger Jobmotor der Gegenwart und der Zukunft.

»Life-Domain-Balance« statt »Work-Life-Balance«

Die Qualität des Lebens entwickelt sich zwischen Beruf bzw. Schule, Familie, Freizeit und Schlaf. Für die Vereinbarkeit dieser Lebensbereiche hat sich in der Umgangssprache der Begriff »Work-Life-Balance« eingebürgert. Dieser Begriff signalisiert zwar das richtige Anliegen, ist aber genau genommen falsch. Denn er suggeriert, dass es um eine Balance zwischen *Beruf* und *Leben* geht. Allerdings ist der Beruf selbstverständlich ein Teil des Lebens und es geht um eine möglichst hohe Lebensqualität in *allen* Bereichen der menschlichen Existenz. In diesem Sinne schlagen die beiden Wirtschaftspsycholog*innen Eberhard Ulich und Bettina Wiese (2011) einen neuen Begriff vor: »Life-Domain-Balance«. Nach diesem Verständnis ist auch »Freizeit« ein Lebensbereich, der in einem ausgewogenen Verhältnis zu anderen Bereichen des Lebens stehen sollte.

Rund 85 % der Lebenszeit werden *außerhalb* der Lebensbereiche Beruf und Schule gestaltet

In diesen großen Zeitbudgetanteil ist auch die Schlafzeit (ca. 30 % der Lebenszeit) integriert. Die *nicht* beruflich (bzw. schulisch) gebundene *Wachzeit* macht also bereits deutlich mehr als die Hälfte der statistischen Lebenszeit aus, wobei Teile dieses Zeitsegments, nämlich die so genannte *Obligationszeit* nicht völlig frei gestaltet werden können (z. B. Kindererziehung, Haushalt, notwendige Einkäufe …). Dennoch bleibt ein bereits gegenwärtig erheblicher und zukünftig weiterwachsender Teil der gesamten Lebenszeit für die tatsächliche *Freizeit*, die sich über Freiwilligkeit definiert. In diesem Sinne ist Freizeit jene Zeit, in der man etwas tut, ohne es tun zu müssen. Der Zeitbudgetanteil dieser so genannten *Dispositionszeit* lässt sich selbstverständlich nicht generell für alle Bevölkerungsgruppen in gleichem Ausmaß beziffern. Während nämlich berufstätige Alleinerzieher*innen über ein besonders geringes *freizeit*bezogenes Zeitbudget verfügen, dürfen sich etwa Schüler*innen bzw. Student*innen oder Rentner*innen bzw. Pensionist*innen über einen durchaus beachtlichen Anteil der freizeitbezogenen Dispositionszeit freuen. Im Kontext dieser *quantitativen* Dimension führt die große Vielfalt der freizeitbezogenen Angebotsstruktur und der Gestaltungsmöglichkeiten der Dispositionszeit auch zu einem *qualitativen* Bedeutungszuwachs des Lebensbereichs Freizeit.

ZUKUNFTSDISKURS Nr. 3: Freizeitqualität als Teil der Lebensqualität

»Lebensqualität ist ein sehr weit gefasster Begriff, der sowohl die Qualität der gesellschaftlichen, wirtschaftlichen, ökologischen und politischen Rahmenbedingungen des Lebens als auch die subjektive Bewertung dieser Voraussetzungen beschreibt.« (Popp & Staats 2022, S. 125). Dieser wertneutrale Blick auf das Phänomen »Lebensqualität«, der sich auch in der obigen Definition des Autors des vorliegenden Beitrags manifestiert, setzte sich allerdings im human- und sozialwissenschaftlichen Diskurs erst ab den 1960er Jahren durch (ausführlich dazu: Staats 2022a, 2022b, 2022c; eine Literaturliste zum Thema Lebensqualität: Knecht 2020).

Der unrühmliche Anfang der Quality-of-Life-Definition im Eugenik-Diskurs

Der Begriff »Quality of Life« wurde im *angloamerikanischen Raum* seit seiner frühesten Erwähnung im Jahr 1911 bis in die 1950er Jahre überwiegend im Kontext eines – aus heutiger Sicht verstörenden – Eugenik-Diskurses verwendet (ausführlich dazu: Kovac 2022, S. 34–37). Im Kontext dieses Verständnisses von Quality of Life wurde die Meinung vertreten, dass die Lebensqualität der Mehrheit der Bevölkerung eines Landes nur durch die Ausgrenzung von Menschen mit körperlichen, psychischen, mentalen und sozialen Defiziten gewährleistet werden könne. Vergleichbare Diskurse im *deutschsprachigen* Raum wurden zwar nicht mit dem Begriff »Lebensqualität« geführt, mündeten aber in den nationalsozialistischen Konzepten des »lebensunwerten Lebens« sowie in weiterer Folge in brutalen Tötungsprogrammen.

Die Erwähnung der menschenverachtenden Anfänge der Verwendung des Terminus »Quality of Life« hat nicht nur eine historische Bedeutung, sondern verweist auch auf die Gefahr des zukünftig durchaus möglichen Missbrauchs dieses Begriffs in Verbindung mit ideologisch verengten Programmen des »richtigen« Lebens.

Der wissenschaftliche Diskurs über Quality of Life in Verbindung mit der Sozialindikatoren-Forschung und mit einem multifaktoriellen Nachhaltigkeitskonzept

Erst in den 1960er Jahren entwickelte sich ein sozial-integratives Verständnis von »Quality of Life«. Dieser Wandel begann in den USA, und zwar mit dem einflussreichen Wirtschaftswissenschaftler John Kenneth Galbraith (1959, 1964), der diesen Begriff im Kontext seiner kritischen Analysen zur Kluft zwischen privatem Reichtum und öffentlicher Armut nutzte. Besonders populär und politisch relevant wurde dieser Begriff, als der US-amerikanische Präsidentschaftskandidat und spätere Präsident, Lyndon B. Johnson, im Wahlkampf des Jahres 1964 den Terminus »Quality of Life« im Sinne von Galbraith programmatisch verwendete (Johnson 1994; ausführlich dazu und zu den folgenden Entwicklungen in Deutschland sowie zur Sozialindikatoren-Forschung: Knecht 2022, S. 40–42).

In Deutschland wurde der Begriff »Lebensqualität« vorerst von den Gewerkschaften im Hinblick auf ihr Programm für eine zukunftsweisende Gesellschaftspolitik aufgegriffen. Besonders deutlich lässt sich dies im Titel eines 1972 veranstalteten großen Kongresses der Industriegewerkschaft (IG-Metall) nachvollziehen: »Aufgabe Zukunft: Qualität des Lebens«. Die außerordentlich vielfältigen Ergebnisse dieses Kongresses wurden in den Jahren 1972 bis 1974 in zehn Bänden dokumentiert (Friedrichs 1972–1974).

Im Bereich der Wissenschaft spiegelte sich dieser politische Diskurs in Form der Sozialindikatoren-Forschung wider. Die internationale Entwicklung dieses Forschungsansatzes wurde bereits 1970 von der OECD – in Verbindung mit dem Quality-of-Life- Begriff – mit dem »Program of Work on Social Indicators« gestartet. Moderne Ausprägungsformen dieses Forschungsansatzes finden sich im internationalen Quality-of-Life-Vergleich der OECD-Mitgliedsländer[1] sowie in den European Quality of Life Surveys (EQLS) des Eurofounds der EU.[2]

Im aktuellen wissenschaftlichen Quality-of-Life-Diskurs wird – über die Auseinandersetzung mit den ökonomischen, gesundheitlichen, sozialen und politischen Rahmenbedingungen hinaus – die Frage nach den *ökologischen* Voraussetzungen

---

1 www.oecdbetterlifeindex.com
2 https://www.eurofound.europa.eu/surveys/european-quality-of-life-surveys

immer wichtiger. In Kontext des diesbezüglichen *multidimensionalen* Nachhaltigkeitskonzepts rücken Diskurse über die Zukünfte der Lebensqualität in den Mittelpunkt des wissenschaftlichen Interesses.

Quality of Life – im Spannungsfeld zwischen dem *skandinavischen* und dem *US-amerikanischen* Ansatz

Im wissenschaftlichen Quality-of-Life-Diskurs entwickelten sich ab den 1970er Jahren zwei Strömungen, die von Noll (2000, 7) und Zapf (1977) als »skandinavischer Ansatz« bzw. »amerikanischer Ansatz« tituliert wurden.

- Der skandinavische (vor allem schwedische) Ansatz »versucht Wohlfahrt und Lebensqualität mit objektiven Indikatoren wie Arbeitslosenquoten, Armutsraten, Wochenarbeitszeit, absolvierten Schuljahren, Säuglingssterblichkeit und Selbstmordraten zu messen.« (Knecht 2022, 43)
- Der US-amerikanische Ansatz untersucht dagegen mit Hilfe von repräsentativen Befragungen »subjektive Wahrnehmungs- und Bewertungsprozesse« (ebd.). Bei diesem stark individualisierten Ansatz realisiert sich *Quality-of-Life*-Forschung überwiegend als *Glücks*forschung.

Im deutschsprachigen Raum ist dem langjährigen wissenschaftlichen Geschäftsführer des Wissenschaftszentrums Berlin für Sozialforschung (WZB), Wolfgang Zapf, seinem Mitarbeiter, Wolfgang Glatzer, und in weiterer Folge Heinz-Herbert Noll zu verdanken, dass Forschungsmethoden aus beiden Ansätzen kombiniert wurden, und die mit Hilfe von Sozialindikatoren realisierte Quality of Life-Forschung mit soziologischen Konzepten des Sozialen Wandels und der Sozialen Innovation verknüpft wurden (vertiefend dazu: Glatzer 1984; Glatzer & Zapf 1984; Knecht 2010; Noll 2004, 2014a, 2014b, 2000, 2021, 2022; Zapf 1972, 1977, 1984, 2000).

Sechs Beispiele für die *vielfältige* Verwendung der Begriffe »Quality of Life« bzw. »Lebensqualität«

Die Begriffe »Quality of Life« bzw. »Lebensqualität« werden in vielfältigen Bedeutungen und Zusammenhängen verwendet. Dies lässt sich – ohne Anspruch auf Vollständigkeit – an den folgenden sechs Beispielen verdeutlichen.

> **BEISPIEL 1: Lebensqualität als Modewort im heutigen alltäglichen und medialen Sprachgebrauch**
>
> Beeinflusst vom Marketing werden mit Hilfe des emotional positiv besetzten Begriffs »Lebensqualität« Urlaubsreisen gebucht, Lebensmittel ausgewählt, Hobbys gepflegt, Restaurants besucht, Häuser geplant, Wohnungen eingerichtet und Entscheidungen für Aktivitäten aus der vielfältigen Angebotsstruktur des

Freizeitlebens getroffen. Auch für die Präsentation politischer Programme wird der Begriff »Lebensqualität« genutzt. Ebenso finden sich in der vielfältigen Ratgeberliteratur mehr oder weniger kluge Ratschläge für die Optimierung der *individuellen* Lebensqualität.

BEISPIEL 2: Lebensqualität als Begriff für individuelles Glück

Vieldeutig ist auch der mit dem Terminus *Lebensqualität* verwendete Begriff *Glück (Happyness)*, der sich vor allem auf die subjektive Befindlichkeit der Individuen bezieht. Dies gilt sinngemäß auch für die Begriffe *Wohlbefinden* und *Zufriedenheit*. Eine ausgezeichnete historische, systematische und multidisziplinäre Auseinandersetzung mit dem Phänomen *Glück* findet sich im Handbuch von Thomä, Henning und Mitscherlich-Schönherr (2011). Einen gesellschaftlichen und politischen Bezug der Glücksforschung stellt Layard (2005) her. Bei Diskussionen über »Glück« (auch in den diesbezüglichen wissenschaftlichen Diskursen) geht es jedoch selten um die *Rahmenbedingungen* des privaten Glücks, sondern um das individuelle Glücksempfinden. Dies erinnert an die Unabhängigkeitserklärung der USA, in der das individuelle »Streben nach Glück« als eines der unveräußerlichen Rechte der Menschen verankert ist. Dass dieses Streben ohne eine existenzsichernde Sozialversicherung an frühe Grenzen stößt, wissen viele Millionen US-Amerikaner aus eigener leidvoller Erfahrung. Nach der Gemeinwohl-Logik der europäischen Sozialstaaten lässt sich jedoch das Glück der Einzelnen nicht so leicht von der (Mit-)Verantwortung für die Lebensqualität und das Glück der Mitmenschen abkoppeln.

BEISPIEL 3: Lebensqualität als wissenschaftlicher Begriff für subjektives Wohlbefinden im Zusammenhang mit gesundheitlichen Problemen und gesundheitsbezogener Prophylaxe

In dieser engeren Bedeutung wird der Begriff *Lebensqualität* in der Medizin, der klinischen Psychologie und der Psychotherapiewissenschaft verwendet. Zur Messung dieser subjektiven Dimension der Lebensqualität wurden mehrere Tests und Fragebögen entwickelt (siehe dazu u. a.: Cohen et al. 2019; Flanagan 1978; Zentren für die Kontrolle und Prävention von Krankheiten CDC 2000). Global am weitesten verbreitet ist der interkulturell orientierte und in mehr als 40 Sprachen verfügbare Fragebogen WHOQOL-BREFWHO der Weltgesundheitsorganisation, WHO (2012). Vertiefend zur Nutzung des Quality of Life-Konzepts im Zusammenhang mit gesundheitlichen Problemen und gesundheitsbezogener Prophylaxe u. a.: Likar, Bernatzky, Pinter et al. 2017; Popp 2017; Schübel 2016 und 2022.

BEISPIEL 4: Quality of Life und Zukunftsfähigkeit – in Verbindung mit den »Sustainable Development Goals«

In jüngerer Zeit werden die Termini »Quality of Life« bzw. »Lebensqualität« häufig mit Diskursen über Sustainable Development Goals und auf diese Weise mit der Forderung nach einer wünschenswerten Zukunft verbunden (vertiefend dazu: Feigl 2022; Nussbaum & Sen 1993). Der Begriff »Nachhaltigkeit« (Sustainability) wurde allerdings in den vergangenen Jahren im medialen und politischen Sprachgebrauch sehr stark auf den Aspekt der *ökologischen* Nachhaltigkeit reduziert. Im Kontext eines weiten (multifaktoriellen) Verständnisses von Lebensqualität müssen jedoch ökologische, ökonomische und gesellschaftlich-soziale Aspekte der Nachhaltigkeit verknüpft werden (dazu u. a.: Nussbaum & Sen 1993). Bei der Verknüpfung der Quality-of-Life-Forschung mit der Nachhaltigkeitsforschung müsste es also um Zukunftsfragen der Lebensqualität in allen Lebensbereichen, wie z. B. Wohnen, Familie, Partnerschaft, Bildung, Beruf, Freizeit, Konsum, Gesundheit, sozialer Zusammenhalt u. a., gehen. In diesem Sinne müsste ein weiter Nachhaltigkeitsbegriff (orientiert an den von der UNO im Jahr 2015 beschlossenen 17 Sustainable Development Goals) mit einem multifaktoriellen Lebensqualitätsbegriff inhaltlich verknüpft werden. Dabei darf auch der enge Zusammenhang zwischen Lebensqualität und Lebensstandard nicht vernachlässigt werden.

BEISPIEL 5: Lebensqualität und Lebensstandard

Der Lebensstandard ist die ökonomische Basis sowohl der Lebensqualität und des Glücks als auch des sozialen Zusammenhalts. Für den größten Teil der Menschen sind Lebensstandard und Kaufkraft – sowohl gegenwärtig als auch bei der Vorausschau auf die Zukunft – wichtige, jedoch keineswegs *alleinige* Kriterien für eine gute Lebensqualität. Auch zukünftig müssen sich die Menschen nicht zwischen Geld und Glück entscheiden. Vielmehr bleibt der Lebensstandard eine der wichtigsten Voraussetzungen für die Lebensqualität. Allerdings stellt sich auch die Frage, ob die sehr stark mit dem ökonomischen Lebensstandard verbundenen traditionellen Konzepte der Lebensqualität der reicheren Länder zukünftig mit den globalen Entwicklungszielen der ökologischen Nachhaltigkeit vereinbar sind (ausführlicher dazu: Noll 2022).

Materielle und immaterielle Aspekte der Lebensqualität
Im medialen Diskurs wird im Hinblick auf die so genannten »immateriellen« Aspekte der Lebensqualität häufig der Einfluss des Lebensstandards vernachlässigt. Genauer betrachtet haben diese vermeintlich immateriellen Bereiche des Lebens eine beachtliche materielle Dimension. Man denke etwa an Gesundheit, Partnerschaft und Familie, die sehr viel Geld kosten. Ebenso gibt es die meisten Aktivitäten in der Freizeit und in der Natur nicht zum Nulltarif.

Führt mehr Wohlstand immer zu höherer Lebensqualität?
Ein berühmter Refrain in Bertold Brechts »Dreigroschenoper« lautet: »Nur wer im Wohlstand lebt, lebt angenehm.« Allerdings führt mehr Wohlstand nicht immer zu mehr Lebensqualität und Glück. Wenn das Einkommen so hoch ist, dass die meisten materiellen Bedürfnisse befriedigt sind, lässt sich das subjektive Glücksempfinden durch zusätzlichen Geldsegen lediglich eingeschränkt steigern. Diese begüterte Zielgruppe konzentriert sich deshalb bei der Suche nach zusätzlicher Lebensqualität

vor allem auf immaterielle Werte. Auf dieses Phänomen machte der US-amerikanische Wirtschaftswissenschaftler Richard Easterlin (1974, 2004) bereits in den 1970er Jahren aufmerksam. Diese plausiblen Zusammenhänge zwischen Geld und Glück werden durch viele empirische Untersuchungen bestätigt, u. a. von Kahneman und Deaton (2010). In der öffentlichen Meinung werden diese Erkenntnisse jedoch häufig auf *alle* Menschen bezogen. Allerdings treffen die für wohlhabende Menschen geltenden Zusammenhänge zwischen Einkommen und Lebensqualität keineswegs für die unteren und nur sehr begrenzt für die mittleren Einkommensgruppen zu.

Lebensqualität und Lebensstandard im sozialen Vergleich
Für den Zusammenhang zwischen Geld und Lebensqualität bzw. Glück spielen allerdings nicht nur bestimmte finanzielle Obergrenzen eine Rolle, sondern auch der *Vergleich* mit Nachbarn und Bekannten sowie mit Kolleg*innen im Betrieb. In der Arbeitswelt spiegelt die Höhe des Einkommens meist die Rangordnung innerhalb des Unternehmens wider. In der Freizeitwelt wird dieser soziale Vergleich durch den kritischen Blick auf die Wohnungsgröße und -einrichtung, den Preis der erworbenen Konsumgüter, die Urlaubsziele oder die Automarke realisiert.

Lebensqualität und Arbeitsqualität
In enger Verbindung mit dem Lebensstandard spielt die *Arbeitsqualität* als wesentlicher Teil der Lebensqualität eine wichtige Rolle (ausführlich dazu u. a. Freiling, Conrads, Müller-Osten & Porath 2020; Gren 2023; Popp 2018, 2019a, 2019d; Popp & Reinhardt 2019; Popp, Steinbach, Linnenschmidt & Schüll 2013).

BEISPIEL 6: Komplexe Rahmenbedingungen von Lebensqualität bzw. Quality of Life und deren subjektive Bewertung

Die Komplexität der Begriffe »Lebensqualität« bzw. »Quality of Life« wurde von dem Sozialwissenschaftler Erik Allardt (1976, 1993) bereits in den 1970er Jahren zutreffend beschrieben. In diesem Sinne ist Lebensqualität die Kombination aus drei großen Dimensionen des menschlichen Lebens, wobei sowohl der Lebensstandard als auch der soziale Zusammenhalt zentrale Rollen spielen:

- *Having* umfasst sowohl die Ressourcen für den materiellen Lebensstandard (z. B. Einkommen, Wohnen, Beruf) als auch die Ressourcen für Bildung, Gesundheit und natürliche Umwelt. *Having* ist die Basis für *Loving* und *Being*.
- *Loving* bezieht sich auf die Zugehörigkeit zu sozialen Gruppen, von der Familie über Freundschaftsbeziehungen in Schule, Beruf und Freizeit bis hin zu sozialen Netzwerken in der Nachbarschaft, im Stadtteil bzw. in der Gemeinde oder auch in der medialen Kommunikation.
- *Being* meint die Möglichkeit zur Selbstverwirklichung und Sinnfindung in allen Lebensbereichen sowie die Chance für Partizipation in der Schule, im Betrieb, in der Politik – und selbstverständlich auch in der Freizeit.

Vertiefende Analysen zu den oben aufgelisteten sowie zu weiteren multidisziplinären Verknüpfungen mit dem Phänomen »Lebensqualität« finden sich u. a. in: Jank-Humann, zu Hohenlohe & Popp 2024; Popp 2017, 2019a, 2019b, 2019c, 2020a, 2020b, 2022a, 2022b, 2022c, 2023c, 2023d, 2024b, 2025; Popp & Grundnig 2021; Popp, Hofbauer & Pausch 2010; Popp & Ott 2020; Popp & Reinhardt 2015b, 2019; Staats 2022, 144–750.

Lebensqualität & Freizeitqualität
Die Frage der Freizeitqualität spielte bisher im Kontext des wissenschaftlichen Lebensqualität-Diskurses nur eine Nebenrolle (einige der wenigen diesbezüglichen Beispiele: Popp & Reinhardt 2015a, 166–263; mehrere Beiträge in Popp 2005; Weller 2005). Dies spricht für eine Verstärkung der diesbezüglichen Forschungsaktivitäten.

ZUKUNFTSDISKURS Nr. 4: Zukunftsfähige Freizeitbildung in Schulen

Der mit einer Vielzahl und Vielfalt der Entscheidungsoptionen verbundene Bedeutungszuwachs des außerordentlich komplexen gesellschaftlichen Phänomens *Freizeit* spricht für die unverzichtbare Notwendigkeit von Orientierungshilfen, die in besonderer Weise durch die vielfältigen Ausprägungsformen der *Bildung* bereitgestellt werden müssen. In diesem Sinne soll Freizeitbildung die Qualität des Freizeitlebens steigern und so zur Verbesserung der gesamten Lebensqualität beitragen. Im Hinblick auf diese Zielsetzung ist eine tiefgreifende Veränderung des gesamten Bildungssystems und in diesem Zusammenhang des Schullebens erforderlich. Dieser Wandel lässt sich – ohne Anspruch auf Vollständigkeit – mit der im Folgenden vorgestellten Entwicklungsdynamik skizzieren.

Freizeitbildung erfordert ein neues Bildungsbewusstsein statt der Forderung nach »Unterrichtsvollzugsanstalten«

Schon längst besteht der dringende Handlungsbedarf im Bereich der Bildungspolitik nicht mehr nur in der Realisierung einzelner kleiner Maßnahmen und Korrekturen in den bestehenden Bildungsinstitutionen. Vielmehr geht es um die Entwicklung eines neuen Bildungsbewusstseins, also um die weite Verbreitung des Verständnisses für die zukunftsrelevante Bedeutung einer auf alle Lebensbereiche – auch auf das Freizeitleben – bezogenen lebensbegleitenden Bildung; einer Bildung, die überwiegend Freude bereitet und bei der die Kür gleich wichtig ist wie die Pflicht. Derzeit gibt es jedoch noch eine beachtliche Anzahl von Bürger*innen, in deren Köpfen sehr traditionelle Vorstellungen von den Strukturen und Funktionen der schulischen Bildung verankert sind; Vorstellungen, die man vielleicht – etwas überspitzt formuliert – mit dem Begriff »Unterrichtsvollzugsanstalt« kennzeichnen könnte. Das neue und zukunftsfähige Bildungsbewusstsein wird sich gegen die von den reformresistenten Kräften inszenierten Innovationswiderstände nur dann durchsetzen, wenn alle innovationsfreudigen Personen und Institutionen zusammenwirken, also

- die immer größer werdende Gruppe der bildungswissenschaftlich fundierten und pädagogisch engagierten Lehrer*innen,
- die immer qualitätsvoller werdenden Institutionen der schulpädagogischen Aus- und Weiterbildung,
- jene Repräsentant*innen der Eltern und der Schüler*innen, die den Zukunftstraum von einer besseren Bildung noch nicht aufgegeben haben, und
- selbstverständlich die reformorientierten Kräfte in der Bildungspolitik.

Im Kontext dieses auf die Bewältigung der zukünftigen Herausforderungen bezogenen multiperspektivischen Bildungsbewusstseins kommt der Vorbereitung auf die vielfältigen Ausprägungsformen des gesellschaftlichen Phänomens Freizeit eine wachsende Bedeutung zu (vertiefend zum Thema »Freizeit und Schule« siehe u. a.: Opaschowski 1977; Wilken 2005; Zellmann 2003).

Ganztägige Schulformen: Zukunftskonzept für Freizeitbildung oder Aufbewahrungsprojekt?

Im Hinblick auf die flächendeckende Realisierung ganztägiger Schulformen gibt es sowohl in Deutschland als auch in Österreich den größten Nachholbedarf im Bereich der Schularchitektur. Denn Gebäude sind bekanntlich gebaute Konzepte, und die meisten real existierenden Bildungsbauten sind steinerne Zeugen eines längst überholten Konzepts der lehrerzentrierten und frontalen Vermittlung von Wissen. In diesem Sinne muss die Schularchitektur von morgen die pädagogischen Konzepte von gestern reformieren. Die Infrastruktur der meisten Schulen reicht gerade einmal für die Abwicklung des herkömmlichen Unterrichts aus. Die für den Freizeitbereich einer Ganztagsschule unverzichtbaren Räume und Bereiche fehlen fast in jeder Bildungsimmobilie, etwa für multimedial experimentierende Kleingruppen, für selbst organisiertes künstlerisch-kreatives Gestalten, für jugendgemäße Bewegungskultur, für geselliges Beisammensein oder für stille Rückzugsecken. Bei der Gestaltung des Unterrichts in einer ganztägigen Schulform sind die individuellen Interessen, Neigungen und Lerngewohnheiten der Schüler*innen, die Biorhythmen der Kinder und Jugendlichen sowie das Bildungspotenzial neuer Medien viel mehr zu berücksichtigen, als es bislang getan wird. Hausaufgaben haben nach einem ganztägigen Aufenthalt in der Schule selbstverständlich ausgedient. Ganztägige Schulformen sind eine nachhaltige Qualitätsverbesserung der Angebotsstruktur des Bildungswesens; allerdings nur dann, wenn die räumlichen, personellen und pädagogischen Rahmenbedingungen passen. Sonst wird aus einer zukunftsfähigen Idee ein qualitätsloses Aufbewahrungsprojekt.

Lernen funktioniert nur zum Teil durch Lehren

Der allergrößte Teil der lebenslangen Lernprozesse findet ohne Lehrer*innen statt. Zur Vorbereitung auf dieses selbstorganisierte lebensbegleitende Lernen müssten zukünftig die individuellen Interessen, Neigungen und Lerngewohnheiten der Kinder und Jugendlichen sowie das Bildungspotenzial neuer Medien viel stärker berücksichtigt werden als heute. In diesem Sinne müssten sich in der Schule der Zukunft die Rollen der Lehrer*innen wandeln. Die gegenwärtig noch dominanten Funktionen des Unterrichtens und Prüfens sollten zukünftig zu Gunsten des Aktivierens, Motivierens, Arrangierens und Moderierens von Lernprozessen reduziert werden. Dies erfordert jedoch nicht nur eine reformierte Schulorganisation, sondern auch eine umfassende inhaltliche Reform der Aus- und Weiterbildung von Lehrer*innen.

45- bis 50-minütige Unterrichtshäppchen bereiten weder auf die Arbeitswelt noch auf die Freizeitwelt der Zukunft vor

Die in schulischen Institutionen übliche Strukturierung der Zeit ist ein längst überkommener Rest der monarchistischen Militärpädagogik aus den Zeiten von Friedrich II. in Deutschland und von Maria Theresia in Österreich: Eine Exerziereinheit dauerte damals eine Stunde, wobei zehn Minuten für den Gang auf die Toilette und als Rauchpause abgezogen wurden. Bei der Einführung der Schulpflicht wurden in beiden Ländern viele frühere Soldaten als Lehrer eingesetzt und einige Rituale der Ausbildung der Rekruten übernommen. Im heutigen und zukünftigen flexibilisierten Arbeitsleben spielt die Einteilung der Arbeitszeit in 45- bis 50-minütige Einheiten keine Rolle, und für die bedürfnisorientierte Gestaltung der Freizeit sind derartige rigide Zeitstrukturen hinderlich. In Zukunft muss sich die zeitliche Strukturierung des Schulalltags weniger an der historischen Logik der Kasernenhöfe, sondern stärker an den Biorhythmen der Schüler*innen und an der Bewältigung von projektbezogenen Aufgaben orientieren.

Innovationsbedarf beim schulischen Sportunterricht

Der schulische Sportunterricht muss sich zukünftig von vielen Traditionen verabschieden und sowohl die körperliche als auch die mentale und motivationale Basis für ein freizeit- und gesundheitssportlich bewegtes Leben schaffen. Mit Blick auf die rasant steigenden Kosten für die Behandlung von Herz- und Kreislauferkrankungen, Haltungsschäden, Übergewicht und Diabetes wäre allein schon aus volkswirtschaftlicher Sicht ein Sportunterricht, der sich an der Einübung von Aktivitäten des gesundheitsbezogenen Freizeitsports orientiert, eine zukunftsweisende pädagogische Innovation. Diese Entwicklung müsste sich auch auf die Architektur der sehr teuren schulischen Sportstättenbau auswirken. Die Zukunft gehört Sporträumen und -plätzen im Wohnumfeld, die sich rasch neuen Bewegungsbedürfnissen anpassen lassen.

Schulische Freizeitbildung erfordert multiprofessionelle Teams

Zum arbeitsteilig organisierten Team einer Schule sollten zukünftig nicht nur Lehrer*innen, sondern auch Expert*innen für Schulpsychologie, psychosoziale Beratung, Soziale Arbeit und vor allem auch für Freizeitpädagogik gehören.

PISA-Tests: Ergänzung der punktuellen pädagogischen *Produkt*evaluation durch die kritische Analyse der Bildungs*prozesse*

Die für den internationalen PISA-Vergleich gestellten Fragen beziehen sich – im Sinne einer *produkt*orientierten Evaluationsforschung – überwiegend auf die Messung der jeweils aktuellen Kompetenzen der Schüler*innen in den Bereichen Rechnen, Schreiben und Lesen. Bei aller Wertschätzung der Bemühungen der OECD um eine bessere internationale Vergleichbarkeit basaler Schulleistungen sollte zu denken geben, dass nicht nur die skandinavischen Länder mit ihrem partizipativen und schülerzentrierten Bildungssystem, sondern auch Länder wie Südkorea mit Hilfe von sehr autoritären Konzepten und extremem Leistungsdruck exzellente Ergebnisse bei den PISA-Tests erzielen. Zukünftig sollte es nicht nur um die Erhebung des *Outputs* schulischer Bildung gehen, sondern auch um die Frage nach der pädagogischen und ethischen Qualität erfolgreicher Bildungs*prozesse* – einschließlich der Prozesse der Freizeitbildung.

Digitalisierte Maschinen werden immer öfter Bildungswerkzeuge des Menschen – auch im Bereich der Freizeitbildung

Zukünftig wächst die pädagogische Potenz elektronischer Medien. Die digitale Evolution wird die Arbeits- und Lebenswelt der Menschen zukünftig noch stärker prägen als bereits heute. Während E-Working, E-Banking, E-Commerce und E-Government boomen, hält sich die Entwicklungsdynamik beim *E-Learning* noch in engen Grenzen. Dennoch ist es für eine zukunftsfähige digitale Bildung in Schulen nicht zielführend, ein eigenes Unterrichtsfach zu schaffen. Vielmehr muss der technisch kompetente, datenschutzrechtlich einwandfreie sowie inhaltlich kritisch-differenzierende Umgang mit digitalisierten Maschinen und Medien *alle* Bereiche der schulischen Bildung durchdringen.

Obwohl das Lernen – sowohl in den Bildungsprozessen des Kindes- und Jugendalters als auch beim lebensbegleitenden Lernen – zukünftig immer öfter ohne Lehrer*innen funktionieren wird, werden Pädagog*innen in der Bildungswelt von morgen und übermorgen immer wichtiger werden. Allerdings wird sich ein Teil dieser Berufsgruppe auf die Produktion von qualitätsvollen und interaktiven Lehr- und Lernprogrammen (multimedialen Informationen, Strategiespielen, Serious Games ...) für alle Altersgruppen spezialisieren. Diese digitalisierten Angebote machen Bildung – zumindest teilweise – unabhängig von vorgegebenen Orten und Zeiten. Die Bildungsprozesse in der Kinder- und Jugendphase müssen auf die zukünftigen Formen des lebenslangen Lernens im Erwachsenenalter vorbereiten. Dabei geht es um die ausgewogene Kombination von individualisierten Lernprozessen mit kommunikativen Sozialphasen.

Mit Hilfe der neuen Medien haben sich bereits heute die Möglichkeiten des Zugriffs auf das weltweit verfügbare Wissen vervielfacht. In diesem Prozess der Globalisierung des Wissens stehen wir allerdings erst am Anfang. Zukünftig wird es bei den Bildungsprozessen immer weniger um die Speicherung von Wissen gehen. Das können digitalisierte Maschinen viel besser. Denn das menschliche Gehirn ist bekanntlich keine Festplatte. Deutlich besser als der beste Computer ist unser Gehirn jedoch beim Verstehen, Planen und Gestalten von komplexen Zusammenhängen – im Zusammenspiel zwischen rationaler Analyse, sozialer Empathie, kreativer Innovation, kooperativem Handeln und ethisch fundierten Werturteilen.

Sowohl in der berufsbezogenen als auch in der freizeitbezogenen Bildung der Zukunft benötigen wir nicht nur eine technisch funktionierende, sondern auch eine ethisch fundierte Arbeitsteilung zwischen dem gebildeten Menschen einerseits und seinen Bildungswerkzeugen, den wissensspeichernden und datenverknüpfenden Maschinen, andererseits (dazu vertiefend: Müller, O. 2010; zu Technikfolgen der Digitalisierung: Capurro 2017; Popp 2023c, 2023d; zu Freizeit und Medien: Fromme 2005).

ZUKUNFTSDISKURS Nr. 5: Zukunftsfähige Freizeitbildung jenseits von Schulen

Modernisierung der Erwachsenenbildung

Bildung wird zukünftig immer öfter außerhalb von Schulen und Hochschulen stattfinden und die digitalen Medien beschleunigen die Flexibilisierung und Individualisierung des lebensbegleitenden Lernens. Viele Einrichtungen der Erwachsenenbildung klammern sich jedoch noch an die Didaktik des schulischen und lehrerzentrierten Unterrichts. Gleichzeitig bereiten sich innovative Erwachsenenbildner*innen auf eine bessere Zukunft vor. Dabei spielen die Kombination diskursiver und reflexiver Präsenzphasen mit interaktiven und unterhaltsamen E-Learning-Kursen sowie die kompetente Beratung für das Lernen mit Hilfe neuer Medien eine wichtige Rolle. Auch die erwachsenengerechte Begleitung der individuellen Lernprozesse bildungswilliger Menschen wird immer wichtiger.

Inhaltlich betrachtet dient derzeit ein sehr großer Teil der Angebote der Erwachsenenbildung dem Erwerb von Fähigkeiten und Fertigkeiten für den Beruf. Dagegen hat das Segment der Bildungsangebote für die Förderung der Persönlichkeitsentwicklung und der Freizeitqualität in den vergangenen Jahren an Bedeutung verloren. Zukünftig bleibt die Anpassung der Kompetenzen an die rasch voranschreitenden Veränderungen des *Berufs*lebens zwar wichtig, aber Bildung für den großen Rest des Lebens – einschließlich des *Freizeit*lebens – darf dabei nicht vernachlässigt werden. Nicht nur die Dynamik der Arbeitswelt, sondern auch die Beziehungs- und Erziehungsprobleme in der Familie, die bunte Vielfalt des Konsum- und Geldlebens, die Planung und Realisierung von gesundheitsbewusster Bewegung und Ernährung, das ehrenamtliche Engagement für den sozialen Zusammenhalt sowie vor allem auch die Gestaltung der Freizeit erfordern immer wieder neues Wissen und Können. In diesem Zusammenhang wird ebenso der Bedarf an Freizeitbildung für die Altersgruppe 60 plus zukünftig eine deutlich größere Rolle spielen, u.a. im Hinblick auf die *mentale Altersvorsorge* für die Bewältigung der Herausforderungen der zeitlich flexiblen nachberuflichen Lebensphase (vertiefend dazu: Opaschowski 2004, S. 159–181; Opaschowski & Reinhardt 2007, 130–163; Popp 2021a, 59–61; Popp & Reinhardt 2015a, 303–305). Außerdem besteht auch bei der Nutzung der neuen Medien ein nicht zu unterschätzendes generationenspezifisches Zukunftsproblem in der *digitalen Spaltung* zwischen Jung und Alt. Dies ist eine schwerwiegende Herausforderung. Denn zukünftig wird es immer schwieriger, *off*line zu leben! Hier kann und muss eine zukunftsfähige Erwachsenenbildung wertvolle Lebenshilfe leisten.

Lebensbegleitende Freizeitbildung

Selbst in Ländern wie Deutschland und Österreich, in denen es nicht nur die Schulpflicht, sondern auch flächendeckend Schulen gibt, verbringen die Durchschnittsbürger*innen höchstens 3 bis 4 % der Lebenszeit mit schulischer (einschließlich hochschulischer) Bildung; Vor- und Nachbereitung schon mitgezählt. In den restlichen 96 bis 97 % der Lebenszeit dominieren unterschiedliche Formen der *informellen* (bzw. *non-formalen*) Bildung. Dennoch kümmern sich die Politik, die Wirtschaft und große Teile der Gesellschaft fast ausschließlich um die Probleme und Herausforderungen der großen Bildungsinstitutionen und viel zu selten um die vielfältigen Ausprägungsformen des Lernens ohne Lehrer*innen, des Lernens außerhalb von Schulen sowie der Bildung *in* der Freizeit und *für* die Freizeit. Dabei geht es um die mannigfaltigen Lernerfahrungen in der Familie, im Freundeskreis, am Arbeitsplatz, im Sportverein, beim sozialen Engagement, beim Besuch von Museen, Science Centern, Theatern und Zoos, bei der Lektüre von Zeitungen, Zeitschriften und Büchern oder beim Radiohören und Fernsehen. Eine rasant wachsende Bildungsfunktion kommt ebenso dem Internet zu. Und auch zukünftig gilt: Reisen bildet.

Eine zukunftsfähige Bildungspolitik muss also den Blick für die Weite der Bildungswelten schärfen. Der Bildungsbegriff der meisten Menschen ist jedoch nachhaltig von ihren schulischen Erfahrungen geprägt. In Anbetracht der kommunikativen, organisatorischen und räumlichen Rahmenbedingungen der meisten Schulen wird Bildung nur selten mit Lust, sondern vielmehr mit Last verbunden. Dies ist eine schwere Hypothek für die Motivation zu lustvollem lebensbegleitendem Lernen.

Lebensbegleitende Freizeitbildung ermöglicht das Verstehen von komplexen Zusammenhängen des gesellschaftlichen Phänomens »Freizeit« und die sowohl bedürfnisbefriedigende als auch verantwortungsvolle Bewältigung der damit verbundenen Herausforderungen. Diese reflexive Bewältigungskompetenz ist eine der wesentlichen Ressourcen für die zukunftsfähige Gestaltung der vielfältigen Ausprägungsformen der Lebensqualität – einschließlich der Freizeitqualität. Zukünftige Lernprozesse in einer auf viele Lernorte und auf mehrere Lebensphasen verteilten *Schule des Lebens* beziehen sich nur mehr zum kleineren Teil auf die Kinder- und Jugendzeit. Vielmehr geht es um offene, flexible und häufig medial unterstützte Bildungsangebote u. a. für das familiäre Beziehungs- und Erziehungsleben, für die sinnerfüllte Gestaltung der immer länger dauernden nachberuflichen Lebenszeit oder auch für eine Verbesserung der Wohnkompetenz. Der zuletzt genannte Aspekt der freizeitbezogenen Kompetenzentwicklung wird im folgenden Zukunftsdiskurs vertieft reflektiert.

ZUKUNFTSDISKURS Nr. 6: Freizeitbildung und Zukunftskompetenzen

Vorausschauende Bildung aus der Sicht der UNESCO und der OECD: Futures Literacy und Futures Thinking

Der Begriff »Futures Literacy« wurde von dem Foresight-Experten Riel Miller (2018, 15) im Zuge seiner Arbeit bei der UNESCO geprägt. Der Ansatz bezieht sich auf die menschliche Fähigkeit, Imagination für die Vorbereitung auf die ungewisse Zukunft nutzbar zu machen (vertiefend dazu: Strecker 2022, 72.) Kernstück des Futures Literacy-Ansatzes sind die »Anticipatory Assumptions« (UNESCO 2019; vertiefend dazu: Bergheim 2020). Das »Futures Thinking«-Konzept der OECD (2020) versteht sich als Verfahren zur kritischen Vorausschau auf die Vielzahl der möglichen Zukunftsentwicklungen.

Freizeitbildung erfordert den Bedeutungszuwachs der Schlüsselkompetenzen

Im Zusammenhang mit der wissenschaftlichen Diskussion über die Frage, was Menschen im Hinblick auf die Bewältigung der vielfältigen Herausforderungen in den unterschiedlichen Bereichen des Lebens wissen und können sollten, werden die früher üblichen Begriffe wie Fachwissen, Fähigkeiten oder Fertigkeiten zunehmend durch den übergeordneten Begriff *Kompetenzen* abgelöst. Dabei wird meist zwischen den folgenden zwei großen Kompetenztypen unterschieden:

- den seit jeher und auch zukünftig unverzichtbaren *Fach*kompetenzen sowie
- den zukünftig immer wichtiger werdenden *Schlüssel*kompetenzen.

Fachkompetenzen

Mit diesem Begriff werden meist nur jene Wissensbestände, Fähigkeiten und Fertigkeiten bezeichnet, die für die professionelle Bewältigung der Herausforderungen in spezifischen *Berufen* erforderlich sind. Für das Wissen und Können in Bezug auf die vielfältigen (z. B. sportlichen, künstlerisch-kreativen, medialen etc.) *Freizeit*aktivitäten wird dagegen der Terminus »Fachkompetenzen« eher selten verwendet. Dies sollte sich ändern.

Schlüsselkompetenzen

Über das oben erwähnte *fachliche* Wissen und Können hinaus ist – sowohl in der Arbeitswelt als auch in der Freizeitwelt – zunehmend ein Bündel von Wissensbeständen, Fähigkeiten und Fertigkeiten erforderlich, das unter den Bedingungen der dynamischen gesellschaftlichen und wirtschaftlichen Wandlungsprozesse die flexible Lösung von Problemen ermöglicht. Die Bedeutung dieser zunehmend unverzichtbaren Kompetenzen wurde bereits in den 1970er Jahren in einem vorausschauenden Zeitschriftenbeitrag von Dieter Mertens (1974) hervorgehoben, wobei er diesen Kompetenztypus als Schlüssel*qualifikationen* bezeichnete. In Anbetracht seiner Funktion als Gründungsdirektor des Instituts für Arbeitsmarkt und Berufsforschung und der deutschen Bundesanstalt für Arbeit bezog sich Mertens überwiegend auf die Herausforderungen in der Arbeitswelt. Ab den 1990er Jahren wurde der Terminus »Schlüsselqualifikationen« vom bis heute üblichen Begriff »Schlüssel*kompetenzen*« abgelöst. Der heutige Diskurs zu diesem zukunftsweisenden Kompetenztypus geht vor allem auf die Ergebnisse des im Jahr 1997 von der Organisation for Economic Cooperation and Development (OECD) gestarteten Projekts »Definition and Selection of Competencies – DeSeCo« zurück. Auch in diesem Projekt wurde der Bezug zur *Arbeits*welt überbetont. Eine Erweiterung des Kompetenzdiskurses im Hinblick auf die Erfordernisse der zukünftigen *Freizeit*welt steht noch aus.

Unter dem Überbegriff »Schlüsselkompetenzen« lassen sich – ohne Anspruch auf Vollständigkeit – folgende Kompetenzen subsumieren:

- *Reflexive Kompetenzen*, z. B.: vernetztes Denken (Denken in Zusammenhängen), allgemeines Orientierungswissen (möglichst breit gestreutes Wissen über gesellschaftliche, ökonomische, ökologische, technische und politische Rahmenbedingungen), Intuition und Entscheidungsfähigkeit, Fähigkeit zum selbstorganisierten lebenslangen Lernen, mediale Kompetenz (Fähigkeit zur kritischen Wissensaneignung mit Hilfe unterschiedlicher Medien) etc.
- *Personale Kompetenzen*, z. B.: Fähigkeit zur Selbstreflexion, emotionale Stabilität, Kreativität, Selbstständigkeit, Flexibilität, Engagement, Initiative, Verantwortungsbewusstsein, Werte-Orientierung, Leistungsbereitschaft, Zeitmanagement,

Zuverlässigkeit, Ausdauer, Fleiß, Selbstdisziplin, Belastungsfähigkeit, Stressresistenz, Selbstwirksamkeit (= Glaube an die eigene Durchsetzungsfähigkeit) etc.
- *Soziale Kompetenzen*, z. B.: Empathie, Sprachkompetenz (muttersprachlich und fremdsprachlich), Fähigkeit zur medialen Kommunikation, Konfliktfähigkeit, Kritikfähigkeit (Fähigkeit, Kritik zu üben und anzunehmen), Teamfähigkeit, Toleranz, interkulturelle Kompetenz, Fähigkeit zur Weitergabe und Präsentation von Wissen (mit und ohne mediale Unterstützung), Beratungskompetenz, Gesprächsführung, Durchsetzungsvermögen etc.

Zukünftig sollte dieses weite Verständnis des Kompetenzprofils einer Person – im Spannungsfeld zwischen Beruf und Freizeit – eine deutlich größere Rolle spielen als heute. (Vertiefend zu zukünftigen Entwicklungen in der *Arbeits*welt und den diesbezüglich erforderlichen Kompetenzen: Freiling, Conrads, Müller-Osten & Porath 2020; Popp 2018 und 2019a; Reinhardt & Popp 2018; vertiefend zu zukünftigen Entwicklungen in der *Freizeit*welt, zu den diesbezüglich erforderlichen Kompetenzen und zur Pädagogik der Freizeit: Nahrstedt 1974, 1990, 2005; Opaschowski 1990, 1996, 2003; Popp & Reinhardt 2015a, 36–68; Popp & Schwab 2003a, 2003b, 2005; Wilken 2005.)

Kreativität und Innovationsfähigkeit als zentrale Zukunftskompetenzen

Kreativität und Innovationsfähigkeit zählen zu den wichtigsten Schlüsselkompetenzen sowohl in den zukunftsweisenden Segmenten der Arbeitswelt als auch im Hinblick auf die Bewältigung der Herausforderungen im vielfältigen Lebensbereich der Freizeit. Die zukunftsträchtige Förderung von Kreativität und Innovationsfähigkeit durch Bildungsangebote lässt sich jedoch nicht in das Korsett eines Unterrichtsfachs pressen, sondern lebt vom Respekt vor der Neugierde der Menschen. Offensichtlich kommen fast alle Menschen mit dieser Begeisterung für Neues auf die Welt. Allerdings verflüchtigt sich diese Neugierde meist im Laufe der Schulzeit. Vielleicht meinen es viele Pädagog*innen zu gut, wenn sie Antworten auf Fragen geben, die von ihren Schüler*innen nicht gestellt wurden. Aber gut gemeint, ist nicht immer gut gemacht. Wenn es nämlich nicht gelingt, Interesse für eine Frage zu erwecken, ist die Antwort Schall und Rauch. Auch Kreativität beginnt mit neugierigen Fragen. Dabei geht es um jene speziellen Fragen, für die es (noch) keine – oder keine befriedigenden – Lösungen gibt, also um die besonders spannenden Herausforderungen für unsere Zukunft:

- Neugierde fördert Kreativität und Innovationsfähigkeit,
- Kreativität und Innovationsfähigkeit sind die Motoren für soziale, gesellschaftliche, technische, ökonomische, ökologische und politische Innovationen,
- Innovationen wiederum stärken die Chancen der wissensbasierten Gesellschaften Europas am globalen Markt und
- sichern damit die ökonomische Basis für die zukünftige Lebens- und Freizeitqualität sowie für den sozialen Zusammenhalt.

Literatur

Allardt, E. (1976): Dimensions of welfare in a Comparative Scandinavian Study. Acta Sociologica, 19 (3), S. 227–239.
Allardt, E. (1993): Having, loving, being. An alternative to the Swedish model of welfare research. In: M. Nussbaum & A. Sen (Eds.): The quality of life. Oxford: Clarendon Press, S. 88–94.
Bergheim, S. (2020): Zukünfte – offen für die Vielfalt. Das Handbuch für den klugen Umgang mit dem Später. Frankfurt a. M.: ZGF-Verlag.
Capurro, Rafael (2017): Homo digitalis. Beiträge zur Ontologie, Anthropologie und Ethik der digitalen Technik. Wiesbaden. Springer VS.
Cohen, S. R., Russell, L. B., Leis, A., Shahidi, J., Porterfield, P., Kuhl, D. R. & Sawatzky, R. (2019): Umfassendere Messung der Lebensqualität bei lebensbedrohlichen Krankheiten: Der McGill Quality of Life Questionnaire – Expanded. BMC Palliative Care, 18 (92), S. 1–11.
Easterlin, R. A. (1974): Does Economic Growth Improve the Human Lot? In: P. A. David & M. E. Reder (Eds.): Nations and Households in Economic Growth. Essays in Honor of Moses Abramovitz. New York: Academic Press, S. 89–125.
Easterlin, R. A. (2004): The Reluctant Economist: Perspectives on Economics, Economic History, and Demography. New York: Cambridge University Press.
Feigl, G. (2022): Nachhaltige Lebensqualität. Die Agenda für das 21. Jahrhundert. In: M. Staats (Hrsg.): Lebensqualität. Ein Metathema. Weinheim, Basel: Beltz Juventa, S. 59–69.
Flanagan, J. C. (1978): Ein Forschungsansatz zur Verbesserung unserer Lebensqualität. Amerikanischer Psychologe, 33 (2), S. 138–147.
Fourastie, J. (1966): Die 40.000 Stunden. Aufgaben und Chancen der sozialen Evolution Düsseldorf: Econ.
Freericks, R. & Brinkmann, D. (Hrsg.) (2015): Handbuch Freizeitsoziologie. Wiesbaden: Springer Fachmedien.
Freiling, T., Conrads, R., Müller-Osten, A. & Porath, J. (Hrsg.) (2020): Zukünftige Arbeitswelten. Facetten guter Arbeit, beruflicher Qualifizierung und sozialer Sicherung. Wiesbaden: Springer Fachmedien.
Friedrichs, G. (Red.) (1972–1974): Aufgabe Zukunft: Qualität des Lebens. Beiträge zur vierten internationalen Arbeitstagung der Industriegewerkschaft Metall, 11.–14. April 1972 in Oberhausen. 10 Bände. Frankfurt a. M.: Europäische Verlags-Anstalt.
Galbraith, J. K. (1959): Gesellschaft im Überfluss. München, Zürich: Droemer.
Galbraith, J. K. (1964): Economics and the Quality of Life. In: Science, 145, 3628, S. 117–123.
Glatzer, W. (1984): Lebensqualität und alternative Maße des subjektiven Wohlbefindens. In: W. Glatzer & W. Zapf (Hrsg.): Lebensqualität in der Bundesrepublik Deutschland. Frankfurt a. M., New York: Campus, S. 177–191.
Glatzer, W. & Zapf, W. (Hrsg.) (1984): Lebensqualität in der Bundesrepublik Deutschland. Frankfurt a. M., New York: Campus.
Gren, M. (2023): Arbeitswelt 4.0. Herausforderungen der digitalen Transformation für die psychische Gesundheit. In: R. Popp & D. zu Hohenlohe (Hrsg.): Vorausschauend forschen. Komplexe Zukunftsfragen – multidisziplinäre Antworten. Münster, New York: Waxmann.
Jank-Humann, A., zu Hohenlohe, D. & Popp, R. (Hrsg.) (2025): Quality of Life. Multidisciplinary Basics & Perspectives. Zürich: LIT.
Johnson, L. B. (1965 [1964]): Remarks before the National Convention upon Accepting the Nomination. August 27, 1964. In: Public Papers of the Presidents of the United States: Lyndon B. Johnson, 1963–64. Volume II, Entry 541. Washington: Government Printing Office, S. 1009–1013.
Kahneman, D. & Deaton, A. (2010): High income improves evaluation of life but not emotional well-being. PNAS 107/38, S. 16489–16493.
Knecht, A. (2010): Die Produktion von Lebensqualität. Ressourcentheorie und Machtanalyse des Wohlfahrtsstaats. Wiesbaden: VS.

Knecht, A. (2020): Literaturliste zum Thema Lebensqualität. Online verfügbar unter: http://www.albanknecht.de/materialien/LitLebensqualität.pdf, Zugriff am 30.1.2025.
Knecht, A. (2022): Entstehung und Entwicklung des Lebensqualitäts-Konzeptes in den 60er bis 80er-Jahren – Privater Reichtum und öffentliche Armut. In: M. Staats (Hrsg.), Lebensqualität. Ein Metathema. Weinheim, Basel: Beltz Juventa, S. 40–49
Kovacs, L. (2022): Historische Entwicklung des Lebensqualitätsbegriffs in der 1. Hälfte des 20. Jh. – die Vor- und Frühgeschichte eines flexiblen Wertebegriffs. In: M. Staats (Hrsg.), Lebensqualität. Ein Metathema. Weinheim, Basel: Beltz Juventa, S. 30–39.
Layard, R. (2005): Die glückliche Gesellschaft. Kurswechsel für Politik und Wirtschaft. Frankfurt a. M.: Campus.
Likar, R., Bernatzky, G., Pinter, G., Pipam, W., Janig, H. & Sadjag, A. (Hrsg.) (2017): Lebensqualität im Alter. Therapie und Prophylaxe von Altersleiden. 2. Aufl. Berlin, Heidelberg: Springer.
Mertens, D. (1974): Schlüsselqualifikationen. Thesen zur Schulung für eine moderne Gesellschaft. In: Mitteilungen aus der Arbeitsmarkt- und Berufsforschung, 7, S. 36–43.
Miller, R. (2018): Transforming the Future: Anticipation in the 21st Century. Abingdon: Routledge.
Müller, O. (2010): Zwischen Mensch und Maschine. Vom Glück und Unglück des Homo faber. Berlin: Suhrkamp.
Nahrstedt, W. (1974): Freizeitpädagogik in der nachindustriellen Gesellschaft. Bände 1 und 2. Neuwied, Darmstadt: Luchterhand.
Nahrstedt, W. (1990): Leben in der freien Zeit. Grundlagen und Aufgaben der Freizeitpädagogik. Neuwied, Darmstadt: Luchterhand.
Nahrstedt, W. (2005): Von der Freizeitpädagogik über die Freizeitwissenschaft zur Zukunftsforschung. Ein synoptischer Blick auf das wissenschaftliche Werk von H. W. Opaschowski. In: R. Popp (Hrsg.): Zukunft – Freizeit – Wissenschaft. Festschrift zum 65. Geburtstag von Univ.-Prof. Dr. Horst W. Opaschowski. Wien: LIT, S. 11–31
Noll, H.-H. (2000): Konzepte der Wohlfahrtsentwicklung: Lebensqualität und neue Wohlfahrtskonzepte. Reihe des Wissenschaftszentrum Berlin für Sozialforschung. Querschnittgruppe Arbeit und Ökologie. Paper Nr. 00–505. Berlin.
Noll, H.-H. (2004): Social Indicators and Quality of Life Research. Background, Achievements and Current Trends. In: N. Genov (Ed.): Advances in Sociological Knowledge. Wiesbaden: VS, S. 151–181
Noll, H.-H. (2014a): German System of Social Indicators. In: A. C. Michalos (Ed.): Encyclopedia of Quality of Life and Well-Being Research. Dordrecht: Springer, S. 2541–2544.
Noll, H.-H. (2014b): European System of Social Indicators. In: A. C. Michalos (Ed.): Encyclopedia of Quality of Life and Well-Being Research. Dordrecht: Springer, S. 2027–2030.
Noll, H.-H. (2021): The Good Life Under Attack. Reflection on the Future of Quality of Life Concept. In: A. C. Michalos (Ed.): The Pope of Happyness – A Festschrift for Ruut Veenhoven. Dordrecht: Springer, S. 195–201.
Noll, H.-H. (2022): Das »Gute Leben« – Ein Traum von gestern? Überlegungen zur Zukunft des Lebensqualitätskonzepts. In: M. Staats (Hrsg.): Lebensqualität. Ein Metathema. Weinheim, Basel: Beltz Juventa, S. 780–793.
Nussbaum, M & Sen, A. (Eds.) (1993): The quality of life. Oxford: Clarendon Press.
OECD (Hrsg.) Bertelsmann Stiftung, Deutsche Telekom Stiftung, Education Y e.V., Global Goals Curriculum e. V., Siemens Stiftung (2020): OECD Lernkompass 2030. OECD-Projekt Future of Education and Skills 2030 – Rahmenkonzept des Lernens. Online verfügbar unter: https://www.bertelsmann-stiftung.de/fileadmin/files/user_upload/OECD_Lernkompass_2030.pdf, Zugriff am 30.01.2025.
Opaschowski, H. W. (1977): Freizeitpädagogik in der Schule. Aktives Lernen durch animative Didaktik. Bad Heilbrunn: Klinkhardt.
Opaschowski, H. W. (1990): Pädagogik und Didaktik der Freizeit. 2. Aufl. Opladen: Leske + Budrich.
Opaschowski, H. W. (1996): Pädagogik der freien Lebenszeit. 3. Aufl. Opladen: Leske + Budrich.

Opaschowski, H. W. (2003): Pädagogik der Freizeit: Historische Entwicklung und zukünftige Entwicklungsperspektiven. In: R. Popp & M. Schwab (Hrsg.): Pädagogik der Freizeit. Baltmannsweiler: Schneider Verlag Hohengehren, S. 13–26.

Opaschowski, H. W. (2004): Der Generationenpakt. Das soziale Netz der Zukunft. Darmstadt: Wissenschaftliche Buchgesellschaft.

Opaschowski, H. W. & Reinhardt, U. (2007): Altersträume. Illusion und Wirklichkeit. Darmstadt: Primus.

Popp, R. (Hrsg.) (2005): Zukunft – Freizeit – Wissenschaft. Festschrift zum 65. Geburtstag von Univ.-Prof. Dr. Horst W. Opaschowski. Wien: LIT.

Popp, R. (2011): Bildung und Lebensqualität im 21. Jahrhundert. In: R. Popp, M. Pausch & U. Reinhardt (Hrsg.): Zukunft. Bildung. Lebensqualität (S. 7–24). Berlin, Wien: LIT.

Popp, R. (2017): Zukunft – Alter(n) – Lebensqualität. In: R. Likar, G. Bernatzky, G. Pinter, W. Pipam, H. Janig & A. Sadjag (Hrsg.), Lebensqualität im Alter. Therapie und Prophylaxe von Altersleiden. 2. Aufl. Berlin, Heidelberg: Springer, S. 27–36

Popp, R. (2018): Zukunft – Beruf – Lebensqualität. 77 Stichworte von A bis Z. Wien: LIT.

Popp, R. (Hrsg.) (2019a): Die Arbeitswelt im Wandel! Der Mensch im Mittelpunkt? Perspektiven für Deutschland und Österreich. Münster, New York: Waxmann.

Popp, R. (2019b): Zukunftsdenken in Literatur und Wissenschaft. In: S. Brandt, C. Granderath & M. Hattendorf (Hrsg.): 2029 – Geschichten von morgen. Berlin: Suhrkamp, S. 521–535.

Popp, R. (2019c): Angst und Methode in der Zukunftsforschung. Implikationen für die Katastrophenforschung. In: B. Rieken (Hrsg.): Angst in der Katastrophenforschung. Interdisziplinäre Zugänge. Münster, New York: Waxmann, S. 27–39.

Popp, R. (2019d): Menschen – Maschinen – Märkte. Sieben zuversichtliche Zukunftsdiskurse zum Wandel der Arbeitswelt. In: R. Popp (Hrsg.): Die Arbeitswelt im Wandel! Der Mensch im Mittelpunkt? Perspektiven für Deutschland und Österreich. Münster, New York: Waxmann, S. 11–82.

Popp, R. (2020a): Nach Corona: Zur Zukunft des Sozialstaats. Perspektiven für Deutschland und Österreich. In: R. Popp & K. Ott (Hrsg.): Die Gesellschaft nach Corona: ökologisch & sozial. Perspektiven für Deutschland & Österreich. Wien: LIT, S. 3–83.

Popp, R. (2020b): Zukunft & Forschung. Die Vielfalt der Vorausschau. 66 Stichworte von A bis Z. Wien: LIT.

Popp, R. (2021a): Grundformen des Zukunftsdenkens. 33 ausgewählte Stichworte. In: R. Popp & J. S. Grundnig (Hrsg.): Zukunftsdenken. Die Kunst der Vorausschau (S. 39–120). Wien: LIT.

Popp, R. (2021b): Zukunftsangst & Klimakrise – im Kontext komplexer Wandlungsprozesse. In: B. Rieken, R. Popp & P. Raile (Hrsg.), Eco-Anxiety. Zukunftsangst und Klimawandel. Interdisziplinäre Zugänge (S. 325–344). Münster, New York: Waxmann.

Popp, R. (Hrsg.) (2022a): Zukunftsbilder und Zukunftsforschung. Wünsche, Visionen und Visualisierungen. Wien: LIT.

Popp, R. (2022b): Zukunftsbilder erforschen: Erhebung und Interpretation von Meinungen über morgen. In: R. Popp (Hrsg.): Zukunftsbilder und Zukunftsforschung. Wünsche, Visionen und Visualisierungen. Wien: LIT, S. 11–40.

Popp, R. (2022c): Psychodynamik und Foresight. Zum subjektiven Faktor in der prospektiven Forschung. In: K. Schäfer, K. Steinmüller & A. Zweck (Hrsg.): Gefühlte Zukunft. Emotionen als methodische Herausforderung für die Zukunftsforschung. Wiesbaden: Springer VS, S. 129–153.

Popp, R. (2023a): Die methodologische und methodische Vielfalt der vorausschauenden Forschung. Zwischen Zukunftsberechnung und plausibler Prognostik. In: R. Popp & D. zu Hohenlohe (Hrsg.): Vorausschauend forschen. Komplexe Zukunftsfragen – multidisziplinäre Antworten. Münster, New York: Waxmann, S. 11–38.

Popp, R. (2023b): Prospektive Forschung auf dem Prüfstand. Grundlagen und Grundfragen. In: M. Mackasare (Hrsg.): Zukunftswissen? Potenziale prospektiver Erkenntnis am Beispiel der Energiewirtschaft. Berlin: J. B. Metzler-Verlag (Buchreihe »Abhandlungen zur Medien- und Kulturwissenschaft«), S. 9–29.

Popp, R. (2023c): Zukünfte der High Tech-Gesellschaft – zwischen technologischem Humanismus, Transhumanismus und Totalitarismus? In: M. Steiner (Hrsg.): WAS 116. transit. Wien, Münster: LIT, S. 195–206.
Popp, R. (2023d): Künstliche Intelligenz zwischen Hoffnung und Hype. Technologischer Humanismus oder Techno-Futurismus? In: R. Popp, J. Fiegl & A. Jank-Humann (Hrsg.), Heilen Bilden Forschen Managen – im Mittelpunkt der Mensch. Festschrift für Alfred Pritz (S. 113–124). Lengerich: Pabst-Verlag.
Popp, R. (2025): Zukunft – Glück – Zusammenhalt. Rahmenbedingungen der Lebensqualität. Wien, Münster: LIT. (In Vorbereitung)
Popp, R. & Grundnig, J. S. (2021): Zukunftsdenken. Die Kunst der Vorausschau. Wien.
Popp, R., Hofbauer, R. & Pausch, M. (2010): Lebensqualität – Made in Austria. Gesellschaftliche, ökonomische und politische Rahmenbedingungen des Glücks. Berlin, Wien, Münster: LIT.
Popp, R. & Ott, K. (2020): Die Gesellschaft nach Corona: ökologisch & sozial. Perspektiven für Deutschland & Österreich. Wien: LIT.
Popp, R. & Reinhardt, U. (2015a): Zukunft! Deutschland im Wandel – der Mensch im Mittelpunkt. Wien, Zürich, Münster: LIT.
Popp, R. & Reinhardt, U. (2015b): Zukunft der Freizeit. Repräsentativ erhobene Zukunftsbilder auf dem Prüfstand. In: R. Freericks & D. Brinkmann (Hrsg.): Handbuch Freizeitsoziologie. Wiesbaden: Springer Fachmedien, S. 109–142.
Popp, R. & Reinhardt, U. (2019): Zwischen Zukunftsangst und Zuversicht. 40 Meinungsbilder der Deutschen zum Wandel der Arbeitswelt. In: M. Weissenberger-Eibl (Hrsg.): Zukunftsvision Deutschland. Innovation für Fortschritt und Wohlstand. Berlin: Springer-Gabler, S. 17–66.
Popp, R., Rieken, B. & Sindelar, B. (2017): Zukunftsforschung und Psychodynamik. Zukunftsdenken zwischen Angst und Zuversicht. Münster, New York: Waxmann.
Popp, R. & Schwab, M. (Hrsg.) (2003a): Pädagogik der Freizeit. Baltmannsweiler: Schneider Verlag Hohengehren.
Popp, R. & Schwab, M. (2003b): Von der Freizeitpädagogik zur Pädagogik der Freizeit (Editorial). In: R. Popp & M. Schwab (Hrsg.): Pädagogik der Freizeit. Baltmannsweiler: Schneider Verlag Hohengehren, S. 1–12.
Popp, R. & Schwab, M. (2005): Zur Zukunft der Pädagogik der Freizeit. In: R. Popp (Hrsg.): Zukunft – Freizeit – Wissenschaft. Festschrift zum 65. Geburtstag von Univ.-Prof. Dr. Horst W. Opaschowski. Wien: LIT, S. 233–253.
Popp, R. & Staats, M. (2022): »Lebensqualität ist ein sehr weit gefasster Begriff, der sowohl die Qualität der gesellschaftlichen, wirtschaftlichen, ökologischen und politischen Rahmenbedingungen des Lebens als auch die subjektive Bewertung dieser Voraussetzungen beschreibt. Und Lebensqualität hat Zukunft!« Interview. In: M. Staats (Hrsg.): Lebensqualität. Ein Metathema (S. 125–133). Weinheim, Basel: Beltz Juventa.
Popp, R. (Hrsg.), Steinbach, D., Linnenschmidt, K. & Schüll, E. (2013): Zukunftsstrategien für eine alternsgerechte Arbeitswelt. Trends, Szenarien und Empfehlungen. Berlin, Wien, Münster: LIT.
Popp, R. & zu Hohenlohe, D. (Hrsg.) (2023): Vorausschauend forschen. Komplexe Zukunftsfragen – multidisziplinäre Antworten. Münster, New York: Waxmann.
Reinhardt, U. (2019): Zukunft des Konsums. Hamburg: Stiftung für Zukunftsfragen.
Reinhardt, U. & Popp, R. (2018): Schöne neue Arbeitswelt. Was kommt, was bleibt, was geht? Hamburg: Stiftung für Zukunftsfragen.
Schübel, T. (2016): Grenzen der Medizin. Zur diskursiven Konstruktion der medizinischen Thematisierung von Lebensqualität. Wiesbaden: Springer VS.
Schübel, T. (2022): Entwicklungslinien subjektiver Gesundheitsmaße. Entwicklung des Lebensqualitätsthemas bis in die 2000er Jahre. In: M. Staats (Hrsg.): Lebensqualität. Ein Metathema. Weinheim, Basel: Beltz Juventa, S. 50–58.
Staats, M. (Hrsg.) (2022a): Lebensqualität. Ein Metathema. Weinheim, Basel: Beltz Juventa.
Staats, M. (2022b): Lebensqualität. Ein Metathema. In: M. Staats (Hrsg.), Lebensqualität. Ein Metathema. Weinheim, Basel: Beltz Juventa, S. 13–28.

Staats, M. (2022c): Die Idee einer ganzheitlichen und nachhaltigen Lebensqualität. Eine pragmatische Utopie. In: M. Staats (Hrsg.): Lebensqualität. Ein Metathema. Weinheim, Basel: Beltz Juventa, S. 794–815.
Strecker, G. (2022): Futures Literacy, Futures Thinking und Bildung für nachhaltige Entwicklung. In: R. Popp (Hrsg.): Zukunftsbilder und Zukunftsforschung. Wünsche, Visionen und Visualisierungen. Wien: LIT, S. 67–82
Thomä, D., Henning, C. & Mitscherlich-Schönherr, O. (Hrsg.) (2011): Glück. Ein interdisziplinäres Handbuch. Stuttgart, Weimar: J. B. Metzler.
Trentmann, F. (2018): Herrschaft der Dinge. Die Geschichte des Konsums. Vom 15. Jahrhundert bis heute. München: Pantheon.
Ulich, E. & Wiese, B. S. (2011): Life Domain Balance. Konzepte zur Verbesserung der Lebensqualität. Wiesbaden: Springer-Gabler.
UNESCO (2019, Juni 7): Futures Literacy. Online verfügbar unter: https://en.unesco.org/themes/futures-literacy, Zugriff am: 30.01.2025.
Weller, I. (2015): Freizeit und Lebensqualität in der Postkonsumgesellschaft. In: R. Freericks & D. Brinkmann (Hrsg.): Handbuch Freizeitsoziologie. Wiesbaden: Springer Fachmedien, S. 255–275.
Weltgesundheitsorganisation (WHO) (2012): WHOQOL-Benutzerhandbuch. Online verfügbar unter: https://www.who.int/toolkits/whoqol, Zugriff am 30.1.2025.
Wilken, U. (2005): Aspekte einer zukunftsorientierten Bildung für ein Leben in Beruf und freier Zeit. Herausforderungen angesichts unterschiedlicher Lernausgangslagen im gegliederten Schulsystem. In: R. Popp (Hrsg.): Zukunft – Freizeit – Wissenschaft. Festschrift zum 65. Geburtstag von Univ.-Prof. Dr. Horst W. Opaschowski. Wien: LIT, S. 285–304.
Wilken, U. (2015): Freizeit für alle – barrierefrei. In: R. Freericks & D. Brinkmann (Hrsg.): Handbuch Freizeitsoziologie. Wiesbaden: Springer, S. 465–487.
Zapf, W. (1972): Zur Messung der Lebensqualität. In: Zeitschrift für Soziologie, 1 (4), S. 353–376.
Zapf, W. (1977): Lebensqualität in der Bundesrepublik: Methoden der Messung und erste Ergebnisse. In: Soziale Welt, 28 (4), S. 413–423.
Zapf, W. (1984): Individuelle Wohlfahrt: Lebensbedingungen und wahrgenommene Lebensqualität. In: W. Glatzer & W. Zapf (1984): Lebensqualität in der Bundesrepublik Deutschland. Frankfurt a. M., New York: Campus, S. 13–26.
Zapf, W. (2000): Social Reporting in the 1970 s and the 1990 s. In: Social Indicator Research, 51, S. 1–15.
Zellmann, P. (2005): Pädagogik der Freizeit und Schule. In: R. Popp, & M. Schwab (Hrsg.): Pädagogik der Freizeit. Baltmannsweiler: Schneider Verlag Hohengehren, S. 44–64.
Zentren für die Kontrolle und Prävention von Krankheiten (CDC) (2000): Messung gesunder Tage: Bevölkerungsbewertung der gesundheitsbezogenen Lebensqualität. Online verfügbar unter: https://www.cdc.gov/hrqol/pdfs/mhd.pdf, Zugriff am: 30.1.2025.

3   Freizeit als Lebensaufgabe. Beiträge der Psychotherapiewissenschaft zur Lebens-Kultur-Gestaltung

Martina Heichinger

Freizeit kann als Phänomen der Neuzeit betrachtet werden, das etwa zur selben Zeit entstand wie die Psychotherapie im heutigen Sinne, die Ende des 19. Jahrhunderts mit der Psychoanalyse Sigmund Freuds in Wien ihren Anfang nahm, der 1912 die Individualpsychologie Alfred Adlers und Laufe des 20. Jahrhunderts weitere psychotherapeutische Methoden folgten. In diesen mehr als 100 Jahren hat die Freizeit-Kultur eine bedeutende Entwicklung und Wandlung erfahren. Die Freizeitmöglichkeiten haben in quantitativer Hinsicht zugenommen und nehmen einen bedeutenden Anteil im Alltag der Menschen ein. Aktuell liegt in Österreich der Zeitaufwand für Personen ab 10 Jahren pro Tag für »Soziale Kontakte und Freizeit« zwischen 3 Stunden und 22 Minuten (20- bis 39-jährige Frauen) und 6 Stunden und 50 Minuten (Männer über 65 Jahre) (Statistik Austria, 2023). In jeder Alterskategorie verbringen Männer und Buben etwas mehr Zeit mit Freizeitaktivitäten als Frauen und Mädchen, was auf die genderspezifischen Aspekte des Freizeitthemas verweist.

Gelingende Freizeitgestaltung ist eng verknüpft mit der Fähigkeit, die eigenen Bedürfnisse wahrzunehmen und diese zu befriedigen. Der vorliegende Beitrag hat zum Ziel, einerseits die psychische Befindlichkeit als wichtigen Einflussfaktor für den Umgang mit der Freizeit zu beleuchten. Des Weiteren sind aber auch die Elemente der heutigen Freizeit-Kultur für die psychotherapeutische Arbeit von Bedeutung. Dies kann nicht ohne die Beachtung des Einflusses der spätmodernen Zeitverhältnisse und deren Störungen erfolgen. Die Zeitstrukturen der Moderne imponieren vor allem durch ihren Beschleunigungscharakter und die Verkürzung der Zeithorizonte (Rosa 2005), was mit dem Zeitgeistphänomen des Gefühls von Zeitmangel und Stress übereinstimmt (Rieken 1997). Hartmut Rosa spricht in diesem Zusammenhang von einer »Beschädigung des Zeitsinns«, die sich in Störungen wie Depression oder dem Phänomen der Prokrastination niederschlägt (Rosa 2011, 1041).

Es soll aufgezeigt werden, dass der gelingende Umgang mit der Freizeit eine Herausforderung darstellt und sich als ein zentrales Lebensthema für den Menschen im 21. Jahrhundert erweist. Der vorliegende Beitrag baut auf der Publikation »Der nervöse Charakter im 21. Jahrhundert: Freizeit – Die vierte Lebensaufgabe?« (Heichinger, 2019) auf und erweitert diese um die Berücksichtigung des Einflusses der aktuellen Zeitstrukturen auf die menschliche Psyche sowie um eine Diskussion der Aspekte der Lebensaufgabe Freizeit als Thema in der psychotherapeutischen Praxis.

Mit dem vorliegenden Beitrag soll ein Einblick in dieses Thema eröffnet und ein Ausgangspunkt für eine weitere Auseinandersetzung mit demselben angeregt werden. Die Betrachtung der Freizeit aus psychotherapeutischer Perspektive zeigt zahlreiche Anknüpfungspunkte für eine weitere Vertiefung auf, wie z. B. eine Analyse unter dem Fokus aktueller gesellschaftswissenschaftlicher Theorien, eine Auseinandersetzung im Hinblick auf Sinngebung sowie Beschäftigung mit den Freizeitwelten in den jeweiligen Lebensabschnitten.

3.1 Freizeit – Bedeutung und Entwicklung von der Gründerzeit der Psychotherapie bis heute

Die Trennung zwischen Arbeitszeit und Freizeit ist ein Phänomen der industriellen Gesellschaften der Neuzeit (Rieken 1997); der Begriff der Freizeit nach unserem heutigen Verständnis tauchte im deutschen Sprachraum erst ab Mitte des 19. Jahrhunderts auf (Prahl 2010, 405). Aufbauend auf dem individualistischen Menschenbild von Aufklärung und Protestantismus »mit seiner Forderung nach eigener Verfügbarkeit über die und freier Entfaltung der Persönlichkeit« entstand das Phänomen der Freizeit im Zuge der physisch und psychisch belastenden Arbeitsbedingungen der Industriegesellschaft (Rieken 1997, 330). Zur Zeit der Entstehung der Psychoanalyse Sigmund Freuds und der Individualpsychologie Alfred Adlers im Wien des Fin de Siècle befand sich die Gesellschaft im Umbruch. Dieser Prozess begann schon in den 70er Jahren des 19. Jahrhunderts; Wien, die bürgerliche und liberale Hauptstadt der Donaumonarchie, war dabei, sich in eine moderne demokratische Stadt zu wandeln. Diese Zeit war von ökonomischen Krisen, außenpolitischen Konflikten und innenpolitischen Klassenkämpfen geprägt (Bruder-Bezzel 1999/1991). Emanzipatorische Bewegungen, die sich für die Rechte der Frauen und gegen die Verbreitung der Kinderarbeit einsetzten, gewannen an Bedeutung und Einfluss und die Arbeiterbewegung führte einen Kampf gegen die im Zuge der Industrialisierung eingeführten Arbeitszeiten von bis zu 16 Stunden pro Tag, 7 Tage die Woche ohne arbeitsfreie Feiertage, Wochenenden oder Urlaubsanspruch. So betrug die wöchentliche Arbeitszeit um 1870 oft mehr als 100 Stunden. Unter dem Einfluss der Klassenkämpfe erwirkte die staatliche Sozialpolitik in der Zeit zwischen 1880 und 1919 eine Reduzierung der Wochenarbeitszeit auf 48 Stunden, die Einführung eines Urlaubsanspruches und einer Altersversorgung sowie im Zuge des Ausbaus des Bildungswesens eine Reduzierung der Kinderarbeit (Prahl 2010, 406).

Der größte Teil der Bevölkerung – Frauen, Kinder und Arbeiter*innen – war zu dieser Zeit somit vielfach mit Ungerechtigkeit, Ausbeutung und Unterdrückung konfrontiert. Im Kampf dagegen und um Emanzipation waren die Betroffenen vor allem mit der Sicherung ihrer Existenz beschäftigt. Erst mit den sozialpolitischen Errungenschaften der 1920er Jahre tauchte die Frage, was mit der neu gewonnenen freien Zeit anzufangen sei, auf und die »Freizeitkultur« wurde ein gesellschaftsrelevantes Thema. Zur Zeit des Nationalsozialismus wurde Freizeit als Privatzeit wieder knapp; sie wurde von dem totalitären Regime okkupiert, politisiert und zur sozialen und politischen Kontrolle, zur Indoktrinierung der Bevölkerung sowie zur Steigerung der kollektiven Loyalität instrumentalisiert (Harring 2011, 37).

Aus soziologischer Sicht entwickelte sich die wissenschaftliche Beschäftigung mit dem Thema Freizeit erst ab den 1950er Jahren durch eine kritische Auseinandersetzung mit ihrer Bedeutung als Fehlen einer sinnvollen Beschäftigung für die Nichterwerbstätigen wie Kinder, Jugendliche und alte Menschen. Ab den 1960er Jahren definierte sich Freizeit grundsätzlich in ihrer Entgegensetzung zur Arbeit. In den darauffolgenden Jahren änderte sich der Charakter der Arbeit dann von Grund auf. Erwerbsarbeit machte für die Mehrheit der Bevölkerung einen zunehmend geringeren Anteil der menschlichen Lebensspanne aus, wodurch sich Freizeit zu einem dominierenden Bereich moderner Gesellschaften entwickelte. Spätestens seit 1990 orientiert sich der Freizeitbegriff in der Soziologie somit nicht mehr an der Dualität von Arbeit und Freizeit, und die wissenschaftliche Auseinandersetzung mit dem Thema Freizeit fließt in das neue Fachgebiet der Zeitsoziologie ein (Prahl 2010, 405).

Freizeit hat im 21. Jahrhundert somit eine andere Qualität und gesamtgesellschaftlich eine wesentlich größere Bedeutung als in der Gründungszeit der Psychoanalyse und der Individualpsychologie, »[h]ohe Arbeitslosigkeit auf der einen, steigende Lebenserwartung auf der anderen Seite lassen erwerbsfreie Lebensphasen in einem ganz anderen Licht erscheinen« (Opaschowski, 2008/1988, 13). Es geht um Lebensstandardsicherung, Gesundheitserhaltung bis ins hohe Alter und neue Sinnorientierungen. Dies betrifft im großen Ausmaß auch die Freizeit. Der Freizeit wohnt eben auch eine sinngebende Dimension inne, da wir in ebendieser Zeit Bedürfnissen abseits der Arbeitswelt nachgehen können (Rieken 2023); und auch die Maßnahmen und Gesundheitserhaltung finden zum großen Teil in diesem Lebensbereich statt. Das Phänomen »Freizeit« erlangt zunehmende Bedeutung als Investitionsfaktor und damit als Zukunftsfaktor (Popp 2019, 44 f.).

Der Struktur- und Wertewandel einer Gesellschaft schlägt sich unter anderem auch in der ökonomischen und sozialen Bedeutung des Faktors Freizeit nieder. Die durchschnittliche Lebenszeit hat sich in Österreich und Deutschland in den letzten 100 Jahren um rund drei Jahrzehnte auf etwa 80 Jahre verlängert. Das bedeutet, dass selbst bei einer Vollzeitbeschäftigung über 45 Lebensjahre hindurch die Lebensarbeitszeit derzeit nur rund 10 % der durchschnittlichen Lebenszeit beträgt (vgl. Popp 2019). Der Anteil der arbeitsfreien Zeit ist für den Großteil der Bevölkerung in den wirtschaftlich hoch entwickelten Ländern so groß wie noch nie zuvor, und »[i]nsgesamt betrachtet hängen Lebenszufriedenheit und Lebensglück für eine wachsende Zahl von Menschen vermehrt von der Qualität der Lebensbereiche *außerhalb* des Berufs ab« (ebd., 42, Hervorh. i. Orig.). Dieser Umstand wirkt wiederum direkt auf den Arbeitsmarkt zurück, denn der Zuwachs an arbeitsfreier Zeit ist mit einer deutlichen Zunahme und Erweiterung der mit dem Phänomen »Freizeit« verbundenen Märkte und Berufe verknüpft: »So paradox dies im Gegensatz zum weit verbreiteten Alltagsverständnis von ›Freizeit‹ klingt: Freizeit ist ein wichtiger Jobmotor der Zukunft!« (ebd., 45).

Mit der Abnahme der Zeit für Erwerbsarbeit ist jedoch nicht zwingendermaßen eine entsprechende Zunahme der Freizeit verbunden. Längere Anfahrtswege zur Arbeit, der gestiegene Zeitaufwand für Ausbildungen, Hausarbeit und Organisationsarbeit des privaten Lebens und die neue gesellschaftliche Ungleichheit in Ausmaß und Nutzungsmöglichkeit der Freizeit – Stichworte Schichtarbeit und genderspezifische Aspekte – sowie viele weitere Faktoren tragen dazu bei, dass die Menge der »freien Zeit« innerhalb der Freizeit für viele Menschen nur einen Bruchteil ausmacht (Prahl 2010, 407). Unter Freizeit im engeren Sinn ist daher der Zeitraum der eigenen Verfügung über Zeit zu verstehen, der unter dem Begriff »Zeitwohlstand« in die Lebensqualitätsforschung einfließt. Im Bericht zur Zeitverwendungserhebung 2021/22 der Statistik Austria wird der Zeitaufwand für »Freizeit« gemeinsam mit »Soziale Kontakte« erhoben und von den Tätigkeiten Schlafen, Essen und anderen persönlichen Tätigkeiten, Erwerbstätigkeit, Aus- und Weiterbildung, Sorgearbeit in Haushalt und Familie, Freiwilligentätigkeiten sowie nicht näher bestimmten Zeitverwendung unterschieden (Statistik Austria 2023). Freizeit unterliegt unterschiedlichen individuellen Sinnmustern und erfüllt unterschiedliche menschliche Bedürfnisse. Sie dient der Regeneration, der Pflege von Beziehungen, dem Nachgehen von Hobbys, dem Sich-Bewegen, dem Ausüben von Sport und dem Nichtstun. Vor allem aber bietet Freizeit Zeit für Konsum (Prahl 2010, 409).

Konsumorientierung und die Anforderungen der Leistungsgesellschaft schlagen sich in hohem Maße in der Freizeitgestaltung nieder. Noch nie war das Angebot an Möglichkeiten, seine Freizeit zu gestalten, dermaßen hoch: Die Angebote der Tourismusbranche, die Vielfalt an Sportmöglichkeiten, der boomende Markt für Aus- und Weiterbildung, die neuen Medien mit Online-Spielen, »binge watching«[1] und den sozialen Plattformen usw. – diese Aufzählung ließe sich schier endlos fortsetzen. Die neuen Medien erleichtern zudem den Zugang zu Konsumgütern unterschiedlichster Art, ohne dass man sich vom Sofa wegbewegen muss. Das bringt neue Anforderungen an jede*n Einzelne*n mit sich (vgl. Heichinger 2019).

Die heutige westliche konsumorientierte Gesellschaft forciert diese Hinwendung zum Außen, zu Gütern und Trends. Eine wesentliche Funktion ist deren Eignung zur Ablenkung von den eigenen Ängsten und Unsicherheiten. Wer jedoch den Sinn und das Gelingen des eigenen Lebens von der Erfüllung der Ansprüche und Erwartungen der Umwelt abhängig macht, der entfremdet sich zunehmend von sich selbst. Dies geht mit dem Verlust des Spürens der eigenen Lebendigkeit aus sich heraus einher, »[d]enn seine Wirklichkeit kann das Leben nur aus sich selbst, aus seinen inneren Erfahrungen und Empfindungen beziehen« (Eife 2016, 12). Die Frage nach der Finalität, nach dem *Sinn* unseres Seins und Tuns, ist ein existentiell wichtiges Thema. Dieser Aspekt ist in der westlichen Gesellschaft jedoch fast ein Tabu. Die Frage, warum wir existieren und was wir da tun, oft mit großer Begeisterung oder Hektik, die Frage, wozu oder warum wir das tun, können viele Menschen nicht beantworten. Dieses Phänomen hat eine tiefer liegende Wurzel: Menschen, die wissen, wofür sie da sind, sind nicht mehr manipulierbar, denn »jemand, der weiß, wofür er auf der Welt ist, ist sozusagen als Kunde, als manipulierbarer Kunde ein Totalausfall. Den können Sie mit nichts mehr zu irgendwas überreden, der weiß, was er will« (Hüther 2015). Somit könnte das Tabu der Sinnfrage auch die Absicht einer an Konsum und Profit orientierten Gesellschaft sein.

---

1 Unter »binge watching« wird der »Serienkonsum in Serie«, der durch das Angebot zahlloser Serien und Filme auf DVD, im Online-Stream oder auf Pay-TV-Sendern ermöglicht wird, verstanden (Storck & Taubner 2017, 2).

Der Mensch des 21. Jahrhunderts steht somit vor der Herausforderung, sich angesichts eines schier unüberschaubaren Freizeitangebotes zu informieren, zu wählen und Entscheidungen zu treffen, die ihm auf lange Sicht guttun und ihn nähren, anstatt zu erschöpfen und auszulaugen. Dazu bedarf es unter anderem einer gelingenden Selbststeuerung (vgl. Heichinger, 2019).

3.2 Zeitkultur und Zeitmangel – Zeitdiagnosen

Der Verkürzung der Lebensarbeitszeit steht ein zunehmendes Gefühl an Zeitmangel, Überlastung und Stress gegenüber. Bernd Rieken entwickelt »einen Erklärungsansatz für die Antinomie von Freizeit und Zeitmangel«, indem er auf das von Sigfried Giedion entwickelte Konzept der Mechanisierung (Giedion 1987/1948) und dessen Bedeutung für das Alltagsleben zurückgreift (Rieken 1997, 331). Die Prinzipien der Mechanisierung und Technisierung der modernen Welt durchdringen und beeinflussen demnach das gesamte Leben und damit den Alltag des Menschen. Am Beispiel der parlamentarischen Demokratie und der Marktwirtschaft wird aufgezeigt, dass diese durch starre, mechanische institutionelle Vorgaben »für die Mehrzahl der Bevölkerung politische Freiheiten und hohen Lebensstandard [bieten], doch führen sie auch zu sozialen Schieflagen und beeinträchtigen kooperative Bestrebungen auf Grund des Konkurrenzprinzips und führen so zu Nervosität, Anspannung und Stress« (ebd., 334).

Die moderne Industriegesellschaft ermöglicht Komfort und Freizeit als quantitatives Phänomen. Gleichzeitig liegt in ihr durch den erhöhten Erholungsbedarf bereits das Erfordernis für ebenselbe. Die positiven und negativen Seiten der Mechanisierung lassen sich an vielen freizeitrelevanten Beispielen aufzeigen. So kann der Medienkonsum eine angenehme Unterhaltungs- und Informationsmöglichkeit darstellen oder bei suchtähnlichem Konsum als Zeitverschwendung erlebt werden. Das Überangebot an Freizeitmöglichkeiten kann als bereichernd oder als überfordernd und frustrierend wahrgenommen werden, weil es das Gefühl des Zeitmangels verstärkt, da man sich nur einem Bruchteil davon widmen kann. Die Beschleunigung der Verkehrsmittel wiederum erspart Zeit, führt aber auch zu psychischer und physischer Belastung, die sich in Nervosität und Stress äußern, was den Erholungs- und somit Freizeitbedarf erhöht.

In seiner Beschleunigungstheorie setzt sich Rosa mit den Be- und Entschleunigungstendenzen der modernen Gesellschaft auseinander (Rosa 2005). Seit Mitte des 18. Jahrhunderts wird von jeder Generation aufs Neue mit Besorgnis der Eindruck festgestellt, dass die Zeit immer knapper wird und der Mensch immer schneller werden muss, um mit den Erfordernissen des Alltags Schritt halten zu können (Rosa 2011). Die Beschleunigung greift in viele Prozesse des täglichen Lebens ein und es stellt sich die Frage, warum uns die Zeit knapp wird, wenn wir durch beschleunigte Prozesse wie etwa kürzere Fahrzeiten, per Lieferservice zugestelltes Fast Food und den Zugang zu fast allen Informationen in Echtzeit über das Internet enorm viel an Zeit sparen.

Bei genauerer Betrachtung der neuzeitlichen Beschleunigungsprozesse wird aber deutlich, dass diese unterschiedliche Dimensionen aufweisen und es zudem Bereiche gibt, die sich durch diese Prozesse sogar verlangsamt haben. Als Beispiele für erstere sind die technische Beschleunigung in den Bereichen Produktion, Transport und Kommunikation, die Beschleunigung des sozialen Wandels mit neuen Lebensformen wie Lebensabschnittpartnerschaften, Patchwork und öfter wechselnde Arbeitsstellen sowie die Beschleunigung des Lebenstempos – Stichworte »Speed-Dating«, »Fast Food« und »Multitasking« – zu nennen. Vor allem der letztgenannte Bereich ist für das Gefühl der Zeitnot als »Dauerzustand der modernen Gesellschaften« verantwortlich, und in dem euphemistischen Begriff »Quality Time« mit Kindern zeigt sich die problematische Kehrseite des Gebotes des effektiven Zeitmanagements in sozialen Beziehungen, denn eigentlich liegt darin die Antwort auf die kalkulatorische Frage, wie wenig Zeit man seinen Kindern widmen kann, ohne sie emotional zu vernachlässigen (Rosa 2011, 1045 f.).

Den Beschleunigungsprozessen stehen Kategorien der Beharrung oder sogar Verlangsamung gegenüber, von denen hier drei Dimensionen erwähnt werden sollen. Es sind dies zum einen Vorgänge, die sich nicht beschleunigen lassen, wie etwa die naturgegebenen Geschwindigkeitsgrenzen des Körpers mit seinen Prozessen von z. B. Wahrnehmung, Informationsverarbeitung, Wachstum, Regeneration und Reproduktion. Des Weiteren sind es Maßnahmen der Entschleunigung als Beschleunigungsstrategie, wenn etwa zum Zwecke der Leistungssteigerung Entschleunigungsoasen wie Achtsamkeitskurse, Wellnessaufenthalte oder Yoga-Retreats im Sinne eines »Auftankens« aufgesucht werden, um danach in gleicher Weise oder noch schneller weitermachen zu können. Diese Prozesse sind »von fundamentaler Bedeutung für den Beschleunigungsprozess selbst«, da sie eben jenem dienen sollen (ebd., 1052). Es sind nach Rosa aber vor allem die Phänomene kultureller und struktureller Erstarrung, die die komplementäre Kehrseite des Beschleunigungsprozesses selbst darstellen. Damit ist das Phänomen gemeint, dass je bunter, offener und schneller es an der Oberfläche moderner Gesellschaften zugeht, desto mehr deren Tiefenstrukturen unbemerkt verhärten bzw. kristallisieren. Die den Beschleunigungsprozessen gegenüberstehenden Kategorien der Beharrung stellen in ihrer Summe keinen ausreichenden Gegentrend zur Beschleunigungsdynamik dar, die »Geschichte der Moderne bleibt daher eine Beschleunigungsgeschichte, auch wenn sie an ihrem Ende in einen Zustand münden mag, in dem der rasende Wandel von einem totalen Stillstand nicht mehr zu unterscheiden sein wird« (ebd., 1053).

3.3 Die psychotherapeutische Dimension der Freizeit

Auf der Bühne der psychischen Symptomatik werden immer auch die aktuellen gesellschaftlichen und individuellen Verhältnisse und Konflikte dargestellt und damit sichtbar gemacht. In einer Gesellschaft, in der der Wert eines Menschen unter anderem an seiner Leistungs- und Arbeitsfähigkeit gemessen wird und die gleichzeitig durch ein hohes Maß an entfremdeter Arbeit gekennzeichnet ist, zeigt sich dies unter anderem anhand von Arbeitsstörungen, aber auch im Umgang mit der Freizeit und ihren Möglichkeiten und Angeboten. Tätigkeiten, die nicht in rigide äußerliche Strukturen eingebettet sind, stellen hohe Anforderungen an die inneren Strukturen und damit an die eigenen Fähigkeiten zu Selbstkontrolle und Selbstmanagement. Damit besteht ein enger Zusammenhang von Freizeitgestaltung und psychischer Gesundheit, die wiederum mit den lebensgeschichtlichen Beziehungserfahrungen verbunden ist.

Das Thema der Freizeit findet über unterschiedliche Dimensionen in die psychotherapeutische Arbeit Eingang. Zum einen ist es die psychische Struktur als Bühne, auf der sich das Gelingen oder Scheitern der Freizeitgestaltung inszeniert. Des Weiteren sind es problematische lebensgeschichtliche Erfahrungen mit der Freizeitgestaltung, die ihre Schatten auf die aktuelle Lebensgestaltung werfen und diese, solange sie unbewusst sind, immer wieder erschweren. Und schließlich sind es die individuell gewählten Freizeitbeschäftigungen selbst, über die Menschen im Rahmen einer Psychotherapie mehr über sich selbst erfahren und sich somit besser verstehen können.

3.3.1 Zeitgewinn und Selbstverlust

Das Gefühl, mit einer unentwegten Steigerung von Tempo und Konkurrenzdruck mithalten zu müssen, nur um den Status quo aufrecht erhalten zu können, macht den Menschen krank, denn neben der zunehmenden Erschöpfung fehlt dann das Ziel einer zukunftsweisenden Perspektive nach Weiterentwicklung und Verbesserung der Lebensqualität (Rosa 2011, 1058f.). Der beschleunigte soziale Wandel und soziale Unsicherheit forcieren diese Dynamik.

Unter dem treffenden Titel »Zeitgewinn und Selbstverlust« thematisieren Vera King und Benigna Gerisch die Folgen und Grenzen der Beschleunigung mit der dieser inhärenten Ambivalenz eines Zuwachses an Möglichkeiten, dem »Potential des Verlusts oder gar der Destruktivität« und dessen Einfluss auf »individuelle Entwicklungs- und Bildungsprozesse« (King & Gerisch 2009, 7ff.). Hartmut Rosa bringt diese Zeit der »progressiven Steigerung von Geschwindigkeiten und Verkürzung von Zeithorizonten« mit der Depression in Verbindung und interpretiert diese als »klassische Zeitkrankheit der Gegenwart« (Rosa 2011, 1042).

Auch das Phänomen der Prokrastination, das in den letzten Jahren eine deutliche Zunahme und Medienpräsenz erfahren hat, kann unter dem Gesichtspunkt der Beschleunigungsgesellschaft betrachtet werden. Dass der Begriff der Prokrastination in der Alltagssprache angekommen ist, kann als Hinweis gewertet werden, dass hier etwas Bedeutsames und Fundamentales des Menschlichen angesprochen wird (Rieken 2011a, 55f.). Denn das Phänomen des Aufschiebens selbst ist nicht neu; neu sind seine ausschließlich negative Bewertung als dysfunktionales Verhalten, die Häufigkeit, mit der es aktuell auftritt, sowie der zunehmende Leidensdruck, mit dem es verbunden ist. Der Begriff der Prokrastination hat im Laufe der Zeit einen

Bedeutungswandel erfahren. Während in Zeiten vor der Industrialisierung darunter auch »wohlüberlegtes Handeln« verstanden wurde, erfuhr der Begriff »mit dem Auftreten kapitalistischer Arbeitsideologie« die negative Bedeutung der Dysfunktion (Kirchhoff, Schnackenberg & Uhlig 2018, 53 ff.). Das Phänomen der Prokrastination weist neben seiner Bedeutung als Folge von Überforderung oder als Begleiterscheinung im Rahmen einer psychischen Störung auch die Funktion von Widerstand und Selbstbehauptung gegen die ausschließlich negative Bewertung eines zutiefst menschlichen Phänomens und auch Bedürfnisses auf (Heichinger 2024).

Beide Phänomene, die Depression und die Prokrastination, können somit in ihrem »totalen Stillstand« als die psychische Ausprägung der Kehrseite des »rasenden Wandels« der Beschleunigungsgesellschaft betrachtet werden.

3.3.2 Die Lebensaufgaben: Psychische Gesundheit aus individualpsychologischer Sicht

Nach Alfred Adler, dem Begründer der Individualpsychologie, sieht sich der Mensch in seinem Leben mit der Bewältigung von drei zentralen Aufgaben konfrontiert, die ihn – wenn auch mit unterschiedlicher Gewichtung in den einzelnen Lebensphasen – sein Leben lang begleiten: Die Aufgabe der Liebe und Sexualität in einer Partnerschaft, die Stellung zu Leistung und Arbeit sowie das Gelingen des menschlichen Zusammenlebens im Sinne der Zugehörigkeit und Verankerung in der Gemeinschaft. Adler zufolge umfassen diese Lebensfragen »obwohl schematisch, alle Beziehungen des Lebens«, womit dem Gemeinschaftsgefühl die Bedeutung einer Voraussetzung für die Bewältigung der beiden anderen Lebensaufgaben zukommt (Adler 1930n, 377).

Bernd Rieken bezeichnete 2007 den Umgang mit der Freizeit als eine für den Menschen im 21. Jahrhundert zentrale Herausforderung und daher als die im individualpsychologischen Sinne »vierte Lebensaufgabe des Menschen« (Rieken 2007b).[2] In unserer Beschleunigungsgesellschaft, die Perfektionismus, Leistungssteigerung und Selbstausbeutung fordert und fördert, kommt der gelingenden Freizeitgestaltung eine zentrale Rolle zu, denn ein Ungleichgewicht zwischen Anspannung und Entspannung kann als Risikofaktor für die Gesundheit bezeichnet werden (vgl. Sindelar, 2011, vgl. Rieken, 2007a). Daher ist es folgerichtig zu plädieren, dass »[d]ie Adler'sche Trias von Liebe, Arbeit, Gemeinschaft [...] der Ergänzung durch ein weiteres Element in Gestalt der Freizeit bzw. eines Nur-für-sich-Seins« bedarf (Rieken 2017, 255).

---

2 Adler selbst nennt neben den bekannten und an vielen Stellen seines Werkes angeführten drei Lebensaufgaben – Liebe, Arbeit und Gemeinschaft – in seinem 1930 veröffentlichten Beitrag »Grundbegriffe der Individualpsychologie« mit der Stellung des Menschen zur Kunst und zur schöpferischen Gestaltung »zum ersten und einzigen Mal eine vierte Lebensaufgabe« (Eife 2010a, 373). Da in der individualpsychologischen Fachliteratur und im allgemeinen Verständnis der Individualpsychologie grundsätzlich auf die drei bekannten Lebensaufgaben Bezug genommen wird, soll nun die Benennung der Freizeit als die vierte Lebensaufgabe vorgenommen werden.

Die Probleme des Individuums »sind immer als Probleme der sozialen Beziehungen zu betrachten«, da das individualpsychologische Menschenbild den Menschen immer als Teil eines größeren Systems betrachtet (Ansbacher 1989/1978, 14). Diese Ansicht deckt sich mit den Erkenntnissen der aktuellen Forschung der Neurobiologie, wenn etwa Gerald Hüther betont, dass das, was uns Menschen von klein auf bis ins hohe Alter am häufigsten und am schwersten belastet, Beziehungsprobleme sind (Hüther 2015).

Die individuelle psychische Gesundheit ist aus individualpsychologischer Sicht das Ergebnis mehrerer Faktoren. Auf der Basis der Beziehungserfahrungen der ersten Kindheitsjahre ist es der in dieser Zeit mittels der individuellen schöpferischen Kraft gestaltete Lebensstil, der die Weichen für die Orientierung und Gestaltung des weiteren Lebens stellt. Den gesellschaftlichen Rahmenbedingungen kommt dabei eine bedeutende Rolle zu, denn das individuelle Wohlbefinden kann von dem Ausmaß des Wohlbefindens einer Gesellschaft nicht getrennt werden. Das hat Adler bereits 1898 in seinem »Gesundheitsbuch für das Schneidergewerbe« festgestellt (Sindelar 2011, 93). Hier erweist sich das sozialwissenschaftliche Konzept der Lebensqualität als anschlussfähig, denn der Begriff Lebensqualität umfasst »sowohl die Qualität der gesellschaftlichen, ökonomischen, ökologischen und politischen Rahmenbedingungen des Lebens als auch die subjektive Bewertung dieser Voraussetzungen und die individuelle Beeinflussung dieser Rahmenbedingungen« (Popp 2017, 60). Damit steht das Konstrukt der Lebensqualität in engem Zusammenhang mit der psychischen Gesundheit und Adlers Lebensaufgaben. Einer ausführlichen Auseinandersetzung mit der Freizeitqualität als Teil der Lebensqualität widmet sich Reinhold Popp in der vorliegenden Publikation (▶ Kap. 2).

Die Formulierung der Lebensaufgaben stellt somit Indikatoren für psychische Gesundheit dar, denn deren erfolgreiche Bewältigung bildet die Voraussetzung für psychische Gesundheit und ermöglicht dem Menschen das Erreichen und Erhalten von seelischem Gleichgewicht (Sindelar 2011, 87). Im Gegensatz dazu kennzeichnet den »nervösen Charakter« nach Alfred Adler ein ungleich größeres Mühen, Leiden und wiederholtes Scheitern an der Erfüllung dieser Lebensaufgaben (Adler 1912a). Freizeit hat heute zunehmend die Bedeutung von Lebensqualität und Wohlbefinden und stellt sich als ein gesellschaftliches Kernthema der Zukunft dar (vgl. Opaschowski 2008/1988, vgl. Popp 2017). Aus individualpsychologischer Sicht ist die Bedeutung der zentralen menschlichen Themen für das Individuum stets untrennbar mit der Gemeinschaft verbunden. Im individuellen Umgang mit der Freizeit spiegelt sich der Entwicklungsstand des Gemeinschaftsgefühls eines Menschen wider. Es spricht daher vieles dafür, die Stellung des Menschen zur Freizeit aus individualpsychologischer Sicht als eine »vierte Lebensaufgabe« zu bezeichnen (Heichinger 2019).

3.3.3 Freizeit als Erholungszeit

Ein wesentlicher Faktor für psychische Gesundheit liegt in der heutigen leistungsorientierten Zeit auch in der Notwendigkeit und Fähigkeit, den Stress unserer Lebensweise zu reduzieren. Der unentwegte »Wunsch nach immer Neuem und Besserem, nach Bewegung und Abwechslung, nach ständiger Ablenkung, dabei ständig unter Druck und Stress stehend« ist einerseits Ausdruck emotionaler Instabilität, beruht aber auch auf den aktuellen Verhältnissen der »hochentwickelte[n] Industriegesellschaften der Postmoderne« (Rieken 2007a, 74). Das dringend erforderliche Innehalten sowie eine Freizeitgestaltung, die tatsächlich Erholung und Entspannung ermöglicht, werden allerdings kaum ertragen, denn »[w]er kein Selbst hat, möchte diese missliche Tatsache lieber gar nicht erst entdecken« (Bauer 2015, 12). In der Vernachlässigung des »Ruhe-Pols« und damit des Wertes der Entspannung sieht Rieken einen Risikofaktor, der »Entschleunigung« zu einer »psychohygienisch bzw. psychotherapeutisch relevanten Kategorie« erhebt (Rieken 2007a, 76).

Ein Blick in die griechische und römische Antike zeigt, dass der Begriff der Muße als »Zeit der Entfaltung persönlicher Fähigkeiten in Bildung, Kultur und Politik begriffen und als zentrale Grundlage der Weiterentwicklung der Gesellschaft und des Staates angesehen wurde« (Prahl 2010, 406). Sowohl im Griechischen als auch im Lateinischen leitet sich der Begriff für Arbeit aus der Negation des Begriffes für Muße ab, was betont, dass »Muße [...] also als Zentrum der menschlichen Entwicklung [galt], von der sich Arbeit negativ abgrenzte« (ebd., 406). Diese Haltung wurde nach dem Niedergang der Antike und unter dem Einfluss des Christentums in Europa von der Bestimmung der Arbeit als zentralem Lebensinhalt und Lebenssinn abgelöst. In der Moderne wurde Muße zunehmend vor allem mit Müßiggang und Faulheit assoziiert und negativ bewertet sowie deren Bedeutung als Voraussetzung für Leistungsbereitschaft und Arbeitsfähigkeit vernachlässigt (Gimmel & Keiling, 2016).

Es ist an der Zeit, dem Konzept der Muße wieder mehr Aufmerksamkeit zu widmen, denn in der heutigen Zeit ist Stress für die meisten Menschen in der westlichen Gesellschaft ein ständiger Begleiter (Heichinger 2019). Berufstätigkeit, Ausbildung und prekäre soziale Situationen wie Arbeitslosigkeit und finanzielle Sorgen sowie ein zunehmender Freizeitstress führen neben dem Anspruch, sich den Beziehungen und der Familie zu widmen und für Angehörige zu sorgen, zu einer Überbeanspruchung der Selbststeuerungskapazität. »Die Folge der dadurch erzeugten Erschöpfung des Ichs ist, dass wir, sobald der Druck nachlässt, regredieren, das heißt, den tiefen Wunsch haben, etwas zu tun, das uns keinerlei geistige Aufmerksamkeit oder sonstige Anstrengung abverlangt« (Bauer 2015, 91). Doch nun besteht die Gefahr, dass dem Trieb- oder Basissystem die Führung überlassen wird, denn: »Ist der Präfrontale Cortex abgeschaltet, übernimmt sozusagen das Reptiliengehirn« (ebd., 91). Dieses drängt nach Beruhigung, Belohnung und Nachschub an Energie, und das möglichst schnell. Daher erliegen viele Menschen in diesem Zustand der oralen Befriedigung durch Genussmittel und der Berieselung durch Medien, was aber zur Erschöpfung beiträgt. Das, was Körper und Geist in diesem Moment tatsächlich brauchen, sind Phasen der Ruhe, Abstand von stresserzeugender Umwelt, gute Nahrung und stressfreie Bewegung. Daher kann das Erfordernis, der Erholung einen fixen Platz innerhalb des Freizeitkontingentes zu widmen, nicht genug betont werden. Das ist eine der großen Herausforderungen in unserer Zeit (vgl. Heichinger 2019).

Die Entscheidung für einen gesunden Lebensstil ist mit der Freizeitgestaltung eng verknüpft. Die Fähigkeit dazu hängt vom Zustand der psychischen und physischen Verfassung des Menschen ab. Selbstverantwortung und Selbstfürsorge sollten wieder an Bedeutung gewinnen, jedoch ohne moralischen Unterton, sondern im Sinne einer freien Entscheidung. Der in der heutigen Gesellschaft herrschende Gesundheitsdruck mit seiner Fiktion der Forderung eines leicht erreichbaren körperlichen Idealzustandes verursacht Stress. Dies unterminiert auf vielfältige Weise die Gesundheit und Souveränität des Menschen: in der Gefahr des Burn-outs beim Versuch, den Anforderungen zu entsprechen und in Entmutigung und Depression bei dem Erleben, »nicht gut genug« oder »nicht richtig« zu sein, wenn man sich beim Scheitern erlebt (vgl. Heichinger 2019). Insgesamt fühlt man sich in diesem Fall nach Hüther als Objekt einer Gesellschaft und von dieser getrieben, anstatt sich als Subjekt aus freien Stücken für die Gemeinschaft entscheiden zu können (Hüther 2015). Ersteres ruft mit Sicherheit Widerstand hervor, der sich in Verweigerung und Protest äußern kann und einer Versorgungsmentalität Vorschub leistet. Was bereits Adler völlig richtig erkannte und zum Grundsatz seiner Theorie machte, ist auch eine Grunderkenntnis der aktuellen Neurowissenschaft: »Soziale Akzeptanz ist ein neurobiologisch verankertes Grundbedürfnis des Menschen« (Bauer 2015, 94).

Gelingende Freizeitgestaltung hängt somit von der Fähigkeit, die eigenen Bedürfnisse wahrzunehmen, ab. Diese wiederum ist eng verknüpft mit psychischer Gesundheit. Nur im Zustand der seelischen Balance ist es möglich, den einströmenden Reizen und Anforderungen mit der erforderlichen Distanz zu begegnen und gute Entscheidungen treffen zu können (vgl. Heichinger 2019).

3.3.4 Die Bedeutung der psychischen Struktur für den Umgang mit Freizeit

Der psychisch belastete oder kranke Mensch, also der »Nervöse Charakter« (Adler, 1912a), leidet im 21. Jahrhundert an anderen gesellschaftlichen Bedingungen als zu der Gründerzeit der modernen Psychotherapie. In Anlehnung an Ermann (2010) kann gesagt werden, dass der Nervöse Charakter

> »im Zeitalter der Struktur- und Persönlichkeitsstörungen vor allem Entgrenzung, Entpersönlichung und ein Leiden am Mangel an Intimität, an der Ungebundenheit und an der Veröffentlichung der Persönlichkeit [bedeutet]. Wir leiden heute unter dem Verlust des Du, mit dem wir uns in der Dyade intim in gegenseitiger Spiegelung verbunden fühlen und unser Selbst finden. Und wo kein Du ist, da kann kein Wir, keine Beziehung und keine Gemeinschaft werden« (Ermann 2010, 114).

Nach Ermann (2010) bietet die Psychoanalyse in ihrem Bemühen, durch Bezogenheit, Bezugnahme und Einfühlung die inneren Zustände des anderen zu erschließen, eine Alternative zu der modernen Unbezogenheit. Dies kann als allgemeine Grundanforderung an eine Psychotherapie betrachtet werden und deckt sich mit Alfred Adlers Plädoyer der zentralen Bedeutung des Gemeinschaftsgefühls für das Mensch-Sein (Heichinger 2019).

Das Lebensthema der Freizeit erweist sich als ideales Feld für das Ausagieren unbewusster Konflikte. Auf neurotischer Ebene eignet sich die Freizeitgestaltung als Bühne für perfektionistische Ansprüche an sich selbst, und auch narzisstisch motivierte Selbstwertkonflikte können in jegliche Art der Freizeitgestaltung einfließen, sei es über den Ehrgeiz zu sportlichen Höchstleistungen, das Buchen kostspieliger Urlaube oder das unentwegt auf den höchsten Stand der Technik aktualisierte Home-Entertainment-Equipment. Die Sicherung durch perfektionistische Ansprüche hat jedoch auch eine Kehrseite. Aus individualpsychologischer Sicht stellt das zentrale Bedürfnis des Menschen die gelingende Regulation des Selbstwertgefühles durch Kompensation der Minderwertigkeitsgefühle dar. Erst wenn die Freizeitgestaltung perfekt ist, scheint die Bedrohung des Selbstwertes gebannt. Damit wird aber ein Anspruch an sich selbst vorausgesetzt, der nie zu erreichen ist, was sich in einem unentwegten Aufschieben dessen, was man doch immer schon tun wollte, niederschlagen kann.

Innerer Widerstand, ausgedrückt im Symptom der Hemmung, entsteht, wenn ein Mensch sich den Ansprüchen und Erwartungen der anderen, etwa der Eltern oder der Gesellschaft, unterwirft und damit identifiziert ist, ohne einen Zugang zu den eigenen Bedürfnissen und Vorstellungen von sich selbst zu haben (Heichinger 2024). Wenn der Druck dieses inneren Konfliktes zu groß wird, kann das zu Blockaden führen, die vor allem und oft als Erstes in jener Zeit ausgelebt werden, die zur eigenen Verfügung steht; so kann etwa das Phänomen des bereits erwähnten »binge-watching«, wenn Menschen ihre Freizeit ausschließlich mit Medienkonsum verbringen, Ausdruck dieses inneren Protestes sein.

Eine zentrale Fähigkeit für die Planung und Gestaltung der zur Verfügung stehenden freien Zeit besteht im Aushalten von Spannungszuständen und der Fähigkeit, sich entscheiden zu können. Neben einer angeborenen physiologischen Grundspannung sind vor allem die verinnerlichten Beziehungserfahrungen ausschlaggebend für die Entwicklung der Fähigkeit, mit Spannungszuständen umgehen zu lernen. Dabei spielen die in der Kindheit gemachten Erlebnisse mit Frustration, Überforderung, Anstrengung und Bewältigung von Herausforderungen eine entscheidende Rolle. Wenn die Fähigkeit, das Noch-Nicht zu ertragen, auf Grund unzureichender Beziehungserfahrungen nicht oder nicht gut genug ausgebildet werden konnten, führen offene Prozesse und Entscheidungserfordernisse rasch zu unaushaltbaren Spannungen, die in heftige Gefühle wie Wut und Verzweiflung abgeführt werden oder sich in körperliche Spannungszustände wandeln. Fuchs und Broschmann weisen darauf hin, dass »[w]ollen zu können, also in Freiheit handeln zu können […] keine Selbstverständlichkeit [ist], sondern eine komplexe Fähigkeit, die von der frühen Kindheit an bis ins Erwachsenenalter hinein erworben und geübt werden muss« (Fuchs & Broschmann 2017).

Dazu bedarf es der Fähigkeit zur Selbststeuerung, deren neurophysiologische Grundlage auf zwei im Gehirn angesiedelten und eng miteinander verbundenen Fundamentalsystemen beruht. Dies ist zum einen das Trieb- oder Basissystem, bestehend aus den Belohnungssystemen im Mittelhirn, den in den beiden Schläfenregionen sitzenden Angstzentren und dem für Stress- und Sexualfunktionen verantwortlichen Hypothalamus im Bereich der Schädelbasis. Dieses stellt die Grundlage für triebhaftes und impulsives Verhalten sowie den Antrieb für sofortige Bedürfnisbefriedigung dar. Dem gegenüber steht der dem Trieb- oder Basissystem übergeordnete und jenes top-down kontrollierende präfrontale Kortex, der als die »neurobiologische Adresse des freien Willens« bezeichnet werden kann (Bauer 2015, 18f.). Die Ausreifung des präfrontalen Kortex, der auch die Voraussetzung für die

Fähigkeit zum Einnehmen einer intersubjektiven Perspektive ist, ist ein jahrelanger Prozess, der durch die Beziehungserfahrungen geprägt wird.

Alfred Adler fand klare Worte für die Bedeutung von Beziehung und Gemeinschaft für die seelische Gesundheit des Menschen. Gelingende Beziehungen sind nur dann möglich, wenn der Mensch nicht mehr ausschließlich mit der eigenen Sicherung in seiner Minderwertigkeits-Kompensations-Dynamik beschäftigt ist. Daher

> »müssen [wir] die Kinder so weit bringen, dass sie sich als Teil eines Ganzen fühlen und sich in der Gemeinschaft wie zu Hause finden. Wir müssen ihren Mut und ihr Selbstvertrauen heben. Wenn wir in der Lage sind, ihnen das Bewusstsein der Unabhängigkeit von anderen zu geben und ihnen optimistische Aktivität zu verleihen, so haben wir ihnen den rechten Weg gewiesen« (Adler, 1927u, S. 305).

Ist einem Menschen diese Erfahrung in seiner Kindheit versagt geblieben, »dann muss die [...] individualpsychologische Behandlung eintreten, um das Fehlende zu ersetzen« (ebd., 305).

3.3.5 Zwei Fallvignetten

Der Aspekt der Freizeit ist wie jeder andere Lebensbereich durch die persönliche Lebensgeschichte mit ihren individuellen Beziehungs- und Freizeiterfahrungen geprägt. Unbewusste Konflikte oder Muster im Umgang mit sich selbst und anderen können sich auch in Problemen und Symptomen in der Freizeitgestaltung niederschlagen und auf diesem Weg Eingang in den psychotherapeutischen Prozess finden. Zwei kurze Fallvignetten[3] sollen dies veranschaulichen. Es sei betont, dass es sich hierbei lediglich um Ausschnitte handelt, die zum Zwecke der Veranschaulichung des gegenständlichen Themas aus komplexen Lebensgeschichten und psychotherapeutischen Prozessen herausgenommen wurden.

> Ein 35-jähriger Mann, nennen wir ihn Herrn K., ist ein sportlicher und beruflich erfolgreicher Mann mit sympathischem Auftreten. Seit geraumer Zeit gibt es in der Ehe mit seiner Partnerin Probleme; als eine Trennung im Raum steht, begibt sich Herr K. verzweifelt in psychotherapeutische Behandlung. Die Psychotherapeutin erlebt einen Mann, der bindungs- und beziehungsfähig ist und mit seiner Partnerin gut im Alltag harmoniert. An den Wochenenden und vor allem in den Urlauben – also in der Freizeit – des Paares kommt es jedoch zunehmend zu Konflikten, da Herr K. hier rigide seine Vorstellungen durchsetzt, sehr schnell unzufrieden und kränkbar ist, wenn es nicht so läuft, wie er sich das vorgestellt hat, und seine Laune gegen Ende des Urlaubs regelmäßig in den Keller fällt. Seine Partnerin, die ihn als sonst liebevollen und ausgeglichenen Menschen kennt, verliert nun nach anfänglicher Nachsicht mit ihm die Geduld, und es kommt zunehmend zu Auseinandersetzungen, die lange andauern. Herr K. selbst ist ratlos, warum er in »der schönsten Zeit seines Lebens« so schnell die Nerven

---

3 Es handelt sich um die anonymisierte Darstellung der Synopsis verschiedener Patient*innen.

verliert. Im Zuge der psychotherapeutischen Behandlung wird deutlich, dass es sich um eine bisher nicht aufgearbeitete Trauer aus seiner Lebensgeschichte handelt, die sich hier wiederholt: Herr K. ist mit zwei jüngeren Geschwistern und der Mutter aufgewachsen, sein Vater war bis zu seiner Pensionierung beruflich im Ausland tätig. Darunter litt der Patient sehr, er vermisste seinen Vater schmerzlich. Ein Zusammensein gab es nur einmal im Monat an einem Wochenende sowie im jährlichen ausgiebigen Familiensommerurlaub. Damit war diese Zeit mit seinem Vater eben »die schönste Zeit« im Leben von Herrn K. und immer von großer Trauer und Wut begleitet, wenn sie zu Ende ging. Diese Gefühle durfte der Junge damals jedoch nicht ausdrücken, da die Eltern kein Verständnis zeigten, dass »der Bub heult, obwohl wir es doch so schön hatten«. So wirken einerseits die bisher unterdrückten erlebten Nöte, Enttäuschungen und diesbezüglichen Aggressionen des Buben bis in die Gegenwart. Andererseits überträgt Herr K. unbewusste Erwartungen auf den Aspekt seiner Freizeitgestaltung, die im Hier und Jetzt nicht erfüllbar sind, da sie aus einer anderen Zeit und einem anderen Kontext stammen und trotzdem – weil unerkannt – regelmäßig mit der großen Trauer und Wut des Kindes begleitet werden. Das Bewusstmachen von Herkunft und Bedeutung seines Erlebens sowie das Erkennen der Zusammenhänge helfen Herrn K. bei der Entwicklung eines neuen Zugangs mit dem Umgang der Lebensaufgabe der Freizeitgestaltung, was zu einer umgehenden Entspannung in der Partnerschaft führt.

Frau M. ist eine knapp 50-jährige Frau, die eine Psychotherapie beginnt, weil sie dem Phänomen, im Urlaub immer zu erkranken, auf den Grund gehen möchte. Die Patientin ist eine ehemalige Tänzerin, die auf vielen internationalen Bühnen Erfolge gefeiert hat und nun ein eigenes Tanzstudio führt. Sie leistet sich seit dem Ende ihrer Tanzkarriere sehr sorgfältig geplante Urlaube, um sich nun endlich etwas »zu gönnen«, und ist dann umso enttäuschter, wenn sich ausgerechnet in dieser Zeit gesundheitliche Probleme auftun – ein entzündeter Zahn, eine Magenverstimmung oder diverse Schmerzzustände. Im Laufe der Psychotherapie wird deutlich, dass Frau M. einerseits auf Grund ihres Berufes gelernt hat, Schmerzen und Unpässlichkeiten auszuhalten und sogar auszublenden, denn »man sagt keine Vorstellung wegen einer Erkältung oder einem eitrigen Zeh ab«. Dadurch übersieht sie aber nach wie vor die ersten Signale ihres Körpers, wenn etwas nicht stimmt. Die Arbeit an der Körperwahrnehmung und eine Bewusstmachung und Veränderung ihrer Haltung zu sich selbst stellen einen Aspekt des psychotherapeutischen Prozesses dar. Als tiefer liegender Grund für ihr Erkranken im »wohlverdienten Urlaub« erweist sich jedoch ein weiterer wichtiger Aspekt aus der Lebensgeschichte der Patientin: Frau M. ist als Einzelkind mit einer sehr besitzergreifenden, kritischen und kontrollierenden Mutter aufgewachsen. Als die Tanzbegabung des Mädchens erkannt und gefördert wurde, erwies sich die Tanzausbildung als Fluchtraum, denn das war der einzige Ort, an dem die Mutter nicht dabei sein durfte. Zudem wurde dieser Abstand zur Mutter recht bald durch zahlreiche Engagements im Ausland erweitert. Die Ferien verbrachte Frau M. mit ihrer Mutter, und sie hat dies als »die schlimmste Zeit im Jahr« in Erinnerung; ebenso die Phasen, in denen sie krank war und sich eisern bemühte, so rasch wie möglich gesund genug zum Tanzen zu sein. Somit waren sowohl der Selbstwert als auch das Gefühl von Sicherheit und Unabhängigkeit bei Frau M. verknüpft mit Leistung und bedroht durch Zeiten der Ruhe und des Müßiggangs. Des Weiteren waren es aber vor allem unbewusst gebliebene Schuldgefühle der Mutter gegenüber, die ihr ein Genießen der Urlauszeit immer wieder unmöglich machten. In ihrer Freizeitgestaltung inszenierte sich daher ihr mit Schuldgefühlen durchwobener Konflikt zwischen Autonomie und Abhängigkeit, der nach seiner Bewusstmachung gelingend bearbeitet werden konnte.

3.3.6 Die symbolische Bedeutung der Freizeitgestaltung

Frauen und Mädchen aller Altersgruppen (ab 10 Jahren) sowie Männer ab 20 Jahren verbringen den größten Teil ihrer Freizeit mit Fernsehen, Video, DVD und Streaming, wobei der Zeitaufwand mit zunehmendem Alter kontinuierlich ansteigt (Statistik Austria 2023). Neben der Frage, ob die einzelnen Personen diese Form der Freizeitbeschäftigung bewusst gestalten und als Bereicherung empfinden oder sich einem unkontrollierbaren und suchtähnlichem Konsum hingeben, der als frustrierende Zeitverschwendung erlebt wird, birgt die tiefere psychotherapeutische Analyse der konsumierten Medien aufschlussreiche Informationen und kann auch psychotherapeutisch eingesetzt werden. Die Freizeitgestaltung ist immer auch Ausdruck des persönlichen Lebensstils und hat somit immer eine individuelle symbolische Aussagekraft. Dies soll am Beispiel der Bedeutung von Märchen, Filmen und Serien aufgezeigt werden.

Für die Individualpsychologie besteht das zentrale Bedürfnis des Menschen in einer gelingenden Selbstwertregulation im Spannungsbogen zwischen unbewussten Minderwertigkeitsgefühlen und deren Kompensation im Geltungsstreben bzw. dem Streben nach sozialer Gleichwertigkeit. Das Minderwertigkeitsgefühl, das am Anfang jedes Lebens steht, stellt dabei die Grundlage für die Entwicklung des einzelnen Individuums und somit der Menschheit dar. Daraus resultiert ein Streben nach Überwindung unter Zuhilfenahme einer individuellen Fiktion, beide Faktoren bilden die grundlegende dynamische Kraft bei der Gestaltung der Persönlichkeit. Die Fiktion ist Ausdruck der schöpferischen Kraft des Individuums und dient der Stabilisierung des Ichs, um sich tatsächliche oder phantasierte, das Ich kränkende Schwächen nicht eingestehen zu müssen (Rieken 2011b, 25). Die Art und Weise, wie jeder Mensch diese Annahmen umsetzt, geschieht immer im Sinne der individuellen Einzigartigkeit und Ganzheit und wird grundlegend von der Meinung, die der Mensch von sich und der Welt hat, geprägt. Adler bezeichnet dies als den Lebensstil, der in der Persönlichkeit des Menschen seinen Ausdruck findet.

Individualpsychologische Interpretationen von Literatur und anderen Medien stehen somit unter der Prämisse der Deutung der Symbolik im Sinne der Sicherung des Lebensstils. In der individualpsychologischen Kinderpsychotherapie werden Märchen, Filme und Serien therapeutisch eingesetzt, denn diese dienen den Kindern als Hilfsmittel für die Darstellung ihrer seelischen Situation, ihre Figuren bieten Identifikations- und Integrationsmöglichkeiten, und das Prinzip der Wandelbarkeit kann für die eigenen Heilungsversuche genutzt werden (Heichinger 2016). Aber auch in der Psychotherapie mit Erwachsenen geben die Antworten auf die Frage nach der Lieblingsliteratur, -filme oder -serien sowohl in der Kindheit als auch in der Gegenwart wertvolle Ansatzpunkte und Assoziationsmöglichkeiten bei der Erforschung des Lebens(stils) der Patient*innen. Die bevorzugten Genres und Lieblingsfiguren erweisen sich oft als Hinweise für unbewusste Wünsche, Träume, Ängste und Sehnsüchte, und deren Sichtbarmachung und Analyse eröffnen Erkenntnisse über das eigene Leben und auch Leiden. Es hat eben eine individuelle Bedeutung, ob sich jemand mit Arya Stark oder Daenerys Targaryen identifiziert und ob man gerade Reality-TV über Liebe und Beziehungsdramen streamt oder Horrorserien bingewatcht.

Literatur

Adler, A. (1912a): Über den nervösen Charakter. Grundzüge einer vergleichenden Individualpsychologie und Psychotherapie. In: K. H. Witte, A. Bruder-Bezzel & R. Kühn (Hrsg.) (2008). Alfred Adler Studienausgabe Band 2 (1. Auflage 1997, 2., korrigierte Ausg.). Göttingen: Vandenhoeck & Ruprecht.

Adler, A. (1927u): Die ethische Kraft der Individualpsychologie. In: G. Eife (Hrsg.) (2010): Alfred Adler Studienausgabe Band 3. Persönlichkeitstheorie, Psychopathologie, Psychotherapie (1913–1937). Göttingen: Vandenhoeck & Ruprecht, S. 303–305.

Adler, Alfred (1929f): Die Individualpsychologie in der Neurosenlehre. In: G. Eife (Hrsg.) (2010): Alfred Adler Studienausgabe, Bd. 3. Persönlichkeitstheorie, Psychopathologie, Psychotherapie (1913–1937). Göttingen: Vandenhoeck & Ruprecht, S. 346–354.

Adler, A. (1930n): Grundbegriffe der Individualpsychologie. In: G. Eife (Hrsg.) (2010): Alfred Adler Studienausgabe, Bd. 3. Persönlichkeitstheorie, Psychopathologie, Psychotherapie (1913–1937). Göttingen: Vandenhoeck & Ruprecht, S. 373–383.

Ansbacher, H. L. (1989/1978): Alfred Adlers Sexualtheorien (englische Originalausgabe 1978). Frankfurt a. M.: Fischer.

Bauer, J. (2015): Selbststeuerung. Die Wiederentdeckung des freien Willens. 3. Ausg. München: Karl Blessing Verlag.

Bruder-Bezzel, A. (1999/1991): Geschichte der Individualpsychologie. 2. Ausg. Göttingen: Vandenhoeck & Ruprecht.

Eife, G. (2016): Analytische Individualpsychologie in der therapeutischen Praxis. Das Konzept Alfred Adlers aus existentieller Perspektive. Stuttgart: Kohlhammer.

Ermann, M. (2010): Psychoanalyse heute. Entwicklungen seit 1975 und aktuelle Bilanz. Stuttgart: Kohlhammer.

Fuchs, T. & Broschmann, D. (2017): Willensstörungen in der Psychopathologie. In: Nervenarzt 88, Heft 11. DOI 10.1007/s00115-017-0323-1.

Giedion, S. (1987/1948): Die Herrschaft der Mechanisierung. Ein Beitrag zur anonymen Geschichte (erstmals Oxford 1948). Frankfurt a. M.: Athenäum.

Gimmel, J., & Keiling, T. (2016): Konzepte der Muße. Tübingen: Mohr Siebeck.

Harring, M. (2011): Das Potential der Freizeit. Soziales, kulturelles und ökonomisches Kapital im Kontext heterogener Freizeitwelten Jugendlicher. Wiesbaden: VS.

Heichinger, M. (2016): Wilhelm Hauffs »Der Zwerg Nase«. Märchen und das innere Reich der Freiheit. In: Zeitschrift für freie psychoanalytische Forschung und Individualpsychologie, 3 (2), S. 37–57. DOI 10.15136/2016.3.2.37–57.

Heichinger, M. (2019): Der nervöse Charakter im 21. Jahrhundert: Freizeit – Die vierte Lebensaufgabe? Zeitschrift für freie psychoanalytische Forschung und Individualpsychologie, 6 (1), S. 1–15. DOI 10.15136/2019.6.1.1–15.

Heichinger, M. (2024): »Nein, nicht heute« – Prokrastination im Studium zwischen Schuld, Scham und Selbstbehauptung. In: A. Jank-Humann & R. Popp (Hrsg.): Kultur, Psyche und Desaster. Beiträge aus Europäischer Ethnologie, Psychotherapiewissenschaft, Katastrophenforschung und Frisistik (S. 381–390). Münster: Waxmann.

Hüther, G. (2015): Salutogenese und Selbstheilung. Vortrag im Rahmen der Reihe »Wie gelingt das gute Leben« 3.11.2015, Puchberg bei Wels.

King, V. & Gerisch, B. (2009): Zeitgewinn und Selbstverlust. In: V. King & B. Gerisch (Hrsg.): Zeitgewinn und Selbstverlust. Folgen und Grenzen der Beschleunigung. Frankfurt a.M.: Campus, S. 7–17.

Kirchhoff, C., Schnackenberg, C. & Uhlig, T. (2018): Morgen, morgen, nur nicht heute … Prokrastination aus individueller und gesellschaftlicher Perspektive. In: Psychosozial 41, Heft III (153), S. 53–69.

Opaschowski, H. W. (2008/1988): Einführung in die Freizeitwissenschaft. 5. Ausg. Wiesbaden: VS.

Popp, R. (2017): Zukunftsdiskurs Nr. 5: Lebensqualität im Spannungsfeld zwischen bio-psycho-sozialen und öko-sozio-kulturellen Einflussfaktoren. In: R. Popp, B. Rieken & B. Sindelar (Hrsg.): Zukunftsforschung und Psychodynamik. Zukunftsdenken zwischen Angst und Zuversicht. Münster: Waxmann, S. 60–63.

Popp, R. (2019): Menschen – Maschinen – Märkte. Sieben zuversichtliche Zukunftsdiskurse zum Wandel der Arbeitswelt. In: R. Popp (Hrsg.): Die Arbeitswelt im Wandel! Der Mensch im Mittelpunkt? Perspektiven für Deutschland und Österreich. Münster: Waxmann, S. 11–82.

Prahl, H.-W. (2010): Soziologie der Freizeit. In: G. Kneer & M. Schroer (Hrsg.): Handbuch Spezielle Soziologien (S. 405–420). Wiesbaden: VS.

Rieken, B. (1997): Freizeit, Zeitmangel und Mechanisierung. Österreichische Zeitschrift für Volkskunde. Band LI/100, S. 329–353.

Rieken, B. (2007a): Vom Nutzen der Individualpsychologie für das analytische Leben. In: Zeitschrift für Individualpsychologie 32 (1), S. 60–78.

Rieken, B. (2007b): Wahlpflichtfach Individualpsychologie. Seminar: Wissenschaftliche Grundbegriffe der Methode. SFU Wien.

Rieken, B. (2011a): Zur Vorgeschichte der Psychotherapie. In B. Rieken, B. Sindelar & T. Stephenson, Psychoanalytische Individualpsychologie in Theorie und Praxis. Psychotherapie, Pädagogik, Gesellschaft. Wien: Springer, S. 1–21.

Rieken, B. (2011b): Das Minderwertigkeitsgefühl und seine Kompensation: Wirk- und Zielursache, Fiktionalismus. In: B. Rieken, B. Sindelar & T. Stephenson: Psychoanalytische Individualpsychologie in Theorie und Praxis. Psychotherapie, Pädagogik, Gesellschaft. Wien: Springer, S. 55–64.

Rieken, B. (2023): Zwischen Optimismus und Skepsis. Überlegungen zu einem individualpsychologischen Bildungsbegriff. In: Zeitschrift für Individualpsychologie, 48 (3), S. 219–232.

Rosa, H. (2005): Beschleunigung. Die Veränderung der Zeitstrukturen in der Moderne. Frankfurt a.M.: Suhrkamp.

Rosa, H. (2011): Beschleunigung und Depression – Überlegungen zum Zeitverhältnis der Moderne. In: Psyche 65, 2011, 1041–1060.

Sindelar, B. (2011): Kriterien psychischer Gesundheit. In: B. Rieken, B. Sindelar & T. Stephenson: Psychoanalytische Individualpsychologie in Theorie und Praxis. Psychotherapie, Pädagogik, Gesellschaft. Wien, New York: Springer, S. 87–95.

Statistik Austria (2023): Zeitverwendung 2021/22. Ergebnisse der Zeitverwendungserhebung. Online verfügbar unter: https://www.statistik.at/fileadmin/user_upload/ZVE_2021-22_barrierefrei.pdf, Zugriff am 01.06 2024.

II Gestaltung der Freizeitbildung von der Kindheit bis ins Alter

4 Bildung als selbstbestimmte Freizeitgestaltung: Grundlagen der Freizeitbildung im Kindesalter

Elmar Drieschner

4.1 Einleitung

Unangenehme Langeweile (Bore-out) ist das Gegenteil von angenehmer Beschäftigung. Menschen langweilen sich, wenn sie nicht positiv herausgefordert werden, z. B. im beruflichen Alltag oder in Alltagssituationen, die sie frei gestalten können. Kinder bringen die Sache oft direkt auf den Punkt: »Mir ist langweilig« ist eine typische, von ihnen vielfach geäußerte Klage. Dabei sind Kinder anthropologisch betrachtet mit Geburt neugierig, ihr Gehirn ist sozusagen auf Lernen ›programmiert‹. Lernen im Kindesalter ist abwechslungsreich und kurzweilig, es bedeutet für sie, aktiv Beziehungen zu den Dingen und Personen in ihrer Umwelt aufzubauen. Dabei geben ihnen die Eltern idealerweise die Sicherheit und Geborgenheit, sich der Welt ›erkundend‹ und ›forschend‹ zuzuwenden. Schon Friedrich Fröbel (1826), der Gründer des modernen Kindergartens und erster frühpädagogischer Bildungstheoretiker, sprach von dem ›Tätigkeitstrieb‹ des Kindes. Über die tätige Erkundung, also über das Entdecken, Ausprobieren und das Spiel, setzt sich das Kind mit seiner Umwelt auseinander und entwickelt dabei ein Bild von sich und von der Welt. Dass das Kind dabei auch grundlegende kulturelle Kompetenzen erwirbt, liegt in der erzieherischen Verantwortung der Erwachsenen.

Fehlen dem Kind in bestimmten Situationen interessante Anregungen von außen, etwa auf langen Autofahrten oder in einem Wartezimmer, stellt sich noch schneller als bei Erwachsenen das Gefühl der Langeweile ein. Während Langeweile hier vielleicht eine Momentaufnahme ist, kann sie in anregungsarmen Familienverhältnissen und sozialen Umfeldern dauerhaft bestehen und bedeuten, dass Kinder ihre Freude am Entdecken und Handeln, ihre Neugier nicht hinreichend ausleben können. Kinder sollten jedoch schon früh die Kompetenz erwerben, die Zeit, die ihnen frei zur eigenen Verfügung steht, selbstbestimmt produktiv zu gestalten. Neben Eltern, frühpädagogischen Fachkräften und Lehrkräften sind Freizeitpädagog*innen daher gefordert, Kinder darin zu unterstützen, dass sie ihre *Lebenszeit zunehmend selbstbestimmt, erfüllend und sozial verantwortungsvoll gestalten*. Ziel der *Freizeitbildung im frühen Kindesalter* ist somit die zunehmende Entwicklung von *Freizeitkompetenz und Freizeitmündigkeit*. Dieser Beitrag erläutert zunächst allgemein bildungs- und erziehungstheoretisch (▶ Kap. 4.1) und sodann vor dem Hintergrund der familialen Freizeitbildung (▶ Kap. 4.3) die soziale Ungleichheit der Freizeitprofile (▶ Kap. 4.4). Nach einer Darstellung der Kompensationsmöglichkeiten in der Kindertagesbetreuung und der Ganztagsschule (▶ Kap. 4.5) folgen Überlegungen, auf welche Weise Grundlagen für eine Freizeitbildung in der Kindheit in

Verbindung von Familie, Kita und Ganztagsschule geschaffen werden können (▶ Kap. 4.6).

4.2 Bildungs- und erziehungstheoretische Grundlagen von Freizeitkompetenz und Freizeitmündigkeit

Bildung ist in der modernen Wissensgesellschaft eine *zentrale Ressource für gesellschaftliche Teilnahme und Teilhabe*. Wie bildungsökonomische Studien eindrücklich zeigen, erhöht Bildung ganz allgemein die Lebens- und Entwicklungschancen und vermindert im Umkehrschluss Risiken wie Arbeitslosigkeit, Krankheit oder auch Straffälligkeit (Elango, García, Heckman & Hojman 2015; Anger, Betz & Plünnecke 2023). Im Hinblick auf Teilhabe im Berufsleben sind über Bildungszertifikate vergebene gesellschaftliche Berechtigungen grundlegend. In der Freizeitbildung spielen Berechtigungen seltener eine Rolle (z. B. der Segelschein), viel entscheidender sind hier die im Bildungsprozess aufgebauten Interessen, Werte und Kompetenzen, die für die Wahrnehmung der jeweiligen Freizeitaktivitäten als Ressourcen relevant sind.

Wie alle Bildungsprozesse vollzieht sich auch die Freizeitbildung als *Auseinandersetzung der Person mit der kulturellen Umwelt*. Im westeuropäischen Kontext umfasst die *Freizeit-Kultur* die ganze Bandbreite vom bildungsbürgerlichen Kulturangebot bis hin zur Massenkultur von Unterhaltung, Urlaub oder Breitensport. Die Komplexität der Freizeit-Kultur und, damit zusammenhängend, die hierzulande gut ausgebaute Freizeitinfrastruktur, eröffnet insofern vielfältige Möglichkeiten für den individuellen, selbstbestimmten *psychisch-physischen Strukturaufbau*. In Anlehnung an den Kultursoziologen Georg Simmel (1922/2004) kann (Freizeit-)Bildung entsprechend als innere Seite bzw. ›subjektive Seinsweise‹ der (Freizeit-)Kultur aufgefasst werden: Jede*r kann hier theoretisch eine erfüllende Freizeitbildung wahrnehmen.

Historisch betrachtet ist die Möglichkeit zu Freizeitbildung eine Errungenschaft im gesellschaftlichen Modernisierungsprozess. So führten u. a. die Verkürzung der Arbeitszeit, körperlich weniger schwere Tätigkeiten und höhere Einkommen zu einem enormen *Zuwachs an Lebensqualität, Freiheit und Selbstgestaltungsmöglichkeiten des Lebens* für breite Bevölkerungsschichten. Die Entwicklung einer Freizeitkultur für alle versteht sich historisch betrachtet als Freiheit von Kontrolle und als Demokratisierung der Kultur: Während in der Frühindustrialisierung 14-stündige Arbeitstage im Zeichen von Ausbeutung, Unterdrückung und Massenarmut standen und die wenige freie Zeit ausschließlich der körperlichen Regeneration diente, hat sich die Arbeitszeit im 20. Jahrhundert mehr als halbiert und gleichzeitig haben sich der Lebensstandard und damit die Individualisierungsmöglichkeiten der Person verbessert (Maase 1997). Im 21. Jahrhundert dynamisiert sich diese Entwicklung weiter, das Bedürfnis nach Work-Life-Balance wird entdeckt, verwirklicht durch Teilzeitarbeit, Homeoffice und Remote-Work. Die zunehmende Digitalisierung löst die Trennung von Erwerbsarbeit und Freizeit auf, der wachsende Fachkräftemangel fördert die Bereitschaft der Arbeitswelt, sich mehr und mehr auch den Freizeitwünschen der Menschen anzupassen. Effizientere Produktionsprozesse dank Künstlicher Intelligenz werden das Ausmaß an freier Zeit zukünftig vermutlich weiter erhöhen bzw. die starre Taktung von Arbeitszeit und Freizeit verstärkt aufheben, sodass die Freizeitkultur gegenüber dem Erwerbsleben als eigenständiger Lebensinhalt langfristig immer wichtiger werden wird.

Pädagogisch spiegelt sich diese langfristige Entwicklung in einem fundamentalen *Wandel der Erziehungsziele* in den letzten 200 Jahren. Die Erziehung zu nützlicher Arbeit, Askese, Fleiß und Disziplin im 19. Jahrhundert wich bereits in progressiven Erziehungs- und Lebensreformprojekten Anfang des 20. Jahrhunderts neuen Werten wie Selbsttätigkeit, Kreativität, Ästhetik, Körperlichkeit und künstlerischem Ausdruck, bevor sich dann infolge der Kulturrevolution der 1960er und 1970er Jahre die Erziehung in der breiten Masse zunehmend an Selbstständigkeit, Partizipation und persönlicher Freiheit ausrichtete (Drieschner 2007). Kinder haben seither einen höheren Handlungsspielraum und nehmen teils in hohem Maße Einfluss auf familiale Entscheidungen in den Bereichen Konsum, Urlaub und Freizeitgestaltung. Neue kommunikative Herausforderungen dieses Wandels sind das Argumentieren und Verhandeln der Eltern mit ihren Kindern sowie der Umgang mit ihren Individualisierungsansprüchen (›im Mittelpunkt stehen wollen‹). In bildungsfernen und sozioökonomisch schwächeren Familien sind dagegen autoritäre Muster vielfach noch stärker repräsentiert, teils bedingt durch beengte Wohnverhältnisse, chronischen Zeitmangel oder Existenzsorgen der Eltern; entsprechend sind hier auch die Freizeitgestaltungsmöglichkeiten oft eingeschränkter (Nave-Herz 2015; iwd 2022). Auch kulturell bedingte Unterschiede im familialen Erziehungsverhalten sind festzustellen: In traditionalen, patriarchalischen Familien etwa kann eine Bevorzugung gegenüber Jungen bestehen, verbunden mit Gehorsamsforderungen gegenüber Mädchen (Schröter 2017).

In modernen, funktional-differenzierten Gesellschaften erfolgt die Tradierung und Aneignung der komplexen Kultur nicht nur über Nachahmung und Mittun (Sozialisation), sondern primär durch methodisierte Erziehung und Bildung. Auch in der Vermittlung und Aneignung von komplexer Freizeitkultur lassen sich solche Scholarisierungsprozesse erkennen, wie der private Musikunterricht, der Skikurs im Winterurlaub oder das regelmäßige Tennistrainig. Bei solchen anspruchsvollen freizeitkulturellen Tätigkeiten vermittelt eine kulturerfahrene ältere Person (Freizeitpädagog*in) einer weniger kulturerfahrenen jüngeren Person (Kind) den jeweiligen Kulturinhalt. Insofern basiert Freizeitpädagogik wie alle Pädagogiken auf dem Generationenverhältnis (Schleiermacher 1826/2000) und der damit verbundenen Dialektik *von historisch-sozialer-kultureller Phylogenese (der Kultur) und der psychisch-physischen Ontogenese (der Person)*. Dieses komplexe Verhältnis von Innen und Außen, Bildung und Kultur, Traditionserhaltung und Entfaltung von Neuem kann das Kind nicht alleine gestalten, es ist auf pädagogische Unterstützung angewiesen. Dies sei am Kinder- und Jugendfußball als einer sehr verbreiteten Form der Freizeitkultur genauer erläutert.

Moderne Fußballtrainer*innen vermitteln z. B. Techniken der Ballannahme und des Passspiels, strategisches Wissen zeitgemäßen Spielens, das Ethos des Fairplay und die Funktion des Regelwerks (Bewahrung der Kultur). Zugleich fördern sie die Entwicklung von Spielfreude und die zunehmende Selbstbestimmung der individuellen Spielerpersönlichkeiten (Förderung der Person). Die Jugendarbeit des Deutschen Fußball-Bundes (DFB) versucht gegenwärtig, die Balance in dieser Förderung neu herzustellen. Nach einer längeren Phase mit starker Leistungs- und Strategieorientierung und einem bis in die Erste Bundesliga hinein deutlichen Verlust an sogenannten ›Spielerpersönlichkeiten‹ wird seit der Spielsaison 2024/2025 in den Altersklassen U6 bis U11 mit einem kindgerechten Fußball wieder mehr Freude am Spiel und Spaß am Kicken gefördert, indem den jungen Spieler*innen durch kleinere Mannschaften, stärkere Rotation und Spielbeteiligung sowie Spielenachmittage (statt Meisterschaftsrunden) mehr Aktionen und Erfolgserlebnisse ermöglicht werden (DFB 2024).

Bildungsorientierte Freizeitpädagogik zielt also, wie das Beispiel zeigen soll, auf *Persönlichkeitsentwicklung* im Medium von Freizeit-Kultur. In dieser Perspektive meint ›Bildung‹ die Entfaltung von Möglichkeiten und Potenzialen einer Person in Auseinandersetzung mit Bereichen der Freizeit-Kultur über die gesamte Lebensspanne. Mit dem Bildungsbegriff ist seit Wilhelm von Humboldt (1793/1980) der Anspruch der ›proportionierlichen Entwicklung der Kräfte‹ verbunden. In Bezug auf Freizeitbildung ist hier der Aufbau eines möglichst vieldimensionalen und ausgewogenen Freizeitprofils gemeint, das geplant und organisiert werden muss (Freizeitmanagement).

Freizeitbildung ist auch oft ein langfristiger Prozess in bestimmten Domänen, etwa im Bereich der Musikalität. Der Umgang mit Musik spiegelt die Entwicklung der Umgangsweisen mit der Welt, z. B. von emotionalen Klangerfahrungen in der frühen Kindheit hin zur Balance von Emotion und Kognition beim Musizieren nach Noten. Die *Funktion* von Bildung bleibt aber zu jedem Zeitpunkt identisch: Die sich bildende Person baut in Auseinandersetzung mit der kulturellen Umwelt ein Selbst- und Weltbild auf und erlangt Handlungskompetenz, indem sie ihre Erfahrungen (und ihren Kompetenzgewinn im Umgang mit einem Instrument) zu einem persönlichen Ganzen integriert. Denn Ganzheitlichkeit kann es in differenzierten Gesellschaften immer nur Innen (Bildung), nie im differenzierten Außen (Kultur) geben. Durch dieses Erleben von Ganzheit bzw. von Identität kommt der Freizeitbildung und dem eigenen Interessenprofil heute mehr denn je eine besondere, weil sinnstiftende Bedeutung zu, weshalb Freizeitaktivitäten nicht selten in regelrechten Freizeitkarrieren münden.

Wenn das eigene Selbst- und Weltbild mit zunehmenden Erfahrungen immer differenzierter und realistischer wird, dann kann Bildung im Anschluss an Wolfgang Klafki (1986, 458) als »Befähigung zu vernünftiger Selbstbestimmung« verstanden werden. Gelingende Bildung ist also keine bloße kritiklose Anpassung an bestehende Verhältnisse, sondern zielt auf die Selbstgestaltung des Lebenslaufs und die Mitgestaltung der Gesellschaft. Gelingt der Bildungsprozess, so betont Heinz-Elmar Tenorth (2015), dann baut die Person Voraussetzungen für Partizipation und Handlungskompetenz auf. Gelingende Bildung in der Lebenslaufperspektive ist insofern gekennzeichnet durch die *zunehmend bewusste, reflektierte und immer stärker selbstgesteuerte Formgebung des Lebenslaufs zu einer bestimmteren inneren Struktur, äußeren Lebensführung sowie der Mitgestaltung der Gesellschaft* (Drieschner 2017a, 110). Auf diesen pädagogischen Denkhorizont bezieht sich die Freizeitpädagogik, wenn sie sich explizit von konsumorientierter Fremdbestimmung (etwa bei Social Media Addiction) wie auch diskriminierender Partizipationsbeschränkung (z. B. dem Ausschluss von Kindern aus einkommensschwachen Familien aus kostenintensiven freizeitkulturellen Aktivitäten) abgrenzt und für eine *Freizeitkompetenz* und *Freizeitmündigkeit plädiert*, die sich als Fähigkeit zur zunehmend *selbstbestimmten und selbstorganisierten und sozial verantwortungsvollen Freizeitgestaltung* versteht.

Freizeitbildung als zunehmende Selbstbestimmung im Umgang mit Zeit wird bereits in der Kindheit grundgelegt. Im folgenden Abschnitt wird mit Blick auf die Lebenswelt der Familie erläutert, inwiefern (Freizeit-)Bildung in gelingender Eltern-Kind-Bindung gründet und wie sie das Ziel der Anregung zur Selbsttätigkeit verfolgt. Erziehungsethisch ist dabei zu berücksichtigen, dass die Freizeitpädagogik immer auch einen Zukunftsbezug hat, obgleich das kleine Kind Zeit stärker gegenwartszentriert erlebt. Daher ist es eine Kernaufgabe der Früherziehung, die Fürsorge für das Kind in seiner Gegenwart und die Ermöglichung seines Anschlusses an »die Verschiedenheiten im Leben« in der Zukunft auszubalancieren. Mit Friedrich Schleiermacher sind Eltern gefordert, die Sorge für die Gegenwart und für die Zukunft des Kindes nicht füreinander aufzuopfern (Schleiermacher 1826/2000, 52). Für die familiale Freizeitbildung bedeutet diese Einsicht, freizeitkulturelle Aktivitäten bindungsorientiert und feinfühlig zu fördern, *ohne überzogene Leitungsansprüche* zu stellen, wie es etwa übertrieben ehrgeizige, in das Spiel eingreifende Väter am Platzrand beim Jugendfußball praktizieren.

4.3 Familiale Grundlagen früher Freizeitbildung

4.3.1 Bindungssicherheit als psychische Voraussetzung selbsttätiger freier Zeit

Es gehört zu den Erziehungsaufgaben der Eltern, ihr Kind beim produktiven Umgang mit frei gestaltbarer Zeit zu unterstützen. Grundlegend gilt dabei: Kinder haben ein Bedürfnis nach liebevoller Interaktion mit den Eltern und spannenden Kontakten mit Gleichaltrigen. Im Rahmen dieser Beziehungen sollen sie lernen, selbsttätig zu werden und eigene Interessen zu entwickeln. *Selbsttätigkeit in sicheren sozialen Bezügen* kann insofern als *elementare Voraussetzung früher (Freizeit-)Bildung* gelten, wie mit Bezug auf empirisch gut fundierte Erkenntnisse der Bindungsforschung zur sogenannten »Bindungs-Explorations-Balance« festgestellt werden kann. Da sich das Kind über Erkundung und Spiel mit seiner Umwelt auseinandersetzt, ist Exploration sozusagen die ›Naturbasis‹ der auf Kultur bezogenen Bildung. Nur wenn das Kind auf die Feinfühligkeit, Präsenz und Verfügbarkeit seiner Bindungsperson(en) vertrauen kann, exploriert es mutig und engagiert und nutzt seine Bildungsmöglichkeiten (Grossmann & Grossmann 2012). Sobald es krabbeln und laufen kann, pendelt es wie ein Satellit zwischen der Bezugsperson als sichere Basis und den spannenden, zu erkundenden Objekten hin und her (Dollase 2013). Erst auf der Grundlage einer sicheren Bindung wird das Explorationssystem eines Kindes also voll aktiviert und es kann sein kognitives Potenzial optimal ausschöpfen. Selbsttätige Objektexploration in den ersten zwei Lebensjahren sowie das Interesse an Gleichaltrigen vor allem ab dem dritten Lebensjahr sind so betrachtet eine Funktion von Bindungsbeziehungen zu relevanten Bezugspersonen.

In allen Kulturen stellt sich im Alter von drei bis vier Jahren bei Kindern ein größerer *Selbstständigkeitsschub* und damit verbunden der Wunsch nach Handlungswirksamkeit ein; der zweite große Selbstständigkeitsschub erfolgt dann während der Pubertät (Schleid 2001). Die in den Selbstständigkeitsschüben typischerweise gehäuft auftretenden eigenständigen Willensbekundungen hängen mit dem Bestreben zusammen, Dinge zunehmend selbstständig zu tun, Interessen auszubilden und damit auch die Grenzen des eigenen Einflussbereichs und der eigenen Möglichkeiten auszuloten. Kinder wollen mit dem Größerwerden zwar immer selbstständiger agieren, brauchen dafür aber Anregung, Zuwendung, Unterstützung und Verlässlichkeit. Die *Balance zwischen Bindung und Exploration* muss also immer wieder neu austariert werden, indem die (emotional geprägte) Bindung idealerweise gerade so beschaffen ist, dass sie die (kognitiv geprägte) Exploration ermöglicht. Der Eltern-Kind-Beziehung ist also bindungstheoretisch betrachtet das Ziel inhärent, den Kindern immer alters- und situationsgerecht sowohl emotionalen Rückzug (sichere Bindung) als auch interessante Zugänge zur Welt (sichere Exploration) zu bieten.

Das ist auch deshalb so entscheidend, weil Freude und Frust bei der kindlichen Weltentdeckung und gerade auch bei freizeit-kulturellen Aktivitäten oft dicht beieinander liegen, wie folgendes Beispiel verdeutlichen soll: Auf dem Spielplatz muss die Mutter abwägen, ob die vierjährige Tochter, die gerade unzufrieden ist, weil ihr das Klettern noch nicht so gut gelingt, erstmal Trost und Ruhe (Bindung) oder nicht doch Unterstützung und Assistenz (bei der Exploration) benötigt, bis sie erste Erfolgserlebnisse feiern kann. Denn gerade mit Blick auf *Freizeitbildung* ist es ein wichtiges Ziel, Kindern weder durch vorwegnehmende Hilfe Erfolgserlebnisse zu nehmen noch sie durch Überbehütung zur Mutlosigkeit zu erziehen oder gar im anderen Extrem sie durch Überforderung zu gefährden oder gar zu traumatisieren. Wichtig ist es vielmehr, *dosierte Diskrepanzerfahrungen* zu organisieren, an denen das Kind persönlich wachsen kann. Wenn das Kind den Erfolg beim Klettern, feinfühlig unterstützt durch die Hinweise, die Absicherung und die Ermutigung durch die Mutter, sich selbst zuschreiben kann, macht es eine *Selbstwirksamkeitserfahrung*, die für die Freizeitbildung vielleicht sogar ein Schlüsselmoment sein kann – ohne zwingend im Bouldern als Hobby zu münden.

4.3.2 Förderung des freien Spiels und der Peer-Kontakte

Die kreative Gestaltung des *freien Spiels* ist in der frühen Kindheit eine wichtige Basis für den späteren Erwerb von *Freizeitkompetenz*. Wie die Spielforschung eindrücklich zeigt, sind Kinder in der Lage, sich im Spiel aktiv und produktiv mit ihrer sozialen und kulturellen Umwelt auseinanderzusetzen. Ab dem Kindergartenalter konstruieren sie mit Spielfreund*innen oder ihren Geschwistern ihre eigene Spielwelt. Im Spiel festigen und integrieren sie die über Exploration neu erworbenen Kompetenzen, wobei Phasen des Explorierens und Spielens ineinander übergehen (Sauerbrey 2021). Der stetige Versuch, Freunde zu gewinnen und in Freundschaften die eigene Rolle zu finden, lässt darauf schließen, dass das *gemeinsame Spiel, die gemeinsam verbrachte Zeit* eine wichtige Funktion für die soziale Entwicklung und für das Wohlbefinden hat. Kinder bevorzugen Freunde des gleichen Alters und gleichen Geschlechts – also Peers mit ähnlichen Interessen und gleichem Entwicklungsstand (Ahnert 2011). Erkennbar wird in Freundschaftsbeziehungen von der Kindheit bis hinein ins Erwachsenenalter ein universelles Muster von *reziprokem Altruismus*, also ein kalkulatorisches Geben und Nehmen. Weil diese soziale Verhaltensstrategie bei allen intelligenten, in Sozialverbänden lebenden Arten auftritt, wird sie in der Verhaltensbiologie interessanterweise weniger als kulturelle Leistung, sondern vielmehr als ein genetisch verankertes Programm gedeutet (grundlegend: Trivers 1971).

In der Regel bedarf die *Förderung des kindlichen Spiels und kindlicher Peer-Kontakte* keiner kontinuierlichen Anleitung und keiner Fülle an Spielmaterialien, wohl aber der Vorbereitung eines geeigneten Spiel-Raums. Beim Fantasiespiel etwa setzen sich Kinder mit den sie umgebenden Menschen und Dingen kreativ auseinander, indem sie ihre Wünsche, Gedanken, Vorstellungen und auch magischen Weltdeutungen mit den Anforderungen der Realität in Verbindung bringen, Rollen ausprobieren und dabei ihre soziale Handlungskompetenz, Empathie und Kreativität entwickeln. Die Aufgabe der Erwachsenen in der Familie, aber auch in der Kindertagespflege oder in der Kindertageseinrichtung kann sich hier darauf beschränken, einen geschützten Rahmen bereitzustellen, in dem die Kinder ihre Spielidee frei entfalten können. Unabhängig davon, ob es sich um einen geschützten Spiel-Raum für ein einzelnes Kind oder eine Gruppe von Kindern handelt: Erwachsene Bezugspersonen sollten vor der Freigabe des Raums innehalten und ihre Kontroll- und Lenkungsbedürfnisse rein auf Situationen fokussieren, in denen das pädagogische Eingreifen unabdingbar ist. Wenn Erwachsene Spielaktivitäten vorstrukturieren und lenken, kann dies die kindliche *Kreativität und Produktivität als eine zentrale Wurzel selbstbestimmter Freizeitgestaltung* lähmen. Ebenso können stark vorstrukturierte Spielsachen mit nur wenigen Handlungsoptionen die Kreativität einschränken, indem sie – wie auch audiovisuelle Medienangebote – die Kinder in die passive Rolle der Konsumenten versetzen. Sinnvolle, weil die Aktivität und die Kreativität fördernde spielerische Beschäftigungen sind auch in digitalen Zeiten das (analoge) Basteln, Malen, später das Lesen (weiterführend: Heimlich 2023).

Häufig gerät ein Spiel ins Stocken, z. B. weil ein Objekt oder eine Person das Kind ängstigen, weil es an die Grenzen seiner Handlungsfähigkeit stößt, etwas nicht gelingt oder weil Konflikte mit anderen Kindern auftreten. Dann sucht das Kind

Rückversicherung, Unterstützung und Assistenz bei seiner Bezugsperson. Feinfühlige Bezugspersonen unterstützen das Kind entwicklungsangemessen bei der Bewältigung solcher Herausforderungen, ohne es (z. B. durch Leistungsdruck oder Leistungsvergleich) zu überfordern oder durch direkt eingreifende oder vorwegnehmende Hilfe vor seinen Peers bloßzustellen. Feinfühligen Erwachsenen ist stets bewusst, dass Kinder selbst erfolgreich sein und sozial anerkannt sein möchten. Indem sie ihre Vorhaben eigenständig und erfolgreich verwirklichen, empfinden sie die eigene Selbstwirksamkeit und können ein positives Selbstkonzept sowie eigene Interessen entwickeln.

4.3.3 Erwachsene Freizeitvorbilder und Freude an gemeinsamen Familienaktivitäten

Eltern fungieren für ihre Kinder als *Vorbilder mit geringer oder ausgeprägter Freizeitkompetenz*, etwa als sportliche oder musikalische Vorbilder. So nehmen viele sportliche Eltern ihre Kinder schon früh mit zum Laufen, Wandern, Klettern, Radfahren, Paddeln, Schwimmen oder Fußball, im Idealfall trifft hier die sportliche Anlage des Kindes auf das sportliche Umfeld der Familie (Genom-Umwelt-Kovariation). Aus der Bindungsforschung ist hierzu bekannt, dass Kinder, die sicher gebunden sind, sich leichter für solche Aktivitäten und Vorhaben begeistern lassen, die den Erwachsenen wichtig sind (Drieschner 2017a, 69). Insofern haben erwachsene Vorbilder mit der Kraft der Bindung viele Möglichkeiten, den Kindern die Welt zu eröffnen, z. B. durch gemeinsame Erkundungen in der Natur, durch eigene Erzählungen, durch Bücher und verschiedenste Medien und Materialien. Implizit durch Habitualisierung (Bourdieu 1987) und Modelllernen (Bandura 1969) sowie explizit durch Lernen im Rahmen von Zeigen (Prange, 2012) eignen sich Kinder viele freizeitrelevante Verhaltensweisen, Fähigkeiten und Fertigkeiten einfach durch das gemeinsame Tun mit den Eltern an.

Dabei kopieren die Kinder das Verhalten der Eltern nicht nur einfach, sondern verändern es bzw. gehen damit kreativ um. Oft entwickeln die Kinder bereits durch wenige Anregungen eigene Themen und ein vertieftes Interesse an bestimmten Inhalten, die möglicherweise auch für die Erwachsenen selbst neu zu entdecken sind. Gut erforscht sind diese Zusammenhänge etwa bei der literarischen Sozialisation und Erziehung. Nachweislich positive Einflüsse auf die Lesefähigkeit, die Lesemotivation und die literarische Kompetenz haben das elterliche Lesevorbild, die Anzahl der im Haushalt vorhandenen Bücher inklusive der Kinderbücher, feinfühlig, dialogisch und idealerweise ritualisiert gestaltete Vorlesesituationen und z. B. der gemeinsame Besuch von Bibliotheken und Buchhandlungen (Hertel, Jude & Naumann, 2010). Kinder können so eine stabile Lesemotivation ausbilden, die dazu führt, dass sie sich zunehmend selbsttätig Lektüre besorgen und differenzierte Leseerfahrungen machen.

Freizeitbildung in der Familie ist insofern nicht reine Bespaßung (Elterntainment), vielmehr sollte das *elterliche Vorbildverhalten* und die *Freude am gemeinsamen Tun* im Vordergrund stehen, also die erfüllende Beschäftigung als empathische Interaktion. Freude am gemeinsamen Tun bedeutet, dass sich die Eltern feinfühlig an die Interessen des Kindes anschließen, ihm empathisch auf der Stufe seiner Selbst- und Welterkenntnis begegnen und auf dieser Basis einen gemeinsamen Aufmerksamkeitsfokus gestalten (Drieschner 2011). So kann etwa, an einem klassischen Ausflugsziel von Familien illustriert, der gemeinsame Zoobesuch für Eltern und Kinder zu einer anregenden Erfahrung werden: Die Eltern bilden die sichere Basis, von der aus erkundet werden kann. Sie handeln mit dem Kind auf Augenhöhe und zeigen ihm die Tiere, die zuvor vielleicht schon mit Büchern verbildlicht wurden. Die Eltern nehmen die Beobachtungen ihres Kindes auf und geben ihm emotionale und kognitive Resonanz, bestärken und erklären. Sie helfen und assistieren, etwa indem sie ihr Kind zur besseren Sicht hochheben; sie warten, weil das Kind von den Bären besonders fasziniert ist; kommt Angst auf, bieten sie Nähe und zeigen, dass keine Gefahr besteht. Nicht zuletzt planen sie anschließend genug Raum und Zeit ein, damit die Erfahrungen im Spiel verarbeitet werden können.

4.3.4 Unterstützung bei der Wahl organisierter Freizeitangebote

Aus freizeitpädagogischer Sicht ist es sinnvoll, dass Eltern ihr Kind bereits im vorschulischen Alter bei der Wahl organisierter, regelmäßiger Freizeitangebote unterstützen, wobei auch regionale Angebote und die Gemeinschaft mit Peers den Ausschlag geben können. Unter freizeitpädagogischem Bildungsanspruch sind die *selbstständige Entscheidung* des Kindes im Rahmen der elterlichen Unterstützung und die Vereinbarung einer Probezeit wichtig. Kinder können so ihre Interessen erkunden und in Auseinandersetzung mit den kulturellen Angeboten ihre Fähigkeiten und Potenziale erproben. Ob im Hinblick auf Ausdauer, Geschicklichkeit oder Musikalität: Eltern sollten auf die Anlagen, Potenziale und Interessen ihrer Kinder reagieren und in Rechnung stellen, dass ihre Kinder durchaus auch andere Interessen und Talente haben können als sie selbst. Am Beispiel des Vereinssport erläutert: Für manche Kinder sind Individualsportarten am besten geeignet, andere sind in einem Teamsport besser aufgehoben. In jedem Fall sollten Eltern die Erfahrungen im Anschluss gemeinsam mit dem Kind reflektieren, um so herauszufinden, ob die sportlichen Interessen und Ziele des Kindes zur getesteten Sportart passen. Eltern sollten auch offen für innovative Sportarten sein und diese gemeinsam mit ihren Kindern neu entdecken.

Freizeitsport ist häufig mit einem äußeren Leistungsanspruch verbunden, Freude und Frust liegen dicht beieinander. Eltern sollten konstant im Dialog mit ihren Kindern bleiben, ihre Freude und ihren Frust teilen, sie unterstützen und motivieren und gesellschaftliche Leistungsansprüche bzw. Ansprüche von Trainer*innen oder Sportvereinen kritisch hinterfragen. Möchte sich das Kind freizeit-kulturell neu orientieren, ist das zu respektieren. Denn ein Hobby ohne Passion wird schnell langweilig oder gar belastend.

Hat das Kind erstmal seine Leidenschaft für eine bestimmte Sportart oder ein bestimmtes Musikinstrument entdeckt, entwickeln sich seine Selbstbestimmung und Selbstorganisation in aller Regel von allein: Das Kind macht erste ›Flowerlebnisse‹, artikuliert eigene Wünsche über Ausmaß, Ziele und Umfang der weiteren

Aktivitäten (in einer Musikgruppe) und wird gemeinsam mit Peers selbsttätig, indem es sich etwa nachmittags mit Freunden zum Fußball oder Basketball verabredet (Drieschner 2018).

4.3.5 Rhythmisierung der freien Zeit

Ein weiterer Aspekt früher Freizeitbildung in der Familie ist der für eine ausgeglichene Lebensführung so notwendige *Rhythmus zwischen Phasen der Anspannung und Entspannung*, den Kinder ebenfalls in der Interaktion mit Eltern erlernen. Hierfür ist die Rhythmisierung des Familienalltags eine entscheidende Grundlage. Ritualisierte Phasen aktivierender und kontemplativer Zeitgestaltung, also der Ruhe und der Bewegung, der Gemeinschaftlichkeit und des Alleinseins, der Nähe und der Distanz müssen in ein verlässliches Balanceverhältnis gebracht werden. Denn das Alltagsleben muss heute gerade bei Menschen mit vielseitigen Freizeitaktivitäten vor Stress geschützt werden. Wiederkehrende Rhythmen wie beispielsweise das gemeinsame Mittagessen, der regelmäßige Wochenendausflug oder das abendliche Vorlesen vor dem Schlafen bieten Kindern Orientierung und psychische Sicherheit, die wiederum die Voraussetzung für neue Entdeckerlust sind. Immer geht es also um die kognitive und die emotionale Balance zwischen dem Vertrauten und neuen Eindrücken und deren notwendiger innerer Verarbeitung (Prüßner 2018). Im Übrigen wird nur vor dem Hintergrund von Rhythmisierung und Ritualisierung für das Kind die Differenz zwischen der unangenehmen Langeweile und dem angenehmen Nichtstun deutlich. Solches Nichtstun nach bewältigten Herausforderungen fühlt sich nicht nach Langeweile, sondern nach Entspannung an. Phasen der Ruhe, der Kontemplation, der Muße, des Faulenzens und des Rückzugs sind gerade für Kinder wichtig und angenehm, sie sind der notwendige Ausgleich zu Phasen aktiver Freizeitgestaltung sowie schulischen Lernens.

Insgesamt wollen Kinder mit dem Größerwerden immer selbstständiger agieren und Zeit selbstorganisierter gestalten, Eltern können entsprechend Ritualisierungen nach und nach flexibilisieren, um- oder abbauen. Ab wann genau sich ein Kind in welchem Ausmaß selbst beschäftigen oder selbst zur Ruhe kommen kann, lässt sich nicht allgemein sagen, da sich die Fähigkeiten und Bedürfnisse jedes Kindes unterschiedlich entwickeln. Allerdings ist die selbstständige Beschäftigung auch eine Reaktion darauf, inwieweit das Kind von Anfang an selbst die Welt im Rahmen sicherer Bindungen erkunden und entdecken konnte. Hier ist also eine hohe Feinfühligkeit seitens der Eltern gefragt. Grundsätzlich gilt: Je *selbsttätiger Kinder bei der Gestaltung der freien Zeit* werden, desto mehr können sich die erwachsenen Bezugspersonen mit Vorstrukturierungen der freien Zeit zurücknehmen.

4.4 Eindimensionalität oder Vielseitigkeit? Zeitgeschichtliche Entwicklungen und soziale Ungleichheiten der Freizeitprofile von Kindern

Bis hierhin wurden Maximen freizeit-kultureller Bildung und Erziehung in funktionierenden Familiensystemen skizziert. Im Folgenden sollen stärker allgemeine Freizeittrends sowie soziale Differenzen innerhalb von Familien in die Analyse einbezogen werden. Demnach spiegelt sich die jeweilige Freizeitbildung eines Kindes in seinem *individuellen Freizeitprofil*, das eher eindimensional oder eher vielseitig ausgerichtet sein kann. Allgemeine, also alle Kinder betreffende Vereinseitigungsprozesse in der Freizeitgestaltung werden seit einigen Jahren mit Bezug auf aktuelle *Wandlungsprozesse der Kindheit* beklagt. Im Zentrum der Besorgnis stehen vor allem sogenannte Verhäuslichungs-, Verinselungs- und Verplanungsprozesse. Kinder könnten ihre freie Zeit immer weniger in dem für sie immer gefährlicher werdenden öffentlichen Raum gestalten. Die verringerten freien Handlungs- und Spielmöglichkeiten im Nahraum führten zu Spontaneitätsverlusten und enger Zeitplanung bei Sozialkontakten. Forschungsbefunde sprechen allerdings gegen eine solche allgemeine Vereinseitigung. Nach aktuellen Studien können immerhin zwei Drittel der Kinder in ihrem unmittelbaren Wohnumfeld alle von ihnen gewünschten Spiele spielen (LBS Kinderbarometer 2020, 27). Kinder, die in der Stadt aufwachsen, werden nicht per se aus dem öffentlichen Raum zurückgedrängt, sondern sie erobern ihn für eigene sportive Zwecke zurück (z. B. nutzen Skater auch Sitzbänke, Treppen oder Geländer). Ebenso schränkt die Asphaltierung und Betonierung des ›Erlebnisraums Straße‹ Bewegung nicht nur nicht ein, sondern ermöglicht überhaupt erst neue Bewegungskulturen wie Skateboarden, Biken oder Parcours. Diese Bewegungskulturen auf der Straße werden allerdings von Jungen dominiert, Mädchen sind stärker verhäuslicht (Spiel in Privaträumen zu Hause oder bei Freunden) (Drieschner 2017b).

Im Vergleich zu frühen Generationen hat sich bei heutigen Kindern der Institutionalisierungsgrad und die Mediatisierung der Freizeit erhöht; auch dies ist häufig Anlass zu kulturpessimistischen Klagen (›Terminkalenderkindheit‹, ›mediatisierte Kindheit‹). Empirische Forschungen zeigen allerdings eher eine *Pluralisierung und Individualisierung der Freizeitprofile* zwischen institutionalisierten Freizeitprogrammen u. a. in Vereinen, dem Medienkonsum und dem freien Spiel mit Peers. So enthält etwa die Studie »Kindheit, Internet, Medien« (KIM-Studie) u. a. folgende Hinweise: Bei den 6- bis 13-Jährigen sind Freunde treffen, das Spielen drinnen und draußen, Fernsehen und Lernen die häufigsten Freizeitaktivitäten. Drei Viertel der Kinder gaben an, regelmäßig etwas mit der Familie zu unternehmen. Zwei Drittel treiben Sport, drei von fünf Kindern nutzen internetbasierte Bewegtbilder oder spielen digitale Spiele, ab dem Alter von etwa 10 Jahren besitzt mehr als die Hälfte ein Smartphone. Die Hälfte der Kinder liest in der Freizeit Bücher, malt oder zeichnet. Mädchen sind tendenziell eher an sozialen und kreativen Tätigkeiten interessiert, Jungen bevorzugen eher Sport und digitale Spiele. Je höher der Bildungsstand, desto mehr wird gelesen, unabhängig vom Migrationshintergrund (Feierabend, Kheredmand, Rathgeb & Glöckler, 2023).

Die World-Vision-Studie aus dem Jahr 2007 erfasste dezidiert Freizeitaktivitäten von 8- bis 11-jährigen Kindern in den Dimensionen Sport, Medienkonsum, Kultur sowie häusliche familiäre Aktivitäten und entwickelte folgende Typologie: Die Hälfte der Kinder sind *Normale Freizeitler*, die unterschiedlichen Aktivitäten nachgehen, etwa ein Viertel sind *vielseitige Kids*, deren Freizeit durch Freund*innen, Sport, musikalisch-kulturelle Aktivitäten wie Musik, Basteln, Malen oder Tanz und Theater geprägt ist und etwa ein Viertel sind *Medienkonsumenten*, die häufig zusammen mit Freund*innen sportlich aktiv sind, sonst aber vor allem digitale Spiele bevorzugen. Der Erziehungswissenschaftler Rolf Göppel verwies auf Zeitbudget-Studien, die zeigten, dass »die freien, nicht organisierten Anteile wie etwa drinnen spielen, Malen, Zeichnen, mit der Familie zusammen sein, draußen spielen, etwas unternehmen, Fernsehen, Musikhören, Bücherlesen, Ausruhen und Träumen doch noch bei weitem den überwiegenden Teil der Freizeit ausmachen« (Göppel 2007, 79). Fragt man heute Kinder nach beliebtesten Freizeitaktivitäten, dann zeigt sich durchaus ein vielfältiges Aktivitätenspektrum, aber eine hohe Stabilität über die Zeit hinweg bei den Lieblingsaktivitäten Zusammensein mit Freunden, Spielen und Sport. Entgegen einseitiger ›Verfallsthesen‹ scheint es nicht so zu sein, dass Mediatisierung per se die freie Zeit von Heranwachsenden einseitig dominiert und körperliche Bewegung einschränkt. Tatsächlich gestalten viele Kinder ihre Freizeit vielfaltig, individualisiert und durchaus ausgewogen, d. h., sie wählen aus einem großen Spektrum an Möglichkeiten aus, wobei fest institutionalisierte Tätigkeiten und freie Freizeitformen sowie Tätigkeiten mit passiv-rezeptivem und mit aktivem Charakter sich die Waage halten (Langmeyer, Gaupp & Berngruber, 2021).

Wie oben schon verschiedentlich angemerkt, korrespondiert die Pluralisierung und Individualisierung der freien Zeit mit schicht- und milieuspezifischen Differenzen in den Freizeitprofilen. Es besteht also ein enger Zusammenhang zwischen der familialen Herkunft der Kinder und ihren Freizeitaktivitäten. So sind Kinder aus Familien in prekären Lebenslagen und Wohnsituationen in Sportvereinen, in Jugendverbänden und vor allem in Musikschulen oder Theaterprojekten unterrepräsentiert, nicht dagegen aber in niederschwelligen, voraussetzungslosen Mal- und Bastelangeboten. Umgekehrt konnte in der StEG-Studie zu Bildungsorten ermittelt werden, dass die Teilhabe an außerschulischen musikalischen und sportlichen Aktivitäten mit dem sozioökonomischen Status der Familie linear ansteigt (Hakim & Züchner 2021, 78). Wie Studien zur ›Intensivierung der Elternschaft‹ zeigen, neigen Eltern in gesicherten sozialen Verhältnissen mittlerweile fast schon zu einer Überfülle an Freizeitangeboten und investieren so viel Geld und Zeit wie noch keine Elterngeneration zuvor in ihren Nachwuchs. Sie sind bestrebt, den Kindern allseitige Persönlichkeitsentfaltung zu ermöglichen (Walper, 2022).

So entsteht eine *soziale Ungleichheit der Freizeitprofile:* Die o. g. ›vielseitigen Kids‹ stammen vornehmlich aus ökonomisch gesicherten Familien. Im einen Extrem gibt es Kinder aus privilegierten Elternhäusern, die durch umfassende Freizeitbildung gefördert werden – im Kontext intensiver Betreuungszeiten durch Väter und Mütter, mit privat finanziertem Unterricht in schulnahen oder die schulische Bildung sinnvoll ergänzenden Freizeitaktivitäten wie Musik, Kunst, Sport und Fremdsprachen, familialen Ausflügen und Urlauben und pädagogisch wertvollem Spielzeug. Die hier vollzogene Förderung dient Lebens- und Entwicklungschancen und sicherlich nicht zuletzt der Absicherung von Privilegien. Kindern, die in Haushalten mit geringem ökonomischem, sozialem und kulturellem Kapital aufwachsen, wird viel weniger solche gezielte Förderung zuteil, sie laufen Gefahr, eher eindimensionale, passiv-rezeptive Freizeitprofile auszubilden (Fernsehen, Gaming). Sie wachsen zudem häufiger in anregungsarmen Wohnumfeldern auf, so hat jedes fünfte Kind hierzulande kaum attraktive Treffpunkte in seiner Nachbarschaft (Problem verschmutzter, kaputter oder nicht vorhandener Spielplätze) (LBS Kinderbarometer 2020, 27). Auch Teilhabeleistungen an organisierten Bildungs- und Freizeitaktivitäten im Rahmen des Bildungs- und Teilhabepakets werden von berechtigten Kindern und Jugendlichen aufgrund von Informationsdefiziten in den Familien und bürokratischen Hürden nur wenig in Anspruch genommen (Kull & Wolf 2021).

Freilich gibt es auch Kinder aus ressourcenstarken Familien, die trotz materiellen Überflusses aus anderen Gründen wenig Zuwendung und Förderung erfahren und ein eindimensionales Freizeitprofil ausbilden (Wohlstandsverwahrlosung). Häufiger ist hier aber das Problem, dass besonders ambitionierte Eltern mitunter zu hohe Perfektionsansprüche an ihre Kinder stellen, nicht nur in Bezug auf schulische Leistungen, sondern eben auch in der Freizeitbildung. Daher sei abschließend festgehalten, dass optimale Förderung zwar Aufgabe der Eltern ist, aber beruhend auf Bindung und Liebe ohne übertriebenen Leistungsanspruch. Nur so können Eltern ihren Kindern die notwendige psychische Sicherheit geben, um selbstständig ihren Weg zu gehen und zu einer zunehmend selbstbestimmten Lebensführung zu gelangen. Denn freie Zeit sollten Kinder und Erwachsene als Freiheit von Kontrolle erfahren dürfen.

4.5 Kompensatorische Förderung von Freizeitbildung in der Kindertagesbetreuung und der Ganztagsschule

Wie im vorigen Abschnitt deutlich werden sollte, unterscheiden sich Familien u. a. hinsichtlich des Bildungsniveaus der Eltern, des sozioökonomischen Status, dem Migrationshintergrund und der zeitlichen Möglichkeiten für die Zuwendung zum Kind. Familien bieten also *ungleiche Bildungsvoraussetzungen*, in denen Kinder ihre Anlagen und Potenziale besser oder schlechter entfalten können; die soziale, aber auch die materielle Wohnumwelt formen die Möglichkeitsstrukturen für die Entwicklung des kindlichen Wahrnehmens, Denkens, Fühlens, Handelns und Verhaltens. Bildungssoziologische Analysen sollten von einem *umfassenden Begriff von Bildungsungleichheit* ausgehen: Die herkunftsbedingten Ungleichheiten beeinflussen nicht nur den schulischen Unterricht – so sind Kinder aus privilegierten Familien am Ende der Grundschulzeit bis zu zwei Lernjahre voraus (Hussmann, Stubbe &

Kaspar, 2017) – sondern auch die Freizeitbildung; hier zeigen sich entsprechende Unterschiede in den Präferenzen für bestimmte Aktivitäten und im Differenzierungsgrad des Freizeitprofils. Schulische Bildung und Freizeitbildung stehen somit in Wechselwirkung miteinander und konstituieren erst zusammengenommen *Bildungsungleichheit in vollem Ausmaß*, denn »Freizeit ist nicht mehr nur von der Schule freie Zeit, sondern sie enthält bereits in frühem Alter viele Elemente von Bildung, Lernen und Leistung« (Grunert & Krüger 2006, 151).

Der *Kindertagesbetreuung* sowie der *Ganztagsbetreuung* an der Grundschule, deren Rechtsanspruch ab dem Schuljahr 2026/27 schrittweise eingeführt wird, werden eine Fülle an Aufgaben und Funktionen zugewiesen. So sollen sie u. a. der Bildungsschere auch in freizeit-kultureller Sicht kompensatorisch entgegenwirken. Beide Institutionen zielen in diesem Zusammenhang auf die *Verknüpfung formaler, non-formaler und informeller Bildungsprozesse*. Die überwiegend non-formale Freizeitbildung wird im Rahmen des offenen Ganztags erstmals *strukturell* in das traditionell durch formalen Unterricht gekennzeichnete Schulsystem *integriert*, auch informelle Bildungsmöglichkeiten etwa im Rahmen von Peer-Kontakten werden schulisch aufgewertet (zum Begriff der strukturellen Integration: Drieschner & Gaus 2012). Zusätzlich setzen beide Organisationsformen auf die kompensatorische Kraft von vertrauensvollen Erzieher*innen-Kind-Bindungen sowie Lehrer*innen-Schüler*innen-Beziehungen (Drieschner 2011). Die Kindertagesbetreuung kann in ihrer historischen Doppelfunktion von universeller Bildung und schichtspezifischer Fürsorge gewissermaßen als Vorläuferin der kompensatorisch angelegten schulischen Ganztagsbildung verstanden werden (König 2020). Allen Kindern die Teilhabe an kulturell-ästhetischen, sportlichen oder medialen Freizeitaktivitäten zu ermöglichen, verlangt von den pädagogischen Akteur*innen, den familialen Hintergrund der ihnen anvertrauten Kinder differenziert im Hinblick auf soziale Benachteiligungen zu betrachten, soziale Gleichstellung zu praktizieren und soziale Benachteiligungen durch gezielte kompensatorische Bildungsangebote zu bearbeiten.

Tatsächlich lassen sich bei Kindern aus bildungsfernen Familien mit jedem Kita-Jahr positive frühpädagogische Fördereffekte in Bezug auf schulnahe Kompetenzen nachweisen (Kratzmann & Schneider, 2009). Dies ist ein wichtiger Befund, der zeigt, dass die Kita eine Institution der Bildungsgerechtigkeit ist und analoge Befunde für die Freizeitbildung erwartet werden dürfen. Viele der durch einen Rahmenbeschluss der Jugend- und Familienministerkonferenz (JFMK) und der Kultusministerkonferenz (KMK) im Jahre 2004 eingeführten *Bildungsbereiche der Kindertagesbetreuung* haben aber sowohl einen schulischen als auch einen freizeitkulturellen Bezug, dies gilt vor allem für die Bereiche Sprache und Kommunikation, künstlerisches Gestalten, Bewegung und Sport sowie die Musikalität. Neben den Bildungsbereichen als curricularen Grundorientierungen zielen auch aktuelle *frühpädagogische Konzepte* für den Kindergarten auf die Ermöglichung vielseitiger (freizeit-)kultureller Partizipation.

So liegt etwa der Schwerpunkt der hierzulande breit rezipierten Reggio-Pädagogik auf der Förderung der Kreativität und der ästhetischen Bildung. Zentrale pädagogische Gestaltungsmerkmale sind hier Bau- und Konstruktionsecken, Licht- und Schattenspiele, Puppenspiele, Wanddokumentationen oder Spiegel in verschiedenen Formen (Knauf 2021). Der *Bewegungskindergarten*, um ein weiteres populäres Konzept zu nennen, zielt dezidiert auf die Schaffung differenzierter Spiel- und Bewegungsumwelten als kompensatorische Antwort auf eindimensionale mediatisierte Freizeitgestaltung in benachteiligten Familien (Zimmer 2020). Analoge Ziele gelten für den *Musikkindergarten.* Zentral im Kontext kompensatorischer Freizeitbildung sind zudem die in vielen frühpädagogischen Konzepten vorgesehenen *Ansätze sozialen Lernens* sowie die *Öffnungen in die Umwelt*, so etwa die Öffnung in den Sozialraum (z. B. durch Besuche der Kinderbibliothek oder des Theaters), im offenen Arbeiten oder dem Situationsansatz und die Öffnung in den Naturraum (z. B. Waldtage oder Wanderungen) in der Natur- und Waldpädagogik. Die differenzierte Verbindung der verschiedenen frühpädagogischen Konzepte in der individuellen Konzeption einer frühpädagogischen Organisation kann als der Schlüssel zu vieldimensionaler (freizeit-)kultureller Förderung betrachtet werden (Drieschner 2020). Zu bedenken ist dabei immer, dass in der Kita – wie auch später in der Schule – kompensatorische Förderung benachteiligter Kinder und die Unterstützung der sprachlich und sozial schon weiter entwickelten Kinder in einen Ausgleich gebracht werden müssen. Der *konstruktive Umgang mit Heterogenität* meint eben auch die Herausforderung der leistungsstarken ›vielseitigen Kids‹ (▶ Kap. 4.4) durch die Bereitstellung anregender Lernumwelten, in denen sie sich selbsttätig neue Themen und Inhalte erschließen können.

Die *schulische Nachmittagseinbindung* und vor allem die *Ganztagsbildung* basieren derweil auf der systematischen Integration traditionell schulischer Bildung und ehedem im Freizeitbereich der Kinder angesiedelter Aktivitäten. Dazu zählen nicht nur die organisierten Freizeitangebote, sondern auch die unverplante Zeit (Pausen, freie Betreuungszeit) für Peer-Kontakte und Spiel (▶ Kap. 4.4). Den sozialen Unterschieden der Freizeitprofile soll, so die bildungspolitische Erwartung, mit einem differenzierten Wahlpflichtprogramm begegnet werden, damit möglichst alle Kinder differenzierte freizeitkulturelle Interessen entwickeln und leichter Zugang zu Sport, Musik und/oder Kunst finden können. Erwartet wird also, dass benachteiligte Kinder durch die längerfristige Teilhabe an *schulisch institutionalisierter Freizeit* eigene »Pfade für zukünftige Freizeitaktivitäten ausprägen« (Hakim & Züchner 2021, 77).

Organisatorisch basiert der schulische Ganztag auf der *kooperativen Kopplung* zwischen der Schule und ›Bildungspartnern‹ im Sozialraum. So arbeiten Ganztagsschulen vertraglich geregelt u. a. mit Stadtbibliotheken im Bereich der Leseförderung zusammen, mit Kultureinrichtungen im Bereich der kulturellen Bildung, mit Wirtschaftsorganisationen im Bereich der beruflichen Bildung, mit Musikschulen im Rahmen musikalischer Erziehung, mit Sportvereinen im Bereich der sportartenspezifischen Trainings oder mit der Kinder- und Jugendhilfe im Bereich spiel- und sozialpädagogischer Angebote. Solche kooperativen Kopplungen *ändern längerfristig die gesamte Schulkultur und die Rolle der Lehrkräfte*, insbesondere dann, wenn sie nicht nur additiv angelegt sind (Nacheinander von vormittaglichem Unterricht und außerunterrichtlichem Nachmittag), sondern tatsächlich integrativ auf eine ganztagsdidaktische Neurhythmisierung der Schulentwicklung zielen (Mischung zwischen formalen, non-formalen und informellen Bildungsmöglichkeiten). Umgekehrt ist aber auch davon auszugehen, dass die beteiligten Organisationen unter dem Einfluss der Rahmung ›Schule‹ langfristig ihren Schwerpunkt nicht mehr nur nach ihrer bisherigen Eigenlogik setzen werden, sondern sich tendenziell einer schulischen Organisations- und schulpädagogischen Begründungslogik anschließen. Auch das selbsttätige Spiel von Kindern wird innerhalb der Schule eine neue organisationale Rahmung erfahren und Wandlungsprozesse durchlaufen.

Wichtig für das Gelingen der Ganztagsbildung, so wird von der Bildungspolitik und der Bildungsformung unisono hervorgehoben, ist die fortwährende Festigung der kooperativen Kopplung im Denken und Handeln der multiprofessionellen Teams (›auf Augenhöhe‹). Im anderen Fall besteht die Gefahr einer hierarchischen Kopplung, bei der sich Schule und Lehrkräfte als professionstypische Leitorganisation verstehen und die Freizeitbildung nur als Unterstützungsorganisation betrachten. Als ein zentrales Medium der kooperativen Kopplung auf der Deutungsebene kann hier ein funktionaler (also nicht inhaltlich bestimmter) Bildungsbegriff fungieren. Demnach ist *Bildung* mehr als Schule, konkret: Bildung ist eine *selbstkonstruierte Auseinandersetzung der Person mit der strukturierten Umwelt mit dem Ziel zunehmend selbstbestimmter und sozial verträglicher Lebensgestaltung.* Dieser funktionale Bildungsbegriff ist für die verschiedenen an der Ganztagsschule beteiligten Organisationen und Professionen anschlussfähig (Drieschner 2017a).

Aus freizeitpädagogischer Sicht sollte die schulische Ganztagsbildung das Ziel verfolgen, dass alle Kinder komplexe gesellschaftliche Teilhabevoraussetzungen für eine persönlich erfüllende Lebensgestaltung aufbauen können. Die soziale Benachteiligung, die sich in herkunftsabhängigen Freizeitprofilen zeigt, muss abgebaut werden. Dieser Herausforderung kann das Fachpersonal an Ganztagsschulen nur begegnen, wenn es – in Kooperation mit den Eltern – dafür Sorge trägt, dass alle Kinder, insbesondere die sozial benachteiligten, das Angebot der Ganztagsbildung auch tatsächlich intensiv nutzen. Pädagog*innen wissen, dass jedes Kind sein familial habitualisiertes Freizeitprofil in die Schule mitbringt und wie herausfordernd es ist, den Habitus der Herkunftsfamilie zu transformieren, damit Talente und Interessen entdeckt und gefördert werden können. Empathische Beratung der Kinder und Eltern ist vor diesem Hintergrund bei der Wahl organisierter Freizeitangebote und beim Aufbau eines individuell passenden Freizeitprofils notwendig, um Bildungsungleichheit zu begegnen (▶ Kap. 4.3.4).

Die Effekte der bisher hierzulande umgesetzten Ganztagsbildung zeigen ein ambivalentes Bild: Die Studie zur Entwicklung von Ganztagsschulen (StEG) konnte im Vergleich zur familienverantworteten Nachmittagsgestaltung insgesamt schichtunabhängigere Teilhabemuster an freizeitbildenden Aktivitäten im Ganztag feststellen, insofern profitieren sozial benachteiligte Kinder (Hakim & Züchner 2021, 79). In multivariaten Analysen ließen sich allerdings kaum Kompensationseffekte in der musikalischen Bildung feststellen, hier beeinflusst der familiale Hintergrund (Musikalität und Bildungsniveau der Eltern) auch die Teilnahme an außerunterrichtlichen Musikangeboten in der Ganztagsbildung. Auch im Hinblick auf die Leseförderung zeigte sich, dass die Leseangebote eher von Schüler*innen mit besseren Lesekompetenzen genutzt und die Fördermöglichkeiten für die leistungsschwachen Schüler*innen (noch) nicht hinreichend ausgeschöpft werden. So ist in Bezug auf kulturell hoch bewertete Kompetenzen wie Lesen bzw. literarische Bildung und Musikalität bzw. musikalische Bildung bis jetzt immer noch die familiale Herkunft entscheidend und es bewahrheitet sich das Matthäusprinzip ›Wer hat, dem wird gegeben«. Bei Sportangeboten hingegen, die insgesamt im Grundschulbereich auch am stärksten nachgefragt sind, können schon Ausgleichseffekte nachgewiesen werden: »Bei intensiver schulischer Nachmittagseinbindung (kompensieren) weniger privilegierte Schülerinnen und Schüler ihre ansonsten geringere Einbindung in Sportvereine durch die Sportangebote in Schulen« (ebd., 84). Längerfristige Effekte durch den Eintritt und vor allem die fortwährende Beteiligung benachteiligter Kinder in den Vereinssport müssten in der weiteren Forschung im Rahmen von Längsschnittstudien systematisch erfasst werden.

4.6 Schlussbemerkung: Auf die Kooperation von Elternhaus, Kindertagesbetreuung und Ganztagsschule kommt es an!

Im Fokus dieses Beitrags stehen die bildungstheoretische Begründung früher Freizeitbildung, ihre Förderung in der Familie, ihre aktuelle Entwicklung sowie ihre soziale Ungleichheit. Es sollte deutlich werden, dass auf die Familie und das soziale Umfeld der Kinder zurückgehende Bildungsbenachteiligungen Ursachen für mangelnde freizeit-kulturelle Partizipation sind und daher im Bildungssystem kompensatorische Angebote unterbreitet werden sollten. Abschließend sei angemerkt, dass eine stärkere Partizipation von Eltern in der Kindertagesbetreuung und der Ganztagsschule die Kompensationseffekte vermutlich erheblich verbessern würde. Denn die Familie ist die primäre, habitusprägende Lebenswelt des Kindes und die Förderung in der Kindertagesbetreuung und im schulischen Ganztag kann nur mit der vertrauensvollen Partizipation der Eltern gelingen. Die pädagogischen Prinzipien der *Kompensation und der Partizipation* müssen also miteinander verbunden werden. Durch den Einbezug der Eltern sollten Pädagog*innen auch (mögliche) Bildungsbenachteiligungen eher erkennen und im Zuge der Kompensation berücksichtigen können. Wenn im Familienhaushalt kaum Bücher bzw. Kinderbücher vorhanden sind und nur digitale Medien genutzt bzw. konsumiert werden, oder wenn das einzige Buch die Bibel oder der Koran ist, darf mit großer Wahrscheinlichkeit davon ausgegangen werden, dass kompensatorische Förderung nicht nur im Hinblick auf sprachliche oder literarische Bildung angezeigt ist. Wenn die Freizeit eher eindimensional auf audiovisuellen Medienkonsum ausgerichtet ist, dann ist die kulturelle Anreicherung des Freizeitprofils im sportlichen, künstlerischen und musikalischen Bereich eine gemeinsame Aufgabe von Elternhaus und pädagogischen Einrichtungen. Frühpädagogische Fachkräfte, Kindheitspädagog*innen oder Lehrkräfte sollten für sozial benachteiligte Kinder gewissermaßen zu *institutionalierten Bildungspat*innen* werden, die sie dabei unterstützen, Bildungsangebote wahrzunehmen, Ressourcen zu entdecken und sonst nicht hinreichend genutzte Potenziale auszuschöpfen. Für solchermaßen differenzierte und personalisierte Förderung stehen aber leider vielerorts keine finanziellen Mittel und zeitlichen

Möglichkeiten zur Verfügung. Auch sind die pädagogischen Verantwortlichkeiten in den multiprofessionellen Teams oft nicht hinreichend geklärt.

Erfahrungen in der Zusammenarbeit mit Eltern zeigen: Je geringer der soziale Status und das Bildungsniveau, desto weniger nehmen Eltern Partizipations- und Kooperationsangebote überhaupt wahr. Denn vielfach erleben sie ein Kompetenz- und Machtgefälle zwischen sich und öffentlichen Institutionen, zu denen auch die Kindertagesbetreuung und die Schule gehören. Teils stoßen Lehrkräfte aber auch auf elterliches Desinteresse oder gar mangelnden Integrations- und Kooperationswillen. Um die unterschiedlichen Kooperationshürden abzubauen, sollten die an der Kindertagesbetreuung und dem schulischen Ganztag beteiligten Pädagog*innen die Elternperspektive einnehmen können und Form und Richtung des Elternkontakts *möglichst symmetrisch* gestalten. Bei Eltern mit Migrationsgeschichte geht es hier oft darum, Sprachbarrieren, Schwellenängste, eventuelle Hemmungen, sich in der Gruppe sprachlich zu äußern, und eventuelle traditionale (der offenen Gesellschaft entgegenstehende) Denkmuster abzubauen, damit sie sich am Alltag in der Kita beteiligen können.

Hierbei können Scham und Unterlegenheitsgefühle ebenfalls eine beträchtliche Rolle spielen. Scham ist ein in unteren sozialen Schichten verbreitetes Gefühl, das Partizipation von Eltern und Kindern gleichermaßen am öffentlichen Leben hemmt (El-Mafaalani 2023, 47). Die grundlegende Voraussetzung für den Aufbau von Partizipation ist also *Beziehungsarbeit*, d.h. die Pflege eines freundlichen, persönlichen und zugewandten Kontakts. Pädagog*innen sollten sich darum bemühen, Nähe zu den Familien aufzubauen und allmählich ihr Vertrauen zu gewinnen. Sicherlich kann dies wie gesagt problematisch sein oder ganz misslingen, wenn seitens der Eltern keine Nähe, keine Integration und keine Partizipation gewünscht werden. Weitere Problematiken erwachsen z.B. aus den internationalen Krisenherden und Religionskonflikten sowie aus der politischen Diskussion um Zuwanderung hierzulande, die auch die Elternschaft spalten können. In jedem Fall sollten ein eventueller Rat und Hilfestellungen durch die Pädagog*innen in Bezug auf den Ausbau des Bildungsprofil des Kindes immer emphatisch und nicht belehrend gegeben und Familien sollte vorurteilsfrei begegnet werden: Ziel muss es sein, mit allen Familien in der Form eines gemeinsamen pädagogischen Nachdenkens in den Austausch zu kommen, um so gemeinsam zum gelingenden Bildungsprozess der Kinder in Kita, Schule und Freizeitbildung beizutragen.

Literatur

Anger, C., Betz, J. & Plünnecke, A. (2023): INSM-Bildungsmonitor 2023. Online verfügbar unter: https://www.iwkoeln.de/fileadmin/user_upload/Studien/Gutachten/PDF/2023/IW-Gutachten_2023-INSM-Bildungsmonitor.pdf, Zugriff am 25.4.2024.

Ahnert, L. (2011): Die Bedeutung von Peers für die frühe Sozialentwicklung des Kindes. In: H. Keller (Hrsg.): Handbuch der Kleinkindforschung. Bern: Huber, S. 310–330.

Bandura, A. (1969): Social learning of moral judgments. In: *Journal of Personality and Social Psychology*, 11 (3), S. 275–279.
Bourdieu, P. (1987): Die feinen Unterschiede: Kritik der gesellschaftlichen Urteilskraft. Frankfurt a. M.: Suhrkamp.
Berngruber, A., Gaupp, N. & Langmeyer-Tornier, A. (2021): Lebenswelten von Kindern und Jugendlichen. Bundeszentrale für politische Bildung (Hrsg.), Datenreport 2021. Ein Sozialbericht für die Bundesrepublik Deutschland. Bonn, S. 80–86.
Deutscher Fußball-Bund (2024). Kinderfußball. Die neuen Regeln. Online verfügbar unter: https://www.dfb.de/mehr-fussball/kinderfussball, Zugriff am 3.2.2025.
Dollase, R. (2013): Möglichkeiten und Grenzen der Früherziehung aus entwicklungspsychologischer Sicht. In: L. Fried & S. Roux (Hrsg.): Pädagogik der frühen Kindheit. 3. Aufl. Weinheim: Beltz, S. 85–94.
Drieschner, E. (2007): Erziehungsziel »Selbstständigkeit«. Grundlagen, Theorien und Probleme eines Leitbildes der Pädagogik. Wiesbaden: VS Verlag.
Drieschner, E. (2011). Bindung und kognitive Entwicklung – ein Zusammenspiel. Ergebnisse der Bindungsforschung für eine frühpädagogische Beziehungsdidaktik. Deutsches Jugendinstitut München: DJI [WiFF-Expertisen, Band 13].
Drieschner, E. (2017a): Bildung als Selbstgestaltung des Lebenslaufs. Zur Funktion von Erziehung und Bildung. Berlin: Logos.
Drieschner, E. (2017b): Skandalisierung oder Differenzierung? Balancen erziehungswissenschaftlicher Kommunikation an der Schnittstelle zu massenmedial vermittelter Öffentlichkeit am Beispiel von Kindheitsdiskursen. In: U. Binder & J. Oelkers (Hrsg.): Der neue Strukturwandel von Öffentlichkeit. Reflexionen in pädagogischer Perspektive. Weinheim, Basel: Beltz Juventa, S. 219–237.
Drieschner, E. (2018): Fürsorge und Loslassen: So finden Eltern das richtige Maß. Mobil-e. Das e-Magazin der BKK Mobil Oil, 2018 (1).
Drieschner, E. (2020): Vom konzeptionellen Vorbild zur Einrichtungskonzeption. Theorie und Praxis der Sozialpädagogik, 20 (12), S. 8–11.
Drieschner, E. & Gaus, D. (2012): Kindergarten und Grundschule zwischen Differenzierung und Integration. Modellannahmen über Strukturen und Prozesse der Systementwicklung. In: Zeitschrift für Pädagogik, 58 (4), 541–560.
Elango, S., García, J. L., Heckman, J. & Hojman, A. (2015): Early Childhood Education. Working Paper 21766. Online verfügbar unter: http://www.nber.org/papers/w21766, Zugriff am 19.04.2024.
El-Mafaalani, A. (2023): Mythos Bildung. Die ungerechte Gesellschaft, ihr Bildungssystem und seine Zukunft. 6. Aufl. Köln: KiWi.
Feierabend, S.; Kheredmand, H., Rathgeb, T. & Glöckler, S. (2023): Ergebnisse der KIM-Studie 2022. Kinder, Internet, Medien: Anstieg der internetbasierten Bewegtbildnutzung. In: Media Perspektiven, 2023 (17), S. 1–12.
Fröbel, F. (1826). Die Menschenerziehung. Online verfügbar unter: https://books.google.de/books?id=SMoJAQAAIAAJ&pg=PP6&dq=fr%C3%B6bel+die+menschenerziehung&hl=de#v=onepage&q=fr%C3%B6bel%20die%20menschenerziehung&f=false, Zugriff am 19.4.2024.
Göppel, R. (2007): Aufwachsen heute. Veränderungen der Kindheit – Probleme des Jugendalters. Stuttgart: Kohlhammer Verlag.
Grossmann, K. & Grossmann, K. E. (2005): Bindungen – das Gefüge psychischer Sicherheit. 3. Aufl. Stuttgart: Klett-Cotta.
Grunert, C. & Krüger, H. (2006): Kindheit und Kindheitsforschung in Deutschland Forschungszugänge und Lebenslagen. Opladen: Leske u. Budrich.
Hakim, A.-M. & Züchner, I. (2021). Non-formale Bildung in und außerhalb von Schule – Angleichung herkunftsspezifischer Bildungschancen durch Ganztagsschulbesuch? In: S. Kielblock, B. Arnoldt, N. Fischer, J. M. Gaiser & H. G. Holtappels (Hrsg.): Individuelle Förderung an Ganztagsschulen. Forschungsergebnisse der Studie zur Entwicklung von Ganztagsschulen (StEG). Weinheim, Basel: Beltz Juventa, S. 70–86.
Heimlich, U. (2023): Einführung in die Spielpädagogik. 4., aktualisierte Auflage. Bad Heilbrunn: Klinkhardt.

Hertel, S.; Jude, N. & Naumann, J. (2010): Leseförderung im Elternhaus. In: E. Klieme, C. Artelt, J. Hartig; N. Jude; O. Köller, M. Prenzel; W. Schneider & P. Stanat (Hrsg.): PISA 2009. Bilanz nach einem Jahrzehnt. Münster: Waxmann, S. 255–275.

Hülster, J. & Müthing, K. (2020): So denken wir! Stimmungen, Meinungen und Trends von 9- bis 14-Jährigen. (LBS-Kinderbarometer Deutschland, 2020). Bielefeld: wbv.

Humboldt, W. von (1793/1980). Theorie der Bildung des Menschen. Bruchstück. In: A. Flitner & K. Giel (Hrsg.): W. Humboldt, Schriften zur Anthropologie und Geschichte. (S. 234–240). Stuttgart: Klett Cotta.

Hurrelmann, K. & Andresen, S. (2007): Kinder in Deutschland 2007. 1. World-Vision-Kinderstudie. Frankfurt a. M.: Fischer-Taschenbuch-Verl.

Hußmann, A., Stubbe, T. C. & Kasper, D. (2017): Soziale Herkunft und Lesekompetenzen von Schülerinnen und Schülern. In: A. Hußmann, H. Wendt, W. Bos, A. Bremerich-Vos, D. Kasper, E. Lankes, N. Mcelvany, T. C. Stubbe & R. Valtin (Hrsg.): IGLU 2016. Lesekompetenzen von Grundschulkindern in Deutschland im internationalen Vergleich. Münster; New York: Waxmann, S. 195–217.

Informationsdienst des Instituts der deutschen Wirtschaft (2022): Kinder gehen ins Geld. Online verfügbar unter: https://www.iwd.de/artikel/kinder-gehen-ins-geld-549645/, Zugriff am 25. 4. 2024.

Klafki, W. (1986): Die Bedeutung der klassischen Bildungstheorien für ein zeitgemäßes Konzept allgemeiner Bildung. Herwig Blankertz in memoriam. In: Zeitschrift für Pädagogik, 32 (4), S. 455–476.

Knauf, H. (2021): Reggiopädagogik. In: T. Schmidt, U. Sauerbrey. & W. Smidt (Hrsg.): Frühpädagogische Handlungskonzepte. Münster, New York: Waxmann, S. 149–174.

König, A. (2020): Pädagogik der frühen Kindheit. In: P. Bollweg, J. Buchna, T. Coelen & H.-U. Otto (Hrsg.): Handbuch Ganztagsbildung. 2. Aufl.). Wiesbaden: Springer VS, S. 577–588.

Kratzmann, J. & Schneider, T. (2009): Soziale Ungleichheiten beim Schulstart. Empirische Untersuchungen zur Bedeutung der sozialen Herkunft und des Kindergartenbesuchs auf den Zeitpunkt der Einschulung. In: KZfSS, 61 (2), S. 211–234.

Kull, J. & Wolff, M. (2021): Ministerium für Soziales, Gesundheit und Integration Baden-Württemberg, Evaluation der Inanspruchnahme des Bildungs- und Teilhabepakets. Online verfügbar unter: https://www.starkekinder-bw.de/fileadmin/user_upload/211004_Evaluationsbericht_BuT-Leistungen_in_BW.pdf, Zugriff am 26. 4. 2024.

Maase, K. (1997): Grenzenloses Vergnügen. Der Aufstieg der Massenkultur 1850–1970. Frankfurt a. M.: Fischer Taschenbuch.

Nave-Herz, R. (2015): Familie heute: Wandel der Familienstrukturen und Folgen für die Erziehung. 6., überarb. Aufl. Darmstadt: WBG.

Prange, K. (2012): Erziehung als Handwerk. Studien zur Zeigestruktur der Erziehung. Paderborn: Schöningh.

Prüßner, B. (2018): Rituale in der Kindheit. In: D. Frey (Hrsg.): Psychologie der Rituale und Bräuche. 30 Riten und Gebräuche wissenschaftlich analysiert und erklärt. Berlin, Heidelberg: Springer, S. 91–100.

Sauerbrey, U. (2021): Spielen in der frühen Kindheit. Grundwissen für den pädagogischen Alltag. Stuttgart: Kohlhammer.

Schleidt, M. (2001): Kindheit aus humanethologischer Sicht. In: J. Forster & U. Krebs (Hrsg.): Kindheit zwischen Pharao und Internet. 4000 Jahre in interdisziplinärer Perspektive. Bad Heilbrunn: Klinkhardt, S. 87–108.

Schleiermacher, F. (1826/2000). Texte zur Pädagogik. Kommentierte Studienausg. Hrsg. von M. Winkler und J. Brachmann. Frankfurt a. M.: Suhrkamp.

Schröter, S. (2017): Gender Clash in der Einwanderungsgesellschaft? Debatten um Rassismus, Sexismus und Kultur nach den Ereignissen der Silvesternacht 2015/2016. In: Dies (Hrsg.): Normenkonflikte in pluralistischen Gesellschaften. Frankfurt a. M.: Campus, S. 133–172.

Simmel, G. (1922/2004): Schulpädagogik. In: G. Simmel (Hrsg.), Postume Veröffentlichungen. Frankfurt a. M.: Suhrkamp.

Tenorth, H.-E. (2015). »Bildung« – die Zeitlichkeit von Theorie und Lebensform. In: A. Dörpinghaus, B. Platzer & U. Mietzner (Hrsg.): Bildung an ihren Grenzen. Zwischen Theorie und Empirie. Darmstadt: wbg, S. 235–248.

Trivers, R. L. (1971): The Evolution of Reciprocal Altruism. In: The Quarterly Review of Biology, 46 (1), S. 35–57.
Walper, S. (2022): Eltern im Wettbewerb. In: DJI Impule 22 (1), S. 4–11.
Zimmer, J. (1998). Das kleine Handbuch zum Situationsansatz. Ravensburg: Ravensburger Buchverlag.

5 Zukunftsfähige Lernwelten: Neue Bildungsorte für die Jugend von heute und morgen

Michael Pries

Das Jugendalter ist eine Zeit intensiver Dynamik und grundlegender Veränderungen. Diese Lebensphase ist geprägt von der Vorbereitung auf das Erwachsensein, dem Streben nach Eigenständigkeit und der Suche nach einer individuellen Identität. Gleichzeitig verspüren Jugendliche ein starkes Bedürfnis nach sozialer Eingebundenheit. Diese Übergangszeit ist derart vielschichtig, dass es schwerfällt, pauschal von »der Jugend« zu sprechen. Die Lebensentwürfe der jungen Generation sind so vielfältig wie die Jugendlichen selbst. Dennoch teilen sie gemeinsame Merkmale: Körperliche Entwicklung, soziale Beziehungen, kognitive Fähigkeiten und emotionales Leben sind im Wandel. Die Arbeit mit Jugendlichen ist daher oft eine Herausforderung. Autoritäten werden hinterfragt, Beziehungen sind instabil und Emotionen schwer kontrollierbar. In dieser Lebensphase sind Bildungs-, Kultur- und Sozialangebote von großer Bedeutung. Jugendliche benötigen für ihre Neuorientierung Anregungen, inspirierende Vorbilder und konkrete Unterstützung. Welche Grundlagen dafür notwendig sind und wie diese idealerweise gestaltet werden können, wird im Folgenden näher erläutert.

5.1 Das Jugendalter – mehr als eine Herausforderung

Noch zu Beginn des 20. Jahrhunderts stellte sich die Frage nach der Jugend und dem erfolgreichen Übergang ins Erwachsenenleben nicht. Es begann direkt nach der Kindheit mit dem Eintritt ins Erwerbsleben, üblicherweise verbunden mit Heirat und Familiengründung. Ausnahmen bildeten lediglich die wohlhabenden bürgerlichen Schichten, die auf die Erwerbsarbeit ihrer Kinder noch einige Jahre verzichten konnten. Erst Mitte des 20. Jahrhunderts etablierte sich das Jugendalter als eigenständiger Lebensabschnitt zwischen Kindheit und Erwachsenenalter in allen Gesellschaftsschichten. Heute hat sich dieses Verhältnis sogar zugunsten der Jugend verschoben: Während die Kindheit lediglich die ersten zwölf Lebensjahre umfasst, kann die anschließende Jugendphase bis zum 30. Lebensjahr andauern (vgl. Rathman et al. 2024, 26 f.).

Das Jugendalter stellt eine zentrale Entwicklungsphase dar, die vor allem durch die biologisch-psychologischen Veränderungen der Pubertät geprägt ist. In dieser

Zeit erleben Heranwachsende bedeutende physische Veränderungen wie das Wachstum von Körpergröße und Muskelmasse, die Entwicklung sekundärer Geschlechtsmerkmale und hormonelle Umstellungen, die sie biologisch zu Erwachsenen machen. Auch das Gehirn durchläuft wesentliche Weiterentwicklungen, insbesondere im präfrontalen Kortex, der für Entscheidungsfindung, Impulskontrolle und Planung verantwortlich ist. »Ausgelöst werden dieser Entwicklungsschub und diese Transformation durch eine rasante körperliche Veränderung, eine hormonelle Entwicklung und eine neuronale Explosion im Gehirn« (Diem-Wille 2017, 10).

Doch nicht nur biologisch, auch sozial und psychisch findet ein erheblicher Umbau statt. Jugendliche streben nach größerer Unabhängigkeit von ihren Eltern und entwickeln ihre eigene Identität. Ihr Denken wird abstrakter und komplexer, sie berücksichtigen verschiedene Perspektiven, reflektieren moralische Dilemmata und denken in hypothetischen Modellen. Dieser Prozess kann mit Grenzüberschreitungen einhergehen, um Normen zu hinterfragen und neu zu definieren (vgl. Göppel 2019).

In diese Phase fallen auch das Experimentieren und Erkunden von romantischen und sexuellen Beziehungen. Diese sind zentral für die Identitätsentwicklung junger Menschen. Jugendliche probieren verschiedene Beziehungsformen aus, um ihre Vorlieben und Abneigungen zu erkennen. Sie werden sich ihrer sexuellen Anziehung und Präferenzen bewusst, was zu Verwirrung und Unsicherheit führen kann, insbesondere wenn diese nicht den heteronormativen Erwartungen entsprechen. Der Prozess der Selbstakzeptanz variiert stark je nach Umfeld, Erziehung und persönlicher Reife (vgl. Schmidt et al. 2015).

Die Jugendzeit ist zudem eine Phase intensiver emotionaler Erfahrungen. Jugendliche lernen, ihre Emotionen zu regulieren, und entwickeln ein besseres Verständnis für ihre eigenen und die Gefühle anderer. Freundschaften und Peer-Gruppen spielen dabei eine zentrale Rolle und ersetzen oft die familiären Beziehungen. Diese bieten Unterstützung, können jedoch auch zu Herausforderungen führen, wenn Jugendliche mit Gruppenzwang und sozialen Erwartungen konfrontiert werden. Während sie ihr Selbstwertgefühl und Selbstkonzept weiterentwickeln, sind sie oft sensibel und verletzlich.

> »Sehr viele verschiedene Perspektiven von anderen Menschen wahrzunehmen, zu integrieren und sich im Spiegel der anderen zu sehen und zu erkennen, wird wichtig und lässt sich zum einen an der ungewöhnlich hohen Rate an selbstreflexiven Aktivitäten, aber auch an der intensiven Nutzung der sozialen Medien festmachen« (Seiffge-Krenke 2021, 12).

Diese skizzierten Bedingungen, unter denen das Erwachsenwerden stattfindet, bilden den Rahmen für Bildungs- und Sozialisationsprozesse. Bis hierhin scheint es noch legitim, verallgemeinernd von der Jugendphase zu sprechen. Es ist jedoch zu beachten, dass das Erwachsenwerden unter gesellschaftlichen Rahmenbedingungen und Erwartungen erfolgt, die die Entwicklungs- und Lernprozesse sowohl fördern als auch limitieren können. Diese Bedingungen sind vielfältig und rufen unterschiedliche Reaktionen, Strategien der Anpassung oder Abgrenzung hervor. Grundsätzlich sollten Jugendliche daher nicht als homogene Gruppe betrachtet werden – sie unterscheiden sich deutlich nach familiärem Hintergrund, Lebensstandard, sozialen Milieus, kulturellen Szenen und formalem Bildungsniveau. Dennoch gibt es gemeinsame Merkmale, die sie als Generation charakterisieren. Jede Alterskohorte wächst in einer spezifischen zeitgeschichtlichen Epoche auf, und die Gegebenheiten, Chancen, Möglichkeiten sowie die Probleme und Herausforderungen dieser Zeit prägen ihr Weltbild. Es bedarf daher einer zusätzlichen Betrachtung der äußeren Rahmenbedingungen, um die aktuellen Lernbedürfnisse, Motivationslagen und Lerninteressen der Jugendlichen zu erkennen und zu fördern.

5.2 Von Generation @ bis Generation Z: die prägende Kraft der Digitalisierung

Der Generationenbegriff in den Sozial- und Humanwissenschaften ist vielschichtig und komplex. Er beschreibt Gruppen von Menschen, die durch bestimmte Zeitperioden und gemeinsame Erfahrungen oder gesellschaftliche Bedingungen geprägt sind. Jede Generation wächst unter anderen Vorzeichen auf, die durch technologische Fortschritte, gesellschaftliche Entwicklungen, wirtschaftliche Bedingungen und globale Ereignisse gekennzeichnet sind. Die Generationenbegriffe helfen uns, die spezifischen Prägungen und Erfahrungen der Jugendlichen zu verstehen. In der öffentlichen und wissenschaftlichen Diskussion begegnen uns Begriffe wie Babyboomer, Generation @, Generation X, Generation Y (Millennials) und Generation Z.

Für die schulische und freizeit-kulturelle Arbeit mit Jugendlichen ist es essenziell, die Dynamiken zu verstehen, um ihre Bedürfnisse und Perspektiven im Kontext der Einflüsse gezielter anzusprechen. Im Vergleich zu früheren Generationen findet das Jugendalter heute unter veränderten Vorzeichen statt. Es ist geprägt von einer digitalen Entwicklung, die nahezu alle Lebensbereiche durchdringt. Hinzu kommen die Auswirkungen des Klimawandels, der Corona-Pandemie und des Ukrainekrieges. Gleichzeitig wachsen die Jugendlichen in einer pluralistischen Gesellschaft auf, in der zahlreiche unterschiedliche Wertvorstellungen, Lebensstile und soziale Normen existieren. Die Orientierung auf eine ungewisse Zukunft fällt vielen schwer.

Die letzte Jugendgeneration wurde als *Millennials* oder auch *Generation Y* bezeichnet. Ihre Vertreter sind ungefähr zwischen Anfang der 1980er Jahre und Mitte der 1990er Jahre geboren. Sie erlebten den technologischen Übergang mit dem Beginn des Internets, der Verbreitung von Mobiltelefonen und dem Aufstieg sozialer Medien. Diese Generation legt großen Wert auf Bildung und sieht sie als Schlüssel zum beruflichen Erfolg. Sie sind oft hoch qualifiziert und streben nach sinnvollen Karrieren. Ihre intensive Nutzung sozialer Netzwerke und ihr Engagement für Umwelt- und Sozialfragen sowie flexible Arbeitsbedingungen und eine gute Work-Life-Balance sind charakteristisch (vgl. Hurrelmann & Albrecht 2022). Die *Generation Z*, geboren zwischen Mitte der 1990er Jahre und ca. 2012, beschreibt die Jugendlichen von heute. Sie sind die ersten, die von Geburt an mit digitalen

Technologien vertraut sind. Smartphones, Tablets und das Internet sind zentrale Bestandteile ihres Lebens. Die Mediennutzung erfolgt hauptsächlich über Streaming-Dienste und soziale Plattformen wie YouTube, Instagram und TikTok, während traditionelle Medien an Bedeutung verlieren. Diese Generation sucht nach Stabilität und Sicherheit, schätzt jedoch auch Freiheit und Freizeit. Sie ist stark sozial und politisch engagiert, mit Schwerpunkten auf Klimawandel, Gleichberechtigung und sozialer Gerechtigkeit (vgl. Parment 2024). Ab Mitte der 2020er Jahre wird die nach 2012 geborene *Generation Alpha* die Bühne betreten. Sie wächst in einer Welt auf, die noch stärker von Technologie geprägt ist, einschließlich künstlicher Intelligenz, virtueller Realität und fortschrittlicher Automatisierung. Bildung wird zunehmend durch digitale und interaktive Lernmethoden geprägt. Klassische Schulbücher und Unterrichtsmethoden werden durch Apps und Online-Plattformen ergänzt oder ersetzt.

Die von Opaschowski als *Generation* @ bezeichnete Mediengeneration orientiert sich weniger an Geburtsjahrgängen als an dem prägenden Einfluss der Medien am Beginn des 21. Jahrhunderts. Opaschowski sieht das digitale Zeitalter als dritte Revolution nach der industriellen Revolution und dem Atomzeitalter.

»Diese eher stille Revolution kann das gesellschaftliche und private Leben der Menschen in Beruf und Alltag radikal verändern« (Opaschowski 1999, 14). Diese junge Generation schafft sich eine eigene mediale Lebenskultur, von der die ältere Generation oft ausgegrenzt wird. Opaschowski fragte schon damals: »Verändern sich in Zukunft unsere Identitätskonzepte?« (ebd., 135).

Er prognostizierte, dass die Möglichkeiten, sich eine andere Identität zu geben, praktisch unbegrenzt würden, und beschrieb die Jugendlichen der Zukunft als »multiple Identitäten«, »inszenierte Lebenskünstler«, »vernetzte Nomaden« und »flexible Drifter«. Ein Vierteljahrhundert später bestätigen sich seine Voraussagen: Soziale Medien und Technologien spielen die bedeutende Rolle beim Aufwachsen in der digitalen Welt. Insbesondere der nahezu unbegrenzte Zugang zu Informationen und der permanente Austausch über digitale Kommunikationsplattformen hat die Kommunikation, das Sozialverhalten und die Informationsbeschaffung der jungen Generation grundlegend verändert.

Diese spezifischen Merkmale und Erfahrungen der verschiedenen Generationen helfen, ein tieferes Verständnis dafür zu entwickeln, wie und wodurch die Heranwachsenden geprägt werden. Sie zeigen, welche historischen, technologischen und sozialen Umstände und kulturellen Trends ihre Lebenswelt und Sichtweisen beeinflussen. Jugendliche reagieren auf die sich verändernden Bedingungen ihrer Umgebung, experimentieren mit neuen Formen des Ausdrucks und entwickeln spezifische Stile, Werte und Verhaltensweisen, die in einer sich stetig wandelnden Jugendkultur münden.

5.3 Zwischen Stereotypen und Realität: die Gefahr der Verallgemeinerung

Die Begriffe zur Charakterisierung von Generationen bergen aber auch die Gefahr der Verallgemeinerung. Indem wir ganze Kohorten von Jugendlichen unter Sammelbegriffen wie *Generation @*, *Millennials* oder *Generation Z* zusammenfassen, riskieren wir, individuelle Unterschiede und vielfältige Lebensrealitäten zu übersehen. Die spezifischen Bedürfnisse, Herausforderungen und Potenziale einzelner Jugendlicher dürfen nicht vernachlässigt werden. Pauschale Zuschreibungen behindern das Verständnis individueller Einzigartigkeit und begünstigen Vorurteile. Es ist daher unerlässlich, bei der Betrachtung dieser Generationenbegriffe stets kritisch zu reflektieren und den individuellen Kontext jedes Jugendlichen zu beachten.

Hierbei stehen uns vor allem zwei Sichtweisen im Weg:

1. Der von der Erinnerung an die eigene Jugend und die damit verbundene Art und Weise, wie man sie erlebt hat, geprägte Blick. Die Versuchung ist groß, daraus einen Maßstab abzuleiten und das Verhalten der heutigen Jugend daran zu messen. Es kann dazu führen, dass man ihr mehr von den prägenden und positiven Momenten wünscht, die man selbst erlebt hat. So wird beispielsweise der zeitaufwendige Umgang mit Medien von jenen Erwachsenen kritisiert, die sich wünschten, Jugendliche würden mehr Zeit analog mit Freunden oder in der Natur verbringen – so wie sie selbst es als bereichernd empfunden haben. Dieses romantisierte Idealbild von Kindheit und Jugend bedarf jedoch einer kritischen Überprüfung und diskursiven Auseinandersetzung (vgl. Mierendorff & Kränzl-Nagl 2007, 5).
2. Der durch Medien und das soziale Umfeld beeinflusste Blick von außen auf die Jugend, oft geprägt von bestimmten Erwartungen und Klischees. Medien und Gesellschaft klagen immer wieder darüber, dass Jugendliche nicht mehr gemeinsam spielen, egozentrisch agieren und sich weder politisch noch sozial engagieren (vgl. Tillmann 2022). Es reicht jedoch nicht aus, sich auf subjektive Eindrücke oder den zu oft einseitig und negativ konnotierten medialen Diskurs zu verlassen, schon gar nicht wenn das eigene pädagogische Handeln darauf aufbaut.

Für die Arbeit mit Jugendlichen ist es von wesentlicher Bedeutung, ein möglichst objektives Bild der »Zielgruppe« zu entwickeln und Verallgemeinerungen immer wieder kritisch zu hinterfragen. Erkenntnisse der Jugendforschung entlarven und dekonstruieren stereotype Vorstellungen. Sie bieten wichtige, empirisch abgesicherte Einblicke in die tatsächlichen Lebenswelten und Lebenslagen von Jugendlichen und werben für einen differenzierten Blick auf die konkreten Bedingungen des Aufwachsens. Untersuchungen wie die Shell- und die Sinus-Jugendstudien haben Ansätze gewählt, bei denen nicht nur über Kinder und Jugendliche geforscht wird, sondern mit ihnen. So trägt die 18. Shell Jugendstudie beispielsweise den Untertitel »Eine Generation meldet sich zu Wort« (vgl. z. B. Albert et al. 2019). Die Sinus-

Jugendstudie (vgl. Calmbach et al 2024) verfolgt seit 2008 einen qualitativen Ansatz, bei dem Jugendliche zu ihrem Alltag, ihren Wünschen, Werten und Zukunftsentwürfen tiefgehend befragt werden.

Die Ergebnisse zeigen, dass Kindheit und Jugend heute äußerst heterogen sind und nicht in ein einheitliches Bild gepresst werden können. Ihre Einstellungen wirken teilweise sogar widersprüchlich: Die junge Generation ist zufrieden mit der Demokratie, vertraut aber den Parteien nicht. Sie blickt optimistisch in die Zukunft, fürchtet sich aber vor dem Klimawandel. Sie ist gebildet, aber auch anfällig für populistische Thesen. Trotz sozialer Unterschiede, die aus der Herkunft resultieren, können keine unüberbrückbaren Spaltungen in den Einstellungen beobachtet werden. Auch die Unterschiede zwischen Ost und West, zwischen männlichen und weiblichen Jugendlichen sowie zwischen Jugendlichen mit und ohne Migrationshintergrund werden eher kleiner als größer. Gemeinsamkeiten wie Sorge um die ökologische Zukunft, gegenseitiger Respekt und Gerechtigkeitssinn sowie ein starkes Engagement für diese Belange sind erkennbar. Gleichzeitig zeigt sich eine Affinität einiger Jugendlicher zu populistischen Positionen und eine generelle Politik- und Gesellschaftskritik, da sie sich von der Politik nicht hinreichend einbezogen fühlen.

Freizeit-kulturelle Angebote sollten als Erfahrungsräume zur Persönlichkeitsentwicklung konzipiert werden, die sich auch an den Erkenntnissen der Kindheits- und Jugendforschung orientieren. Dies kann methodisch-didaktisch ein kompensatorisches Entgegenwirken gegen aktuelle Entwicklungen oder das adaptive Aufgreifen von Interessen und Bedingungen des Aufwachsens bedeuten. *Erfahrungsraum* meint dabei in jedem Fall *Schutzraum* zum Entwickeln eigener Sichtweisen und Positionen, in dem auch die dargestellten Widersprüchlichkeiten ihren Platz haben. Denn: In der freizeitkulturellen Jugendarbeit betrachten wir Jugendliche als aktive Subjekte, die maßgeblich an ihren Entwicklungsprozessen beteiligt sind und dadurch auch ihre Umwelt mitprägen. Um sinnvolle und zielgerichtete Angebote für und mit jungen Menschen zu schaffen, müssen die Diversitäten und speziellen Bedarfe, die aus der besonderen Lebensphase entstehen, erkannt und in partizipativen Prozessen berücksichtigt werden.

5.4 Jugend zwischen Erwartung und Entfaltung

Die verschiedenen Generationenbegriffe bieten Einblicke in kollektive Erfahrungen und Prägungen unterschiedlicher Jugendkohorten. Jugendstudien liefern detaillierte Daten und tiefgehende Analysen, die die Vielfalt und Komplexität der Lebenswelten junger Menschen genauer abbilden. Neben diesen beiden Faktoren sollen an dritter Stelle noch die Erwartungen betrachtet werden, die von gesellschaftlichen, familiären und anderen Gruppen an Jugendliche gestellt werden. Sie spielen ebenfalls eine entscheidende Rolle in der Entwicklung und im Selbstverständnis junger Menschen sowie bei ihren Zukunftsplanungen. In der professionellen Arbeit mit Jugendlichen ist es daher unumgänglich, sich diese und auch die eigenen Erwartungshaltungen bewusst zu machen und sie zu reflektieren.

Zur Verdeutlichung drei Beispiele:

1. Insbesondere im Kontext von Schule und Ausbildung werden hohe Erwartungen an Jugendliche gestellt. Sie sollen nicht nur gute schulische Leistungen erbringen, um sich für den Arbeitsmarkt zu qualifizieren, sondern auch über schulische Aktivitäten hinaus engagiert sein. Eltern, Schule und Wirtschaft drängen darauf, dass sie möglichst frühzeitig klare berufliche Vorstellungen und Ziele entwickeln und darauf zielgerichtet hinarbeiten. Gleichzeitig sollen sie bereit sein, kontinuierlich neue Kompetenzen zu erwerben, um sich in einer dynamischen Arbeitswelt erfolgreich behaupten zu können (vgl. Reißig 2022, 40).
2. Die Wirtschaft fordert vermehrt Fachkompetenzen in den sogenannten MINT-Bereichen (Mathematik, Informatik, Naturwissenschaften, Technik) und legt großen Wert auf die Entwicklung von Persönlichkeits- und Sozialkompetenzen bei Jugendlichen. Neben der Fähigkeit eigenverantwortlich Entscheidungen zu treffen, wird von ihnen erwartet, dass sie gut in Teams arbeiten können, soziale Netzwerke aufbauen und flexibel bleiben, um den gesellschaftlichen und technologischen Veränderungen gerecht zu werden (vgl. Schmidt & Wohne 2023, 94).
3. Die Klimakrise ist das zentrale politische Thema, das die Generation Z erlebt und geprägt hat. Es hat dazu geführt, dass die Jugendlichen unfreiwillig wieder deutlich politischer geworden sind. So spricht man auch von der »Generation Greta« (vgl. Hurrelmann & Albrecht 2022) und beschreibt damit eine junge, engagierte und umweltbewusste Generation, die von der schwedischen Klimaaktivistin Greta Thunberg inspiriert wurde und entschlossen ist, aktiv zur Bewältigung der Klimakrise beizutragen und nachhaltige Veränderungen in der Gesellschaft zu bewirken. In ihrer Rede beim U. N. Climate Action Summit im September 2019 brachte Thunberg ihre Empörung darüber zum Ausdruck, dass junge Menschen für Hoffnung und Lösungen herangezogen werden, obwohl sie eigentlich ihrer eigenen Ausbildung nachgehen sollten: »I shouldn't be up here. I should be back in school on the other side of the ocean. Yet you all come to us young people for hope. How dare you!« (Thunberg 2019)

Der Druck, den Erwartungen anderer gerecht zu werden, kann die Möglichkeit einschränken, eigene Interessen, Talente und Leidenschaften zu entdecken und zu verfolgen. Dies kann die persönliche Entfaltung behindern und die Fähigkeit zur Selbstfindung und Identitätsbildung beeinträchtigen. Jugendliche, die beispielsweise frühzeitig klare berufliche Ziele formulieren müssen, können sich in ihrer Wahl unsicher fühlen und möglicherweise voreilige Entscheidungen treffen, die ggf. später zu Unzufriedenheit führen.

Die Generation Z steht darüber hinaus noch unter einer anderen Form von Erwartungsdruck: Während die Generation Y Erwartungen aus verschiedenen gesellschaftlichen Bereichen erfuhr – Familie, Schule, Arbeitsmarkt, Politik und Medien –, setzt sich die Generation Z verstärkt über die Kommunikation in sozialen

Netzwerken selbst unter Druck. Plattformen wie TikTok, Snapchat oder Instagram bieten Möglichkeiten zur Inszenierung und Selbstdarstellung. Jugendliche nutzen diese Plattformen zur Formung ihres Selbstbildes und orientieren sich an Influencern und populären Persönlichkeiten, die Trends setzen und idealisierte Lebensstile vorgeben. Der Druck, ständig eine perfekte Version ihrer selbst darzustellen, kann zu einem Gefühl der Unzulänglichkeit führen, insbesondere wenn idealisierte und bearbeitete Bilder unrealistische Lebenswelten suggerieren. Dieser Druck verstärkt sich durch das Gefühl, ständig präsent und aktiv sein zu müssen, um keine Ereignisse zu verpassen oder ausgeschlossen zu werden – ein Phänomen, das als »Fomo« (Fear of Missing Out) bekannt wurde.

Hohe Erwartungen können zu unrealistischen Selbst- und Fremderwartungen führen und Jugendliche dazu bringen, immer perfekt sein zu wollen. Schwierigkeiten bei der Akzeptanz von Fehlern oder Misserfolgen können zu einem negativen Selbstbild und einem übertriebenen Perfektionismus führen. In der freizeit-kulturellen Jugendarbeit ist es daher wichtig, diese Dynamiken zu berücksichtigen. Der Aufruf zum Medienverzicht ist dabei keine Lösung, vielmehr wird die Förderung von Medienkompetenz zur zentralen Aufgabe. Es geht darum, Jugendlichen dabei zu helfen, die oft unrealistischen Darstellungen in sozialen Netzwerken kritisch zu hinterfragen und Strategien zu entwickeln, um das Selbstwertgefühl und die Resilienz zu stärken sowie den negativen Auswirkungen des ständigen Vergleichsdrucks und der Suche nach Anerkennung entgegenzuwirken.

Der Druck in dieser Lebensphase der Orientierung und Entwicklung ist angesichts der Herausforderungen des Aufwachsens enorm. Burnout ist längst kein erwachsenenspezifisches Problem mehr (vgl. Schulte-Markwort & Wiegand-Grefe 2018). Eine ausgewogene Lebensweise kann entscheidend dazu beitragen, diesem Phänomen vorzubeugen und langfristig eine gesunde Einstellung zu Arbeit und Freizeit zu entwickeln. Deshalb sollten in einem zukunftsweisenden Bildungsmodell, das sich an Jugendliche richtet, auch Aspekte der Work-Life-Balance berücksichtigt werden. Das frühzeitige Erlernen von entsprechenden Prinzipien kann dazu beitragen, eine langfristige Lebenszufriedenheit zu fördern. Eine gute Work-Life-Balance ermöglicht es Jugendlichen dann, wertvolle Zeit mit Familie und Freunden zu verbringen, starke soziale Netzwerke aufzubauen und die nötige Resilienz für einen gesunden Umgang mit vielfältigen Erwartungen zu entwickeln. Bereits im Jugendalter könnte es Angebote geben, um die Fähigkeit zu entwickeln, schulische, berufliche und private Erwartungen und Verpflichtungen so zu gestalten, dass alle Bereiche als erfüllend erlebt werden. Die Gewohnheiten, die in der Jugend ausgebildet werden, prägen nachhaltig das weitere Leben. Deshalb ist die Förderung von Selbstorganisation und Zeitmanagement für Jugendliche unerlässlich. Workshops und Trainings können ihnen helfen, ihre Work-Life-Balance zu verbessern.

5.5 Talente entfalten, Zukunft gestalten: Jugendliche auf dem Weg zur Gestaltungskompetenz

In Anbetracht der aufgezeigten Herausforderungen ist es unabdingbar, dass freizeitkulturelle Jugendarbeit mehr leistet als nur eine Ergänzung zur schulischen Bildung. Sie muss als umfassendes Konzept verstanden werden, das die jungen Menschen nicht nur auf das Erwachsenenleben vorbereitet, sondern ihnen auch die Fähigkeiten und das Selbstvertrauen vermittelt, ihre Zukunft aktiv zu gestalten. Im Mittelpunkt steht die Erkenntnis, dass es längst nicht mehr nur um fachliche Qualifikationen geht. Vielmehr rückt die Entwicklung sozialer und praktischer Kompetenzen in den Fokus. Es ist die Aufgabe von Schulen und freizeit-kulturellen Einrichtungen gleichermaßen, die Talente und Fähigkeiten der Jugendlichen zu entdecken und zu fördern. Dabei müssen die gesellschaftlichen Bedarfe berücksichtigt und gleichzeitig die Bedürfnisse der jungen Generation respektiert werden.

Ein zentraler Ansatz hierfür ist das von de Haan entwickelte Kompetenzmodell, das die Gestaltungskompetenz in den Mittelpunkt rückt (vgl. de Haan 2008). Für Jugendliche bedeutet dies, dass sie befähigt werden sollen, ihre Zukunft aktiv und nachhaltig zu gestalten. Gestaltungskompetenz umfasst eine Vielzahl von Fähigkeiten und Fertigkeiten, die ihnen helfen, Chancen zu sehen und die Herausforderungen des Lebens erfolgreich zu meistern. Sie lernen, langfristige Konsequenzen ihres Handelns zu erkennen und verantwortungsbewusst Entscheidungen zu treffen. Jugendliche sollen nicht nur auf die Herausforderungen der Zukunft vorbereitet werden, sondern auch lernen, diese mitzugestalten. Im Rahmen der Bildung für nachhaltige Entwicklung werden sie dazu ermutigt, aktiv an gesellschaftlichen Prozessen teilzunehmen. Dies beinhaltet die Fähigkeit, eigene Projekte zu planen und umzusetzen, in Gruppen zu arbeiten, Konflikte zu lösen und Kompromisse einzugehen. Durch die Förderung dieser Kompetenzen werden Jugendliche besser darauf vorbereitet, die Herausforderungen des modernen Lebens zu bewältigen und aktiv an der Gestaltung einer nachhaltigen Zukunft mitzuwirken. Dies betrifft nicht nur den persönlichen Bereich, sondern auch die Bereitschaft, gesellschaftliche und ökologische Probleme zu erkennen und an ihrer Lösung zu arbeiten. Das Engagement in sozialen und politischen Bewegungen gibt ihnen die Möglichkeit, Einfluss auf gesellschaftliche Veränderungen zu nehmen und dabei ihre eigene Identität zu erkunden und zu definieren, einschließlich ihrer Werte, Überzeugungen und Lebensziele.

Durch die Vermittlung von Gestaltungskompetenz wird der Bildungsauftrag erweitert und vertieft. Es geht darum, Jugendliche zu befähigen, ihre Umwelt bewusst wahrzunehmen, kritisch zu reflektieren und verantwortungsvolle Entscheidungen zu treffen. Diese Kompetenz ist entscheidend für eine nachhaltige und lebenswerte Zukunft, in der die junge Generation als Gestalter und nicht nur als Beobachter agiert. Diese Form der Selbstbestimmung und Eigeninitiative ist jedoch nur schwer im Rahmen schulischer 45-oder 90-Minuten-Einheiten zu vermitteln, insbesondere dann, wenn die Ergebnisse am Ende auch noch benotet werden. Die

Schule hat traditionell die Aufgabe, Themen aus der kulturellen und gesellschaftlichen Welt didaktisch zu strukturieren und systematisieren. Sie reduziert die Komplexität dieser Themen, um sie einfacher verständlich zu machen. Diese Reduktion kann jedoch zu einer Distanz und Entfremdung von den Lerninhalten führen. Außerschulische und freizeit-kulturelle Lernorte zielen hingegen darauf ab, die Vielschichtigkeit der Welt zu vermitteln, damit junge Menschen diese erfassen und sich erschließen können. Das in der Schule erworbene Wissen und die Kompetenzen werden hier auf die Lebenswelt bezogen und angewendet.

Seit der Jahrtausendwende prägen Begriffe wie »Neue Lernkultur«, »Entgrenzung des Lernens« und »selbstgesteuertes Lernen« die Bildungslandschaft (vgl. Dohmen 2001, Freericks et al. 2005). Diese Entwicklung hat auch das freizeit-kulturelle und außerschulische Lernen beeinflusst. Freizeit-kulturelle Angebote haben sich zu Erlebnisangeboten weiterentwickelt, bei denen Interessen, Emotionen und Kontexte eine wichtige Rolle spielen. Jugendliche können sich aktiv einbringen und ihre eigene Lebenswelt erschließen. Handeln und Lernen bilden eine Einheit, die sich am besten im situativen Kontext des täglichen Lebens entfaltet. Neben den außerschulischen und freizeit-kulturellen Lernorten können auch Familie, Freunde, soziale Medien sowie die analoge und digitale Welt ein ergänzendes Lernfeld bieten. Diese Bereiche sind frei von Leistungs- und Bewertungszwängen und eröffnen größere Spielräume für persönliche Entwicklung.

Freizeit wird dann zu einem Raum für ganzheitliche Bildung, der informelle Bildungsprozesse ermöglicht und eine entscheidende Rolle in der biografischen Entwicklung junger Menschen spielt (vgl. Brinkmann & Freericks 2016; Haring et al 2018). Schulisches Lernen sollte entsprechend enger mit den Sozialisationserfahrungen verknüpft werden, die Jugendliche vor und außerhalb der Schule machen. Es darf kein Eigenleben führen, das losgelöst ist von den realen Lebenswelten der Schüler*innen. Umgekehrt sollten auch die freizeit-kulturellen Lernimpulse stärker in das Schulsystem integriert werden. So öffnen sich Bildungsräume außerhalb der standardisierten curricularen Rahmenbedingungen, die sowohl schulisches als auch überfachliches Lernen fördern.

Räume für eigenes Handeln zu schaffen, fördert in diesem Sinne das aktive Lernen und ersetzt die traditionelle Verpflichtung zu Leistungsergebnissen durch selbstinitiierte Lernerlebnisse. Maker Spaces, in denen Jugendliche ihre Ideen entwickeln, Projekte realisieren und neue Technologien sowie handwerkliche Fähigkeiten ausprobieren können, sind dafür ein gutes Beispiel. Die hier stattfindende Verbindung von schulischem Wissen mit praktischen Anwendungen schafft ein bereicherndes und dynamisches Lernumfeld, das auf die Bedürfnisse und Interessen der Jugendlichen zugeschnitten ist. Wenn Schule sich weiter öffnet und die wertvollen Lernprozesse anerkennt, die außerhalb ihrer Mauern stattfinden, kann eine Generation heranwachsen, die nicht nur in der Lage ist, den Anforderungen des Berufslebens gerecht zu werden, sondern auch ihr eigenes Leben aktiv und selbstbestimmt zu gestalten.

Nun ist diese Idee nicht neu: Bereits 1974 hat der Deutsche Bildungsrat in seinen Empfehlungen zur Neuordnung der Sekundarstufe II eine Verbindung von sozialem und beruflich-fachbezogenem Lernen gefordert. Dabei war klar, dass sich der dafür erforderliche Lernprozess nicht mehr allein in der Schule organisieren lässt, sondern auf verschiedene, grundsätzlich gleichwertige Lernorte verteilt werden muss (vgl. Opaschowski 1979, 29) »Erst die Pluralität der Lernorte garantiert weiterreichende Sozialisationsmöglichkeiten und damit auch bessere Einführungen in die verschiedenen durch Technik, Produktion, soziale Aufgaben, Konsum, Kommunikation, Kunst, Medien u. a. geprägte Lebensbereiche« (ebd.). Der Bildungsrat empfahl dafür die Einrichtung von vier räumlich und in ihrer pädagogischen Funktion unterschiedlichen Lernorten. Neben Schule, Betrieb und Lehrwerkstatt sollte der Lernort *Studio* dem kreativen, ästhetischen und sozialen Lernen dienen. Damit trug der Bildungsrat erstmals der Tatsache Rechnung, dass ein Bildungssystem auch die Aufgabe hat,

> »durch ein eigenes Lernangebot jene menschlichen Fähigkeiten und Begabungen zu entwickeln und zu fördern, die beim Erwerb einer beruflichen Qualifikation nicht hinreichend Berücksichtigung finden, jedoch für ein humanes Leben und für die Kultur einer Gesellschaft unerlässlich sind« (Deutscher Bildungsrat 1974, 19).

Die Anerkennung solcher schul- und arbeitsfreien Lernzeiten steht allerdings bis heute aus.

Selbstverständlich brauchen Jugendliche ihre (Frei-)Zeit auch für Freundschaften, Hobbys und familiäre Beziehungen, um ihre sozialen Fähigkeiten zu entwickeln und emotionale Unterstützung zu erhalten. Sie bietet ihnen aber außerdem die Möglichkeit, ihre Interessen und Talente jenseits des schulischen Rahmens zu entfalten, was nicht nur zu einem erfüllteren Leben führt, sondern auch potenziell zukünftige Karrieremöglichkeiten eröffnet.

5.6 Von formal zu informell: die Evolution der Bildungsangebote

Die Funktion und Zuständigkeit traditioneller Bildungsinstitutionen stehen im digitalen Zeitalter auf dem Prüfstand. Denn Bildung ist immer mehr auf Freiwilligkeit angewiesen und kann nicht nur verordnet oder gar erzwungen werden. Gegenüber den formalen und non-formalen Bildungsprogrammen der Institutionen gewinnt die informelle Bildung weiter an Bedeutung. Selbstorganisierte Angebote und Aktionen, Wissensdatenbanken im Netz, Lernvideos und Austausch in Netzwerken ermöglichen Jugendlichen Erfahrungs- und Angebotslernen auf freiwilliger Basis und grenzen sich deutlich von einem »künstlich arrangierten, didaktisch präparierten, erfahrungsfern abstrakten, theoretisch-verbalen Lernen« (Dohmen 2001, 27) ab. Nicht geplant und beinahe beiläufig – das macht die besondere Qualität künftiger Bildungsprozesse aus.

Freizeit-kulturelle Angebote sind jedoch nicht grundsätzlich offen oder gar informell. Auch hier finden sich formale und non-formelle Angebote, die in der Regel geplant und organisiert sind, während die informellen Angebote situativ und eigeninitiativ entstehen (vgl. Böhnisch 2013). Von verschiedenen Institutionen werden stark formalisierte Angebote gemacht, die eine gewisse Verbindlichkeit wie regelmäßige Teilnahme oder Mitgliedschaft erfordern. Sportvereine und künstlerisch-kreative Gruppen wie Musikbands oder Theaterensembles sind typische Beispiele. Sie fördern Teamarbeit, Disziplin und soziale Interaktion, während sie gleichzeitig individuelle Ziele, Ausdauer und Selbstvertrauen stärken. Dafür müssen Jugendliche sich hier in Strukturen einfinden, weil Fähigkeiten und Kompetenzen über einen längeren Zeitraum kontinuierlich aufgebaut und trainiert werden sollen. Bei Mannschaftssportarten gilt das Gleiche wie in einer Band, einem Orchester, einer Theater- oder Tanzgruppe: Verbindliche Strukturen ermöglichen das Zusammenwirken mehrerer Akteure. Regelmäßigkeit soll eine stete Weiterentwicklung der Fähigkeiten gewährleisten. Das funktioniert jedoch nur, wenn sich alle Teilnehmer*innen verbindlich verabreden, für die gemeinsame Performance üben und sich vorbereiten. Dabei muss beachtet werden, dass nicht alle Jugendlichen in der Lage oder bereit sind, sich auf diese Verbindlichkeiten und eine kontinuierliche Teilnahme einzulassen. Deshalb sind die Angebote auch nicht inklusiv, sondern durchaus exklusiv. Sie haben sogar das Potenzial, die soziale Spaltung zu verstärken.

Non-formale Angebote werden in der Regel ebenfalls von Institutionen angeboten, unterscheiden sich aber vor allem darin, dass sie ein offenes Angebot vorhalten, an dem die Teilnahme freiwillig, oftmals auch einmalig ist. Hier steht eher der Erwerb sozialer und personeller Kompetenzen im Vordergrund. Ein typisches Beispiel sind Jugend- oder Kulturzentren und Freizeiteinrichtungen der offenen Jugendarbeit, die eine Vielzahl von Aktivitäten, von der Hausaufgabenhilfe bis hin zur Freizeitgestaltung bieten und einen sicheren Raum für soziale Interaktionen schaffen. Hinzugekommen sind spezialisierte Einrichtungen wie z. B. Schülerlabore, die im MINT-Bereich Angebote wie Coding, Robotik oder naturwissenschaftliches Experimentieren und Forschen machen und Jugendlichen die Möglichkeit geben, neue Fähigkeiten zu erwerben und ihre Interessen zu vertiefen. Auch Museen und Bibliotheken bieten neben ihren Ausstellungen und der Buchausleihe oftmals ein offenes Veranstaltungsprogramm und Workshops an. Auf Online-Lernplattformen finden sich zudem eine Vielzahl von Kursen und Bildungsressourcen, die individuell genutzt werden können.

Informelle Angebote entstehen demgegenüber eher situativ, ungeplant oder spontan. Nicht selten sind die Jugendlichen selbst Urheber und Nutzer zugleich. Wissen, Fähigkeiten und Haltungen werden in der Handlung, der Begegnung oder der Interaktion erworben, ohne dass dies an eine Freizeit-, Kultur- oder Bildungseinrichtung gebunden ist. Das bekannteste Beispiel dürfte die Fridays-for-Future Bewegung sein, die aus dem Protest einer einzelnen Schülerin, Greta Thunberg, entstanden ist. Die Bewegung hat dafür gesorgt, dass Jugendliche sich informell ein umfangreiches Wissen über Klimawandel, Klimaforschung und Klimaschutz angeeignet haben, das weit über den Rahmen der schulischen Bildung hinausgeht. Daneben haben sie ein weltweit agierendes Netzwerk aufgebaut, das strukturiert und funktionsfähig ist, ohne eine formelle Organisations- oder Rechtsform zu haben. Jugendliche engagieren sich auch in der selbstbestimmten Freiwilligenarbeit in gemeinnützigen Organisationen oder in selbstinitiierten Projekten, die ihnen die Möglichkeit bieten, Verantwortung zu übernehmen und einen positiven Beitrag zur Gesellschaft zu leisten.

Die Attraktivität der informellen Angebote liegt in ihrer fluiden und unverbindlichen Struktur, die es den Jugendlichen ermöglicht, ihre eigene Perspektive in den Mittelpunkt zu stellen. Ausgangspunkt der Aktivitäten sind oftmals das Internet und Social-Media-Plattformen, auf denen sie sich interessenbasiert vernetzen, austauschen und unterstützen. Hier tauchen auch Bildungsthemen auf, die schulisch aus Sicht der Jugendlichen nicht gelöst werden. Sie sind komplex und erfordern ein interdisziplinäres Verständnis, das über die Grenzen einzelner (Schul-)Fachdisziplinen hinausgeht. Zwar sollten nach Ansicht der UNESCO Bildung für nachhaltige Entwicklung und die Auseinandersetzung mit dem Klimawandel in die Lehrpläne integriert werden, die Umsetzung in Deutschland ist aber von Bundesland zu Bundesland verschieden und es gibt große Unterschiede bezüglich der Verbindlichkeit, der Fächer und der Klassenstufen (vgl. Deutsches Schulportal 2024).

Hier bietet die Vernetzung mit außerschulischen und freizeit-kulturellen Bildungsangeboten eine wertvolle Chance, interdisziplinäres Lernen zu fördern und Jugendlichen ein ganzheitliches Verständnis für globale Herausforderungen zu vermitteln. Interdisziplinäres Lernen verbindet verschiedene Fachbereiche, um komplexe Themen umfassend zu beleuchten und praktische Lösungen zu entwickeln. Im Kontext des Klimawandels beispielsweise könnten Naturwissenschaften, Sozialwissenschaften, Geografie und Wirtschaft miteinander verknüpft werden, um die ökologischen, sozialen und ökonomischen Dimensionen dieses globalen Problems zu verstehen und anzugehen. Außerschulische Lernorte haben das Potenzial, solche interdisziplinären Ansätze in einer flexibleren und kreativeren Umgebung umzusetzen. Projekte in Maker Spaces, Workshops, Exkursionen und partizipative Aktivitäten können genutzt werden, um Jugendliche aktiv in den Lernprozess einzubeziehen. Durch das praktische Arbeiten an realen Projekten entwickeln sie nicht nur Fachwissen, sondern auch Fähigkeiten wie Teamarbeit, Problemlösefähigkeit und kritisches Denken. Darüber hinaus fördern außerschulische und freizeit-kulturelle Bildungsangebote die Motivation und das Engagement der Jugendlichen, wenn sie Themen bearbeiten können, die ihnen persönlich wichtig sind und sie unmittelbar betreffen.

Die Digitalisierung ist hierbei nicht nur Treiber hinter der Entwicklung, sondern auch Chance: In einer digital vernetzten Welt wachsen junge Menschen einerseits mit einem Bewusstsein für globale Herausforderungen und Problemlagen auf. Sie lernen aber genauso Best-Practice-Beispiele und Lösungsansätze aus verschiedenen Ländern kennen. Sie sind Zeugen internationaler Entwicklungen und Teil einer globalen Gemeinschaft, die durch soziale Medien und digitale Plattformen näher zusammengerückt ist. Diese globale Vernetzung bietet immense Chancen für schulische und freizeit-kulturelle Bildungsangebote, die das Denken der Jugendlichen erweitern und gleichzeitig lokales Handeln fördern können.

Globales Denken bedeutet, die Welt in ihrer Gesamtheit zu verstehen und die Zusammenhänge zwischen lokalen und globalen Ereignissen zu erkennen. Junge Menschen, die global denken, sind besser in der Lage, die Auswirkungen ihrer Handlungen auf die Welt zu begreifen und Verantwortung zu übernehmen. Bildungsangebote sollten dieses Bewusstsein stärken, indem sie internationale Perspektiven und globale Themen in den Fokus rücken. Durch Austauschprogramme, digitale Kollaborationsprojekte oder interkulturelle Workshops können Jugendliche die Vielfalt und Komplexität der Welt hautnah erleben. Sie lernen, wie Menschen in anderen Ländern mit ähnlichen Herausforderungen umgehen und welche innovativen Lösungen dort entwickelt werden. Solche Erfahrungen fördern nicht nur das Verständnis für andere Kulturen, sondern inspirieren auch zu eigenem Engagement und kreativen Lösungsansätzen.

Lokales Handeln bedeutet dann, diese globalen Einsichten in konkretes Tun vor Ort umzusetzen. Hier können freizeitkulturelle Bildungsangebote einen entscheidenden Beitrag leisten, indem sie Jugendliche ermutigen, Projekte und Initiativen zu entwickeln, die ihre Gemeinschaft positiv beeinflussen. Ob es sich um Umweltprojekte, soziale Initiativen oder kulturelle Veranstaltungen handelt – die Verbindung von globalem Denken und lokalem Handeln führt zu nachhaltigen und greifbaren Ergebnissen und verwandelt Erwartungsdruck in Handlungsoptionen.

5.7 Die Bildungslandschaft als ganzheitliche Lernumgebung

Die Ergebnisse der PISA-Studie der OECD im Jahr 2000 offenbarten nicht nur gravierende Defizite in den Bereichen Lesekompetenz, Mathematik und Naturwissenschaften, sie zeigten auch auf, dass es um die Chancengerechtigkeit im deutschen Bildungssystem schlecht bestellt war. Diese Erkenntnisse lösten eine breite öffentliche Debatte aus (vgl. Gundlach 2003). Der internationale Vergleich und der Blick auf erfolgreiche Bildungssysteme anderer Länder, wie beispielsweise die skandinavischen, inspirierten eine neue Denkweise: Bildung sollte nicht mehr auf die formale Schulbildung beschränkt sein, sondern als lebenslanger Prozess verstanden werden. Aus dieser ganzheitlichen Perspektive ist die Idee der Bildungslandschaft hervorgegangen.

Bildungslandschaften zielen darauf ab, die Verknüpfung von Schule, Jugend-, Sozial- und Kulturarbeit zu fördern, um in Stadtteilen, Regionen oder Kommunen die Bedingungen für das Aufwachsen von Kindern und Jugendlichen zu verbessern. Ziel ist es, möglichst vielfältige Bildungsimpulse zu vermitteln und Defizite bei Kindern und Jugendlichen in benachteiligten Lebenslagen und schwierigen Verhältnissen abzubauen. In Deutschland konzentrierte sich die Bildungsdiskussion bis zur Veröffentlichung der PISA-Studie vor allem auf formale Bildung. Bildungslandschaften hingegen integrieren formale und non-formale Bildungssettings sowie informelle Lernprozesse. Es geht darum, Bildung als ein komplexes Zusammenspiel verschiedener Akteure und Umwelten zu begreifen. Kooperation und Vernetzung stehen hierbei im Zentrum.

Im zwölften Kinder- und Jugendbericht wurde von einer »Entgrenzung von Bildungsorten und -gelegenheiten« (vgl. BMFSFJ 2005, 333) gesprochen. Das bedeutet, dass es keinen exklusiven Ort mehr für die Bildung von Kindern und Jugendlichen gibt. In Bildungslandschaften findet Bildung an verschiedenen Orten des Sozialraums statt, wobei außerschulische Einrichtungen bedeutende Bildungspartner für Schulen darstellen. Bildungslandschaften werden als langfristige, professionell gestaltete Netzwerke definiert, die auf gemeinsames, planvolles Handeln abzielen und von der kommunalpolitischen Ebene unterstützt werden (vgl. Bleckmann & Durdel 2009). Diese Netzwerke umfassen formale Bildungsorte und informelle Lernwelten und betrachten Bildung aus der Perspektive des lernenden Subjekts.

Bildungslandschaften repräsentieren einen tiefgreifenden Wandel in der Sichtweise auf Bildungsorte und -gelegenheiten, mit dem Ziel, selbstinitiierte Bildungsprozesse im Kindes- und Jugendalter zu fördern und zu unterstützen. Traditionell wird Bildung entlang eines institutionell fest verankerten Weges betrachtet: von der Kita über die Schule bis hin zur Ausbildung oder zum Studium und schließlich dem Übergang in den Beruf. Jeder dieser Übergänge birgt jedoch das Risiko des Scheiterns. Die Idee der Bildungslandschaft eröffnet eine neue Perspektive: Es geht nicht darum, vorgegebene Stationen einfach abzuhaken, sondern um eine biografisch orientierte, am Subjekt ausgerichtete Sicht auf Bildung. Die Bildungsbiografie eines Einzelnen kann dabei gleichzeitig und in veränderlicher Reihenfolge vielfältige Angebote der formalen und non-formalen Bildung nutzen. Anstelle eines segregierenden Schulsystems könnte mit der Bildungslandschaft ein förderndes Bildungssystem entstehen.

In einer Bildungslandschaft geht es darum, Bildung als eine Gemeinschaftsaufgabe zu verstehen. Es geht um die Schaffung eines umfassenden Bildungsumfelds, das Kindern und Jugendlichen vielfältige Lernmöglichkeiten bietet und sie in ihrer persönlichen und sozialen Entwicklung unterstützt. Dies erfordert die Zusammenarbeit verschiedener Akteure und Institutionen, die gemeinsam daran arbeiten, optimale Bedingungen für das Lernen und Wachsen zu schaffen. Bildungslandschaften sind somit ein Schlüsselkonzept für die moderne Bildungsentwicklung, das die traditionellen Grenzen von Bildungsinstitutionen überschreitet und Bildung als integrativen und ganzheitlichen Prozess begreift. Sie müssen sich dabei der Herausforderung stellen, alle jungen Menschen unabhängig von ihren individuellen Voraussetzungen und Hintergründen zu integrieren. Inklusion bedeutet nicht nur die physische Anwesenheit von Jugendlichen mit unterschiedlichen Fähigkeiten in einer Bildungseinrichtung, sondern auch die aktive und gleichberechtigte Teilhabe an allen Lernprozessen. Eine inklusive Bildungslandschaft erkennt die Vielfalt der Lernenden als wertvolle Ressource an und fördert ein Umfeld, in dem jeder seine Potenziale voll entfalten kann.

Eine zentrale Herausforderung bei der Umsetzung von Bildungslandschaften sind die komplexen Steuerungsprozesse, die eine Abstimmung vieler Akteure im Bildungsbereich mit kommunalen und staatlichen Verwaltungen erfordern. Die Einführung von Ganztagsschulen hat gezeigt, wie Kommunen stärker in die Planung und Gestaltung ganztägiger Bildungsangebote eingebunden werden können. Viele Ganztagsschulen haben sich mittlerweile zu Bildungszentren entwickelt, die sich gegenüber ihrem sozialräumlichen Umfeld öffnen und andere Akteure als Kooperationspartner einbeziehen. Die Schulträger haben erkannt, dass ihre Aufgaben nicht mehr nur die Planung von Schulstandorten, den Schulbau und die Sachaufwandsträgerschaft umfassen können. An einigen Stellen haben die Ganztagsschulen durch ihr verbindliches Betreuungsangebot, das insbesondere von berufstätigen Eltern geschätzt wird, die bestehende Infrastruktur freizeitkultureller Angebote aber auch geschwächt. Schulzentrierte Netzwerke bieten wichtige Impulse für das Projekt Bildungslandschaften, stellen jedoch nur einen Anfang dar, der um sozialräumlich orientierte Netzwerke erweitert werden muss. Der nächste logische Schritt wäre, die Steuerungsmöglichkeiten zu erweitern und die Zuständigkeiten neu zu ordnen. Dies würde eine noch engere Verzahnung von Schule, Jugend-, Sozial- und Kulturarbeit ermöglichen und so die vielfältigen Bildungsimpulse, die für eine ganzheitliche Entwicklung von Kindern und Jugendlichen notwendig sind, noch effektiver nutzen. In dem Zuge bedarf es dann auch dringend der Erweiterung um einen partizipativen Ansatz. Nur wenn die Jugendlichen selbst Teil der Bildungslandschaft werden, wird sie zukunftsfähig sein können.

Praktische Erfahrungen und Modellprojekte in verschiedenen Regionen und Städten, die erfolgreiche Kooperationen und Vernetzungen von Bildungsakteuren umgesetzt haben, bieten wertvolle Erkenntnisse und Anregungen. Forschungsergebnisse aus der Bildungswissenschaft und Soziologie bestätigen die Bedeutung vernetzter Bildungsangebote und ganzheitlicher Bildungsansätze (vgl. Stolz 2012). Sie haben nachgewiesen: Bildungslandschaften fördern die Integration formaler und informeller Bildungsprozesse und schaffen so ein umfassendes Bildungsumfeld, das den Bedürfnissen und Potenzialen der jungen Generation gerecht wird. Durch die Zusammenarbeit verschiedener Akteure und Institutionen können Bildungslandschaften dazu beitragen, ein förderndes und unterstützendes Bildungssystem aufzubauen, das weit über die traditionellen Grenzen von Bildungsinstitutionen hinausgeht und Bildung als lebenslangen, ganzheitlichen Prozess versteht.

5.8 Bildungslandschaften der Zukunft: flexibel, partizipativ und inklusiv

Das Konzept der Bildungslandschaft hat zu positiven Entwicklungen geführt, bislang aber nicht flächendeckend Verbreitung gefunden. Die Umsetzung variiert erheblich zwischen den einzelnen Bundesländern. Für eine nachhaltige Etablierung von Bildungslandschaften ist weiterhin ein starkes Engagement von Politik, Verwaltung und allen beteiligten Bildungsakteuren erforderlich. Darüber hinaus muss das für die Generation Y entwickelte Konzept, das letztlich aber erst bei der Generation Z Anwendung gefunden hat, für die kommende Generation alpha zukunftsfähig gemacht werden. Flexible Bildungsstrukturen, offene inklusive Lernorte und die weiterführende Verknüpfung mit der Arbeitswelt sind zentrale Bausteine dieser Entwicklung.

Flexible Bildungsstrukturen sind der grundlegende Baustein dieses Modells. Durch Hybridunterricht, der Präsenz- und Online-Lernen kombiniert, können Jugendliche ihre Lernzeiten flexibel gestalten. Dies fördert eine ausgewogene Verteilung zwischen schulischen Verpflichtungen und Freizeitaktivitäten. Projektbasiertes Lernen ermöglicht es den Jugendlichen, ihre Interessen zu vertiefen und gleichzeitig wertvolle Kompetenzen zu erwerben. Dabei werden reale Probleme angegangen, wodurch schulische und außerschulische Lernziele kombiniert werden. Die digitale Vernetzung bietet die Möglichkeit, globales Denken mit lokalem Handeln zu verknüpfen. Jugendliche können von den besten Praktiken aus aller Welt lernen und diese in ihrer eigenen Gemeinschaft umsetzen. Dabei bleibt die analoge Infrastruktur von zentraler Bedeutung, um den sozialen Austausch und die persönliche Entwicklung zu fördern. Schulen und außerschulische Lernorte sollten als vielseitige Orte der Begegnung und des Lernens gestaltet werden, die Raum für sportliche, künstlerische und wissenschaftliche Aktivitäten bieten.

Das persönliche Treffen von Freunden und Gleichaltrigen ist der zentrale Faktor im sozialen Austausch. Das haben die Folgen von Schulschließungen während der Corona-Pandemie mehr als deutlich gemacht (vgl. Naumann et al 2021). Dafür brauchen junge Menschen Räume, die sie sich aneignen und nach eigenen Vorstellungen mitgestalten können: eine Mischung aus Schul- und Freizeitzentren mit einem vielseitigen offenen Angebot an sportlichen, künstlerischen und kulturellen Aktivitäten, aber auch ausreichend Platz und Freiraum zur Entwicklung und Realisierung eigener Themen und Projekte. Kreative Ausdrucksmöglichkeiten wie Kunst, Musik und Theater sollten ebenso integraler Bestandteil des Bildungs- und Freizeitangebots sein, wie Schülerlabore und MINT-Werkstätten.

Literatur

Albert M., Quenzel G., Hurrelmann K. & Kantar P. (2019): Jugend 2019. Eine Generation meldet sich zu Wort. 18. Shell Jugendstudie. Weinheim: Beltz.
Bleckmann, P. & Durdel, A. (Hrsg.) (2009): Lokale Bildungslandschaften. Perspektiven für Ganztagsschulen und Kommunen. Wiesbaden: Springer VS.
BMFSFJ – Bundesministerium für Familie, Senioren, Frauen und Jugend (Hrsg.) (2005): 12. Kinder- und Jugendbericht, Online verfügbar unter: https://www.bmfsfj.de/resource/blob/112224/7376e6055bbcaf822ec30fc6ff72b287/12-kinder-und-jugendbericht-data.pdf , Zugriff am 10.5.2024
Böhnisch, L. (2013): Jugendarbeit als Lernort. In: B. Hafeneger (Hrsg.): Handbuch außerschulische Jugendbildung. Grundlagen – Handlungsfelder – Akteure. 2. ergänze und überarbeitete Auflage. Schwalbach/Ts: Wochenschau, S. 57–66.
Brinkmann, D. & Freericks, R. (2016): Informelles Lernen in der Freizeitpädagogik. In: M. Rohs (Hrsg.): Handbuch informelles Lernen. Wiesbaden: Springer VS, S. 143–162.
Calmbach, M., Flaig, B., Gaber, R., Gensheimer, T., Möller-Slawinski, H., Schleer, C. & Wisniewski, N. (2024): Wie ticken Jugendliche? 2024. Lebenswelten von Jugendlichen im Alter von 14 bis 17 Jahren in Deutschland. Bundeszentrale für politische Bildung: Bonn.
Daheim, C. & Wintermann, O. (2015): 2050: Die Zukunft der Arbeit. Gütersloh: Bertelsmann Stiftung.

Deutsches Schulportal (2024): Wie Schulen in anderen Ländern Klimabildung umsetzen. Online verfügbar unter: https://deutsches-schulportal.de/unterricht/wie-schulen-in-anderen-laendern-klimabildung-umsetzen/, Zugriff am 31. 5.2024.

Diem-Wille, G. (2017): Pubertät – Die innere Welt der Adoleszenten und ihrer Eltern. Stuttgart: Kohlhammer.

Dohmen, G. (2001): Das informelle Lernen. Bonn: Bundesministerium für Bildung und Forschung.

Freericks, R., Brinkmann, D., Theile, H. & Krämer, S. (2005): Projekt Aquilo Aktivierung und Qualifizierung erlebnisorientierter Lernorte. Bremen: Institut für Freizeitwissenschaft und Kulturarbeit.

Göppel, R. (2019): Das Jugendalter. Theorien, Perspektiven, Deutungsmuster. Stuttgart: Kohlhammer.

Gundlach, E. (2003): Nach dem Pisa-Schock: Höhere Ausgaben oder umfassende Bildungsreform? In: T. Hansel (Hrsg.): Pisa – und die Folgen? Die Wirkung von Leistungsvergleichsstudien in der Schule. Herbholzheim: Centaurus, S. 216–236.

de Haan, G. (2008): Gestaltungskompetenz als Kompetenzkonzept für Bildung für nachhaltige Entwicklung. In: I. Bormann & G. de Haan (Hrsg.): Kompetenzen der Bildung für nachhaltige Entwicklung. Wiesbaden: VS Verlag für Sozialwissenschaften, S. 23–44.

Harring, M., Witte, M. D. & Burger, T. (Hrsg.) (2018): Handbuch informelles Lernen. Interdisziplinäre und internationale Perspektiven. 2., überarbeitete Auflage). Weinheim; Basel: Beltz Juventa.

Hurrelmann, K. & Albrecht, E. (2022): In Krisen konstruktiv. Die Lebensperspektive der »Generation Greta«. In: Schüler. Magazin für Lehrkräfte, 2022, S. 70–73.

Keupp, H. (2013): Von der (Un-)Möglichkeit erwachsen zu werden. In: S. Trautmann-Voigt & B. Voigt (Hrsg.): Jugend heute. Zwischen Leistungsdruck und virtueller Freiheit. Gießen: Psychosozial-Verlag, S. 19–41.

Lauwaert, E. (2015): Zwischen Selbstbestimmung und gesellschaftlichem Zwang. In: F. Schmidt, A.-C., Schondelmayer & U. Schröder (Hrsg.): Selbstbestimmung und Anerkennung sexueller und geschlechtlicher Vielfalt. Wiesbaden: Springer VS, S. 181–191.

Mierendorff, J. & Kränzl-Nagl, R. (2007): Kindheit im Wandel. Annäherungen an ein komplexes Phänomen. In: SWS-Rundschau, 47 (1), S. 3–25.

Naumann, E., von den Driesch, E., Schumann, A. & Thönnissen, C. (2021): Anstieg depressiver Symptome bei Jugendlichen und jungen Erwachsenen während des ersten Lockdowns in Deutschland. Ergebnisse des Beziehungs- und Familienpanels pairfam. Bundesgesundheitsblatt 12/2021, S.1533–1540.

Opaschowski, H.-W. (1979): Einführung in die freizeitkulturelle Breitenarbeit. Bad Heilbrunn: Klinkhardt.

Opaschowski, H.-W. (1999): Generation @. Die Medienrevolution entlässt ihre Kinder: Leben im Informationszeitalter. Bramsche: Rasch.

Parment, A. (2024): Generation Z. Die Hoffnungsträgergeneration in der neuen Arbeitswelt. Wiesbaden: Springer Fachmedien.

Rathmann, K., Bündel, H. & Hurrelmann, K. (2024): Kindheit heute. Entwicklungen und Herausforderungen. 2., überarbeitete und vollständig aktualisierte Aufl. Weinheim, Basel: Beltz.

Reißig, B. (2022): Abgehängt? Bildungsbenachteiligte Jugendliche am Übergang in die Ausbildung. In: Schüler. Magazin für Lehrkräfte, 2022, S. 38–41.

Schmidt, F., Schondelmayer, A.-C. & Schröder, U. (Hrsg.) (2015): Selbstbestimmung und Anerkennung sexueller und geschlechtlicher Vielfalt. Wiesbaden: Springer VS.

Schmidt, V. & Wohne, K. (2023): Vorbereitung braucht mehr Anstrengung. Interview über Anforderungen der digitalen Arbeitswelt. In: Schüler. Magazin für Lehrkräfte, 2023, S. 94–95.

Schnetzer, S. (2024): Generation alpha. Online verfügbar unter: https://simon-schnetzer.com/generation-alpha/#3, Zugriff am 8.5.2024.

Schulte-Markwort, M. & Wiegand-Grefe, S. (2018): Burnout bei Schülern – muss das sein? In: Psychotherapie im Dialog, 2018 (3), S. 85–89.

Seiffge-Krenke, I. (2021): Die Jugendlichen und ihre Suche nach dem neuen Ich. 2., aktualisierte Aufl. Stuttgart: Kohlhammer.

Stolz, H.-J. (2012): Bildung neu denken! Kritische Anmerkungen zu aktuellen Ansätzen lokaler Bildungslandschaften und mögliche Alternativen. In: P. Bleckmann & V. Schmidt (Hrsg.): Bildungslandschaften. Mehr Chancen für alle. Wiesbaden: Springer, S. 21–31.

Thunberg, G. (2019): Transcript of speech at the U. N. Climate Action Summit. Online verfügbar unter: www.npr.org/2019/09/23/763452863/transcript-greta-thunbergs-speech-at-the-u-n-climate-action-summit, Zugriff am 11.5.2024.

Tillmann, K.-J. (2022): Wenn Erwachsene über Jugend nachdenken. In: Schüler. Magazin für Lehrkräfte, 2022, S. 4f.

Trautmann-Voigt, S. & Voigt, B. (Hrsg.) (2013): Jugend heute. Zwischen Leistungsdruck und virtueller Freiheit. Gießen: Psychosozial-Verlag.

6 Fakten zum Freizeitverhalten: Umfang, Aktivitäten, Wünsche und Hindernisse

Ulrich Reinhardt & Ayaan Güls

6.1 Einleitung: Freizeit, was ist das?

Ein Geschenk des Himmels? Das Resultat harter Gewerkschaftsverhandlungen? Der Lohn für Arbeit, Fleiß und Leistung? Oder der Fluch der Arbeitslosen? Von dieser erzwungenen, erkämpften, verdienten und geschenkten Zeit gab es noch nie so viel wie jetzt; Tendenz steigend. Denn in Zukunft werden die meisten Menschen in ihrem Leben weniger arbeiten und mehr »freizeiten«. Auf den ersten Blick entsteht das Bild einer geradezu dramatischen Freizeitrevolution: Von 60 Stunden pro Woche um 1900 über die 50-Stunden-Woche in den 1950er Jahren bis zu gegenwärtigen 40-Stunden-Woche (für Vollzeit-Arbeitnehmende) wurde die Arbeitszeit immer weiter verringert. Doch hält auch die subjektiv wahrgenommene Freizeitvermehrung mit der objektiv feststellbaren Arbeitszeitverkürzung Schritt? Trotz deutlicher Verkürzungen der Arbeitszeit wächst das subjektive Gefühl, über zu wenig (Frei-)Zeit zu verfügen. Denn mit dem Verlassen des Arbeitsplatzes hat für die Berufstätigen die Freizeit noch nicht begonnen. Die Freizeitrevolution ist im subjektiven Bewusstsein der meisten Arbeitnehmenden nicht angekommen. Die in der öffentlichen Meinung vorherrschende These von der dramatischen Freizeitvermehrung findet keine Entsprechung im subjektiven Erleben der Bevölkerung. Freizeit ist und bleibt eine kostbare Ressource – im privaten Leben genauso wie im Berufsalltag (vertiefend dazu: Popp & Reinhardt 2015, 173–181).

Gegenwärtig teilt sich die Jahreszeit eines Vollzeitberufstätigen in Deutschland wie folgt auf:

- Die Gesamtjahresstunden belaufen sich auf 8760.
- *Jahres*-Arbeitszeit umfasst mit 1572 Stunden lediglich rund 18 % der gesamten Stundenzahl von 1. Januar bis 31. Dezember.
- Ein knappes Viertel des *Jahres* (28 %) dient dem *Schlaf* (2482 Stunden)
- und weitere 26 % des *Jahres*-Zeitbudgets (2338 Stunden) widmen die Bürger der sogenannten *Obligationszeit* – diese umfasst etwa Wegezeiten, die Hausarbeit oder das Einkaufen.
- Was bleibt, ist jener Teil des gesamten Zeitbudgets, der sich über die *Freiwilligkeit* definiert. In diesem Sinne ist *Freizeit* jene Zeit, in der man etwas tut, ohne es tun zu müssen. Diese *Dispositionszeit* beträgt bei einem Vollzeit-Berufstätigen im Durchschnitt 2368 Stunden pro Jahr (27 %).

Freizeitbudget

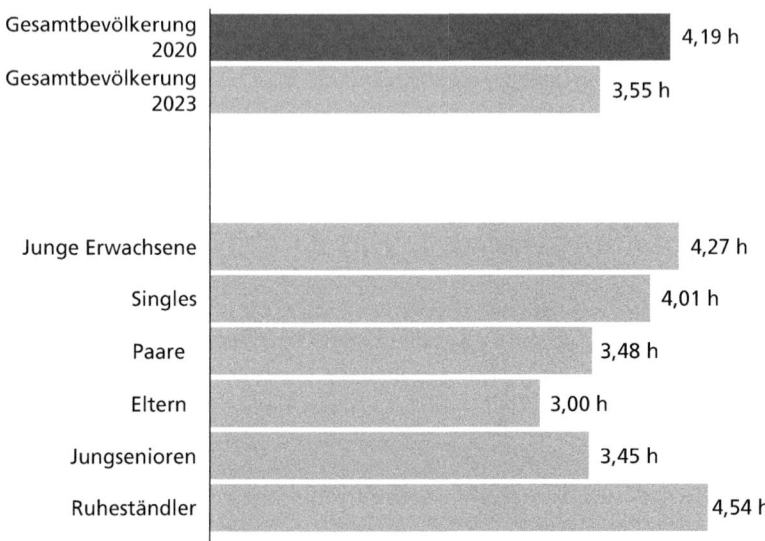

Abb. 6.1: Wieviel Freizeit haben die Deutschen? Von je 100 Befragten haben an einem Werktag ... Stunden freie Zeit, in der sie tun und lassen können, was ihnen gefällt.

Im Vergleich zum ersten Coronajahr hat sich die durchschnittliche Freizeit der Bürger um fast eine halbe Stunde verringert. Überdurchschnittlich viel freie Zeit haben derzeit Ruheständler mit knapp fünf Stunden, wohin gegen Eltern auf lediglich drei Stunden unter der Woche kommen.[1]

Die Veränderungen lassen sich auf unterschiedliche Faktoren zurückzuführen, wobei weniger Home-Office ein Hauptgrund ist. Zwar offerieren viele Firmen ihren Mitarbeitenden, weiterhin einen Teil ihrer Arbeitszeit daheim zu verbringen, jedoch kehren viele Arbeitnehmende auch wieder zurück in die Unternehmen. Die entsprechenden Wegezeiten zu und von den Büros und Werkhallen »fehlen« im Freizeitbudget. Zudem hat die Anzahl an Verpflichtungen wieder zugenommen – seien es z. B. die Einkäufe im Supermarkt, das morgendliche »Fertigmachen« oder die Stunden als Trainer im Verein.

---

[1] Alle in diesem Beitrag verwendeten empirischen Daten stammen aus aktuellen Erhebungen der Stiftung für Zukunftsfragen in Hamburg: www.stiftungfuerzukunftsfragen.de.

6.2 Die beliebtesten Freizeitaktivitäten

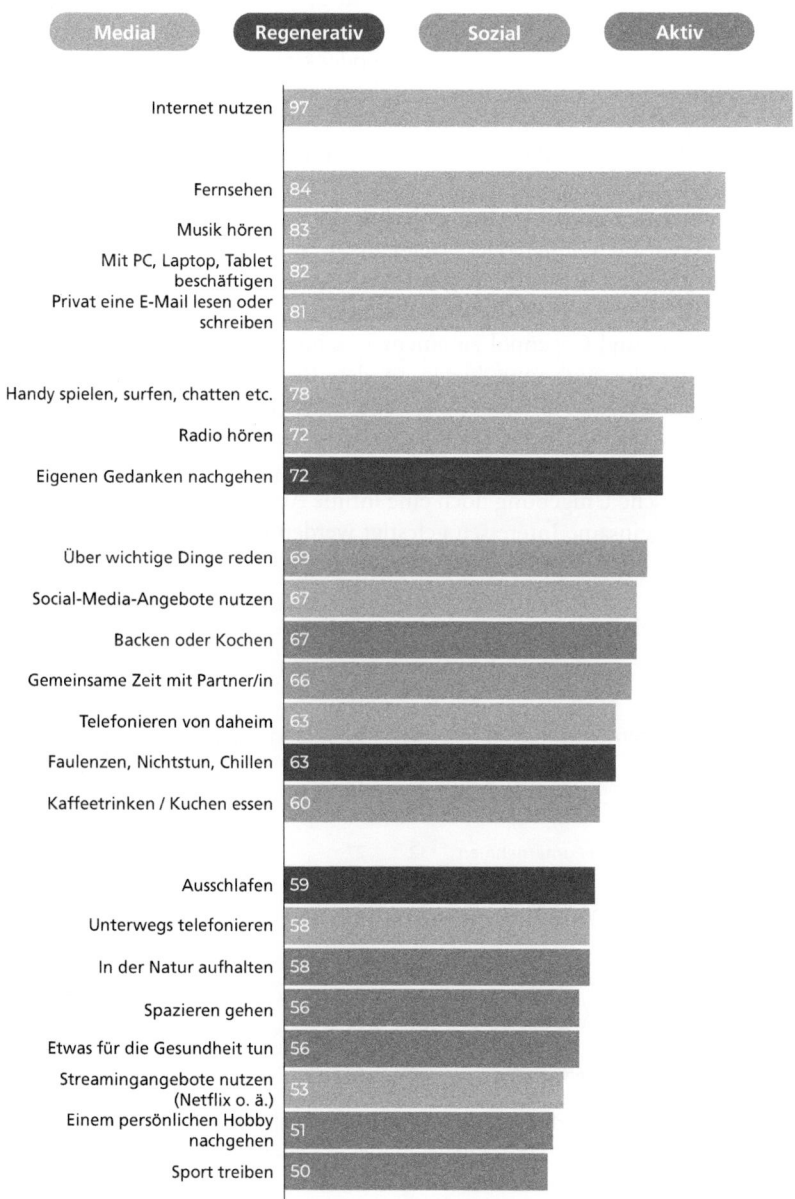

Abb. 6.2: Wie sieht die Freizeit aus? Von je 100 Befragten nennen ... als regelmäßige Freizeitaktivität (mindestens einmal die Woche).

In einer Zeit, die von stetigem Wandel, Schnelllebigkeit, technologischem Fortschritt, aber auch Unsicherheit und Sorgen geprägt ist, entwickelt sich das eigene Heim zum Zentrum unserer Freizeit. Die Bürger surfen im Internet, lassen sich durch das Fernsehen informieren, unterhalten oder berieseln, sind in sozialen Netzwerken unterwegs, telefonieren, texten oder streamen. Die eigene Couch wird so zum Epizentrum der modernen Freizeitgestaltung. Die zunehmende Mediennutzung zeigt dabei nicht nur den technologischen Fortschritt, sondern auch die derzeitige Bedeutung von Bequemlichkeit und individuellen Bedürfnissen.

Aber nicht nur Medien lassen das eigene Zuhause zum bevorzugten Ort für Freizeitaktivitäten werden. Auch für die Erholung bleibt es der beliebteste Rückzugsort. Ob beim Tagträumen oder Nachdenken, beim Chillen oder Faulenzen, stets werden die eigenen vier Wände genutzt. Regenerative Freizeitbeschäftigungen werden dabei nicht mehr als bloße Untätigkeit betrachtet, sondern vielmehr als bewusste Auszeit und Gegenpol zu einem zunehmend hektischen Alltag gesehen. Das Haus oder die Wohnung bieten so den Raum für Entschleunigung und Selbstfürsorge. Darüber hinaus finden auch gemeinsame Aktivitäten mit dem Partner, den Freunden und der Familie gerne im häuslichen Umfeld statt – seien es Koch- oder Spieleabende, Zeit für Gespräche, gesellige oder gemütliche Abende –, bietet die heimische Umgebung doch eine intime Atmosphäre, in der Beziehungen vertieft und gemeinsame Interessen gefestigt werden können.

Soziale Aktivitäten

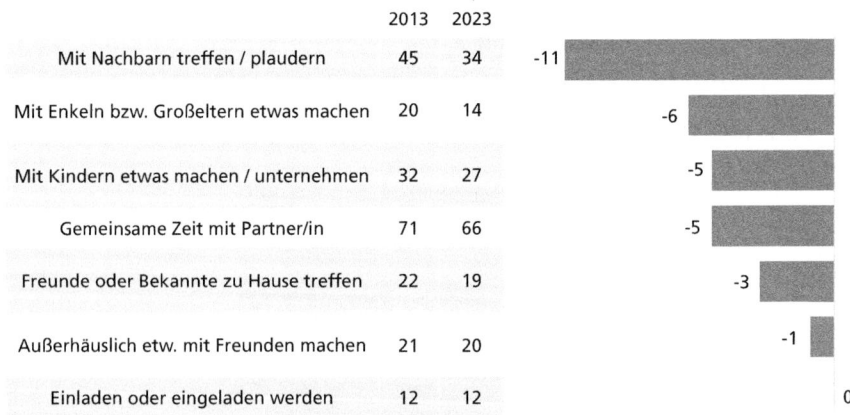

Abb. 6.3: Nehmen die zwischenmenschlichen Kontakte ab? Von je 100 Befragten nennen … als regelmäßige Freizeitaktivität (mindestens einmal die Woche).

Der Austausch mit Nachbarn, gemeinsame Aktivitäten mit Enkeln bzw. Großeltern, Unternehmungen mit Kindern, Freunden oder Bekannten sowie das Teilen von Momenten mit dem Partner werden – im Vergleich zu vor einem Jahrzehnt – seltener ausgeübt. Diese Entwicklung hin zu weniger zwischenmenschlichen Aktivitäten in der Freizeit lässt sich auf verschiedene Gründe zurückführen. Die modernen Lebensumstände zeichnen sich durch einen beschleunigten Rhythmus aus, der oft weniger Raum für gesellige Zusammenkünfte lässt. Dabei mag es paradox erscheinen, dass in einer Zeit, in der die Menschheit mehr vernetzt ist als je zuvor, persönliche Treffen und gemeinsame Unternehmungen an Bedeutung verlieren. Für die Zukunft gilt es, eine Balance zwischen modernem Tempo und der Pflege enger menschlicher Verbindungen zu finden.

Regenerative Aktivitäten

Vom entspannten Kaffeetrinken übers Faulenzen auf der Couch bis hin zum Mittagsschlaf – in den letzten zehn Jahren haben viele regenerative Freizeitaktivitäten verstärkt an Bedeutung gewonnen. Als eine Art Ausgleich bieten sie Verschnaufpausen in einem zunehmend schnelllebig werdenden Alltagsleben. Diese Zeit wird von einer Mehrheit der Bundesbürger auch immer häufiger fürs »Nichtstun« genutzt – weniger oft wird sie dagegen für andere vermeintlich entspannende Tätigkeiten aufgewendet, wie der eigenen Pflege, einer Auszeit in der Badewanne oder dem Lösen von Kreuzworträtzeln und Co.

Kulturelle Aktivitäten

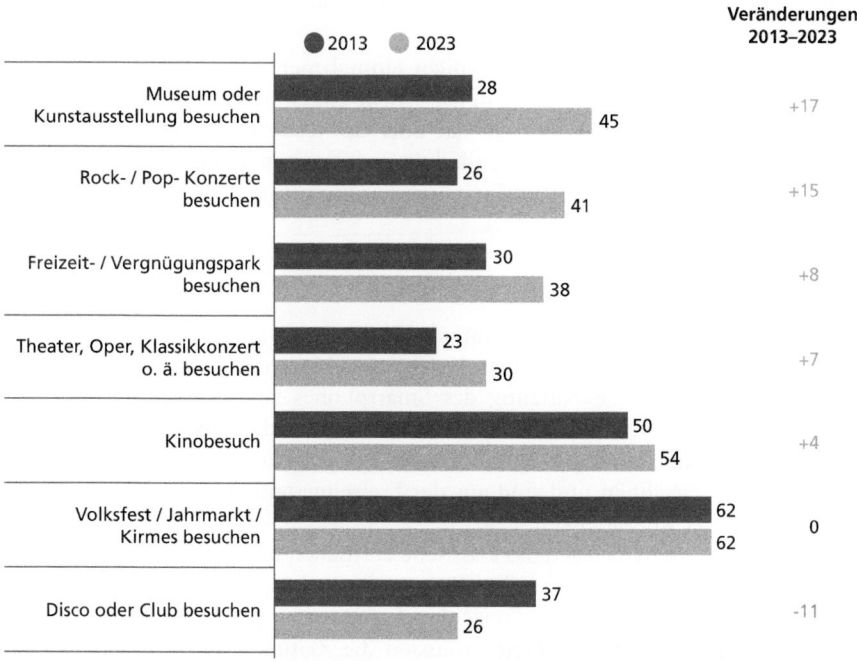

Abb. 6.4: Boomt Kultur? Von je 100 Befragten nennen ... als kulturelle Freizeitaktivität (mindestens einmal pro Jahr).

Von Museen über Konzerte bis hin zu Kinovorstellungen und Freizeitparks – kulturelle Freizeitangebote erfreuen sich bei vielen Bürgern einer steigenden Beliebtheit, allerdings auf deutlich geringerem Niveau als häusliche Aktivitäten. Die breite Palette an Optionen ermöglicht es jedem, in unterschiedliche Welten einzutauchen und sich dort unterhalten oder künstlerisch, musikalisch und intellektuell inspirieren zu lassen. Hierbei spielt aktuell sicherlich auch das Nachholbedürfnis nach der Corona-Pandemieeine große Rolle.

Vom Kulturboom nicht profitieren können einzig Diskotheken und Clubs. Galten die Tanzflächen einst als Inbegriffe des Nachtlebens und des sozialen Treffpunkts, werden sie mittlerweile deutlich seltener besucht als vor zehn Jahren. Die Gründe hierfür sind vielfältig und reichen von geringeren Angeboten durch Schließung während der Pandemiezeit über demografische Veränderungen bis hin zu anderen, beliebteren Freizeitangeboten.

Außerhäusliche Aktivitäten

Fast sämtliche, von der Mehrheit der Bevölkerung ausgeübte Freizeitaktivitäten finden in den eigenen vier Wänden statt. Allerdings lassen sich, was außerhäusliche Unternehmungen angeht, im Zehnjahresvergleich auch zahlreiche Zugewinne feststellen. So konnten u. a. erlebnisorientierte Aktivitäten, wie Tagesausflüge oder Wochenendfahrten, aber auch Restaurantbesuche oder Beschäftigungen im heimischen Garten an Zustimmung gewinnen.

Ins Vereinsheim zieht es dagegen nicht einmal mehr jeden Dritten und nicht einmal jeder Achte besucht einmal in der Woche ein Gotteshaus. Auch das Cruisen mit dem Auto oder dem Motorrad hat über das letzte Jahrzehnt an Beliebtheit eingebüßt, genauso wie sich die Bundesbürger für private Feste oder Parys immer seltener Zeit in der regelmäßigen Freizeitgestaltung nehmen.

Mediennutzung

Die Mediatisierung und Digitalisierung der Freizeit setzt sich weiter fort. Wie auch schon in den letzten Jahren werden viele der neuen Medien immer häufiger genutzt. Beschäftigungen wie die Nutzung des Smartphones zum Spielen, Surfen oder Chatten, das Aktiv-Sein in Sozialen Netzwerken oder der private Gebrauch von Computer, Laptop, Tablet usw. konnten einen deutlichen Zuwachs in den letzten zehn Jahren verzeichnen und sind aus der Freizeitgestaltung vieler Bundesbürger nur noch schwer wegzudenken.

Einbußen mussten dagegen das klassische Fernsehen und das Radio hinnehmen, obwohl sie mit vergleichsweise hohen Werten (Fernsehen: 84 %; Radio hören: 72 %) noch immer zu den beliebtesten Freizeitbeschäftigungen der Deutschen zählen. Die größten Verluste im Medienbereich mussten die Zeitungsbranche sowie Herausgeber von Zeitschriften und Illustrierten hinnehmen. Derzeit liest nicht einmal mehr die Hälfte der Bevölkerung wenigstens einmal in der Woche ein solches Printmedium. Kostengründe, Bequemlichkeit, Aktualität oder Nachhaltigkeit – vieles spricht für den Ersatz von gedruckten Ausgaben durch digitale Alternativen.

6.3 Freizeitfakten

6.3.1 Warum immer mehr Deutsche ein Hobby haben

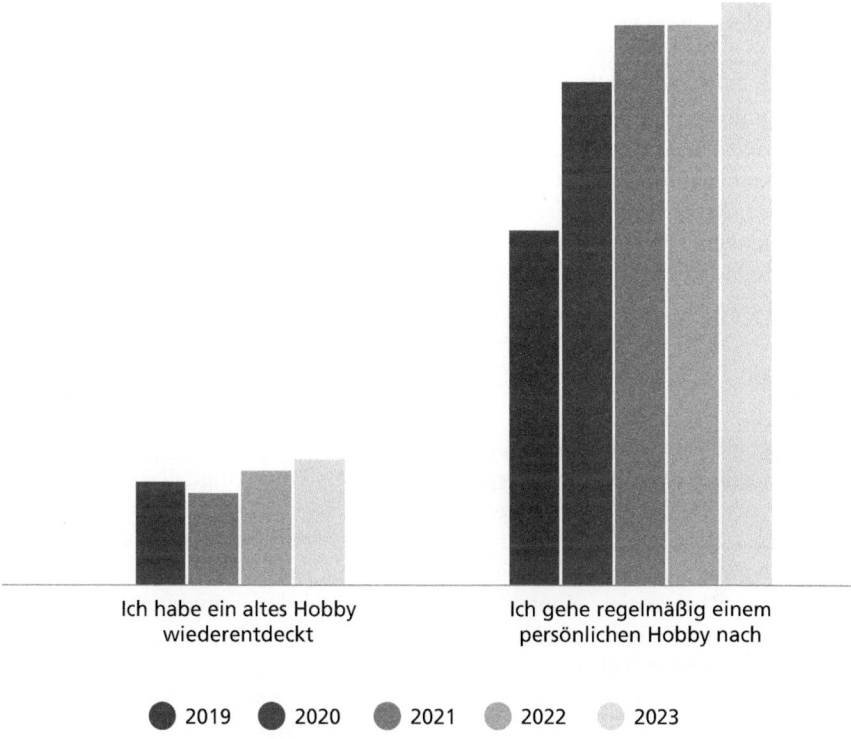

Abb. 6.5: Hobby statt Langeweile? Von je 100 Befragten sagen ....

Ergebnis

Fast jeder zweite Bundesbürger geht regelmäßig – das heißt wenigstens einmal pro Woche – seinem persönlichen Hobby nach. Vor fünf Jahren nahm sich lediglich knapp jeder Dritte Zeit für ein individuelles Steckenpferd. Das gestiegene Interesse an einem Hobby zeigt sich auch bei der Frage, ob die Bundesbürger ein altes Hobby für sich wiederentdecket haben. Seit Ausbruch der Pandemie widmet sich etwa jeder Zehnte wieder einer alten Leidenschaft und verbringt seine freie Zeit z. B. mit dem Spielen eines Musikinstrumentes, mit Basteln, Puzzeln, Malen oder Heimwerken.

Gründe

Die gestiegene Häufigkeit, mit der Menschen einem speziellen Hobby nachgehen, lässt sich auf verschiedene Gründe zurückführen. Die Corona-Pandemie war für viele ausschlaggebend, um alte Hobbys wiederzuentdecken. Die Beschränkungen und Lockdowns haben viele Bürger dazu veranlasst, vermehrt Zeit in den eigenen vier Wänden zu verbringen. Hierbei entstand ein Bedürfnis nach sinnvoller und gleichzeitig aktiver Freizeitgestaltung. Die Suche nach kreativen Betätigungsfeldern und Möglichkeiten zur Selbstverwirklichung wurde so zu einem wichtigen Bestandteil des Lebens vieler Deutscher.

Ein weiterer Grund für die gestiegene Leidenschaft für ein Hobby ist der wachsende Stress in der Gesellschaft. Berufliche Anforderungen, persönliche Verpflichtungen und gesellschaftliche Erwartungen führen oft zu einem hektischen Lebensstil und innerer Unruhe. Das Ausüben eines Hobbys kann dabei helfen, diesen Stress abzubauen und für Ausgleich zu sorgen. Indem man sich ganz auf eine bestimmte Tätigkeit konzentriert, kann man den Kopf frei bekommen und neue Energie tanken. Ob beim Malen, Gärtnern, Musizieren oder Sport treiben – Hobbys bieten die Möglichkeit, dem Alltagsstress zu entfliehen und sich ganz dem eigenen Wohlbefinden zu widmen.

Prognose

Die steigende Anzahl an Bürgern, die sich regelmäßig einem Hobby widmen, verdeutlicht die Bedeutung eines Gegenpols zur hektischen, digitalisierten und auf Optimierung ausgelegten Lebensgestaltung. Hobbys haben nicht nur einen unterhaltenden Charakter, sondern fördern auch die Kreativität, stärken das Selbstbewusstsein und fördern die persönliche Entwicklung. Darüber hinaus tragen Hobbys oftmals dazu bei, soziale Kontakte zu knüpfen und das Gemeinschaftsgefühl zu stärken. In einer Zeit, die von Unsicherheit und Veränderung geprägt ist, bieten sie somit einen stabilen Anker.

Entsprechend wird die Bedeutung von Hobbys in Zukunft weiter zunehmen. Immer mehr Bürger werden erkennen, welchen positiven Einfluss das regelmäßige Ausüben des persönlichen Hobbys auf das Leben haben kann. Es ist an der Zeit, diesen den Stellenwert einzuräumen, den sie verdienen – als wichtigen Bestandteil eines ausgeglichenen und erfüllten Lebens.

6.3.2 Die Zukunft der Arbeit: Freizeit statt Gehalt

Ergebnis

Mehr als zwei Drittel aller Bundesbürger gehen davon aus, dass es für Arbeitnehmende in 20 Jahren wichtiger sein wird, mehr Freizeit statt ein hohes Gehalt zu haben. Vor 15 Jahren prognostizierte dies nicht einmal jeder Zweite. Innerhalb der Bevölkerung lassen sich dabei nur Unterschiede beim Einkommen nachweisen. Während lediglich etwa zwei von fünf Geringverdienenden diese Entwicklung erwarten, können sich mehr als drei Viertel der Besserverdienenden dies vorstellen.

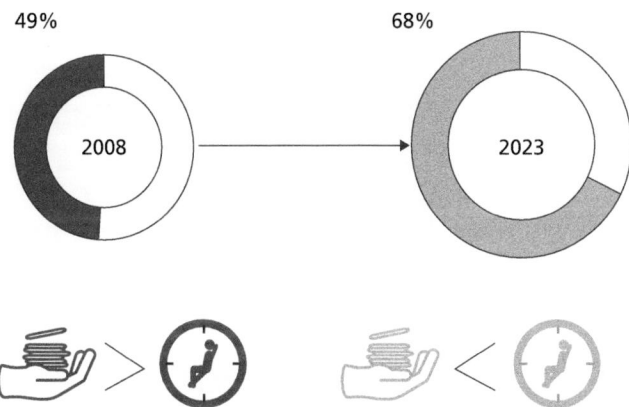

Abb. 6.6: Gehalt oder Freizeit? Von je 100 Befragten erwarten, dass in 20 Jahren den meisten Arbeitnehmenden mehr Freizeit wichtiger ist als ein hohes Gehalt.

Gründe

Die zunehmende Bedeutung der Freizeit gegenüber einem hohen Gehalt ist das Ergebnis mehrerer, sich überschneidender Faktoren. Die Bürger suchen im Vergleich zu früher stärker nach einem erfüllten und ausgewogenen Leben, bei dem nicht nur materielle Werte, sondern auch persönliche Erfahrungen und Momente der Erholung im Vordergrund stehen. Das Streben nach einer hohen Lebensqualität überwiegt gegenüber dem Wunsch nach einem hohen Lebensstandard. Der moderne, oftmals stressige Arbeitsalltag formt das zunehmende Bedürfnis nach einem Ausgleich. Die Sehnsucht nach mehr selbstbestimmter Zeit, sei es für Entspannung, Freizeitaktivitäten oder einfach nur zur Muße, nimmt entsprechend zu. Eine weitere Rolle spielt die abnehmende Identifikation mit dem Job und die zunehmende Bestätigung durch Freizeitaktivitäten.

Prognose

Trotz der gegenwärtigen unternehmerischen Herausforderungen könnte sich innerhalb der kommenden zwei Jahrzehnte die Arbeitswelt stärker verändern als derzeit gedacht. Bei Verhandlungen zwischen Tarifpartnern sowie bei Jobinterviews wird es perspektivisch noch öfter um eine freie Arbeitszeiteinteilung gehen und nicht mehr nur um höhere Löhne. Unternehmen werden entsprechend verstärkt auch flexiblere Arbeitsmodelle, längere Urlaubszeiten oder kürzere Arbeitswochen anbieten. Ein solcher Wandel könnte nicht nur die Zufriedenheit und das Wohlbefinden der Arbeitnehmenden steigern, sondern auch zu einer gesteigerten Produktivität und Kreativität in der Arbeitswelt beitragen, da weniger Stress oftmals zu mehr Zufriedenheit, Effektivität und Innovation führt. Diese Entwicklung könnte zu einem gesellschaftlichen Umdenken führen, bei dem individuelle Erfüllung und Wohlstandsempfinden nicht mehr allein am Gehalt gemessen werden, sondern an Faktoren wie Lebensqualität, persönliches Wachstum und Gemeinschaftssinn.

6.3.3 Was die Deutschen genießen

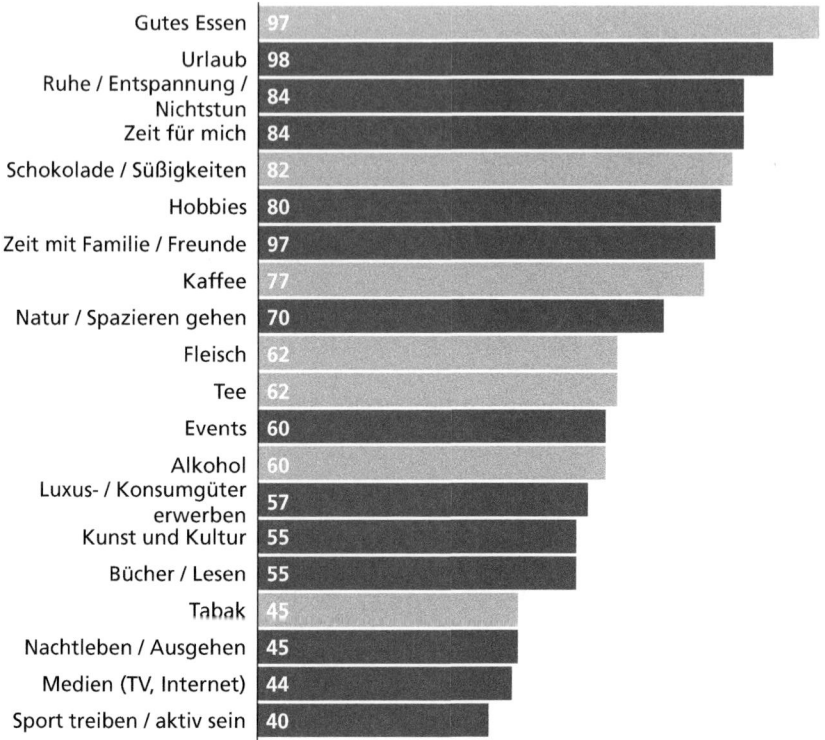

Abb. 6.7: Was ist Genuss? Für von je 100 Befragten bedeutet Genuss bzw. Genussmittel ....

Ergebnis

Die Bundesbürger verbinden Genuss in erster Linie mit Genussmitteln, Urlaub und der Möglichkeit, Zeit mit sich selbst und anderen zu verbringen. Für nahezu jeden ist dabei gutes Essen ein Genuss. Aber auch Süßigkeiten, Kaffee, Fleisch, Tee oder der Konsum von Alkohol werden von einer jeweiligen Mehrheit geschätzt. Neben den »klassischen« Genussmitteln ist auch der Urlaub ein Vergnügen und zählt für fast neun von zehn Bürgern zu den besonderen Freuden des Lebens. Die Bedeutung von Zeit wird ebenfalls deutlich, sei es für Muße und Entspannung oder für das Zusammensein mit vertrauten Menschen.

Gründe

Die hohe Bedeutung von gutem Essen spiegelt die Genussprioritäten der Bürger wider. Essen steht nicht nur für den reinen geschmacklichen Genuss, sondern auch für Gemütlichkeit, ausreichend Zeit, Gespräche und soziale Interaktion. Im Urlaub verschmelzen die sozialen Aspekte der Geselligkeit, Entspannungsfaktoren, sinnliche Genussmomente und Aktivitäten auf besonders intensive Weise. Dieses geschieht vor dem Hintergrund einer weitgehend freien Zeiteinteilung, geringerer Routine und weniger Stress sowie einer besonderen Umgebung, die den Bürgern ein Gefühl der Selbstbestimmung vermittelt. Im Alltag zeigt sich das Bedürfnis nach Selbstbestimmung vor allem in Momenten der Muße, Entspannung und freien Zeiteinteilung. Hier wird die starke Sehnsucht nach Regeneration und einer Auszeit von beruflichen oder persönlichen Belastungen deutlich. Im Genuss der Geselligkeit zeigt sich das Bedürfnis nach Kommunikation, Austausch und gemeinsamen Aktivitäten mit Freunden, Bekannten und der Familie. Hier genießt man sowohl Vertrautheit als auch die Möglichkeit, sich inspirieren zu lassen oder etwas Neues zu entdecken.

Prognose

Trotz zahlreicher äußerer und innerer Hindernisse beim Genuss haben die Bürger eine klare Vorstellung davon, was Genuss für sie bedeutet. Selbst vor dem Hintergrund zunehmender Optimierung, Digitalisierung und Anonymisierung werden die genannten Genussaspekte wie Selbstbestimmung, freie Zeiteinteilung, Muße, Geselligkeit und Genussmittel nicht an Bedeutung verlieren, sondern sogar noch an Relevanz gewinnen.

6.3.4 ZDF vs. Netflix: Wie wird ferngesehen?

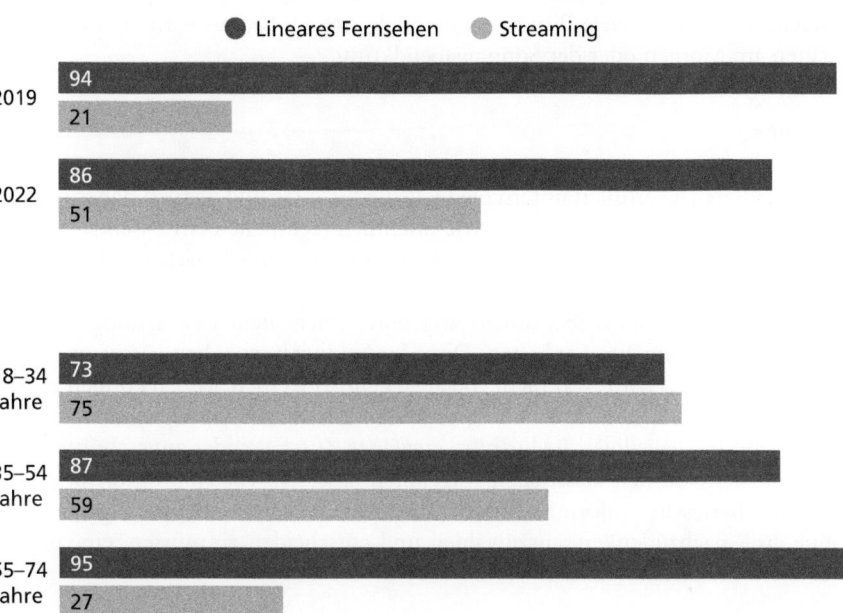

Abb. 6.8: Streamen oder linear? Von je 100 Befragten geben ... an, mindestens einmal die Woche fernzusehen bzw. zu streamen.

Ergebnis

Fernsehen per Streaming wird immer beliebter, während das traditionelle Angebot der privaten und öffentlichen Sendeanstalten immer seltener genutzt wird. So schaut mittlerweile mehr als jeder zweite Bundesbürger regelmäßig (d. h. wenigstens einmal in der Woche) Filme oder Serien auf Plattformen wie Netflix, Amazon Prime, Disney+ oder Sky. Innerhalb von nur drei Jahren hat sich der Anteil der Streamingnutzer damit mehr als verdoppelt.

Die Fernsehgewohnheiten zwischen Jüngeren und Älteren unterscheiden sich dabei jedoch deutlich. So streamt die jüngere Generation Filme und Serien mittlerweile regelmäßiger, als in die Fernsehprogramme der traditionellen Sendeanstalten einzuschalten. Bei der Generation über 55 Jahren schauen dagegen noch neun von zehn regelmäßig linear und nur knapp jeder Dritte nutzt zusätzlich mindestens eine Streamingplattform.

Gründe

Viele Nutzer von Streaminganbietern schätzen die Bequemlichkeit, Inhalte zu jeder Zeit und ohne vorgegebene Sendezeiten oder Werbeunterbrechungen zu konsumieren. Besonders Jüngere nutzen zudem die Möglichkeit, persönliche Vorlieben mithilfe von Empfehlungsalgorithmen individuell anzupassen sowie Sendung in anderen Sprachen zu sehen. Die noch immer deutlich hohe Nutzung des linearen Fernsehens erklärt sich einerseits durch das standardisierte Programm, welches breite Bevölkerungsgruppen anspricht und eine attraktive Vorauswahl offeriert. Anderseits genießen viele Bundesbürger auch ihre TV-Rituale – seien es die Nachrichten am Morgen oder der Sonntagabendkrimi.

Prognose

Die zwei Bereiche erfüllen unterschiedliche Bedürfnisse und werden daher beide in Zukunft Bestand haben. Private sowie öffentlich-rechtliche Fernsehsender werden dabei – neben ihrem traditionellen Angebot – zusätzlich noch stärker als bisher auch zeitversetztes Fernsehen über ihre eigenen Mediatheken anbieten.

Potenzial besitzen darüber hinaus Angebote, welche neue Einflussmöglichkeiten durch den Konsumenten anbieten. Diese Interaktivität zwischen passiv zuschauen und aktiv handeln wird zwar nicht von allen genutzt werden, jedoch können Inhalte dank technischen Möglichkeiten (Bluescreen, KI, Computer Generated Imagery etc.) so auf die jeweiligen Bedürfnisse einzelner Zuschauender zugeschnitten werden und sich von den klassischen Angeboten absetzen. Gleichzeitig bleibt jedoch auch das Berieseln-, Informieren- und Unterhalten-Lassen auf dem eigenen Sofa, ohne groß nachzudenken, auszuwählen und entscheiden zu müssen, eine der beliebtesten Freizeitaktivitäten.

6.3.5 Social Media am Wendepunkt?

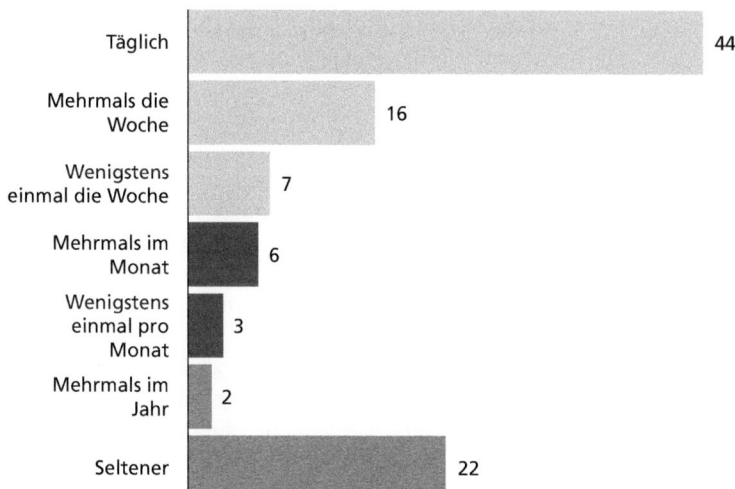

Abb. 6.9: Wie häufig online? Von je 100 Befragten nutzen Social Media wie angegeben.

Ergebnis

Aktuell nutzen mehr als zwei Drittel der Bundesbürger regelmäßig Social Media, z. B. Instagram, Facebook, Twitter oder TikTok, wenigstens einmal pro Woche in ihrer Freizeit. Im Zehnjahresvergleich hat sich der Anteil sogar verdoppelt (2013: 34 %). Erwartungsgemäß sind jüngere Nutzer (unter 30 Jahre: 81 %) fast zweimal so oft auf Social-Media-Plattformen vertreten als Ältere (über 65 Jahre: 43 %). Doch trotz dieser intensiven Nutzung bereitet derzeit lediglich jedem Dritten das Posten, Kommentieren und Liken viel Freude und nur jeder Vierte sagt, dass er gern mehr Zeit in den Social Media verbringen würde.

Gründe

Im Schnitt nutzen die Deutschen ihr Smartphone etwa 3,5 Stunden täglich – wobei allein knapp 1,5 Stunden auf die Nutzung von Social Media entfallen. Diese sind gerade für die jüngere Generation so ansprechend, weil sie nahezu unzählige Möglichkeiten bieten, sich über jedes erdenkliche Thema zu informieren, mit Freunden oder Fremden in ständigem Austausch zu bleiben, das Leben von Stars und Influencern (live) mitzuverfolgen oder sich mit immer neu hochgeladenen Inhalten die Zeit zu vertreiben.

Dennoch: Die meisten empfinden bei der Nutzung keine Freude. Ein Grund hierfür liegt in ebendiesen unzähligen Informationen und Eindrücken. Der Konsum erzeugt nicht selten Gefühle der Überforderung und des sozialen Drucks, was wiederum zu Stress, Unzufriedenheit, Minderwertigkeitsgefühlen oder Unbehagen führen kann. Zudem bieten Social-Media-Plattformen zwar die Möglichkeit, mit anderen in Kontakt zu treten, allerdings bleiben diese Interaktionen oft oberflächlich und sind kein Ersatz für authentischem Austausch. Ein häufig scharfer Umgangston bis hin zur Angst vor Cybermobbing hindern viele zusätzlich am Ausdruck und Austausch wahrer Gefühle und Gedanken.

Prognose

Social-Media-Angebote werden auch zukünftig genutzt werden, sich jedoch weiterentwickeln und wahrscheinlich Virtual Reality und Augmented Reality integrieren, um ein immersives Erlebnis zu schaffen. Zudem werden neue Plattformen entstehen, die ihren Fokus auf einen inhaltlich bedeutungsvollen Austausch zwischen Nutzern legen.

Gleichzeitig wird aber auch der Höhepunkt von Social-Media-Nutzung in absehbarer Zeit erreicht werden. Bereits gegenwärtig zeigt der zunehmende Wunsch nach Digital Detox die immer stärker werdenden echten Freizeitwünsche: nach Außerhausaktivitäten, nach Treffen mit Freunden in der realen Welt sowie mehr Spontanität und Authentizität.

6.3.6 Erlebnis Freizeitpark

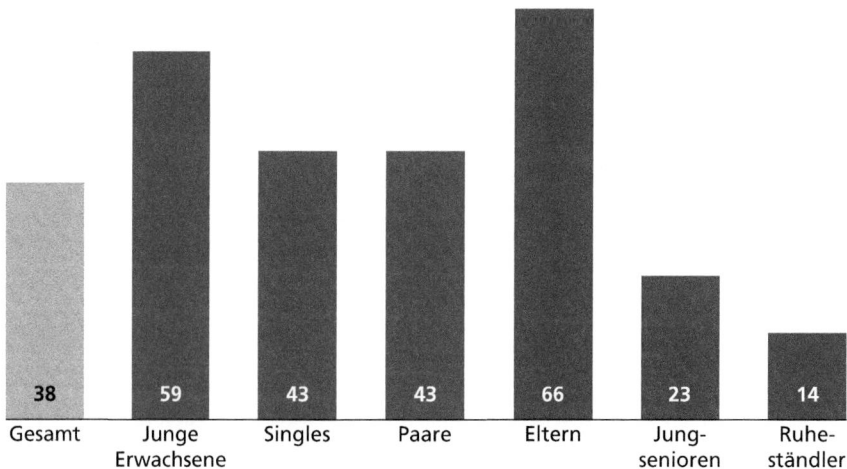

Abb. 6.10: Wer besucht Freizeitparks? Von je 100 Befragten gehen ... mindestens einmal pro Jahr in einen Freizeit-/Themenpark.

Ergebnis

Freizeit- und Themenparks erfreuen sich in Deutschland großer Beliebtheit: Fast zwei von fünf Bürgern besuchen mindestens einmal im Jahr eine solche Anlage. Das Interesse variiert hierbei je nach Lebensphase: Am häufigsten sind Eltern mit ihren Kindern zu Gast, gefolgt von jungen Erwachsenen. Etwas seltener zieht es dagegen kinderlose Paare und Singles im Alter von 25 bis 49 Jahren in die Parks. Bei den Jungsenioren ist es immerhin noch etwa jeder Vierte, während sich bei den Ruheständlern lediglich jeder Siebte für einen Besuch entscheidet.

Gründe

Die Gründe für einen Besuch unterscheiden sich je nach Lebensphase. Junge Erwachsene schätzen vor allem den Nervenkitzel bei den Fahrgeschäften und das gemeinsame Erlebnis mit Freunden. Singles und Paare im mittleren Alter suchen oftmals nach Abwechslung und einer Auszeit vom Alltag in einer besonderen Atmosphäre. Für Eltern sind Freizeitparks eine familienfreundliche Aktivität, die gemeinsame Erinnerungen schafft und besonders den Kindern Spaß bereitet. Ältere Menschen finden ebenfalls Gefallen an Freizeitparks, ziehen aber oftmals andere Freizeitaktivitäten einem solchen Besuch vor, da sie das Gefühl haben, das Angebot sei eher auf andere Zielgruppen ausgerichtet.

Prognose

Die Zukunft der Freizeitparks ist von Herausforderungen und Chancen gekennzeichnet. Insbesondere für junge Erwachsene und Eltern bleibt ein Besuch im Freizeitpark ein nahezu unverzichtbares (Jahres-)Highlight. Angesichts eines steigenden Durchschnittsalters in Deutschland und der gleichzeitig abnehmenden Kinderzahl werden sich die Konzepte der Freizeitparks jedoch diesbezüglich verschieben und stärker auf die Bedürfnisse von Singles, kinderlosen Paaren und älteren Generationen eingehen. Technische Neuerungen wie Virtual-Reality-Attraktionen werden zudem die bestehenden Angebote ergänzen und gleichzeitig die Wartezeiten verringern. Entscheidend bleibt jedoch auch in Zukunft das gemeinschaftliche Erlebnis mit anderen Besuchern sowie die Realisierung unvergesslicher Momente im Kreise der Familie und Freunde, die einen Kontrast zum (digitalen) Alltag ermöglichen.

6.3.7 Lesen im Wandel der Zeit

Ergebnis

Aktuell nimmt sich mehr als jeder dritte Bürger regelmäßig Zeit fürs Lesen und widmet sich mindestens einmal pro Woche einem Buch. Zusätzlich zur klassischen Lektüre greift in etwa jeder Siebte in seiner Freizeit auf die digitale Version seines Buches zurück und liest ein E-Book. Im Vergleich zu 2019 sind deutlich mehr Bürger für beide Varianten zu begeistern. Der Anteil der Buchleser ist in den letzten Jahren von 31 auf 36 % angestiegen, während sich der Anteil der E-Book-Nutzer von sechs auf 15 % sogar mehr als verdoppelt hat. Innerhalb der Bevölkerung zeigen dabei Frauen eine ausgeprägtere Neigung zum Lesen und sind sowohl häufiger für gedruckte Bücher als auch für E-Books zu haben.

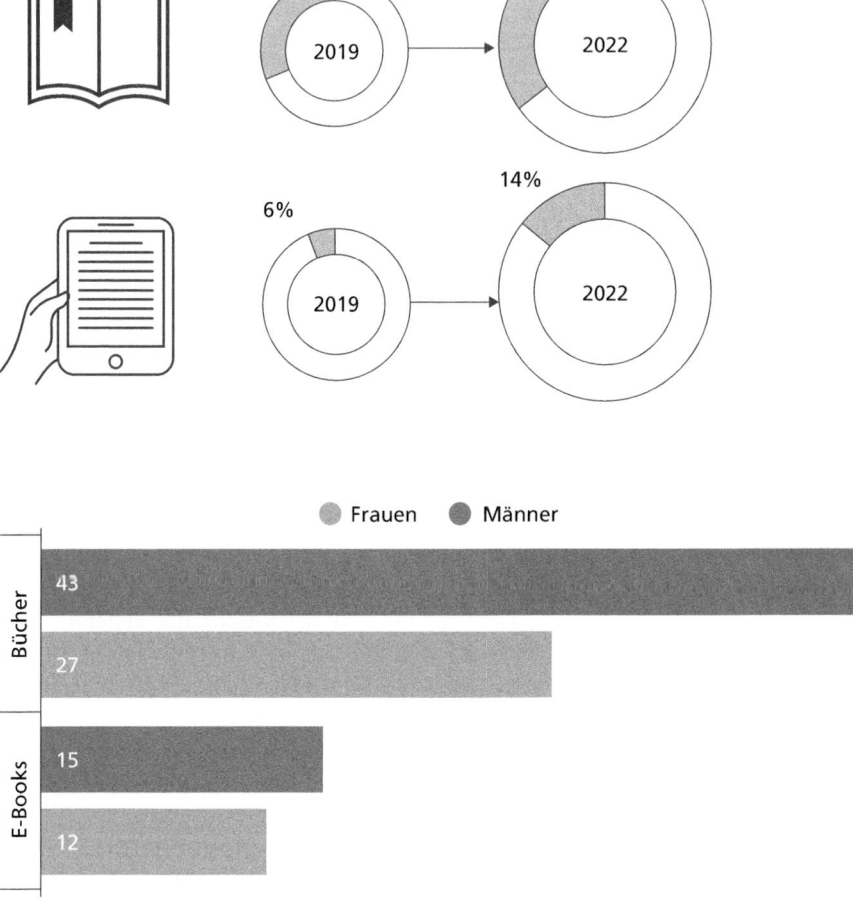

Abb. 6.11: Bücherboom? Von je 100 Befragten lesen ... mindestens einmal in pro Woche Bücher bzw. E-Books in ihrer Freizeit.

Gründe

Während der Pandemie wurde viel Zeit zu Hause verbracht, wobei viele Bundesbürger das Lesen für sich (wieder)entdeckt haben. Die Möglichkeit, dabei kostengünstig, nachhaltig, unkompliziert und überall jedes Buch auf einem digitalen Endgerät zu lesen, wird für immer mehr Bürger attraktiv. Die Unterschiede zwischen den Geschlechtern könnten beim Leseverhalten auf verschiedene Faktoren zurückgeführt werden und lassen sich nicht pauschalisieren. Erkenntnisse aus der qualitativen Forschung zeigen jedoch die Bedeutung von sozialen Erwartungen und Normen, die Mädchen eher zum Lesen ermutigen, während Jungen vermehrt zu körperbetonten Freizeitaktivitäten oder Computerspielen geführt werden. Dieses verinnerlichte Verhalten setzt sich im Erwachsenenalter fort. Zudem tendieren Frauen mehr als Männer zu innerhäuslichen Aktivitäten. Auch in Gattung und Thema wendet sich die Mehrzahl der Bücher gezielt an Frauen.

Prognose

Etwa zwei Drittel aller Bücher, die gekauft oder verschenkt werden, werden nicht gelesen. Trotzdem landen viele der Exemplare im Wohnzimmerregal – sind sie doch ein Spiegelbild der persönlichen Interessen, des Geschmacks und der Persönlichkeit. Auch galten und gelten Bücher als eine Art Statussymbol für Bildung, denn nicht selten erweckt die Präsentation einer Büchersammlung den Eindruck einer intellektuellen, schöngeistige Haltung. In Zukunft wird dieses Motiv jedoch an Bedeutung verlieren, während die Identifikation über andere Freizeitaktivitäten gewonnen wird. Zudem wird es durch digitale Freizeitangebote immer schwieriger, Kinder und Jugendliche für das Lesen zu begeistern und diese Leidenschaft in das Erwachsenenleben weiterzutragen. Entgegen dieser Tendenz werden es aber auch zukünftig viele Bundesbürger genießen, sich in ein spannendes Buch zu vertiefen oder den Kindern eine Gutenachtgeschichte vorzulesen. Hierbei wird der E-Book-Markt aus praktischen und nachhaltigen Gründen an Bedeutung gewinnen.

6.3.8 Spontaneität wird beliebter

Ergebnis

Immer mehr Deutsche tun in ihrer Freizeit spontan das, wonach ihnen gerade der Sinn steht. Aktuell ist es jeder Zweite, der dies immerhin einmal die Woche schafft. Das mag wie eine Selbstverständlichkeit klingen, doch vor zehn Jahren war es nur jeder Dritte, der wenigstens einmal pro Woche seine freie Zeit ungeplant verbrachte. Innerhalb der Bevölkerung sind es besonders die Jungen und die Älteren, die diese Freiheit genießen, während die Generation zwischen 35 und 55 Jahren deutlich seltener spontan entscheidet, wie sie ihre Freizeit gestaltet.

Gründe

Die wichtigsten Faktoren für mehr Spontaneität im Leben sind die steigende Flexibilität in der Arbeitswelt und die verstärkte Nutzung von digitalen Medien und sozialen Netzwerken. Diese ermöglichen es, sich überall und jederzeit über Angebote und Optionen zu informieren sowie spontane Überlegungen kurzfristig mit anderen zu besprechen und zu koordinieren. Angestellte müssen deutlich mehr Planen als Selbständige, die nicht nur ihre Arbeitszeit, sondern auch die Freizeit nach Belieben gestalten können. Ebenso sind Haushalte ohne Kinder flexibler und spontaner in ihrer Freizeitgestaltung als Familien und Haushalte mit vielen Personen. Die Entwicklung hin zu mehr Spontanität kann aber auch als eine Reaktion auf die wachsende Komplexität und Schnelligkeit unserer Gesellschaft verstanden werden. In einer Welt, die von ständiger Erreichbarkeit und einem hohen Maß an Planung und Organisation geprägt ist, sehnen sich immer mehr Bürger nach einer gewissen Unbeschwertheit. Insofern sind spontane Bauchentscheidung auch oftmals eine Möglichkeit, dem fremdbestimmten Alltagsstress zu entfliehen und ungeplante Aktivitäten selbstbestimmt zu genießen.

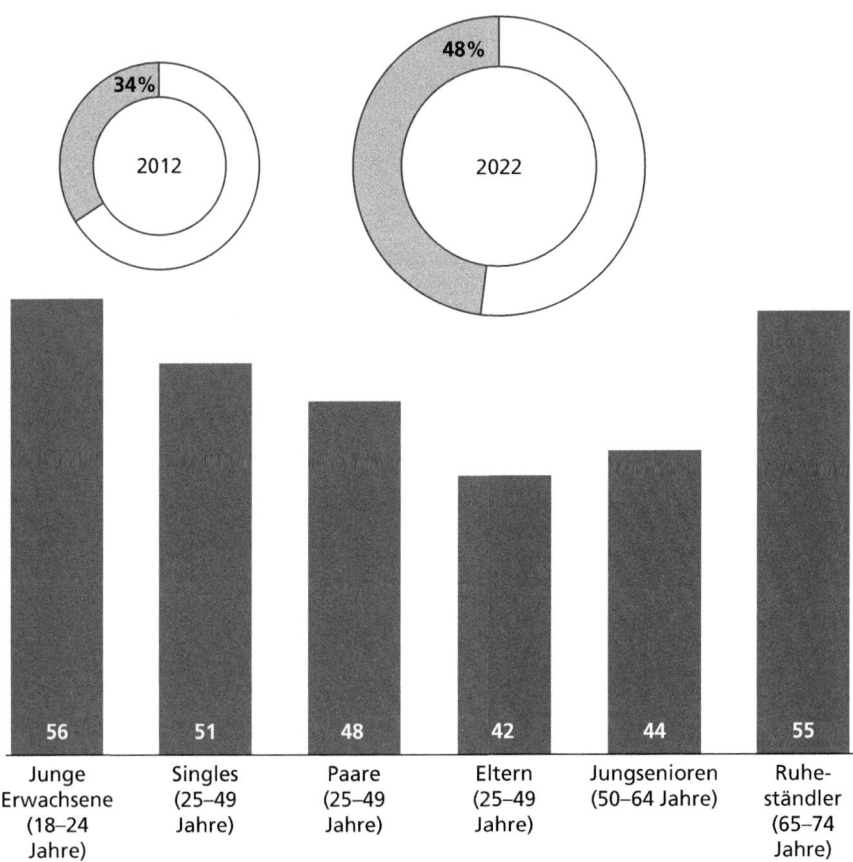

Abb. 6.12: Wer ist spontan? Von je 100 Befragten tun ... mindestens einmal pro Woche spontan das, worauf sie gerade Lust haben.

Prognose

Spontaneität wird als Gegenpol zum strukturierten Arbeitsalltag, zu einer durchrationalisierten Gesellschaft und zur zunehmenden Optimierung der Freizeitgestaltung eine Renaissance erleben. Statt von Highlight zu Highlight zu springen, werden viele Bürger sich spontan entscheiden, was ihnen in diesem Moment guttut, auch auf die Gefahr hin, dadurch vielleicht etwas scheinbar »Spektakuläreres« zu

6 Fakten zum Freizeitverhalten

verpassen. Die Art der spontanen Beschäftigungen wird hierbei vom Erholen in der Badewanne über den Kinobesuch bis hin zum spontanen Treffen mit Nachbarn oder Freunden reichen.

6.3.9 Das Comeback des Kinos

Ergebnis

Im Durchschnitt besucht aktuell jeder siebte Bundesbürger wenigstens einmal im Monat eine Kinovorstellung – und damit mehr als noch vor der Pandemie. In den Großstädten zieht es sogar mehr als jeden Fünften wieder vermehrt in die Kinosäle, wohingegen auf dem Land deutlich seltener dieser Freizeitaktivität nachgegangen wird.

Besonders beliebt sind Filmvorstellungen bei der jüngeren Generation: Von ihnen geht jeder Vierte regelmäßig in die Lichtspielhäuser. Bei den über 55-Jährigen sind es dagegen lediglich 7 %, die sich Filme auf der großen Leinwand anschauen.

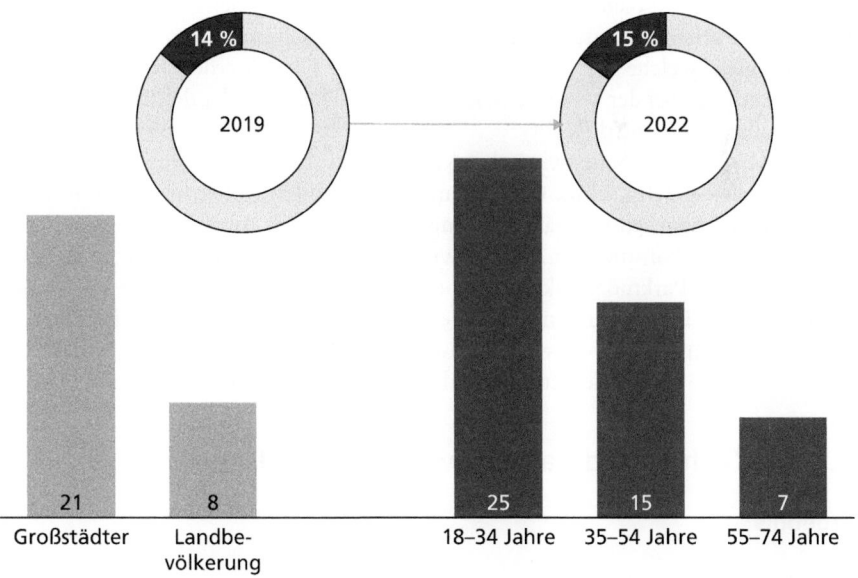

Abb. 6.13: Rückkehr der großen Leinwand? Von je 100 Befragten gehen ... wenigstens einmal pro Monat ins Kino.

Gründe

Der Kinobesuch ist meistens ein soziales Erlebnis. Die Möglichkeit, mit Freunden oder Familie gemeinsam einen Film im Kino zu schauen, wird von vielen Bürgern geschätzt, bietet es doch eine Gelegenheit, bei Popcorn oder einem Glas Wein – je nach Vorliebe – dem Alltag zu entfliehen und in eine andere Welt einzutauchen.

Geschätzt werden u. a. die Atmosphäre, bequeme Sitze, die bessere Bild- und Tonqualität im Vergleich zum eigenen Wohnzimmer und natürlich die Möglichkeit, die neuesten Blockbuster-Filme auf der großen Leinwand zu sehen. Darüber hinaus spielt auch eine Art Streaming-Fatigue bei einigen Besuchern eine Rolle. Während all der Einschränkungen in der Pandemie wurden zahlreiche Serien und Filme daheim geschaut – jetzt sehnen sich viele nach neuen Unterhaltungsmöglichkeiten und bescheren dem Kino ein Comeback. Die intensivere Nutzung durch Großstädter erklärt sich mit dem größeren Angebot von Multiplexen und Programmkinos sowie einer besseren Erreichbarkeit mit öffentlichen Verkehrsmitteln. Ein wichtiger Grund, weshalb mehr junge Bürger ins Kino gehen, ist die Ausrichtung der Filmindustrie auf ebendiese Zielgruppe. Besonders in den Bereichen Science-Fiction, Fantasy und Superheldenfilme zeichnen sich viele Neuerscheinungen durch eine aufwändige Produktion mit bekannten Schauspielern aus, die auf Social-Media-Kanälen stark beworben werden und viele Jüngere begeistern.

Prognose

Auf der einen Seite bleibt es ein besonderes Erlebnis, den neusten Hollywoodfilm im Kino zu sehen. Gerade die jüngeren Cineasten schätzen innovative und neue Technologien, welche die Zuschauer fast Teil des Films werden lassen. Potenzial liegt hierbei u. a. bei der Weiterentwicklung von 3D zu 4D oder der Integration von Virtual oder Augmented Reality.

Auf der anderen Seite wird das Kinoerlebnis für viele ältere Kinobesucher wichtiger als der Film selbst. Gemeinsam mit Freunden wollen sie ihre Freizeit in einer angenehmen Atmosphäre verbringen, gleichzeitig etwas Besonderes erleben und dabei passiv konsumieren. Service wird hierbei eine besondere Rolle spielen: Ob Garderobe und Parkmöglichkeit, Aperitif oder eine Tasse Kaffee vorab an der Bar, Bedienung am Platz oder hinterher die Möglichkeit, sich noch in Ruhe über das Gesehene auszutauschen – das Kino muss für sie mehr bieten als nur den Film selbst, sonst warten sie ab, bis sie den Film daheim auf dem Sofa sehen können.

6.3.10 Kochen und Backen werden zum Hobby

Ergebnis

Zwei Drittel der Bevölkerung sind in ihrer Freizeit regelmäßig in der eigenen Küche zugange, um zu kochen oder zu backen. Beim Alter sind hierbei nur geringe Unterschiede feststellbar, wohingegen im Vergleich der Geschlechter Frauen noch immer häufiger aktiv sind. Allerdings haben mittlerweile auch mehr als die Hälfte aller Männer diese Freizeitaktivität für sich entdeckt. Kreuzt man Alter mit Geschlecht, zeigt sich zudem: Je jünger die Männer, desto mehr wird gekocht/gebacken, bei den Frauen hingegen verhält es sich genau umgekehrt.

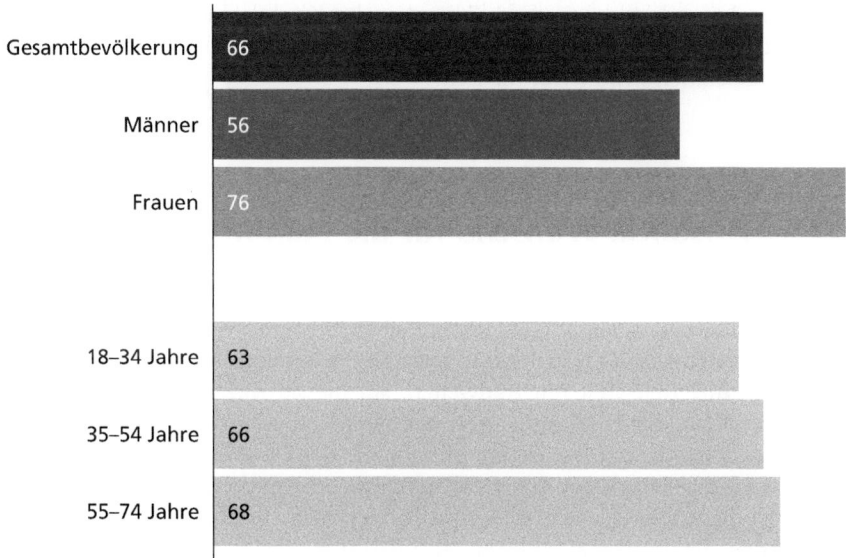

Abb. 6.14: Regelmäßig am Herd? Von je 100 Befragten kochen oder backen ... mindestens einmal pro Woche in ihrer Freizeit.

Gründe

Es gibt zahlreiche Gründe, weshalb Kochen und Backen heutzutage so populäre Freizeitaktivitäten sind. Zum einen gelten sie als entspannende und kreative Tätigkeiten. So finden viele Bürger Freude daran, neue Rezepte auszuprobieren und ihre kulinarischen Fähigkeiten zu verbessern. Zum anderen ermöglicht diese Freizeitaktivität aber auch einen Kontrast zum Alltagsstress. Getreu dem Motto: »Gut Ding will Weile haben«, wird sich mit Ruhe dieser Tätigkeit gewidmet, Kleinigkeiten dürfen Zeit in Anspruch nehmen und die Hektik des restlichen Tages gerät so schnell in Vergessenheit. Immer wichtiger werden zudem die Themen Qualität und Nachhaltigkeit. Das eigene Zubereiten der Mahlzeiten ermöglicht es, die persönliche Ernährung besser zu kontrollieren und gesündere und ausgewogenere Speisen zu sich zunehmen. Eine ergänzende Rolle spielen sicherlich auch die Präsenz von Kochshows im Fernsehen und die zahlreichen Möglichkeiten, sich online über Rezepte, Tipps und Ideen zu informieren.

Prognose

Immer mehr Bürger nutzen Lieferdienste, Mittagstischangebote oder vorhandene Uni-, Schul- und Arbeitskantinen, um die täglichen Mahlzeiten schnell und unkompliziert zu konsumieren. Gleichzeitig verbreitet sich aber auch der Wunsch, am Wochenende oder an einen Tag in der Woche daheim selbst etwas zuzubereiten. Im Vordergrund steht hierbei nicht nur das besondere Essen, der leckere Kuchen oder die neue Speise, sondern vielmehr auch die Zubereitung selbst. Etwas zuzubereiten, ob allein oder auch gemeinsam mit Freunden, den Kindern oder Nachbarn, ist eine Freizeitaktivität, die viele Bürger auch in Zukunft gerne ausüben wollen – vorausgesetzt sie nehmen sich hierfür die Zeit.

6.4 Ausblick: Wünsche für die Zukunft

Die eigene Freizeit ist den Bundesbürgern lieb und teuer. Ist es doch die Zeit, in der man genau das machen kann, was man möchte. Doch immer weniger Bundesbürger verbringen ihre freie Zeit mit Aktivitäten, auf die sie wirklich Lust haben. Den Hauptgrund für die Diskrepanz zwischen Wunsch und Wirklichkeit bildet die Mediennutzung, die mittlerweile im Mittelpunkt der Freizeit steht. Erklärt werden kann die mediale Dominanz durch das omnipräsente Angebot, die Bequemlichkeit, aber auch die Angst vieler Bürger, etwas zu verpassen – ob Informationen, Unterhaltung oder der Kontakt zu anderen – alles lässt sich heute jederzeit und von überall virtuell erleben und erledigen. Gerade bei den jüngeren und mittleren Altersgruppen heißt es zudem: Wer nicht ständig online ist, ist schnell raus. So wird in allen Lebenslagen telefoniert, auf jede Nachricht möglichst innerhalb von Minuten geantwortet und per Social Media alles kommentiert. Diese Rund-um-die-Uhr-Präsenz hat jedoch ihren Preis. Immer mehr Bürger haben das Gefühl, von der Medienflut überrollt zu werden, und wünschen sich, öfters mal abzuschalten – und dieses im doppelten Sinne.

Zwischen den Geschlechtern zeigen sich hierbei sowohl Parallelen als auch Unterschiede. Frauen wie Männer würden gerne häufiger spontan sein, mehr Ausflüge machen und öfter einfach einmal ausschlafen. Deutlich größer ist der Wunsch bei Frauen, einen Einkaufsbummel zu unternehmen, tanzen zu gehen, Wellnessangebote zu nutzen, zu handarbeiten oder ein Musical zu besuchen. Männer würden sich dagegen gerne öfter handwerklich betätigen, zum Stammtisch gehen oder mit dem Auto oder Motorrad unterwegs sein.

Fazit: Der Freizeitalltag vieler Bundesbürger gleicht einer Stressrallye. Sie springen von einer in die nächste Aktivität, üben zahlreiche Aktivitäten parallel aus und wollen überall dabei sein aus Angst, etwas zu verpassen. Entsprechend nehmen sie sich in ihrer Freizeit oftmals zu viel vor und versuchen, jede freie Minute zu optimieren und zu nutzen. Dabei würden sie sich eigentlich lieber wirklich mit ihren Freuden treffen, als ständig nur zu schreiben, spontan ihren Bedürfnissen folgen, als immer erst einmal in den Kalender schauen zu müssen, und gern auch einfach einmal faul auf der Couch den eigenen Gedanken nachgehen, statt ständig aktiv zu sein. Kurzum: Die Bevölkerung wünscht sich nicht nur freie Zeit für etwas, sondern auch von etwas.

Literatur

Popp, R. & Reinhardt, U. (2015): Zukunft! Deutschland im Wandel – der Mensch im Mittelpunkt. Wien, Zürich, Münster: LIT, S. 173–181.
Reinhardt, U. (2024): Freizeit-Monitor 2024. Hamburg, Stiftung für Zukunftsfragen.
Reinhardt, U. (2024): So tickt Deutschland. Hamburg, Deutscher Wirtschaftsbuch Verlag.

7 Freizeitkulturelle Lebenszeit im Alter: Teilhabe und Erlebnisgestaltung

Dieter Brinkmann

7.1 Ein thematischer Einstieg

»Alt werden ist nichts für Feiglinge«[1], sagt man und betont die Herausforderungen möglicher Verluste beim Älterwerden: nachlassende körperliche Attraktivität, geringer werdende Beweglichkeit, wachsende Gesundheitsprobleme kleinerer und größerer Art, Verlust an Sozialkontakten und drohende Vereinsamung. Insofern liegt eine Verdrängung der eigenen, unvermeidbaren Alterung nahe, trotz aller Beschwörungen eines jugendlichen Lebensgefühls noch in den späteren Lebensjahren jenseits der 60 und einer Gesellschaft, die insgesamt altert und sich auf neue Freizeitkonsumenten, engagierte Akteure und soziokulturelle Perspektiven der ergrauten Kulturlandschaft einstellen muss.

Tröstlich ist dabei: Wir sind viele – wie früher in überfüllten Schulklassen (als die Nachkriegsgeneration der »Babyboomer«) oder im Übergang an die Hochschulen in einem expandierenden Bildungssystem. Auf der Suche nach Selbstverwirklichung in alternativen Lebensformen, eigener, bisweilen brüchiger Karriere- und Familienplanung sind für die meisten die Fragen der Lebenszeit im Alter noch gar nicht in den Blick gekommen. »Alt sind nur die anderen«, schrieb vor 20 Jahren Elisabeth Niejahr und sollte mit ihrer Diagnose einer unterschätzen Revolution lange Zeit Recht behalten (2004).

Dass wir selbst die Alten sein könnten, kommt überraschend und ein wenig furchteinflößend. Viele Fragen sind nicht neu, müssen aber vielleicht anders angegangen und selbst angeeignet werden: Was macht ein gutes Leben im Alter aus? Wie kann soziale Teilhabe gelingen, wenn die Freunde weniger werden? Wie resilient ist eine Absicherung im Alter, wenn man keine Kinder und nur wenige nähere Verwandte hat? Was gibt dem Alltag Struktur, wenn der Ausstieg aus dem Beruf doch erfolgt? Welche Freizeiterlebnisse erscheinen nach wie vor erstrebenswert? Und soll man sich mit einem radikalen Wechsel von Wohnumfeld und Lebensstil in einen ganz neuen Lebensabschnitt stürzen? Viele Aspekte des Alters erscheinen heute unbestimmt und ambivalent, eben ohne eine verbindliche Blaupause. Und die

---

1 Zugeschrieben wird diese eher düstere und vieldeutige Diagnose der amerikanischen Schauspielerin Mae West.

Antworten auf die zunehmend drängender werden Fragen sind möglicherweise stärker durch eine »Generationensicht« bestimmt als in früheren Zeiten.[2]

7.1.1 Im Blick: Freizeitbildung und Freizeitwissenschaft

Der folgende Beitrag versucht, die Mittel der Freizeitbildung auszuloten, um dem demografischen Wandel zu begegnen und typische Konstellationen für ein neues Altern aus der Sicht einer interdisziplinären Freizeitwissenschaft aufzuzeigen. Der Titel verweist auf den Anspruch einer »Kultivierung der Lebenszeit« und bleibt damit den ethischen Grundlagen einer postmodernen Bildungstheorie verbunden (vgl. Fromme & Freericks 1997; Wilken 2021), gegen eine Beliebigkeit von Werten, Alltagsmustern oder Entwicklungsperspektiven und für eine Orientierung an gesellschaftlichen Herausforderungen. Der durch medizinischen Fortschritt und allgemein verbesserte gesellschaftliche Rahmenbedingungen gewonnenen Lebensdekade zwischen 65 und 75 Jahren gilt es offenbar einen eigenen Sinn zu geben. Individualisierung und Erlebnisorientierung, die für unsere Generation, die in den 1950er Jahren Geborenen, typisch geworden sind, gilt es im Alter neu zu definieren, evtl. auch in ihre Schranken zu weisen oder zu neuen Formen des sinnlichen Erlebens, des aktiven Engagements und der Teilhabe zu transformieren.

Bildung im Alter und für das Alter ist beileibe kein neues Thema im Kontext der pädagogischen Freizeitforschung. Dies lässt ein Blick zurück auf die Arbeiten des Erziehungswissenschaftlers und Erwachsenenbildners Franz Pöggeler erahnen. Er thematisierte seit den 1960er Jahren vorausschauend die Herausforderungen für die Erwachsenenbildung und die Freizeitgestaltung durch den sich abzeichnenden demografischen Wandel. Seine Bilanz in der Zeitschrift »Spektrum Freizeit« aus dem Jahr 1997 ist so einfach wie bestechend:

> »Wie das Bildungs- so wird sich auch das Freizeitbewußtsein unserer Gesellschaft in Ansehung des Bedeutungszuwachses des Alters total verändern müssen. Denn: Den größten Anteil unserer Lebenszeit, der auf die Freizeit entfällt, erleben wir bereits heute und noch mehr in Zukunft in unserem Alter« (Pöggeler 1997, 133).

Anhaltend geringe Geburtenraten und ein deutlicher Anstieg der Lebenserwartung zeichneten den Weg voraus, den wir heute als eine Schnellstraße in die alternde Gesellschaft mit allen Chancen und Problemen erkennen. Das »Alter prägt die Zukunft der Freizeit« (ebd., 132) und viele gesellschaftliche Akteure hinken mit ihrer Praxis hinterher, so Pöggelers kritische Diagnose. Die langen Linien des demografischen Wandels über viele Generationen zeigen die »Verjüngung des Alters« (ebd., 123) in neuerer Zeit und lassen verschiedene Phasen des Alters deutlich werden, bis hin zu den Hochaltrigen jenseits der 90. Aus Sicht der Bildungsinstitutionen schien eine Weiterbildung im Alter lange Zeit ungewöhnlich. Vorbereitung auf Leben und Beruf war das gängige Narrativ. Die Dynamik des demografischen Wandels hat diese Barrieren weggespült, wie ein Blick in die

---

2 Für die »Generation der 68er« hat Sven Kuntze die Befindlichkeiten angesichts des eigenen Verfalls in zwei lesenswerten Büchern mit klugem Blick auf die Verhältnisse bilanziert (Kuntze 2011) und zuletzt über »Altern in Würde« räsoniert (Kuntze 2019).

Volkhochschulstatistik offenbart. Aber auch konzeptionell erscheint es am Ende der 1980er Jahre notwendig, eine »Freizeitbildung im Alter« neu zu bestimmen. Das zeigt die intensive Debatte im Rahmen der pädagogischen Freizeitforschung dieser Zeit.

7.1.2 Gestaltungskompetenz für ein Leben im Alter

»Leben in freier Zeit« ist ein umfassender Entwurf für ein lebenslaufbasiertes Konzept der Freizeitpädagogik (vgl. Nahrstedt 1990). Es bilanziert den Blick der Erziehungswissenschaft auf verschiedene Phänomene der Freizeit und stellt die individuelle Gestaltungskompetenz für die freie Zeit in den Mittelpunkt. Freizeit und damit einen wesentlichen Teil der individuellen Lebenszeit selbstbestimmt zu gestalten, ist den Ideen der Aufklärung verbunden. Warum soll dies mit dem Eintritt in das Rentenalter aufhören? Im Gegenteil: Hier öffnet sich ein Freiraum für die individuelle Verwirklichung jenseits der Berufsarbeit. Zum Ausdruck kommt dies im Konzept der »Lebensfreizeit« (vgl. Nahrstedt 1990, 67 f.). Sie gälte es pädagogisch ebenso in den Blick zu nehmen wie die freie Zeit am Tag (Feierabend), in der Woche (Wochenende) und im Jahr (Urlaub).

> »Verlängerung der Lebenserwartung und Vorverlegung des Rentenalters, schließlich die demographische Entwicklung lassen seit den 1980er Jahren die Lebensfreizeit zu einem neuen Freizeit-Typ mit zunehmender Bedeutung werden. [Als] Lebensfreizeit soll dabei im engeren Sinne die Freizeit nach Eintritt in den Ruhestand mit der Pensionierung (Altersfreizeit), im weiteren Sinne aber alle Freizeit des Gesamtlebens unter einem integrativen Aspekt verstanden werden« (ebd.).

Mit der Lebensfreizeit verbinden sich für Wolfgang Nahrstedt weitreichende Hoffnungen: eine weitere Relativierung der Arbeit als gesellschaftlichen und individuellen Fokus für Lebenssinn, die Entfaltung neuer Lernchancen mit Blick auf lang gehegte Ziele und Lebensträume und die Entwicklung einer neuen »Mußeklasse«, die ihre Lebenszeit unbeschwert genießen kann. Eine Bilanzierung der empirischen Befunde zur »Freizeit im Lebensverlauf« war ein konsequenter Schritt der Freizeitforschung und fand im Rahmen einer Winterakademie der Universität Bielefeld ihren Widerhall. Mit Blick auf die Lebenszeit im Alter wurden vor allem die damals erkennbaren Entwicklungen zu den »jungen Alten« zusammengetragen und kritisch eingeordnet (vgl. Fromme & Stoffers 1988). Die jugendlichen Alten erschienen zugleich als Pioniere für einen neuen Lebensstil im Alter, der nicht durch frühen Rückzug ins Privatleben und eine zunehmende Agilität gekennzeichnet war, aber auch als eine Fortführung bisheriger Freizeitmuster und Beibehaltung im Leben gewonnener Interessen und Gewohnheiten. Der Lebensstil der jungen Alten schien verlockend, jedoch als Mythos von nur kurzer Haltbarkeit im wissenschaftlichen Sinne. Auch das Schwerpunktheft der Zeitschrift »Freizeitpädagogik« (Vorläufer der »Spektrum Freizeit«) reiht sich in die Betrachtungen zum Wandel des Altenbildes ein und fragt: »Die ›neuen Alten‹ – Trendsetter für Freizeitstil und Freizeitpädagogik?« (Wehr 1990, 105 ff.). Die ›neuen‹ Alten im Unterschied zu den ›alten‹ Alten erscheinen relativ gesund und leistungsfähig sowie freizeit-kulturell aktiv. Dennoch stellen Wehr und auch andere Autoren fest, dass prinzipiell nichts Neues im Freizeitleben geschieht. Eher werden die bisherigen Muster der Teilhabe und des Freizeitkonsums aus dem mittleren Erwachsenenalter intensiviert. Die empirischen Befunde stützen ebenso wenig die unterstellte Massenhaftigkeit des Phänomens.

7.1.3 »Gap« zwischen Altersträumen und alltäglichem Freizeitleben

Die kritische Sicht der interdisziplinären Freizeitwissenschaft richtete sich vor allem auf eine Entzauberung dieses Mythos. Über »Altersträume« schreiben Opaschowski und Reinhardt mit Bezug zu den empirischen Erhebungen der »Stiftung für Zukunftsfragen« und versprechen eine Analyse von »Illusion und Wirklichkeit« (vgl. Opaschowski & Reinhardt 2007). Mit dem Eintritt in den Ruhestand werden die vorher hoch angesetzten Wünsche der Berufstätigen kleiner und bescheidener: Aktivität, Mobilität und Geselligkeit werden neu überdacht.

> »Tatsächlich verläuft der Ruhestand viel undramatischer – fast alltäglicher. […] Mit zunehmendem Alter neigen die Menschen offensichtlich dazu, sich mit sich selbst und ihrem Leben zu arrangieren, nicht ständig nach Neuem Ausschau zu halten und sich Ungewohntem – nur gering dosiert – auszusetzen« (ebd., 97).

Alltägliche Verrichtungen spielen eine Rolle, und die Freizeit ist oft Medienzeit in den eigenen vier Wänden, eben zu Hause, wie die regelmäßigen Untersuchungen des »Freizeitmonitors« in vielen Befragungswellen herausgestellt haben. Die Diskrepanz zwischen den Wünschen und der tatsächlichen Verwendung der Lebenszeit im Alter wächst, könnte man vermuten. Die Ursachen für eine Verschiebung der »großen Reise« und anderer Lebenspläne sind vielfältig: Finanzielle und gesundheitliche Gründe spielen eine Rolle, aber auch eine stärkere Hinwendung zur Familie und die Übernahme von Verpflichtungen bei der Betreuung von Enkelkindern und Verwandten. Zeit und Gelegenheit für ein ausschweifendes Freizeitleben erscheint begrenzt. Rückwirkend verändern sich auch die Wünsche und die Autoren bilanzieren ernüchtert: »Die Ruheständler im 21. Jahrhundert haben offenbar weniger offene Wünsche und führen auch weniger Gründe für die eigene Inaktivität an« (ebd., 103). Mit Zielen und Träumen für den Ruhestand und den möglichen Barrieren, die ihrer Realisierung entgegenstehen, beschäftigte sich auch eine empirische Pilotstudie von Freericks und Stehr aus den 1990er Jahren. Die Autorinnen betonen hier jedoch noch sehr stark die Aufbruchsstimmung und fragen: »Wann, wenn nicht jetzt?« Beide Ansätze verweisen auf die Ambivalenz einer freizeitkulturellen Gestaltung der Lebenszeit im Alter. Individuell eröffnen sich heute unwahrscheinlich viele Möglichkeiten. Aber sind die Akteure nicht auch überfordert durch die wachsenden Ansprüche, aus der ihnen verbliebenen Zeit etwas zu machen? Geben sie sich vielleicht guten Glaubens den expandierenden Erlebnismärkten hin? Und verfließt ihr Leben zwischen Rückzug und hektischem Aktivismus? Eine genauere Betrachtung von Aktivitäten und Lebenszufriedenheit erscheint gefordert.

Konzeptionell und empirisch sind also schon einige Entwicklungslinien angelegt. Dennoch erscheint es lohnend, sich die Eckpunkte des Wandels noch einmal vor Augen zu führen, ein Update zu den Dimensionen des demografischen Wandels einzuholen und mit dem Auge der Demoskopie auf die allgemeinen Befindlichkeiten der älteren Generation zu schauen.

7.2 Update zum demografischen Wandel

Deutschland befindet sich mitten in einem tiefgreifenden demografischen Wandel. Dies legen die Bevölkerungsdaten des statistischen Bundesamtes nahe. Deutlich gestiegen ist der Anteil der Menschen ab 65 Jahren. Die Gruppe der Älteren ist von 12 Mio. auf 18,7 Mio. Menschen im Jahr 2022 angewachsen. Da in den jüngeren Altersjahrgängen aufgrund der anhaltend geringen Geburtenrate weniger Menschen vertreten sind, steigt auch der relative Anteil der älteren Menschen an der Bevölkerung insgesamt, von 15 % im Jahr 1991 auf 22 % im Jahr 2022 (vgl. Destatis 2024a; 2024b). Besonders stark ansteigend ist der Anteil der Hochbetagten ab 85 Jahren. Die Zahlen haben sich hier, ausgehend von knapp 1,2 Mio. Menschen im Jahr 1991, auf 2,7 Mio. im Jahr 2022 mehr als verdoppelt. Die Entwicklung ist nicht neu und zeichnete sich schon in den letzten Jahrzehnten in den Bevölkerungsvorausberechnungen ab. Gleichwohl rückt der steigende Anteil älterer Menschen in der Gesellschaft viele Fragen in den Mittelpunkt der politischen Diskussion, beispielsweise die langfristige Sicherung des Rentensystems und der Pflege, wenn immer mehr Menschen im Ruhestand sind und die Beiträge von einer kleiner werdenden mittleren Generation aufgebracht werden müssen. Aber auch für die Gestaltung von Freizeitangeboten und die Entwicklung von Freizeitmärkten erscheint diese Verschiebung im Altersaufbau relevant. Was in den 1980er Jahren noch als eine absehbare Tendenz thematisiert wurde, gewinnt heute mit den gestiegenen Zahlen älterer Menschen eine neue gesellschaftliche Dynamik. Auf die Lebenszeit im Alter zu schauen, individuell wie gesellschaftlich, wird wichtiger, und Fragen der Teilhabe und Sinnfindung im Alter betreffen heute mehr Menschen in Deutschland als je zuvor (vgl. auch Brinkmann 2004; 2015).

7.2.1 Gesellschaft des langen Lebens

Ein wichtiger Faktor für den Wandel stellt der Anstieg der Lebenserwartung dar. Ein hoher Lebensstandard, eine verbesserte Gesundheitsversorgung und ein Wandel hin zu gesundheitsorientierten Lebensstilen haben diese Entwicklung mit gestützt. Die Daten des Statistischen Bundesamtes zeigen, dass heute geborene Jungen eine Lebenserwartung von 78,3 Jahren und Mädchen eine von 83,2 Jahren haben (▶ Abb. 7.1). Der in früheren Jahrzehnten sehr starke Anstieg der Lebenserwartung flacht jedoch ab. Bedingt durch die Corona-Pandemie ist sogar ein leichter Rückgang auszumachen (vgl. Destatis 2024a). Erkennbar ist ebenso ein Anstieg der Lebenserwartung im höheren Erwachsenenalter. 65 Jahre alte Männer haben heute im Durschnitt noch 17,6 Jahre zu erwarten. Bei den Frauen liegt die »fernere Lebenserwartung« bei 20,9 Jahren. In höheren Altersgruppen (80 und älter) steigt zudem der Anteil der Frauen deutlich an, während im jüngeren Seniorenalter eher eine Angleichung der Geschlechterverhältnisse zu beobachten ist. Zwei Drittel der Hochbetagten ab 85 Jahren sind Frauen. Individuell birgt die Gesellschaft des langen Lebens viele Chancen. Solange die Gesundheit mitspielt, können auch in höherem Lebensalter viele Freizeitträume und Wünsche an den Ruhestand realisiert werden. Die Spanne unterschiedlicher Lebenslagen zeigt aber auch die Herausforderung: Was trägt Menschen im höheren Alter? Welche Art von Erlebnisgestaltung erscheint ihnen angemessen?

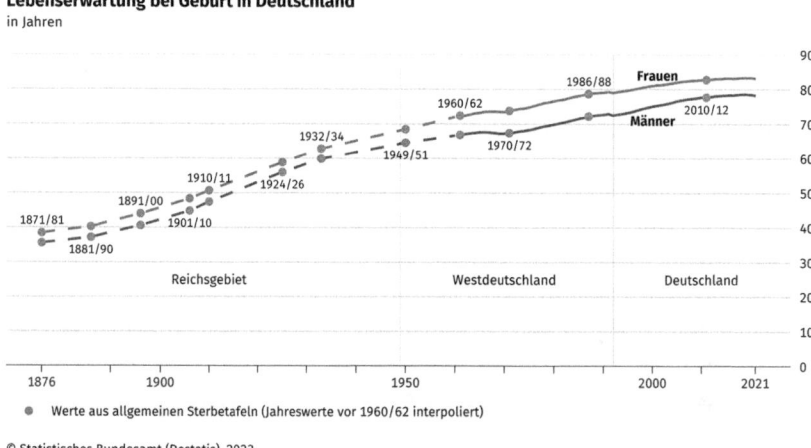

Abb. 7.1: Entwicklung der Lebenserwartung (Quelle: Destatis 2024a)

7.2.2 Ansteigender Altenquotient und regionale Ungleichheiten

Der sogenannte Altenquotient zeigt, wie viele Menschen im potenziellen Rentenalter (ab 65 Jahre) auf 100 Personen im mittleren Alter (20 bis 65 Jahre) entfallen. Aktuell liegt der Altenquotient bei 37. Er ist in den letzten Jahrzehnten stark angestiegen und ist zusammen mit dem Jugendquotienten ein Indikator für die wachsende Belastung der mittleren Generation, die sich um den Nachwuchs und auch die Versorgung der Älteren kümmern muss. Regional zeigen sich deutliche Unterschiede. Vor allem in den ostdeutschen Flächenländern ist ein starker Anstieg des Altenquotienten erkennbar. Er hat sich von 33 im Jahr 2006 auf 48 im Jahr 2022 erhöht. Dies hängt auch mit einem Wegzug von jüngeren Menschen aus bestimmten Regionen zusammen und deutet auf eine Negativspirale der Bevölkerungsentwicklung hin. In stark schrumpfenden Regionen kumulieren sich die Probleme des demografischen Wandels, während insgesamt aufgrund der Zuzüge aus dem Ausland nicht von einer rückläufigen Bevölkerungszahl ausgegangen werden muss (vgl. Destatis 2024c).

7.2.3 Mehr Vielfalt im Alter

Ein weiterer Faktor des demografischen Wandels ist die wachsende Heterogenität der Bevölkerung. Die Bevölkerungsstruktur wird nicht nur durch eine niedrige Geburtenrate und eine deutlich gestiegene Lebenserwartung, sondern auch durch eine verstärkte Zuwanderung geprägt. Im Jahr 2022 hatten 12,2 Mio. Menschen (15% der Bevölkerung) eine ausländische Staatsangehörigkeit. 23,8 Mio. (28,7%) hatten insgesamt einen Migrationshintergrund. Zunächst einmal ergibt sich durch die Zuzüge von jüngeren Migranten eine Abschwächung der demografischen Alterung. Allerdings kann der generelle demografische Wandel durch die Zuzüge nicht aufgehalten, sondern nur verzögert werden. Viele Zugezogene sind schon längst in Deutschland heimisch geworden und bleiben auch im Rentenalter in ihren nun vertrauten Zusammenhängen. Die Vielfalt innerhalb der älteren Bevölkerung nimmt daher zu und damit sind neue Herausforderungen an die Integration älterer Menschen und an den Austausch zwischen verschiedenen Kulturen verbunden (vgl. Destatis 2024c).

7.3 Lebenssituation und Selbstbild älterer Menschen

Die Lebenssituation von älteren Menschen in Deutschland erschließt nach eigenem Anspruch die »Generali Altersstudie 2017«, realisiert vom Institut für Demoskopie in Allensbach. Für die Untersuchung wurden mehr als 4000 Menschen im Alter von 65 bis 85 Jahren befragt. Ein Vergleich der Ergebnisse mit der ersten Studie dieser Art aus dem Jahr 2013 und allgemeinen Marktdaten des Instituts ermöglicht außerdem Trendaussagen zur Entwicklung der sozialen Lage älterer Menschen.

7.3.1 Hohe Lebenszufriedenheit

Kennzeichnend für die heutige Generation der Älteren ist eine hohe Lebenszufriedenheit und ein positives Lebensgefühl. Auf einer Skala von 0 (»überhaupt nicht zufrieden«) bis 10 (»völlig zufrieden«) liegt der Durchschnitt bei 7,2. Die Lebenszufriedenheit ist dabei eng mit dem Gesundheitszustand und der eigenen wirtschaftlichen Lage verknüpft. Ältere mit schlechtem Gesundheitszustand sind weniger zufrieden als Menschen mit guter Gesundheit. Ein geringeres Haushaltseinkommen wirkt sich ebenfalls negativ auf die subjektive Lebenszufriedenheit aus. Überdurchschnittlich zufrieden mit ihrem Leben sind Menschen, die sich ehrenamtlich engagieren oder die noch berufstätig sind (vgl. Generali 2017, 10f.).

Bei vielen einzelnen Aspekten, wie der Wohnsituation, dem Wohnumfeld und den sozialen Kontakten, besteht ebenfalls eine sehr hohe Zufriedenheit. Etwas zurückhaltender wird die finanzielle Situation und der eigene Gesundheitszustand eingeschätzt. Allgemeine gesellschaftliche Entwicklungen und globale Krisen haben zu einem leichten Rückgang der Lebenszufriedenheit beigetragen (im Vergleich zum Jahr 2013). Insgesamt zeigt sich ein deutlicher Zusammenhang mit dem sozioökonomischen Status, und auch ein positiver Rückblick auf das bisherige Leben stützt eine aktuelle optimistische Haltung älterer Menschen.

Der Blick auf die Zukunft ist ebenfalls positiv gestimmt, aber zugleich skeptisch. Viele der befragten 65- bis 85-Jährigen denken, dass das Alter viele Chancen eröffnet, aber auch mit Beschwerden und Mühen verbunden ist. Die Gesamteinschätzung ist ambivalent. Auch hier spielt der eigene Gesundheitszustand stark mit hinein, und im höheren Lebensalter steigt der Anteil der skeptischen Beurteilungen des Alters generell. Darüber hinaus wird auch die Bedeutung einer ausreichenden finanziellen Absicherung erkennbar, um neue Chancen zu entdecken. »Da die heutige Generation der Älteren mehr Wert auf eine umfassende und aktive Freizeitgestaltung legt als frühere Generationen, werden die finanziellen Ressourcen im Alter immer wichtiger, um sich diese Freiheiten auch leisten zu können« (Generali 2017, 21).

7.3.2 Armutsrisiken in bestimmten Lebenslagen

Die subjektive Beurteilung der wirtschaftlichen Lage zeigt, dass die Mehrheit der Älteren in stabilen wirtschaftlichen Verhältnissen lebt. Die meisten sehen ihre finanzielle Situation als gut oder sehr gut an. Gleichwohl gibt es bestimmte soziale Lagen, die von relativer Armut betroffen sind (z. B. alleinstehende ältere Frauen). Sorgen um ihre finanzielle Absicherung beim Eintritt in den Ruhestand machen sich vor allem Menschen aus den unteren sozialen Schichten. Viele mussten ihre Ausgaben im Bereich Urlaub und Freizeit einschränken. Die Armutsberichterstattung in Deutschland offenbart, dass bestimmte Gruppen, eben auch alleinstehende ältere Menschen, überproportional von einem Armutsrisiko betroffen sind. Der Armutsbericht des Paritätischen Wohlfahrtsverbandes für das Jahr 2024 weist eine Armutsquote von 18,1 % unter Rentnern aus.[3] Fast ein Viertel der Armen in Deutschland sind daher Senioren. Bemerkenswert erscheint den Autoren, dass sich erst seit zehn Jahren ein überdurchschnittliches Armutsrisiko für Menschen im Rentenalter herausgebildet hat. Armutsrisiken können sich zudem für Menschen in bestimmten sozialen Lagen kumulieren (z. B. alleinlebende Frauen mit nur geringen Rentenbezügen, ältere Migranten u. a.) (vgl. Deutscher Paritätischer Wohlfahrtsverband 2024). Man muss sich ein aktives Freizeitleben im höheren Alter auch leisten können, und gesellschaftliche Teilhabe über die Freizeit erscheint nicht für alle gleichermaßen möglich – eine Herausforderung, die es bei der Erhaltung soziokultureller Strukturen im Stadtteil und niedrigschwelliger Angebote für ältere Menschen auf jeden Fall zu berücksichtigen gilt.

---

3 Daten für 2022, Armutsrisikoquote der Bevölkerung insgesamt: 16,8 %.

7.3.3 Aktive Freizeitgestaltung im Alter

Die Zukunftspläne der Älteren sind von der Idee einer aktiven Freizeitgestaltung geprägt. Möglichst »unbeschwert bleiben und das Leben genießen« ist ihnen wichtig. Besonders die optimistisch Gestimmten nennen viele individuelle Vorhaben. Sie wollen ihre sozialen Kontakte pflegen und sich körperlich und geistig fit halten. Häufig gewählt werden im Rahmen der Befragung älterer Menschen die Aspekte »viel draußen in der Natur sein«, »viel Zeit mit meiner Familie verbringen«, insbesondere den Enkelkindern, »viel Zeit mit Freunden verbringen« und »aktiv bleiben, Sport treiben«. Eigene Erfahrungen und Wissen an andere weiterzugeben, ist jedem dritten Befragten wichtig. Viel zu reisen, planen 30% der Senioren, fast ebenso viele wollen sich viel Zeit für ihr Hobby nehmen. Sich freiwillig engagieren und der Gesellschaft damit etwas zurückgeben überlegen etwas weniger Menschen im Alter von 65 bis 85 Jahren (24%). Nur ein kleiner Teil plant, sich gezielt weiterzubilden und beispielsweise einen Kurs an der Volkshochschule zu besuchen (9%) (vgl. Generali 2017, 22). Soziale Beziehungen haben für die Älteren insgesamt eine sehr hohe Bedeutung. Die Kontakte zu Kindern, Enkelkindern, zum Partner und zu Freunden vermitteln das Gefühl, noch gebraucht zu werden, und ermöglichen es, am sozialen und gesellschaftlichen Leben teilzunehmen. Auch ein freiwilliges Engagement trägt in starkem Maße zu einer sozialen Integration bei.

7.3.4 Subjektive Verjüngung als Phänomen

Die hohe Lebenszufriedenheit und eine positive Lebenseinstellung tragen dazu bei, dass sich die meisten Menschen im Alter von 65 bis 85 jünger fühlen, als es ihrem eigentlichen Alter entspricht. Im Mittel liegt das gefühlte Alter sieben bis acht Jahre unterhalb des tatsächlichen Alters. Die Abweichungen finden sich in allen Alterssegmenten. Auch bei den Hochaltrigen zeigt sich, dass sich viele trotz auftretender Altersbeschwerden jünger fühlen als sie sind.

> »Gerade im Vergleich zur eigenen Elterngeneration wird der großen Mehrheit der heutigen 65- bis 85-Jährigen bewusst, dass neben den äußeren Lebensumständen vor allem ihre Gesundheit und Vitalität die Voraussetzungen dafür bieten, das Leben aktiv zu gestalten und zu genießen« (Generali 2017, 29).

Die Rahmenbedingungen für eine intensive freizeit-kulturelle Lebenszeit im Alter erscheinen heute also für viele überaus günstig.

Eine allgemein gestiegene Vitalität und eine mentale Verjüngung wirken sich auf die »Innovationsoffenheit« der älteren Menschen und die aktive Freizeitgestaltung aus. Das Interesse, gerne etwas Neues auszuprobieren, ist gegenüber früheren Jahren erheblich angestiegen. Fast ein Drittel der 65- bis 74-Jährigen zeigt sich offen gegenüber neuen Erfahrungen, die auch die Freizeit betreffen können (neue Hobbys, Lernen auf Reisen und im sozialen Umfeld usw.). Die Schlussfolgerungen der Altersstudie beziehen sich auf Werte und Lebensstil:

> »Innerhalb der letzten dreißig Jahre hat sich somit die Innovationsoffenheit um ein Lebensjahrzehnt nach vorne verschoben: Die 75-Jährigen und Älteren sind heute so innova-

tionsoffen wie die 65- bis 74-Jährigen vor dreißig Jahren; die 65- bis 74-Jährigen wiederum so offen wie zehn Jahre Jüngere vor dreißig Jahren« (ebd., 34).

An verschiedenen Freizeitaktivitäten wird für die Autoren der Generali-Studie die gestiegene Vitalität deutlich. Der Anteil derjenigen, die regelmäßig turnen oder Gymnastik machen, die zumindest gelegentlich schwimmen gehen, wandern oder im Garten arbeiten, ist gegenüber früheren Studien zu Freizeitaktivitäten deutlich angestiegen. Auch der Anteil der älteren Menschen, die öfter ins Fitness-Studio gehen, ist größer geworden. Diese Form der aktiven Freizeitgestaltung nutzen inzwischen 13 % der 65- bis 85-Jährigen. Was früher als ein pionierartiger Trend zu »neuen Alten« diskutiert wurde, betrifft inzwischen weite Kreise der Bevölkerung. Eine Verjüngung des Alters bedingt ein breites Spektrum von Freizeitinteressen und Freizeitaktivitäten, vor allem im Altersspektrum von 65 bis unter 80 Jahren.

Die große Mehrheit der Älteren führt nach eigener Einschätzung ein abwechslungsreiches und aktives Leben. »Gebeten, den Grad der Abwechslung ihres Alltags anhand einer 11-stufigen Skala von 0 (›sehr eintönig und monoton‹) bis 10 (›sehr abwechslungsreich‹) einzustufen, wählen die 65- bis 85-Jährigen im Durchschnitt die Skalenstufe 7,0« (vgl. Generali 2017, 90). Nur wenige sehen ihren Alltag als eintönig oder langweilig an. Zusammenhänge mit dem sozioökonomischen Status und der individuellen Gesundheit sind deutlich zu erkennen. Medienkonsum und verschiedene Haushaltstätigkeiten bestimmen vielfach das Alltagsleben. Hinzu kommen soziale Kontakte zu Familie und Freunden und sportliche Bewegung. Bei den Hochaltrigen ab 80 Jahren ist insgesamt ein deutlicher Rückgang bestimmter außerhäusiger Aktivitäten erkennbar (Radfahren, Autofahren).

7.3.5 Einsamkeit ein mögliches Risiko

Soziale Kontakte sind auch für die Älteren ein wichtiger Faktor für die Lebensqualität (vgl. Schäfer & Brinkmann 2018). Die überwiegende Mehrheit zeigt sich sehr zufrieden mit dem Umfang und der Qualität ihrer sozialen Kontakte. Insgesamt gibt es nur bei wenigen ein Gefühl der Vereinsamung. Nur 4 % der 65- bis 85-Jährigen haben häufiger das Gefühl, einsam zu sein. Im höheren Alter steigt jedoch der Anteil derjenigen, die sich manchmal oder häufig einsam fühlen, deutlich an. Und auch der individuelle Gesundheitszustand spielt hier wieder stark mit hinein.

> »Ein schlechter Gesundheitszustand sowie das Fehlen eines Partners sind die größten Risikofaktoren, um im Alter zu vereinsamen. Umgekehrt kennen 65- bis 85-Jährige mit gutem Gesundheitszustand ebenso wie diejenigen, die einen Partner oder einen großen Bekanntenkreis haben, das Gefühl der Einsamkeit besonders selten« (Generali 2017, 126).

Die Datenlage zu Älteren und Hochaltrigen ist insgesamt noch unzureichend.[4] Untersuchungen zu Menschen im hohen Lebensalter (80 plus) stützen die Ergebnisse der Generali-Studie und zeigen, dass Einsamkeit unter älteren Menschen zunimmt und insbesondere durch die Corona-Pandemie verstärkt wurde. In der vom Bundesministerium für Familie, Senioren, Frauen und Jugend (BMFSFJ) geförder-

---

4 Aktuelle Studien zur Einsamkeit weisen vor allem auf Probleme bei jüngeren Menschen hin (Luhmann 2023).

ten Studie »Hohes Alter in Deutschland (D80+)«, in der über 10.000 Menschen ab 80 Jahren zu ihrer Lebenssituation und ihrer Lebensqualität befragt wurden, zeigt sich als Ergebnis: Etwa 12,1 % der Hochaltrigen erleben sich als einsam, die große Mehrheit jedoch nicht. Frauen sind besonders betroffen und Menschen, die in einem Heim leben (35,2 %), ebenso Ältere mit einem subjektiv schlechten Gesundheitszustand. Vor Einsamkeit schützen offenbar eine Partnerschaft, ein großes soziales Netzwerk und ein hoher Bildungsstand (vgl. Kaspar et al. 2022, 3). Daher erscheint insgesamt eine Strategie der Vorbeugung über Freizeitstrukturen und Freizeitangebote angezeigt.

7.3.6 Mehr Zeit für Kultur

Die Wahrnehmung freizeitkultureller Angebote zeigt neben den sportlichen Unternehmungen den angestiegenen »Aktivitätsradius« der Älteren gegenüber früheren Altengenerationen. »Die Trendanalyse belegt, dass heute mehr Ältere für Aktivitäten außer Haus gehen als noch vor zehn oder zwanzig Jahren. Dies betrifft sowohl den Besuch kultureller Veranstaltungen als auch das Ausgehverhalten insgesamt« (Generali 2017, 98). Mehr ältere Menschen besuchen heute zumindest gelegentlich Oper, Theater oder Schauspielhaus. Bei den 60- bis 69-Jährigen sind es 55 %. Und mehr ältere Menschen besuchen Museen und Kunstausstellungen (50 %). Nur bei den Hochaltrigen ist der Besuch deutlich geringer. Mehr Ältere als früher gehen heute zum Essen in ein Restaurant oder in ein Gasthaus. Hinzu kommt eine gestiegene individuelle Mobilität. Eine große Mehrheit der älteren Menschen fährt heute selbst Auto, insbesondere die jüngeren Jahrgänge. Der Anteil der autofahrenden Frauen ist überproportional gestiegen. Auch der Anstieg bei den Urlaubsreisen zeigt die wachsende Mobilität älterer Menschen. Von den 60- bis 69-Jährigen haben im Jahr mindestens 62 % eine Urlaubsreise unternommen (ebd., 110).

Die Voraussetzungen für eine aktive Lebenszeitgestaltung im Alter erscheinen im Lichte der Generali-Altersstudie für viele günstig. Solange die Gesundheit mitspielt und die sozioökonomische Lage nicht gefährdet ist, eröffnen sich bis ins hohe Alter vielfältige Chancen der Beteiligung. Eine subjektive Verjüngung des tatsächlichen Alters und ein hoher Bildungsstand stützen einen aktiven freizeit-kulturellen Lebensstil und damit eine gesellschaftliche Teilhabe in vielen Bereichen.

7.4 Mediennutzung und freiwilliges Engagement im Alter

An dieser Stelle sollen zwei wichtige Aspekte der Lebenszeitgestaltung im Alter und ihre Zusammenhänge mit einer sozialen Teilhabe vor dem Hintergrund aktueller Studien noch etwas genauer betrachtet werden: die Nutzung einer vielfältigen

Medienlandschaft und die Integration über ein freiwilliges Engagement in der Freizeit.

7.4.1 Vielfältige Mediennutzung im Alter

Ein Zugang zu digitalen Strukturen und die Entwicklung einer angemessenen Medienkompetenz werden heute in vielen Lebensbereichen immer wichtiger. Teilhabe im Alltag, Kommunikation mit Behörden, Gesundheitseinrichtungen, Bankgeschäfte und auch die Interaktion mit Freunden und Familie werden heute viel stärker als früher von digitalen, internetgestützten Systemen bestimmt. Neue Freizeitaktivitäten werden online erst möglich (z. B. die Nutzung von Medienarchiven), und auch die Mobilität für Freizeitzwecke wird zunehmend über das Internet gestützt (Tickets, Fahrpläne). Daher ist die Frage berechtigt: Wie stark sind ältere Menschen an der digitalen (Freizeit-)Gesellschaft beteiligt? Und wie könnten unterstützende Strukturen aussehen? Die als »SIM-Studie« (Senior*innen, Information, Medien) bekannt gewordene Untersuchung des Medienpädagogischen Forschungsverbundes Südwest (mpfs) gibt einen guten Einblick in die Mediennutzung von Menschen ab 60 Jahren (vgl. Rathgeb 2022). Sie zeigt, dass Ältere durchaus neue digitale Medien verwenden. Vor allem die jüngeren Jahrgänge haben Internet, Smartphone oder Tablet in ihren Alltag integriert. Bei den Hochaltrigen ab 80 Jahren geht die Nutzung des Internets und verschiedener Dienste dagegen deutlich zurück. Sie verfügen zum Teil auch nicht über die notwendigen Geräte, um online aktiv sein zu können. Die »Digitalisierungslücke« rückt im Altersspektrum weiter nach oben. Die Jüngeren sind zum Teil noch berufstätig und darüber in aktuelle Entwicklungen eingebunden. Zu den sogenannten »Offliner*innen«, die das Internet aus verschiedenen Gründen nicht nutzen, gehören nach der repräsentativen Studie des mpfs insgesamt 19 % der Älteren ab 60 Jahren. Bei den Hochaltrigen ab 80 Jahren sind es 49 % (vgl. Rathgeb 2022, 31).

Medien spielen in der Freizeit vieler Menschen generell eine herausragende Rolle, wie die Untersuchungen zu Freizeitaktivitäten der Stiftung für Zukunftsfragen (Freizeitmonitor) regelmäßig bestätigen. Bei älteren Menschen, die zu einem Teil stärker auf die eigene Wohnung und das nähere Wohnumfeld verwiesen sind, zeigt sich dies noch ausgeprägter. Alle im Rahmen der SIM-Studie kontaktierten Haushalte verfügen über einen Fernseher und die meisten über ein Radio. Eine Mehrheit der Befragten nutzt aber auch die Tageszeitung (58 %) als ein wichtiges Medium für regionale Nachrichten. Das Internet hat für das Informationsverhalten der Älteren eine steigende Bedeutung. Es erscheint für eine individuelle problemorientierte Suche nach Information, für eine Recherche zu den Themen Gesundheit und Pflege sowie die Orientierung über neue Produkte wichtig. Die Dominanz des Fernsehens für die alltägliche Freizeitgestaltung bleibt jedoch bestehen. Insgesamt sehen ältere Menschen 217 Minuten pro Tag fern. Menschen mit niedrigen Bildungsabschlüssen nutzen dieses Medium besonders häufig.

Soziale Teilhabe und digitale Teilhabe

Für viele Ältere spielt neben der Suche nach Informationen die Kommunikation mit anderen Menschen eine wesentliche Rolle bei Online-Aktivitäten. Der Austausch über Instant Messenger wie WhatsApp ist für große Gruppen der älteren Onliner in den Lebensalltag eingezogen und dient neben E-Mail und Videotelefonie dazu, den Kontakt zu Familie und Freunden aufrechtzuerhalten. Entgegen dramatischen Befürchtungen eines Ausschlusses älterer Menschen von neuen Informations- und Kommunikationsmedien ist eine pragmatische Aneignung und eine interessenorientierte Nutzung zu beobachten. Die Erschließung des Internets durch Ältere wird weiter zunehmen, so die Erwartung, wenn jüngere Jahrgänge mit noch mehr Technikerfahrung in das Rentenalter eintreten. Ebenso könnte die Nutzung von Mediatheken, Videoportalen und Online-Spielen noch weiter steigen. Vor allem ältere Senioren sind hier noch zurückhaltend (vgl. Rathgeb 2022). Und dies hängt auch an den Weiterbildungsmöglichkeiten in der Freizeit und der Unterstützung informeller medienbezogener Lernprozesse.

Gleichwohl ist ein sehr unterschiedliches Spektrum von Aktivitäten und eine unterschiedliche Nutzungshäufigkeit zu erkennen. Dies hängt mit der Altersgruppe, dem Bildungsstand, dem Geschlecht oder dem sozialräumlichen Umfeld zusammen. Hinzu kommt eine eher niedrige Selbsteinstufung bei den vorhandenen Kompetenzen im Umgang mit verschiedenen digitalen Geräten (Tablet, Smartphone, Computer). Fast jeder zweite Befragte ist hinsichtlich der kompetenten Bedienung der Systeme skeptisch.

> »Zusammenfassend kann man festhalten, dass es unter den älteren Menschen eine große Spannbreite an digitalen Kenntnissen und Kompetenzen gibt, wobei vor allem die internetaffinen Gruppen, wie Personen zwischen 60 und 69 Jahren, Personen mit hohem Bildungs- und Einkommensstatus und Männer sich ein relativ hohes Kompetenzniveau bescheinigen« (Rathgeb 2022, 55).

Im Einzelfall kann dies bedeuten, dass unterstützende Angebote wie ein Weiterbildungskurs oder eine individuelle Beratung sehr hilfreich sein können. Die Teilhabe an den digitalen Möglichkeiten und die Stärkung der Medienkompetenz im Alltag werden wichtig. Ältere Menschen, die keinen Zugang zum Internet haben und über weniger Fähigkeiten verfügen, sind stärker von einer digitalen Exklusion bedroht. Vor allem die Hochaltrigen, die offline sind, haben das Gefühl, den Anschluss zu verlieren, und auch die soziale Teilhabe im Wohnumfeld scheint betroffen zu sein. Soziale und digitale Teilhabe werden in der SIM-Studie eng zusammengedacht. Die Bedeutung von Informations- und Bildungsangeboten für ältere Menschen wird ausdrücklich betont. Über eine niedrigschwellige Freizeitbildung (beispielsweise über Gesprächskreise in wohnortnahen Begegnungsräumen) ließen sich auch für Ältere interessante Zugänge schaffen. Einer digitalen Spaltung im höheren Alter wäre so entgegenzuarbeiten.

7.4.2 Steigende Engagementquote bei Älteren

Während man bei der Betrachtung der Daten zur Mediennutzung den Eindruck gewinnen könnte, eine passive Freizeit vor dem Fernseher oder am Handy wäre für die ältere Generation typisch, sprechen die Daten zum freiwilligen Engagement der Menschen ab 65 Jahren eine andere Sprache. Sie zeigen eine wachsende Bereitschaft der Älteren, sich außerhäusig ehrenamtlich zu betätigen und sich in vielen Feldern zu engagieren.

Freiwilliges Engagement in Deutschland wird seit 1999 in regelmäßigen, repräsentativen Studien mit großen Stichproben (ca. 25.000 Teilnehmende) untersucht (Freiwilligensurvey). Im Blick ist vor allem die sogenannte Engagementquote, d.h. der Anteil derjenigen, die längerfristig Aufgaben und Verantwortung im Rahmen ihres Ehrenamtes übernehmen. Die Daten der aktuellen Studie von 2019 zeigen: 39,7% der Bevölkerung in Deutschland ab 14 Jahren sind engagiert und üben mindestens eine freiwillige Tätigkeit in den abgefragten Bereichen aus. Dies entspricht 28,8 Mio. Menschen, die sich ehrenamtlich in der Kultur, im Sportverein, im sozialen Bereich, bei Rettungsdiensten oder im Rahmen der Kirche für das Gemeinwohl einsetzen und unentgeltlich, gemeinsam mit anderen tätig sind (vgl. Simonson et al. 2021a). In den letzten 20 Jahren ist der Anteil der Beteiligten um etwa zehn Prozentpunkte angewachsen. Dies weist auf die gesellschaftliche Bedeutung des freiwilligen Engagements in der Freizeit hin.

Besonders stark gestiegen ist seit Beginn der Surveys die Beteiligung von älteren Menschen. »In allen Altersgruppen haben die Anteile freiwillig Engagierter seit 1999 zugenommen, am stärksten jedoch bei Menschen ab 65 Jahren« (Simonson et al. 2021a, 15). Die Engagementquote der 65-Jährigen und Älteren ist von 18,0% im Jahr 1999 auf 31,2% im Jahr 2019 angestiegen. Sie liegt zwar niedriger als in den anderen Altersgruppen des Freiwilligensurveys, zeigt aber das wachsende Potenzial der Älteren und ihr Interesse an einer Übernahme von vielfältigen Aufgaben (vgl. ebd., 17).

Das unentgeltliche freiwillige Engagement spielt in der Gruppe der älteren Menschen für die soziale Teilhabe und die Gestaltung der Lebenszeit mit einer verbindlichen Tätigkeitsstruktur eine große Rolle. Nach den Daten der Generali-Altersstudie sind 42% der 65- bis 85-Jährigen ehrenamtlich aktiv.[5] Im höheren Alter geht das Engagement jedoch insgesamt zurück. Für die 80- bis 85-Jährigen liegt die Engagementquote aber immer noch bei 30%. Einfluss auf die Beteiligung haben der jeweilige Bildungsstand, die individuelle Gesundheit und die soziale Einbindung (hoher Bekanntenkreis und Kirchenbindung) (vgl. Generali 2017, 80).

---

5 Die Werte sind also höher als im Freiwilligensurvey, allerdings verfügt dieser über eine größere Stichprobe und ein möglicherweise besser organisiertes Prüfverfahren zur kritischen Bestimmung der Engagementquote.

Freude an der Tätigkeit mit anderen und für andere

Spaß haben, anderen Menschen helfen und etwas für das Gemeinwohl tun sind wichtige Motive für alle freiwillig Engagierten aus den verschiedenen Altersgruppen. Für Menschen ab 65 Jahren ist es darüber hinaus besonders wichtig, mit anderen Menschen zusammenzukommen (80,3 %). Dies zeigt die Bedeutung der sozialen Teilhabe über ein Engagement. Ältere Menschen engagieren sich sehr stark im sozialen Bereich (z.B. bei Wohlfahrtsverbänden, der Nachbarschaftshilfe oder anderen Hilfsorganisationen, der Betreuung von Flüchtlingen und Menschen mit geringem Einkommen). Verglichen mit den anderen Altersgruppen ist hier der Anteil der Älteren relativ hoch. In anderen Bereichen, wie Sport oder Kultur, sind ebenfalls viele Menschen ab 65 Jahren beteiligt. Allerdings liegen hier die Anteile der Jüngeren noch deutlich höher. Dies zeigen die nach Altersgruppen differenzierten Analysen des Hauptberichts zum Freiwilligensurvey 2019 (Simonson 2021b). Viele weitere Bereiche werden von den Befragten im Freiwilligensurvey und in der Generali-Altersstudie mit Beispielen angesprochen und zeigen die Vielfalt des ehrenamtlichen Engagements: z.B. Freizeit und Geselligkeit, Politik und Naturschutz.[6]

Während die meisten Engagierten bis zu zwei Stunden in der Woche ehrenamtlich tätig sind, engagieren sich gerade die Älteren besonders intensiv. Etwa 22 % sind 6 Stunden und mehr in der Woche tätig, nicht wenige übernehmen Leitungsaufgaben. Die Autoren des Freiwilligensurveys sehen hier einen Zusammenhang mit den wegfallenden beruflichen Belastungen im Rentenalter (vgl. ebd.). Aber auch das Bedürfnis nach einer stabilen Zeitstruktur im Alltag und der Wahrnehmung sinnvoller, selbst gewählter Aufgaben kann dahinter vermutet werden.

Verantwortung übernehmen und sich einmischen

Freizeit im Alter kann nicht nur Ausruhen, passives Erleben oder nachholenden Freizeitkonsum bedeuten. Angesichts der wachsenden Probleme einer alternden Gesellschaft mit einer dramatischen Verschiebung des Altenquotienten gehen die gesellschaftlichen Erwartungen auch dahin, dass ältere Menschen der Gemeinschaft etwas »zurückgeben«. Die steigenden Engagementquoten bei Älteren verweisen auf eine hohe Bereitschaft, etwas für die Gesellschaft zu tun und sich gemeinsam mit anderen für gemeinwohlorientierte Ziele einzusetzen. Ältere helfen jüngeren Menschen, die in Not sind, engagieren sich aber auch bei der Betreuung von Hochaltrigen, beim Erhalt soziokultureller Infrastruktur und der Schaffung eines lebenswerten Gemeinwesens. Öffentlich finanzierte Kampagnen zur Stärkung der Engagementbereitschaft könnten daher noch mehr auf die Ansprache älterer Menschen eingehen, und auch eine Beratung über Freiwilligenagenturen, wie in Bremen, ließe sich sicher noch besser auf die Möglichkeiten Älterer ausrichten.

Engagement für die soziokulturelle Infrastruktur erscheint gerade im ländlichen Raum gefordert, um einer Verödung von Dörfern vorzubeugen und die Freizeit-

---

6 Die Initiative »Omas gegen Rechts« ist ein Beispiel für ein unabhängiges politisches Engagement im höheren Lebensalter und hat in den Medien einige Beachtung gefunden.

Kultur zu stützen. Zu nennen ist beispielsweise eine inzwischen mit dem Ehrenamtspreis der Gemeinde ausgezeichnete Initiative für ein Kino in einem kleinen Dorf in Ost-Westfalen. In einem erhalten gebliebenen typischen Fachwerkhaus gibt es nun schon seit einigen Jahren in Kooperation mit der Kirchengemeinde ein regelmäßiges Filmprogramm, was sich großer Beliebtheit erfreut und fast immer ausgebucht ist. Einmal im Monat gibt es so ein »Kino auf der Deele«, das von den Engagierten Frauen (die meisten zwischen 60 und 80 Jahre alt) betrieben wird. Sie machen alles selbst: von der Filmauswahl, der Klärung von Lizenzrechten, der Herrichtung des Raums bis zur Vorführung und der Bewirtung der Gäste mit Getränken. Der Kino-Treffpunkt, nicht nur für Ältere, ist ein geselliges, niedrigschwelliges Angebot und erfüllt im besten Sinne die heute vielfach diskutierten Erwartungen an einen »Dritten Ort«. Nicht selten gibt es Applaus der begeisterten Zuschauer nach einer gelungenen Vorführung mit unterhaltsamen, aber bisweilen auch politisch brisanten Produktionen. Die kleine Gruppe der Kino-Frauen lebt vom Zuspruch der Besucher und von dem Gefühl, gemeinsam immer wieder eine kulturelle Leistung erbringen zu können. Den Spaß an der Erhaltung der örtlichen Filmkultur, dort, wo man es nicht vermutet, merkt man ihnen immer wieder an. Freizeitgestaltung mit Blick auf Lebensqualität und soziale Teilhabe fließen hier ineinander.

Viele weitere Beispiele für ein gelungenes Engagement im ländlichen Raum ließen sich hier anführen, beispielsweise für den Erhalt historisch wertvoller Gebäude, wie Mühlen, landwirtschaftliche Anwesen oder Kirchen. Freiwilligkeit und Anerkennung der Leistungen erscheinen dabei als zwei übergreifende Prinzipien, die einer Förderung des Engagements zugrunde liegen sollten.

7.5 Bildung für das Alter – Bildung im Alter

Der letzte inhaltliche Schwerpunkt dieses Beitrags ist der Bildung im Rahmen der Lebensfreizeit gewidmet. Hierzu gibt es inzwischen einen ansehnlichen Fundus an Wissensbeständen der Erziehungs- und Bildungswissenschaft, der Geragogik und Sozialen Gerontologie, der Psychologie, der Sozialen Arbeit und der Sozialwissenschaft. So bilanzieren es auf jeden Fall die Autorinnen eines aktuellen Handbuchs »Alter(n) – Lernen – Bildung« (vgl. Schramek et al. 2018). Sie versprechen eine Zusammenführung der Konzepte, Theorieansätze und Forschungsbefunde zu einer »Theorie des Lernens und der Bildung im und für das Alter(n)«. Ergänzt werden sollen die lesenswerten Beiträge an dieser Stelle durch Positionen der Freizeitbildung aus Projektergebnissen und konzeptionellen Studien. Dabei sind die beiden Pole »Bildung für das Alter« und »Bildung im Alter« auseinanderzuhalten und genauer zu beschreiben. Auch im 2023 erschienenen »Wörterbuch Erwachsenen- und Weiterbildung« wird feinsinnig zwischen »Altersbildung« (Vorbereitung auf die Lebensphase Alter) und »Altenbildung« (Angebote für die Zielgruppe Älterer) unterschieden (Arnold et al. 2023, 17 f.).

7.5.1 Bildung für das Alter

Bei der Betrachtung spezifischer inhaltlicher Anforderungen an eine Altenbildung kann sinnvollerweise auf die Überlegungen von Wolfgang Nahrstedt zu einer »Wellnessbildung« zurückgegriffen werden. Sie fußt auf einem erweiterten Gesundheitsbegriff der Weltgesundheitsorganisation (WHO), nach der ein »vollständiges Wohlbefinden« als Ziel angestrebt werden sollte, nicht nur das »Freisein von Krankheit und Gebrechen«. Wobei Letzterem gerade im höheren Alter natürlich eine subjektive Priorität zukommt. Doch dafür müsste man vielleicht frühzeitig etwas tun. Die Auseinandersetzung mit einem ganzheitlichen Wellness-Begriff zeigt die Grafik (▶ Abb. 7.2).

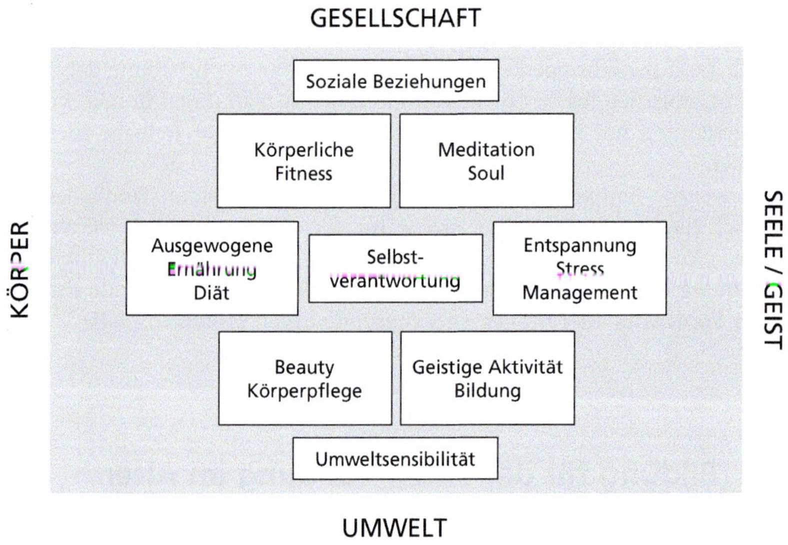

GESELLSCHAFT

```
                    Soziale Beziehungen

            Körperliche            Meditation
            Fitness                Soul

KÖRPER   Ausgewogene   Selbst-      Entspannung   SEELE / GEIST
         Ernährung     verantwortung Stress
         Diät                        Management

            Beauty                 Geistige Aktivität
            Körperpflege           Bildung

                    Umweltsensibilität
```

UMWELT

Abb. 7.2: Erweitertes Modell der Wellness-Elemente
© Nahrstedt 2007 – nach 1972 John W. Travis[7]

Eine nur auf körperliche Fitness im Alter zielende Weiterbildung griffe zu kurz. Dennoch sind Beweglichkeit, gesunde Ernährung oder eben auch angestrebte Körperbilder wichtige Aspekte für eine subjektiv angenehme Lebenszeitgestaltung im Alter. Nicht wenige unserer Generation, so könnte man vermuten, bekommen irgendwann die Quittung für übermäßigen Genuss oder auch einfach Inaktivität und Bequemlichkeit. Freizeitbäder, Fitness-Studios oder auch Sportvereine engagieren sich in diesem Bereich, ebenso Volkshochschulen, die Anregungen und Anleitungen geben (Ernährung u. a.).

---

7 Die Abbildung wurde in dem Buch »Wellnessbildung. Gesundheitssteigerung in der Wohlfühlgesellschaft« von Wolfgang Nahrstedt, erschienen im Erich Schmidt Verlag, Berlin 2008, veröffentlicht.

Auf der anderen Seite des Wellness-Modells ist die geistige und seelische Komponente in Varianten dargestellt. Freizeitbildung könnte sich hier auf Entspannung und Stress-Management, auf eine bereichernde Auseinandersetzung mit Themen aller Art, Kultur und Philosophie beziehen. Hier liegt der Bezug zu bestimmten Urlaubsformen nahe (Studienreisen), ebenso zu kultureller Weiterbildung und dem Erlernen von Entspannungstechniken, die man möglicherweise im Alter weiter pflegen könnte (Yoga etc.).

Die großen Rahmungen wie Umwelt und Gesellschaft verweisen auf wesentliche Bedingungen für ein gelungenes Leben, auch im höheren Alter. Soziale Beziehungen sind ein wichtiges Kapital gegen eine Vereinsamung im späteren Leben, wollen frühzeitig gepflegt und erhalten werden. Freunde, Partnerschaft und Bekannte sind in einer Gesellschaft mit viel weniger Kindern als noch in früheren Zeiten wichtiger geworden. Und auch die Wahrnehmung der Umwelt, ihrer Schönheit, aber auch ihrer Gefährdung gehört zu einer umfassenden Lebensqualität dazu. Sensibilisierung erscheint als ein Ansatz, der in bestimmten Angeboten der Freizeitbildung in der Natur entwickelt und gepflegt werden könnte. Die Nähe zu einer Bildung für nachhaltige Entwicklung ist unverkennbar.

Ein übergreifender Aspekt sind außerdem der Umgang mit viel freier Zeit und die damit verbundenen Anforderungen an die individuelle Zeitkompetenz (vgl. Freericks 1996). Dieses Problem tauchte zum ersten Mal in großer Breite bei der massenhaften Freisetzung von Arbeitern in der Kohle- und Stahlregion Ruhrgebiet in den 1980er Jahren auf.»Mit 55 in den Ruhestand und dann?«, war die Frage, die viele bewegte. Das Selbstbild und die eigene Tages- und Wochenstruktur gerät ins Wanken, wenn die äußeren Taktgeber nicht mehr da sind, war die Vermutung. Freiwilliges Engagement in selbstorganisierten Gruppen war eine damals gefundene Antwort. Zeitkompetenz erscheint allgemein für die Lebenszeitgestaltung im Alter wichtig. Der Alltag kann ja durchaus von gegensätzlichen Anforderungen (verschiedener Zeitsysteme) bestimmt sein: etwas für sich und seinen Körper tun, die eigene Familie entlasten und Zeiten für die Enkelbetreuung übernehmen oder sich etwas gönnen, auf Reisen gehen und Kultur wahrnehmen. Zeit wird zum Metathema für nicht wenige Ältere, der Bedarf an Beratung steigt.

Hinzu kommt die Bewältigung von Umbrüchen unterschiedlicher Art im höheren Lebensalter und die Entwicklung eigener Perspektiven angesichts der verbliebenen Jahre: doch noch ein Haus bauen, einen neuen Lebenspartner gewinnen, ein Unternehmen gründen oder auf Weltreise gehen. Die Optionen sind vielfältig: »Muss ich oder kann ich?«, ist die Frage. Die unweigerlich kommenden Umbrüche, der Verlust von Freunden oder Partner, die Einschränkungen durch nachlassende Kräfte und Möglichkeiten zu akzeptieren und gelassener anzugehen und trotzdem Träume für den Ruhestand zu entwickeln, sind Themen einer Freizeitbildung für das Alter.

Bildung für das Alter muss dabei nicht allein in non-formalen Strukturen der Weiterbildung erfolgen, schon gar nicht als formelle Bildung mit Abschlussprüfung und Zertifikat. Sie ist in vielen Bereichen informell und selbstgesteuert, wie dies auch der im Wellness-Modell zentral angeordnete Begriff »Selbstverantwortung« deutlich macht. Überraschend bei der Recherche für diesen Beitrag war die große Fülle der Ratgeberbücher in der örtlichen Stadtbibliothek. Auch der herangezogene

Autor Sven Kuntze mit seinen freimütigen und auch launischen Bemerkungen zu den Befindlichkeiten seiner Generation fand sich in den Regalen mit Tipps und Tricks für ein humanes Altern oder eben den Widerstand gegen das eigene Verschwinden. Auf einer erlebnisorientierten Ebene bedient das Science Center die Bedürfnisse nach Reflexion oder das Einfühlen in kommendes Erleben. Der Thementeil »Mensch« war mit seinen sinnlichen Angeboten über Jahre die erfolgreichste Abteilung im Bremer Science Center Universum.

7.5.2 Bildung im Alter

Lebenslanges Lernen, also auch im Alter, erscheint vielen, nicht nur den Profis der Erziehungswissenschaft heute selbstverständlich, um mit dem sozialen Wandel mitzuhalten, aber auch für sich so etwas wie »Lebenskunst« zu pflegen und sich immer wieder mit Neuem auseinanderzusetzen. Geboten erscheint dabei eine moderate Anpassung der didaktischen Modelle an die Zielgruppe der älteren Menschen. Eine rein altersbezogene Ansprache war noch nie sonderlich beliebt und wird es auch bei unserer Generation nicht sein. Der »Seniorenteller« gilt schon lange als Auslaufmodell und macht auch Bildungsangebote nicht attraktiver. Eine gewisse mentale Disposition und körperliche Fitness erscheinen dagegen als brauchbare Kategorien für eine Differenzierung des Angebots. Für viele Freizeitszenen, ob nun Motorradfahrer oder Künstler, gilt, dass sie altersentgrenzt sind. Das Interesse an einem bestimmten Thema verbindet Szeneganger aus unterschiedlichen Generationen und macht Begegnungen möglich.

Fröhliche Grenzüberschreitungen machen erlebnisorientierte Bildungskonzepte interessant. Dies zeigen mit Erfolg große Themenparks, die Jung und Alt faszinieren, wie auch Erlebnisbäder mit ihren überraschenden Inszenierungen. Es bedeutet jedoch nicht unbedingt, dass alle alles machen könnten. Die Zeitschrift »erleben und lernen« thematisiert in einem Schwerpunktheft die »Erlebnisorientierte Seniorenarbeit«. Bewegung, Körperlichkeit und Interaktion sind bei der Erlebnispädagogik schon zentrale Aspekte. Daher ist eine Anpassung an das jeweilige Mobilitätsniveau der Teilnehmenden wichtig und sinnvoll. Unterschieden werden:

- Go-gos: unabhängige Senioren mit guter körperlicher Fitness, hervorragender Mobilität, aktiven Hobbys und ausgeprägter Wahrnehmungsfähigkeit,
- Slow-gos: unterstützungsbedürftige Senioren mit ersten körperlichen Beeinträchtigungen, bedächtigeren Bewegungen, Orientierung an der eigenen Gesundheit und einem kleineren Aktionsradius,
- No-gos: pflegebedürftige Personen mit massiven Bewegungseinschränkungen, geringer autonomer Mobilität, aber Interesse an einer Teilhabe an der Außenwelt (Birk & Trimborn 2023, 4).[8]

Angepasst an das Mobilitätsniveau gibt es viele Erlebnismöglichkeiten für ältere Menschen, mit Naturerfahrungen unterschiedlicher Art, bilanzieren die Autoren:

---

8 Die Autoren selbst plädieren für einen weniger diskriminierenden Begriff »No-Moves«.

Natursportarten für die Mobilen, Gartenarbeit für die etwas eingeschränkten und Aktivitäten in einer Pflegeeinrichtung mit spielerischem Charakter und Kontakt zu Pflanzen für die »No-Moves«. Die Erlebnispädagogik hat die wachsende Zielgruppe der Senioren bisher noch wenig erschlossen. Das Potenzial und die Lernmöglichkeiten sind jedoch erkennbar.

Integration von Bildung und Freizeit

Erinnert sei an die einfachen Prinzipien einer Verknüpfung von Bildung und Freizeit, wie sie im Rahmen eines Handlungsforschungsprojekts an der Universität Bielefeld in den 1990er Jahren herausgearbeitet wurden. Integrierte Projekte vereinen grundlegende Aspekte der Freizeit und der Bildung und tragen damit den Erwartungen der Teilnehmenden und dem gesellschaftlichen Rahmen Rechnung.

»Bildung:

- Ist Befähigung zur Selbstbestimmung
- im Medium objektiv-allgemeiner Inhaltlichkeit
- über Selbsttätigkeit und aktive Aneignung
- und dient der umfassenden Persönlichkeitsentwicklung

Freizeit:

- bietet Selbstbestimmungsmöglichkeit
- in offenen und veränderbaren
- sowie zeitlich begrenzten Situationen
- bleibt gebunden an die Notwendigkeit der Verständigung
- und dient der Erholung, Unterhaltung und Muße« (Nahrstedt et al. 1994, 30).

Angebote der Freizeitbildung, die diese Prinzipien gleichberechtigt beherzigen, können auf einem Spektrum zwischen »bildungsorientierter Freizeitgestaltung« und »freizeitorientierter Weiterbildung« eingeordnet werden, je nachdem, wie stark die Bildungsaspekte entwickelt sind. Bei einer bildungsorientierten Freizeitgestaltung geht es programmatisch um das Aufgreifen von Themen, die in einer Freizeitsituation, in einem Erlebnisbad, einem Urlaubsort oder auf einem Trödelmarkt angelegt sind (Bildungskerne). Für eine Freizeitbildung mit älteren Menschen könnten beispielsweise historische Themen, die Erinnerungen wecken und biografische Bezüge aufgreifen, interessant sein. Bei einer freizeitorientierten Bildung geht es bei der Angebotsgestaltung darum, Freizeitaspekte mit zu integrieren und damit zu einer freizeitgemäßen Veranstaltung insgesamt zu kommen. Im Rahmen eines Angebots für Ältere könnten klassische Formate für eine Studienreise aufgelockert werden, Begegnungsmöglichkeiten und ein Eintauchen in die Alltagskulturen der bereisten Regionen werden dabei ebenso wichtig wie gesellige Aspekte. Die fachliche Vermittlung von Themen tritt demgegenüber etwas zurück.

Über die verschiedenen Formate der Freizeitbildung ließen sich neue Orte, auch für eine Bildung im Alter erschließen, spezifische sinnliche Zugänge schaffen (z. B. bei verschieden Einschränkungen) sowie informelle Lernsituationen intensivieren und mit Blick auf gesellschaftliche Anforderungen inszenieren. Die Möglichkeiten mit Älteren im Wohnumfeld, auf Reisen oder im Pflegeheim etwas zu entwickeln, erscheinen keineswegs ausgereizt. Zukünftige Modellvorhaben könnten hier anschließen.

Eine lesenswerte Praxishilfe für die Gestaltung von Bildungsmaßnahmen bietet die Handreichung der »Bundesarbeitsgemeinschaft der Seniorenorganisationen (BAGSO)«. Der programmatischen Titel »Wie Bildung im Alter gelingt« verspricht eine pragmatische Aufarbeitung von Grundlagen der Altenbildung und eine Sammlung von Gestaltungsaspekten und anregenden Praxisbeispielen. Das Alter ist vielgestaltig und ebenso sollten es die Bildungsangebote für Ältere sein, schreiben die Autoren. Sie betonen einen der Freizeitbildung doch sehr verwandten Lernbegriff:

> »Es wird ganz praktisch auf das Besondere am Lernen und an der Bildung im Alter eingegangen. Es wird gezeigt, dass Lernen bis ins hohe Alter Aktivität, soziale Teilhabe und Gesundheit fördert. Hierbei wird ein alltagsnaher und lebensweltbezogener Bildungsbegriff zugrunde gelegt: Eine Wanderung oder ein Spieleangebot können genauso Bildung ermöglichen wie eine Einladung zum Austausch von Alterserfahrungen und zum Kennenlernen z. B. in einer Begegnungsstätte« (Haring et al. 2023, 4).

Wichtig erscheint, auf die Interessenlagen der Einzelnen einzugehen und sie zum »Selbstlernen« zu ermutigen. Eine weitere Möglichkeit, Anregungen für die Gestaltung von Bildungsangeboten zu gewinnen, bietet die Servicestelle »Bildung und Lernen im Alter« der BAGSO. Hinter der URL wissensdurstig.de verbirgt sich eine Veranstaltungsdatenbank und eine Sammlung mit Literatur und Materialien zum Lernen im Alter. Bildungsanbieter können sich hier über Praxisprojekte und passende didaktische Modelle informieren. Die Servicestelle steht außerdem Interessierten beratend zur Seite. Zusammenfassend lässt sich festhalten: Die Wissensbasis für eine altersgerechte, aber auch eine freizeitgemäße kulturelle Bildung für und mit Älteren und eine inklusive Kulturarbeit wächst.

Ein besonderer Blick ist heute auf die informationstechnische Bildung gerichtet. Sie soll helfen, eine sich abzeichnende »Digitalisierungslücke« zu schließen und soziale Teilhabe aufrechtzuerhalten. Auf ein innovatives Angebot der VHS Hannover in Kooperation mit der Universität Vechta in diesem Rahmen kann hier nur kurz verwiesen werden. Ergänzend zum Weiterbildungsangebot an der VHS zur Nutzung des eigenen Smartphones werden hierbei Tandems aus Studierenden der Hochschule und interessierten Senioren ins Leben gerufen. Individuelle Beratung und eine problemorientierte Unterstützung sind die Anliegen. Die ersten Evaluationen zeigen trotz aller Schwierigkeiten die Fruchtbarkeit dieses Ansatzes.[9]

---

9 Die Evaluation des Projekts auf der Grundlage von Lerntagebüchern der Studierenden war Gegenstand einer Bachelorarbeit von Laura Bittner an der Hochschule Bremen im Internationalen Studiengang Angewandte Freizeitwissenschaft (2024, unveröffentlicht).

Kulturelle Bildung in der Volkhochschule

Die Wende zu einer kulturellen Bildung und die Abkehr von einem hilfeorientierten Ansatz der Altenarbeit hat in der Weiterbildung längst stattgefunden. Darüber berichtet Wolfram Helmer mit Blick auf VHS Frankfurt und ihre Programmarbeit in den 1970er Jahren und ihre Neuausrichtung auf die jungen Alten in den 1980er Jahren (Helmer 1989, 85). Dieser Wandel hat auch mit einer Entgrenzung der Weiterbildung zu tun und einer Loslösung von einer strengen Orientierung auf die Berufsvorbereitung. Hinzu kommt die Erschließung neuer Zeitfenster für Bildungsangebote, beispielsweise am Vormittag. Bildung im Alter wird zum Erfolgsmodell für die Volkshochschule, dies zeigt ein Blick in die Teilnehmerstatistik des VHS-Verbandes.

Tab. 7.1: Altersverteilung in Kursveranstaltungen der Volkshochschulen in Deutschland

Altersgruppen	1991	2021
unter 18	6,0	5,3
18–24	16,9	5,6
25–34	31,7	15,2
35–49	29,6	23,6
50–64	11,8	29,7
65–74	4,1	15,0
75 u. älter		5,6
Basis	748 VHS	846 VHS

Angaben in %, eigene Zusammenstellung. Daten 1991: BRD und neue Länder zusammen, 65 und älter als höchste Altersgruppe. Quelle: VHS-Statistik, Arbeitsjahr 1991, Tabelle 12. Daten 2021: neue Kategorie 75 und älter seit 2018, Quelle: VHS-Statistik, Arbeitsjahr 2021, Tabelle 14.

Erkennbar ist ein deutlicher Wandel der Teilnehmerstruktur in den Volkhochschulen in den letzten 30 Jahren. Der Anteil der jungen Teilnehmenden ist stark zurückgegangen, während die älteren ab 50 Jahren inzwischen mehr als die Hälfte ausmachen. 65 Jahre und älter sind inzwischen 20,6 % und auch die Erweiterung der Alterskategorien ab dem Berichtsjahr 2018 zeigt den Wandel. Besonders das Angebot im Bereich »Kultur – Gestalten« ist bei älteren Teilnehmenden beliebt. Mehr als ein Viertel gehört hier der zusammengefassten Alterskategorie 65 und älter an. Die Teilnehmenden ab 75 Jahren interessieren sich besonders für den Programmbereich »Politik – Gesellschaft – Umwelt« (vgl. Ortmanns 2023, 29).

Was suchen die älteren Kursteilnehmenden in der VHS? Ist ihnen die Geselligkeit wichtig, wollen sie Anschluss an die technische und gesellschaftliche Entwicklung behalten oder bereiten sie die nächste Urlaubsreise vor? Darüber ist offenbar wenig bekannt. Auch neuere Handreichungen zu diesem »größten Bereich« innerhalb des

VHS-Angebots helfen hier noch nicht richtig weiter (vgl. Fleige et al. 2020). Dass sie gezielt als »Alte« angesprochen werden wollen, ist unwahrscheinlich. Losgelöst vom beruflichen Leistungsdruck ist vielleicht viel eher die Möglichkeit gegeben, über eine Freizeitbildung mit niedrigschwelligen Zugängen ein alltagsnahes Lernen im höheren Lebensalter zu praktizieren und für sich erfolgreich umzusetzen. In diesem Sinne ist sicher vieles der »kulturellen Bildung« zuzurechnen, was heute in den Räumen der Volkhochschulen geschieht, auch wenn die Beschränkungen der Weiterbildungsgesetze immer noch einen engen Rahmen für didaktische Möglichkeiten, Räume und Zeitstrukturen setzen. Spannend wäre es allemal, der Freizeitbildung in der VHS einmal genauer nachzugehen und den Wandel von Interessen und Kursformen zu dokumentieren.

7.5.3 Dritte Orte: informelles Lernen und Begegnung

Während die Volkshochschule mit einer regelmäßigen Zeitstruktur und einem organisierten Lernen (mit Vermittlung, Beratung usw.) punkten kann,[10] eröffnen sich im informellen Sektor inzwischen ganz neue Möglichkeiten für eine Bildung im Alter. Vor allem die öffentlichen Bibliotheken sind derzeit in einem starken Funktionswandel begriffen, wie ein Forschungsprojekt an der Hochschule Bremen deutlich macht.

Die Bibliothek als soziokulturelles Zentrum

Die Rolle der öffentlichen Bibliotheken ist in einem starken Wandel begriffen. Die Einrichtungen verändern sich tendenziell von einem Wissensspeicher zu einem kommunikativen Ort der individuellen und gesellschaftlichen Transformation. Informationen können heute vielfach über virtuelle Quellen digital bezogen werden. Das klassische Medium Buch und auch die Fachzeitschrift verlieren daher an Bedeutung für die Wissensgenerierung. Zugleich ist ein anhaltendes Interesse an Literatur, der Begegnung mit Autoren und einem aktiven Austausch über Literatur festzustellen. Und es mangelt nach wie vor an nichtkommerziellen attraktiven Treffpunkten, die einen Raum für eine selbstgesteuerte und gesellige Freizeitgestaltung bieten können. An der Hochschule Bremen wurde vor diesem Hintergrund ein qualitatives, erkundendes Projekt durchgeführt, das der Analyse und der Dokumentation neuer Strategien in Öffentlichen Bibliotheken dienen sollte (vgl. Freericks et al. 2023).[11]

Ein Auszug aus einem Beobachtungsprotokoll des Besuchs in der Stadtbibliothek Langenfeld lässt das Zusammenspiel von neuen Funktionen und attraktiver Raumgestaltung erkennen:

> »Man ist gleich mittendrin, wenn man die Tür passiert hat. Die Atmosphäre überrascht: Ist es eine Bar, eine Hotellobby oder ein Buchladen? Sind wir wirklich in einer Bibliothek?

---

10 Dies ist nicht zuletzt durch die Weiterbildungsgesetze der jeweiligen Länder bedingt.
11 Die Studie basiert auf zehn qualitativen Fallstudien zu innovativen Bibliotheken in Deutschland mit Experteninterviews und einer teilnehmenden Beobachtung.

7 Freizeitkulturelle Lebenszeit im Alter: Teilhabe und Erlebnisgestaltung

Nichts erinnert an die alte, etwas angestaubte und einen bürokratischen Angang von Sozialbehörde vermittelnden Aufbewahrungsort für Sachbücher und Belletristik. Auch mit einem Archiv alter Art scheint es wenig zu tun zu haben, obwohl es sie noch gibt, die gedruckten Werke und die Zeitschriften. Aus einem Schalter zur Verbuchung ist eine Theke geworden, an der auch Kaffee und kalte Getränke gereicht werden. Nebenan stehen Sofas und Sessel mit einer etwas historischen Anmutung bereit und gruppieren sich um einen niedrigen Wohnzimmertisch. Einladend sieht es aus und gemütlich. Weiter hinten hängt eine Sammlung von schönen und unmöglichen Wohnzimmerlampen – originell, ist der Eindruck. Und noch weiter in der Tiefe des Raums sind Arbeitstische für Lernende auszumachen, die von Schülern und Schülerinnen mit ihren Laptops in Beschlag genommen wurden. Ach ja, Bücher gibt es auch noch und eine Vielzahl an Zeitungen und Zeitschriften. Die Regale erscheinen aber an den Rand gedrängt oder fungieren als niedrige Raumteiler, um das Wohnzimmer-Szenario von Laufflächen oder dem Kinderbereich mit Ecken zum Chillen und Spielen abzugrenzen. Die Bücherpräsentation ist kunstvoll, d. h. mit punktuellen Strahlern ausgeleuchtet, wie die Auslage eines Buchladens. Die Bibliothek preist ihre Schätze an, bietet Themeninseln zum Verweilen und zeigt sich als ein Ort mit kuratiertem Wissen« (ebd., 4).

Den Strukturwandel insgesamt verdeutlicht das hier abgebildete Modell (▶ Abb. 7.3). In den Mittelpunkt rückt die Funktion als Treffpunkt. Die Bibliothek wird zum »Wohnzimmer« für ganz unterschiedliche Gruppen, ermöglicht als soziale Infrastruktur Begegnung, Austausch und Kooperation. Unterschiedliche Milieus sowie jüngere und ältere Nutzer kommen in der Bibliothek zusammen. Im Sinne neuerer Theorien über den Wandel der Dienstleistungsgesellschaft spielen zudem »Co-Creation« und »Erlebnisorientierung« eine wachsende Rolle für den Umgang mit einem heterogenen Kulturpublikum. Zugleich bietet die Bibliothek eine virtuelle Infrastruktur an. Über eine »Onleihe« können viele elektronische Medien heruntergeladen werden und eine Digitalisierung der Zugangssysteme ermöglicht in vielen Einrichtungen inzwischen auch eine Nutzung außerhalb der regulären Öffnungszeiten. Außerdem gibt es zahlreiche Kulturveranstaltungen, Werkstätten für kreatives Arbeiten, eine ansprechende Gastronomie und vieles mehr.

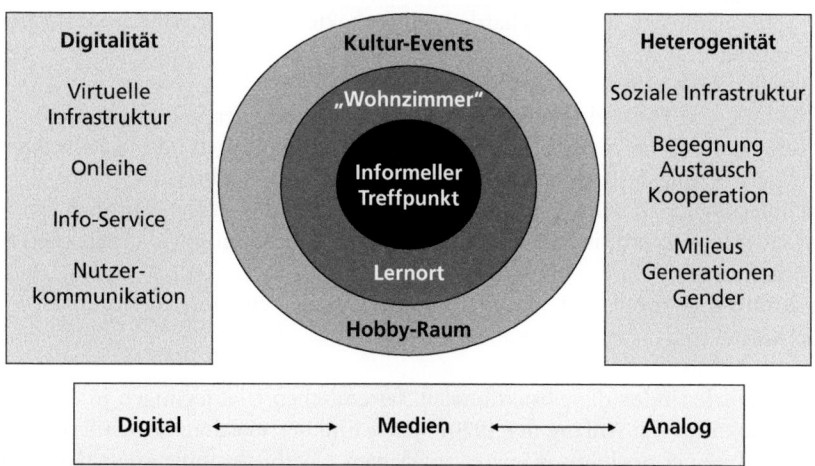

Abb. 7.3: Strukturdimensionen der neuen Bibliothek (Quelle: Freericks et al. 2023, 23).

Die neue Bibliothek scheint auch ein älteres Publikum anzuziehen, das nicht schon bildungsaffin und belesen daherkommt. Wenn es gelingt, wird die Bibliothek zu einem Wohlfühlort, an dem man sich gern aufhält. Zugleich wird durch den Ansatz eine Gemeinwesenarbeit neuer Art gestärkt und die Bibliothek entwickelt ein differenziertes pädagogisches Angebot. Dies kann die Informationsbedürfnisse von Älteren in einer expandierenden Medienwelt mit umfassen und bedienen.

Orientierungspunkt: Dritte Orte

Eine Orientierung für die Neuausrichtung von Bibliotheken bietet neben innovativen Ansätzen der Bibliothekswissenschaft die Theorie des Politikwissenschaftlers Ray Oldenburg zu sogenannten »Dritten Orten« (vgl. Oldenburg 1989). Der Begriff bezieht sich auf Treffpunkte im öffentlichen Raum und bezeichnet nach Oldenburg einen dritten Lebensbereich neben der eigenen Wohnung (erster Ort) und der Arbeitsstätte (zweiter Ort). Oldenburg entwickelt also eine Art Freizeittheorie vom Raum und der Funktion des Raumes her. Der Blick ist auf das regelmäßige Aufsuchen bestimmter Treffpunkte im Alltag, auf informelle Kontakte und eine nachbarschaftliche Form der Vergemeinschaftung gerichtet. Ohne diese Orte scheint die Lebensqualität beeinträchtigt, droht Vereinsamung und eine Anomie des Gemeinwesens. Was sind mögliche »Dritte Orte«? Der kleine Laden, die Tankstelle, der Buchladen, der Friseursalon – oder eben die Bibliothek. Typisch erscheinen die Niedrigschwelligkeit, der kommunikative und gesellige Charakter sowie eine ansprechende einfache Gestaltung als Wohlfühl- und Rückzugsort. Insgesamt geht es Oldenburg um die gesellschaftspolitische Funktion dieser Räume. Ein stärkerer Zusammenhalt in einer ansonsten zersplitterten, individualistischen Gesellschaft ist das Ziel. Viele einzelne Funktionen sind mit dieser Grundausrichtung verbunden, die auch ältere Menschen betreffen:

- »Stärkungen der nachbarschaftlichen Kontakte und Übernahme von Verantwortung
- Integration neuer Bewohner in das Quartier
- Bildung von Freizeitinteressengruppen und Stärkung der Selbstorganisation
- Kooperation und gegenseitige Hilfe bei alltäglichen Fragen und in Krisenzeiten
- Unterstützung des freiwilligen Engagements für den Stadtteil
- Förderung des Zusammenhalts von jüngeren und älteren Generationen
- Anregung von politischen und intellektuellen Diskursen sowie praktischen Aktionsformen
- Vermittlung von Freude am freiwilligen Engagement und einer aktiven Freizeitgestaltung« (Freericks et al. 2023, 16).

Eine Parallele finden diese funktionalen, systemischen Überlegungen in den Ideen der Soziokultur seit Anfang der 1970er Jahre und der sozialraumorientierten Sozialarbeit. In einer noch etwas breiter angelegten Überblicksstudie greift das »Berlin Institut für Bevölkerung und Entwicklung« die Idee der Dritten Orte auf und bringt sie ganz explizit mit dem demografischen Wandel in Verbindung. Programmatisch heißt es in der Studie »Dritte Orte. Begegnungsorte in der altersfreundlichen Stadt«:

> »Für ein gutes Altwerden ist gesellschaftliche Teilhabe von entscheidender Bedeutung. Um sozial eingebunden zu sein und es auch zu bleiben, brauchen ältere Menschen öffentliche Begegnungsorte und -räume in ihrer Kommune, an denen sie Gemeinschaft erfahren und in den Austausch mit anderen treten können – gerade, wenn das Zuhause einsamer geworden ist und auch der Arbeitsort wegfällt. In einer alternden Gesellschaft sind niedrigschwellige Orte der Begegnung und intergenerationellen Austauschs wichtig, auch um gesellschaftliche Themen auszuhandeln« (Körber-Stiftung 2023, 1).

Dem ist wenig hinzuzufügen. Der Dritte Ort wird im Rahmen der Studie der Körber-Stiftung als Rettungsanker für Kommunen gesehen, um dem demografischen Wandel gerecht zu werden, die Potenziale der Älteren zu aktivieren und einen Raum für Austausch und Kooperation und vielleicht auch gegenseitigen Trost zu schaffen. Neben öffentlichen Bibliotheken können viele Einrichtungen sich die vorgestellten Prinzipien zu eigen machen und einen Beitrag zur informellen Bildung im Alter und zur Entwicklung des Gemeinwesens leisten, auch Museen, Volkhochschulen oder Kulturzentren. Kulturelle Bildung im Alter erfährt so eine Erweiterung und eine neue infrastrukturelle Basis.

7.6 Ein Ausblick

Die Auseinandersetzung mit dem Thema Alter ist beschwerlich und gefährdet die »Verdrängung« des eigenen Verfalls, der wir ein gut Teil unser Funktionsfähigkeit im Alltag verdanken, schreibt Sven Kuntze in seinem Werk »Altern wie ein Gentleman – Zwischen Müßiggang und Engagement« (2011). Gleichwohl wurden im Rahmen dieses Beitrags ja eher die heiteren Seiten einer Zeitverwendung im höheren Lebensalter, die Gestaltung von Freizeiterlebnissen und der Erhalt der sozialen Teilhabe angesprochen. Also das Risiko, selbst in altersbezogene Depressionen zu verfallen, erscheint vergleichsweise gering. Dennoch werden die ernsten Untertöne spürbarer als bei anderen Themen der Freizeitwissenschaft. »Keiner kommt hier lebend raus«[12] ist eine weitere Metapher, die einen bei der Auseinandersetzung mit den verschiedenen Aspekten streifen kann. Und der Prozess der Alterung, der eigenen wie der gesellschaftlichen, schreitet rasant voran. Während die 68er-Generation von Kuntze und anderen inzwischen bemüht ist, das hohe Lebensalter jenseits der 80 in Würde zu bestehen, erscheint unsere Kohorte der Babyboomer entschlossen, die Früchte der gewonnenen Jahre bei relativ guter Gesundheit und mit vielen weiteren materiellen und geistigen Voraussetzungen für ein aktives Leben ausgestattet erst einmal so richtig auszukosten und das Leben neu zu genießen.

Gemeinsam ist beiden Altersgruppen jedoch eine tiefgreifende Erlebnisorientierung, das Bedürfnis nach Selbstverwirklichung und erfüllter Zeit im Hier und Jetzt.

---

12 Nach einem Horror-Roman des britischen Autors Adam Nevill (2014).

Im Wohlstand aufgewachsen nehmen wir ein »postmodernes« Wertegerüst mit durchs Leben und eben auch mit in die verbliebene Zeit nach dem Renteneintritt hinein. Die Suche nach Glück und einem erlebnisreichen Leben lässt unsere Generation nicht los, wird höchstens anders, und die von Gerhard Schulze so treffend diagnostizierte Erlebnisgesellschaft ergraut (vgl. Schulze 1992). Erlebnisorientierung im Alter erscheint auch der einzig verbliebene Trost angesichts des Verlusts religiöser Heilsversprechen auf eine Zeit danach.

> »Der Zweck des guten Lebens in der Moderne ist es, möglichst zahlreiche Eindrücke und Erlebnisse im Diesseits anzuhäufen, denn danach gibt es für den Ungläubigen nicht mehr viel zu holen. Was wir im Jetzt nicht erreicht und erlebt haben, ist unrettbar verloren. ›Das Leben in all seiner grenzenlosen Mannigfaltigkeit auszukosten‹, wird zum zentralen Streben des modernen Menschen. […] Das ist eine grundlegend andere Lebensführung als die unserer Vorfahren, die stets von den kärglichen Vorgaben des Jenseits bestimmt war« (Kuntze 2019, 115 f.).

Auch im Alter von 80+ bleibt das Leben ein Erlebnisprojekt. »Alt sein wie ein Gentleman« ist eine Herausforderung an die aktive Gestaltung der Lebenszeit.

Neue Muße oder Aktivismus

Die Vorstellungen von einem gelungenen Leben im Alter hängen dabei vielfach einem naiven Aktivismus an. Dies kommt schon in dem bemühten Terminus »junge Alte« zum Ausdruck. Rausgehen, teilhaben, sich engagieren, reisen und noch ganz viel in der verfügbaren Zeit zu machen erscheint als eine naheliegende Perspektive für ein erfülltes Leben jenseits der Berufstätigkeit. Diesen Mythos der immerwährenden Aktivität gilt es kritisch zu hinterfragen. Warum soll ein erfülltes Leben im Alter in rastloser Aktivität oder in einen (nachholenden) Konsum möglichst vieler Erlebnisse münden, für die man während der Berufstätigkeit oder einer anstrengenden Familienphase nicht die Zeit gefunden hat. Dann doch lieber die Faulheit für sich entdecken und eine Dekade des Nichtstuns einläuten. Klassisch hätte man von Muße gesprochen, doch die scheint in einer entwickelten Erlebnisgesellschaft eher ein Nischendasein zu fristen. Ein Nachhall der protestantischen Ethik, die stark die Arbeitswelt und ihre Dynamik bestimmte, kann dabei vermutet werden. Eine Erlebnisrationalität ist halt eine verständliche Reaktion auf die Überfülle an Erlebnisangeboten – auch für die ältere Generation. »Wer rastet, der rostet«, ist für einige die frei übersetzte Antriebsfeder für ein Leben im Unruhestand. Der Optimismus beim Übergang in den Ruhestand ist groß, die Träume sind hochfliegend. Doch nicht alles löst sich ein, manches gelingt nicht oder bleibt enttäuschend – die andauernde Weltreise, die Auswanderung in warme Gefilde ferner Länder und noch so manches. Träume zu haben, erscheint wichtig für einen erfolgreichen Übergang in die letzte Lebensphase und eine Kultivierung der Lebenszeit im Alter. Zugleich muss man aber auch zugeben, dass nicht mehr alles möglich ist, der Körper immer mehr Dominanz über den Alltag gewinnt und mit seinen sich immer stärker andeutenden Schwächen den Aktionsradius und die Realisierungschancen für ein ausschweifendes Freizeitleben schwinden lässt.

Die Sackgasse einer die Restlebenszeit verschlingenden rastlosen Betriebsamkeit erscheint unübersehbar. Einer Beschleunigung des Lebenstempos im Alter soll hier nicht das Wort geredet werden. Eher geht es zukünftig um eine Kultivierung des Gegenentwurfs und der Pflege ganz unterschiedlicher Zeitmuster in Auseinandersetzung und in »Resonanz« mit der Welt (Rosa 2016). Dabei gäbe es durchaus erstrebenswerte Vorbilder für ein Leben in Faulheit, wie Manfred Koch in einem lesenswerten Essay herausgearbeitet hat (Koch 2012). Die »Kunst der Faulheit« muss vielleicht angesichts eines langen arbeitsamen Berufslebens wieder neu gelernt werden. Das Ereignislose und Flüchtige einer Zeitgestaltung im Alter gilt es neu und mit Akzeptanz in den Blick zu nehmen. Routinen des Alltags müssen anders als bisher gestaltet werden und eine Struktur im Zeitverlauf stellt sich weniger durch vertraute externe Taktgeber ein. Das Nichtstun fördert eine neue Lockerheit, aber vielleicht auch eine ungeahnte Energie und Selbstdisziplin, die zu Bewegung, Geselligkeit und Kultivierung von individuellen Interessen hinführt. Können wir uns trauen, Tagträumen nachzuhängen, wenn das Leben nicht mehr allzu lang währt? Warum nicht: Wann, wenn nicht jetzt? Der Umgang mit viel freier Zeit erscheint als eine Herausforderung. Nichtstun müsste von Vorbehalten und Vorurteilen befreit werden und übersteigerte Erlebnisansprüche gilt es nicht nur aus Nachhaltigkeitsüberlegungen heraus in die Schranken zu verweisen (vgl. Ehn & Löfgren 2012).

Zum Schluss: Im Arbeitszimmer meines Großvaters, in dem ich mich als Kind sehr gern aufgehalten habe, hing eine Zeichnung des Humoristen und Malers Wilhelm Busch mit einer Anspielung auf die Zeit und das Leben:

So ist nun mal die Zeit allhie,
erst trägt sie dich,
dann trägst du sie,
und wann's vorüber, weißt du nie.[13]

Vielleicht tut uns etwas mehr Humor und Gelassenheit mit Blick auf das unvermeidliche Altern gut. So lässt sich das, was ohne Zweifel auf uns zukommt, etwas besser ertragen.

Literatur

Arnold, R., Nuissl, E. & Schrader, J. (Hrsg.) (2023): Wörterbuch Erwachsenen- und Weiterbildung. 3., voll. überarb. Aufl. Bad Heilbrunn: Klinkhardt.
Birk, F. & Trimborn, A. (2023): Theorie und Praxis zur Erlebnispädagogik für Senioren. In: erleben und lernen, (6), S. 4–7.
Brinkmann, D. (2004): Freizeit und Erholung in einer alternden Gesellschaft. In: B. Frevel (Hrsg.): Herausforderung demografischer Wandel. Wiesbaden: VS Verlag für Sozialwissenschaften, S. 151–162.

---

13 Busch 1908, 13 ff.

Brinkmann, D. (2015): Freizeit im Kontext des demografischen Wandels. In: R. Freericks & D. Brinkmann (Hrsg.): Handbuch Freizeitsoziologie. Wiesbaden: Springer Fachmedien, S. 189–210.
Busch, W. (1908): Hernach. München: Joachim.
Destatis – Statistisches Bundesamt (2024a): Themenseite Lebenserwartung. Online verfügbar unter: https://www.destatis.de/DE/Themen/Gesellschaft-Umwelt/Bevoelkerung/Sterbefaelle-Lebenserwartung/_inhalt.html, Zugriff am 16.5.2024.
Destatis – Statistisches Bundesamt (2024b): Themenseite »Ältere Menschen«. Online verfügbar unter: https://www.destatis.de/DE/Themen/Querschnitt/Demografischer-Wandel/Aeltere-Menschen/bevoelkerung-ab-65-j.html?nn=238640, Zugriff am 16.5.2024.
Destatis – Statistisches Bundesamt (2024c): Themenseite Demografischer Wandel. Online verfügbar unter: https://www.destatis.de/DE/Themen/Querschnitt/Demografischer-Wandel/_inhalt.html#120342, Zugriff am 16.5.2024.
Deutscher Paritätischer Wohlfahrtsverband Gesamtverband e.V. (Hrsg.) (2024): Armut in der Inflation. Paritätischer Armutsbericht 2024. Berlin.
Ehn, B. & Löfgren, O. (2012): Nichtstun. Eine Kulturanalyse des Ereignislosen und Flüchtigen. Hamburg: Hamburger Ed.
Fleige, M., Gassner, J. & Schams, M. (2020): Kulturelle Erwachsenenbildung. Bedeutung, Planung und Umsetzung. Bielefeld: wbv Publikation.
Freericks, R. (1996): Zeitkompetenz. Ein Beitrag zur theoretischen Grundlegung der Freizeitpädagogik. Baltmannsweiler: Schneider-Verl. Hohengehren.
Freericks, R. & Brinkmann, D. (Hrsg.) (2015): Handbuch Freizeitsoziologie. Wiesbaden: Springer Fachmedien.
Freericks, R. & Brinkmann, D. (Hrsg.) (2021): Erlebnis – Gemeinschaft – Transformation. Berufsfeld Freizeit und Tourismus im Umbruch. Sammelband zum 6. Bremer Freizeit.kongress. Bremen: Institut für Freizeitwissenschaft und Kulturarbeit e.V.
Freericks, R., Brinkmann, D. & Herfort, J. (2023): Die Bibliothek als soziokulturelles Zentrum der erlebnisorientierten Wissensgesellschaft. Bremen: Hochschule Bremen.
Frevel, B. (Hrsg.) (2004): Herausforderung demografischer Wandel. Wiesbaden: Verlag für Sozialwissenschaften.
Fromme, J. & Freericks, R. (Hrsg.) (1997): Freizeit zwischen Ethik und Ästhetik. Neuwied: Luchterhand.
Fromme, J. & Stoffers, M. (Hrsg.) (1988): Freizeit im Lebensverlauf. 5. Bielefelder Winterakademie. Bielefeld: DGFF.
Generali Deutschland AG (Hrsg.) (2017): Generali Altersstudie 2017. Wie ältere Menschen in Deutschland denken und leben. Berlin: Springer. Online verfügbar unter: https://ebookcentral.proquest.com/lib/kxp/detail.action?docID=4784156, Zugriff am 16.4.2024.
Haring, S. et al. (2023): Wie Bildung im Alter gelingt. Handreichung für Multiplikatoren. 3. Aufl. Hrsg. v. Bundesarbeitsgemeinschaft der Senioren-Organisationen e.V. (BAGSO). Bonn.
Helmer, W. (1989): VHS-Praxis Die Alten. Dazu gehören wir (irgendwann) alle! In: F. Pöggeler (Hrsg.): Freizeit – Alter – Lebenszeit. Erkrath: DGF, S. 83–88.
Kaspar, R., Wenner, J. & Tesch-Römer, C. (2022): Einsamkeit in der Hochaltrigkeit. D80+ Kurzberichte, Nummer 4 Januar 2022. Cologne Center for Ethics, Rights, Economics, and Social Sciences of Health (ceres). Köln.
Koch, M. (2012): Faulheit. Eine schwierige Disziplin. Springe: zu Klampen.
Körper Stiftung und Berlin Institut für Bevölkerung und Entwicklung (Hrsg.) (2023): Dritte Orte. Begegnungsräume in der altersfreundlichen Stadt. Hamburg.
Kuntze, S. (2011): Altern wie ein Gentleman. Zwischen Müßiggang und Engagement. München: Bertelsmann (E-Book).
Kuntze, S. (2019): Alt sein wie ein Gentleman. Über Würde im Alter und andere überschätzte Tugenden. München: C. Bertelsmann.
Luhmann, M. (2023): Einsamkeit unter Jugendlichen in Nordrhein-Westfalen nach der Pandemie. Hrsg. v. Staatskanzlei des Landes Nordrhein-Westfalen. Düsseldorf.
Nahrstedt, W. (1990): Leben in freier Zeit. Grundlagen und Aufgaben der Freizeitpädagogik. Darmstadt: wbg.

Nahrstedt, W., Fromme, J., Stehr, I., Brinkmann, D., Freericks, R. & Kahlen, B. (1994): Bildung und Freizeit. Konzepte freizeitorientierter Weiterbildung. Bielefeld: IFKA.

Nahrstedt, Wolfgang (2008): Wellnessbildung. Gesundheitssteigerung in der Wohlfühlgesellschaft. Berlin: E. Schmidt.

Niejahr, E. (2004): Alt sind nur die anderen. So werden wir leben, lieben und arbeiten. Frankfurt a. M.: S. Fischer.

Oldenburg, R. (1989): The great good place. New York, NY: Paragon.

Opaschowski, H. W. & Reinhardt, U. (2007): Altersträume. Illusion und Wirklichkeit. Darmstadt: Primus Verl.

Ortmanns, V.; Huntemann, H., Lux, T. & Bachem, A. (2023): Volkshochschul-Statistik. 60. Folge. Berichtsjahr 2021. Hrsg. v. Deutsches Institut für Erwachsenenbildung – Leibniz-Zentrum für Lebenslanges Lernen. Bielefeld.

Pehl, K. & Reiz, G. (1992): Statistische Mitteilungen des Deutschen Volkshochschul-Verbandes. 30. Folge, Arbeitsjahr 1991. Hrsg. v. Pädagogischen Arbeitsstelle des Deutschen Volkshochschul-Verbandes e. V. Frankfurt a. M. Online verfügbar unter: http://www.die-bonn.de/doks/2015-volkshochschule-statistik-30.pdf, Zugriff am 5.6.2024.

Pöggeler, F. (Hrsg.) (1989): Freizeit – Alter – Lebenszeit. Erkrath: DGF.

Pöggeler, F. (1997): Alter und Bildung – Perspektiven der Lebenslaufforschung. In: Spektrum Freizeit, 19 (1/2), S. 118–135.

Rathgeb, T. & Doh, M. (2022): SIM-Studie 2021. Senor*innen, Information, Medien. Stuttgart: Medienpädagogischer Forschungsverbund Südwest.

Rosa, Hartmut (2016): Resonanz. Eine Soziologie der Weltbeziehung. Berlin: Suhrkamp.

Schäfer, G. & Brinkmann, D. (Hrsg.) (2018): Lebensqualität als postmodernes Konstrukt. Soziale, gesundheitsbezogene und kulturelle Dimensionen. Bremen: Institut für Freizeitwissenschaft und Kulturarbeit e. V.

Schramek, R., Kricheldorff, C., Schmidt-Hertha, B. & Steinfort-Diedenhofen, J. (Hrsg.) (2018): Alter(n) – Lernen – Bildung. Ein Handbuch. Stuttgart: Kohlhammer.

Schulze, G. (1992): Die Erlebnisgesellschaft. Frankfurt a. M.: Campus.

Simonson, J, Kelle, N. & Kausmann, C. et al. (2021a): Freiwilliges Engagement in Deutschland. Zentrale Ergebnisse des Fünften Deutschen Freiwilligensurveys (FWS 2019). Hrsg. v. Bundesministerium für Familie, Senioren, Frauen und Jugend. Berlin.

Simonson, J., Kelle, N., Kausmann, C. & Tesch-Römer, C. (Hrsg.) (2021b): Freiwilliges Engagement in Deutschland – Der Deutsche Freiwilligensurvey 2019. Hrsg. v. Deutsches Zentrum für Altersfragen. Berlin.

Wehr, P. (1990): Die Freizeit der »neuen Alten«. Daten, Fakten, Hintergründe. In: Freizeitpädagogik, 12 (3/4), S. 105–133.

Wilken, U. (2021): Freizeitpädagogik und ihre Bedeutung für die Kultivierung der Lebensgestaltung. In: R. Freericks & Brinkmann, D. (Hrsg.): Erlebnis – Gemeinschaft – Transformation. Berufsfeld Freizeit und Tourismus im Umbruch. Sammelband zum 6. Bremer Freizeit.kongress. Bremen: Institut für Freizeitwissenschaft und Kulturarbeit e. V., S. 11–35.

III Exemplarische Beispiele freizeit-kultureller Entwicklungen

8 Erlebnispädagogik: Die Welt entdecken und aktiv mitgestalten

F. Hartmut Paffrath

8.1 Einleitung: Die Lust Neues zu erkunden und sich zu erproben

Die Welt entdecken und sich erproben – wer möchte das nicht? Schon Babys setzen sich mit ihrer neuen Umwelt von Anfang an intensiv auseinander. In der Interaktion mit ihr entfalten sich ihre Sinne und Kräfte. Sie sind keine »leeren Gefäße«, in die man Wissen einfüllen muss, oder beliebig zu beschreibende »Wachstafeln«, wie einst John Locke und viele andere dachten.

Wir alle kennen die Neugier und Bewegungsfreude unserer Kinder. Wann immer sich Gelegenheiten bieten, hüpfen, laufen, balancieren, springen, spielen und experimentieren sie. Später in der Jugendzeit versuchen die Heranwachsenden in ihrem Erprobungsdrang sich selbst in Szene zu setzen und bestehende Grenzen auszutesten. Auch im Erwachsenenalter wollen Menschen aus ihrem Alltag ausbrechen, suchen nach Abwechslung. Zu Tausenden zieht es sie zu fernen Gestaden und fremden Kulturen, um neue Eindrücke zu gewinnen. Sie wollen etwas erleben und suchen nach Erlebnissen. Die Vergnügungs- und Unterhaltungsindustrie verstärkt diesen Trend und nutzt ihn kommerziell aus. Erlebnisse haben Konjunktur. Es gibt kaum ein Produkt oder Angebot, das nicht großartige, tiefe, begeisternde oder unüberbietbare Erlebnisse verspricht und damit wirbt: Erlebnisbäder, Erlebnisgastronomie, Erlebniskaufhäuser etc.

In diesem Zusammenhang ist auch die Erlebnispädagogik eingebunden. Ist sie nur eine modische Erscheinung, Reflex der »Erlebnisgesellschaft« (G. Schulze) unserer Tage?

8.2 Zu Aufstieg und Faszination der Erlebnispädagogik

Die Wurzeln der Erlebnispädagogik reichen jedoch weiter zurück. Sie hat bereits eine mehr als 100-jährige Tradition und wechselvolle Geschichte. Schon in der Reformpädagogik (1900–1933) wollten Schulreformer die alte Pauk-, Drill- und Buchschule durch Erlebnisunterricht verändern, gründete Kurt Hahn gemeinsam mit Prinz Max von Baden das Landerziehungsheim Schloss Salem, um sein Konzept der »Erlebnistherapie« in der Praxis zu verwirklichen.

Insbesondere seit den 1980er Jahren hat die Erlebnispädagogik in Deutschland einen rasanten Aufstieg erfahren. Kaum ein anderes Feld hat sich in der Bildungslandschaft so dynamisch entwickelt.

In der Sozial- und Jugendarbeit wie auch im Freizeitbereich gehört es inzwischen zum Standard, erlebnispädagogische Programme anzubieten. Neue Zielgruppen und Zielsetzungen entstehen. So gelten Outdoor-Trainings bei Personalentwicklern als interessantes Instrument beruflicher Qualifizierung. Im Gesundheitswesen werden erlebnispädagogische Module zur Prävention bzw. Rehabilitation eingesetzt, um Patienten über die abstrakte Aufklärung hinaus emotional zu erreichen und Verhaltensänderungen zu unterstützen. Auch kirchliche Einrichtungen versuchen, durch erlebnisorientierte Angebote an Attraktivität zu gewinnen. Sogar das traditionelle Schulsystem entdeckt die Chancen erlebnispädagogischer Lernszenarien wieder. Eingang gefunden hat die Erlebnispädagogik ebenfalls in den akademischen Bereich. Hochschulen und Universitäten bieten verschiedene Studiengänge zur Qualifizierung und Weiterbildung an.

International hat sich die Erlebnispädagogik in Europa, vor allem im englischsprachigen Raum (Nordamerika, Australien, Neuseeland u. a.) als »Experiential Learning« bzw. »Outdoor Education« etabliert, selbst in Asien und Afrika hat sie Eingang gefunden. Die Attraktivität der Erlebnispädagogik zeigt sich nicht zuletzt an der umfangreichen Fachliteratur und ihren Bestsellern mit einer Auflagenhöhe von über 100.000 verkauften Exemplaren (vgl. Reiners 2019; Gilsdorf & Kistner 2022 et al.).

Drei Szenen aus der Praxis geben Einblick in die Unterschiedlichkeit der Angebote und Zielgruppen:

- Auf der Rückfahrt einer Reise nach Mittel- und Südamerika übernimmt der 16-jährige Schülerkapitän Knut Feil im Atlantik das Ruder der Thor Heyerdahl (▶ Abb. 8.1). Er bringt das Segelschiff in Sturm und Nebel gemeinsam mit seinem Team durch den Ärmelkanal sicher in den heimischen Hafen Hamburg (Soitzek 2007, 388; vgl. ferner Merk 2006, Sand 2015).
→ Segeln als klassisches erlebnispädagogisches Medium
- Vorsichtig tasten sich Simone (5 Jahre) und Tom (6 Jahre) durch dichten Wald und sumpfiges Gelände voran, um eine entführte Prinzessin zu befreien. Sie dürfen den schlafenden Riesen nicht aufwecken und haben schwierige Aufgaben zu meistern. Ort des Abenteuers ist eine Turnhalle. Teppichfliesen werden zu Trittsteinen über das Moor, Bänke zu schmalen Burgmauern ...
→ Indoor-Aktivität aus den Bereichen Abenteuersport, Erlebnisturnen oder erlebnisorientierter Freizeitarrangements
- Eine Gruppe von Erwachsenen versucht, mit einfachen Materialien einen möglichst hohen Turm zu bauen (▶ Abb. 8.2). Der Konstruktionsplan droht zu scheitern, der Turm gerät in eine gefährliche Schieflage ... Was nun?
→ Outdoor-Trainingsübung zur Personalentwicklung im Rahmen betrieblicher Aus- und Weiterbildung

8 Erlebnispädagogik: Die Welt entdecken und aktiv mitgestalten

Abb. 8.1: Segelschiff Thor Heyerdahl (Quelle: Klassenzimmer unter Segeln)

Abb. 8.2: Outdoor-Training – Turmbau (Foto: Sylvia Härtle; Quelle: F. Hartmut Paffrath (2017): Einführung in die Erlebnispädagogik. 2., überarb. Aufl. Augsburg: ZIEL, 172)

Erlebnispädagogische Angebote umfassen Kurzzeitmaßnahmen wie Langzeitprojekte und richten sich an Kinder, Jugendliche, Einzelpersonen, Familien, Gruppen, an Menschen mit Behinderungen, Suchtgefährdete, Drogenabhängige, Auszubildende, Berufstätige, Senioren. Ziel ist nicht das Erlebnis selbst. Vielmehr sollen erlebnisintensive Situationen und herausfordernde Handlungsfelder nachhaltige Entwicklungs- und Bildungsprozesse anstoßen bzw. unterstützen. Dabei kommen der Verarbeitung des Erlebten (Reflexion) sowie der Übertragung in den Alltag (Transfer) grundlegende Bedeutung zu.

Stehen zunächst Aktivitäten in der Natur im Vordergrund, so erweitert sich das Spektrum in der Folgezeit wesentlich durch die Einbeziehung urbaner Räume und des Indoor-Bereichs. Auch Interaktions- und Kooperationsübungen, konstruktive Problemlöseaufgaben treten hinzu.

In einem weiten Verständnis umfasst die Erlebnispädagogik in der Praxis heute:

1. Klassische Outdoor-Aktivitäten in Naturräumen (▶ Abb. 8.3):
   Klettern – Segeln – Höhlenbefahrung – Expedition u. a.
2. Erweiterte erlebnispädagogische Settings/Aktivitäten:
   City Bound – Land Art – Theaterprojekte – Bewegungs- und Zirkuskünste – Kooperative Abenteuerspiele – Geocaching (GPS-Schatzsuche) u. a.
3. Neuere erlebnispädagogische Elemente:
   Kooperations- und Interaktionsübungen – Konstruktive Problemlöseaufgaben – Kennenlern-, Vertrauens-, Rollen- und Simulationsspiele – New Games u. a.
4. Konkrete Projekte in sozialen, gesellschaftspolitischen, ökologischen Zusammenhängen
5. Erlebnisorientierung als methodisch-didaktisches Prinzip:
   Aktivierung der Erlebnisunterströmung und der emotionalen Fundierung von Lehr-/Lern- und Bildungsprozessen: herausfordernde Anlässe/Einstiege, alternative Lernorte und -formen, Fantasiereisen u. a.

Die Expansion und das breite Spektrum der modernen Erlebnispädagogik liegt auch darin begründet, dass sich verschiedene Ansätze und Aktionsformen wie etwa die Wald-, Natur- und Wildnispädagogik, Bereiche der Spielpädagogik oder künstlerische Programme, Theaterprojekte, Zirkus- und Bewegungskünste mit dem Begriff ›Erlebnis‹ identifizieren konnten und damit quasi ein gemeinsames Dach, einen gemeinsamen Oberbegriff für ihre Arbeit fanden.

Diese Ausweitung ist allerdings durchaus ambivalent. Abgrenzungen und begriffliche Schärfe gehen verloren. Das führt auch dazu, dass oft nur die Aktivitäten selbst im Vordergrund stehen, auf deren Wirksamkeit man blind vertraut, so etwa auf die bildende Kraft der Natur oder die vorausgesetzten positiven Effekte der Gruppe.

Zudem ist die Erlebnispädagogik selbst Teil eines Prozesses, der immer weitere Lebensbereiche erfasst und pädagogisiert. So verstärken erlebnispädagogische Maßnahmen im Freizeitbereich zugleich den Zugriff auf das Individuum, verstellen Freiräume, grenzen spontanes Umherstreifen von Kindern und Jugendlichen wie deren Erkundungsdrang ein. Dies gilt es zu berücksichtigen, sollen erlebnispädagogische Programme (junge) Menschen nicht vereinnahmen, sondern sie bei der konkreten Lebensbewältigung sowie einer gelingenden Lebens-Kultur-Gestaltung unterstützen. Neben Aktivitäten in der Natur beschreiben die ausgewählten Praxisbeispiele insbesondere Chancen erlebnispädagogischer Arbeit »vor Ort« in den Städten und im »Indoor-Bereich«.

8 Erlebnispädagogik: Die Welt entdecken und aktiv mitgestalten

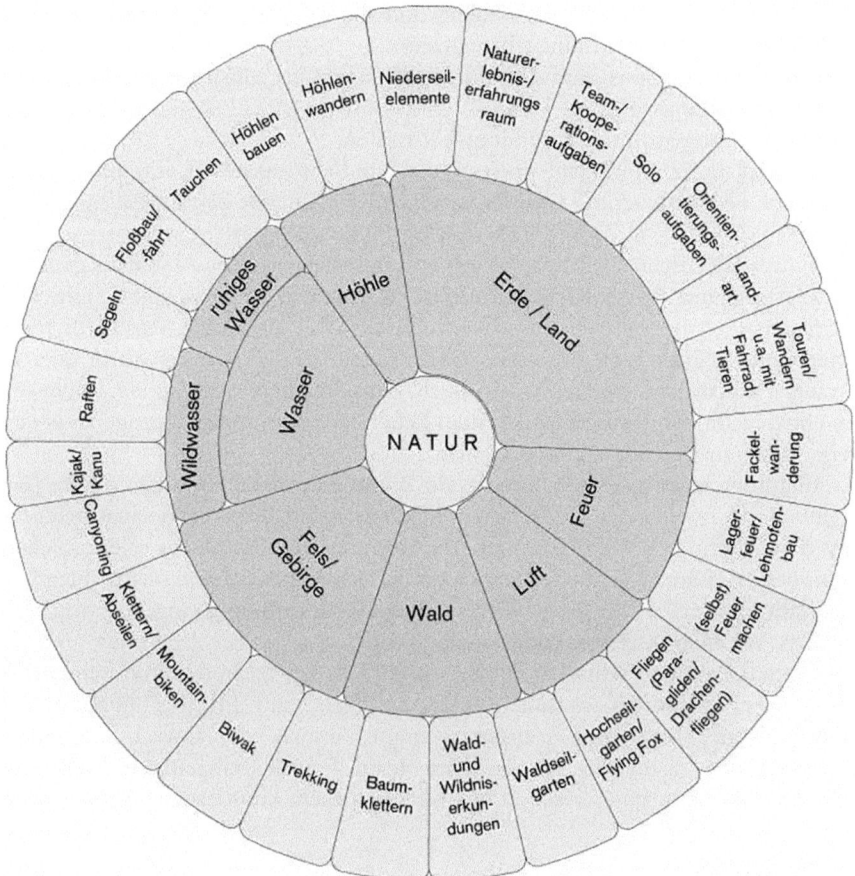

Abb. 8.3: Klassische Outdoor-Aktivitäten in Naturräumen (Quelle: F. Hartmut Paffrath (2017): Einführung in die Erlebnispädagogik. 2., überarb. Aufl. Augsburg: ZIEL, 100)

8.3 Erlebnispädagogische Freizeitangebote

8.3.1 Handlungsorientierte Erfahrungsräume und Lerngelegenheiten für Kinder und Jugendliche

Mit ihren Abenteuer- und Erlebnisräumen setzt die Erlebnispädagogik ein bewusstes Gegengewicht zu Tendenzen des gesellschaftlichen Wandels, welche die Kindheit und Jugendzeit heute betreffen, so z. B.:

- den konsumorientieren Medienalltag und die suggestive Macht der virtuellen Welten, die ›digitale Kindheit/Jugendzeit‹,
- den Verlust von Spiel- und Aktionsmöglichkeiten in reduzierten Lebensräumen urbaner Ballungsgebiete,
- die Bewegungsarmut durch Indoor-Aktivitäten,
- die Verplanung und Beschleunigung von Kindheit/Jugendzeit, ihre bildungspolitische Bedarfssteuerung sowie eine risikoausschließende Bewahr-Pädagogik.

Erlebnispädagogische Angebote bieten in kompensatorischer Absicht gegenüber dem festgelegten Tagesablauf institutionellen formalen Lernens, von Schule, Unterricht oder Arbeitswelt einen offenen, gleichwohl geschützten Raum für freie, ungebundene Entfaltung. Sie geben Gelegenheit, sich aktiv in der Natur oder in arrangierten Abenteuerwelten zu erproben, Grundbedürfnisse zu stillen, Interessen zu entwickeln, den Kreis der bekannten Lebenswelt und soziale Bezüge zu erweitern, Mitverantwortung zu übernehmen.

Allerdings ergeben sich tiefergehende Bildungsprozesse, die über äußere ›Bewegtheit‹ oder willkommene Abwechslungen des normalen Alltags hinausreichen, erst dann, wenn erlebnispädagogische Prinzipien sich nicht nur in gelegentlichen Aktionen erschöpfen, sondern in einen größeren Gesamtzusammenhang integriert und konzeptionell verankert werden: in Freizeit- und Bildungsangebote von Verbänden, Vereinen, Kirchen, kommunalen Einrichtungen oder der Kinder- und Jugendsozialarbeit, der Behindertenhilfe – und nicht zuletzt in den politischen Diskurs. Hier entscheidet es sich, ob Orte, Plätze und Projekte mitsamt der notwendigen Infrastruktur realisiert werden können, die abwechslungsreiche Lerngelegenheiten und Erfahrungsräume bieten (Freizeitarrangements, Ferienprogramme, Abenteuerspielplätze, mobile Kletteranlagen, künstlerische Animationen u. a.).

Fahrten und Expeditionen

Fahrten, Expeditionen oder mehrtägige Touren stellen besondere Höhepunkte erlebnispädagogischer Arbeit dar. Von ihnen geht eine eigene Faszination aus. Sie fordern die Arrangeure der Aktivitäten wie die Akteure gleichermaßen heraus. Rechtliche und organisatorische Fragen sind im Vorfeld zu klären, die Route auf die Fähigkeiten der Teilnehmenden sowie auf die jeweiligen Zielsetzungen abzustimmen (subjektive Begegnung mit Unsicherheit bei objektiver Sicherheit).

Beispiel Floßbau und Floßfahrt

Schon auf den ersten Blick sticht der Unterschied zum Segelschiff Thor Heyerdahl ins Auge. Dort der majestätische Segler – hier das selbstgebaute Floß mit seinem beengten Raum und der vollgepackten Wäscheleine quer durchs Gefährt. Und doch werden auf diesem Bild (▶ Abb. 8.4) die Grundmuster erlebnispädagogischer Settings sichtbar. Die unmittelbare Herausforderung durch die Situation: das Eingebundensein in die Natur und die Auseinandersetzung mit ihren Kräften, Rhythmen und Gewalten.

Abb. 8.4: Floßfahrt (Foto: Sarah Zimmermann; Quelle: F. Hartmut Paffrath (2017): Einführung in die Erlebnispädagogik. 2., überarb. Aufl. Augsburg: ZIEL, 103)

Anstrengend ist es zu paddeln, schwierig, gemeinsam zu navigieren, soll sich das Floß überhaupt bewegen. Mut und Ausdauer, Kooperation, Rücksichtnahme und Frustrationstoleranz sind gefragt. Bereits der Bau des Gefährts erfordert Sorgfalt und Geschick, planende Vorausschau, »Learning by Doing«. Beim ›Stapellauf‹ zeigt sich, ob das konstruierte Floß überhaupt schwimmfähig ist und die Reise beginnen kann. Dann allerdings gibt es kein Zurück mehr. Jetzt ist es nicht mehr möglich, sich wie in der virtuellen Medienwelt einfach auszuklinken, den Kanal zu wechseln …

Floßbauen und Floßfahren – herausfordernde Gelegenheiten, sich zu erproben und zu bewähren, nicht zuletzt Verantwortung für sich, die Gruppe, die Natur und ihre ökologischen Grundlagen zu übernehmen.

Für Peter Becker kommt solchen Abenteuerreisen heute eine wichtige Aufgabe zu. Sie bereiten in besonderer Weise auf das Leben in der Moderne vor: auf eine offene Zukunft, die Zunahme des Unbestimmten, den Verlust an Eindeutigkeit. Wofür aber »die Gattung Jahrhunderte Zeit hatte, müssen Kinder und Jugendliche in nur wenigen Jahren lernen« (2002, 36). Pädagogisch begleitete Abenteuer bieten ein Erprobungsfeld für solche Entwicklungsaufgaben. Die Abenteuersituation konfrontiert mit Unsicherheit, Wagnis, Krisen, zwingt Entscheidungen zu treffen, Konsequenzen auszuhalten. Sie unterstützt so das Selbständig-Werden, den Weg zu Autonomie, Mündigkeit des jungen Menschen und hat eine kompensatorische wie auch emanzipatorische Funktion.

Projekte

Geschichte entdecken – Von Dinosauriern, Säbelzahntigern und Meeresungeheuern

»Wo ich heute stehe, schwammen früher Krokodile und Haie, gab es Korallenriffe, wuchsen subtropische Wälder, suchten Mammuts in eisiger Kälte nach Flechten und Moosen. Wer hätte das gedacht?« (Frau, 21 Jahre)

Wie es früher in der Region, an dem jeweiligen Ort ausgesehen hat, an dem man heute lebt, ist den meisten von uns kaum oder nur ganz rudimentär bekannt. An die Eiszeit und Mammuts mag man sich noch erinnern. Aber soll es hier wirklich subtropische Wälder und ein Meer gegeben haben?

Studierende der Universität Augsburg wollen diese Frage klären und begeben sich in einem erlebnispädagogischen Seminar auf Spurensuche der Urgeschichte. Ihre Zeitreise gelingt. In Steinbrüchen werden sie fündig und freuen sich über Jahrmillionen alte Blätter, Pflanzen und Tierknochen in ihren Händen. Das örtliche Naturmuseum, das kaum einer vorher kannte, geschweige denn einmal besucht hatte, bietet neue Schätze und Anregungen. Bei den Ausgrabungen entsteht der Gedanke, dass die Fundstücke auch andere Studierende interessieren könnten. Die Idee einer Ausstellung, »Die Treppenhaus-Galerie«, ist geboren. Realisiert wird sie in Kooperation mit dem Naturmuseum und mit künstlerischer Unterstützung. Das Endergebnis: vier Stockwerke voller lebendiger Urgeschichte in einem vormals grauen Betontreppenhaus des Funktionsbaus der Alma Mater (Schädel et al. 1996).

Orte und Anlässe zum Erforschen der Geschichte unseres Lebensraumes, der natürlichen wie der gebauten und sozialen Welt, der verschiedenen Etappen der Menschheitsgeschichte gibt es überall. Ihnen nachzuspüren und sie aufzuspüren kann faszinierend für Kinder und Jugendliche, aber auch Erwachsene sein. Eine erlebnisreiche Entdeckungsreise und zugleich bildende Lebensraum-Kultur-Gestaltung.

Aber wie steht es mit dem Blick auf die Gegenwart und Zukunft? »Mich interessiert die Eiszeit nicht, ich will wissen, wie die Zukunft aussieht«, so der Ausspruch eines 12-jährigen Jungen. Anlass für eine Zukunftswerkstatt ...?

Aufsuchende Erlebnispädagogik

Spielmobile – Streetwork – City Bound

Dem Bereich aufsuchender pädagogischer Intervention kommt heute in den sozialen Brennpunkten urbaner Ballungszentren eine besondere Bedeutung zu. Sie ergänzen die formalen und institutionellen Freizeitangebote, die immer nur einen Teil der Kinder und Jugendlichen erreichen und zudem an besondere Orte ausgelagert sind (Ferienlager, Fahrten, Naturräume).

Spielmobile

Spielmobile suchen die direkten Lebensräume von jungen Menschen in ihren Stadtteilen und Quartieren auf. Vor Ort bieten sie mit ihren spiel- und erlebnispädagogischen Elementen die Chance, den begrenzten Alltag durch Bewegungs- und Abenteuerspiele, künstlerische Aktivitäten oder Musik zu erweitern, in die Welt des Zirkus mit Akrobatik, Jonglage, Zaubern einzutauchen. Sie sind Teil aufsuchender pädagogischer Intervention mit dem Ziel, bestehende Defizite und Ungleichheiten kompensatorisch zu mildern oder auszugleichen. Sie tragen zur Persönlichkeitsbildung junger (benachteiligter) Menschen bei und animieren über

Spiel, Spaß und Freude zum Kennenlernen neuer Aktivitäten und zum Erproben eigener Fähigkeiten. Zugleich sind sie Orte interkultureller Begegnung und unmittelbarer Lebensbewältigung.

Streetwork

Durch präventive oder intervenierende erlebnispädagogische Projekte verschaffen Streetworker Kindern und Jugendlichen in städtischen Wohngebieten ohne ausreichende Infrastruktur bzw. Aktionsmöglichkeiten Alternativen zum Konsumalltag. Stadtspiele oder Abenteuerrallyes geben Gelegenheit, neue Räume zu erkunden, mit anderen Menschen in Kontakt zu kommen, sich als Aktionskünstler zu erproben, Graffitis zu gestalten, Videos/Filme zu drehen, mit Zelten im Freien zu übernachten. Attraktiv sind auch Trendsportarten wie etwa der »Parkour«, die akrobatische Kunst, im Wege stehende Hindernisse: Treppen, Bänke, Zäune, Mauern, Fassaden möglichst spektakulär und effektiv zu überwinden. Gerade solche Aktivitäten können Randgruppen und Cliquen noch erreichen.

In ihrer Arbeit werden Streetworker ebenso mit demotivierten, apathischen, gewalttätig oder destruktiv gewordenen Heranwachsenden konfrontiert, mit suchtkranken und straffälligen Jugendlichen. Haben hier erlebnispädagogische Kurzzeitprogramme überhaupt eine Chance oder sind intensive längerfristige Betreuungsmaßnahmen sowie die Veränderung objektiver Lebensbedingungen und struktureller Auslösefaktoren notwendig? Welcher Handlungsspielraum bleibt Streetworkern in diesem Spannungsfeld? Wie weit reicht die Parteilichkeit für ihre Klientel angesichts gesellschaftlicher Ansprüche?

City Bound

Natursportliche Outdoor-Aktivitäten finden unter dem Namen City Challenge in Großbritannien wie auch in sozialen Brennpunkten amerikanischer Großstädte bereits seit den 1960er Jahren in den urbanen Raum Eingang. Gebäude, Türme oder Brücken dienen als Ersatz für Berge und Felswände, werden zum Klettern und Abseilen verwendet. Die Stadt als erlebnispädagogisches Medium wird entdeckt – die City-Bound-Idee ist geboren.

Ende der 1980er Jahre etabliert sich das Konzept als Ergänzung des ursprünglichen Outward-Bound-Ansatzes auch in Deutschland. Inzwischen gibt es einen festen Kanon charakteristischer City-Bound-Lernszenarien (vgl. Crowther 2005, Deubzer & Feige 2004). Längst haben diese ihre Ersatzfunktion für natursportliche Unternehmungen überwunden, sich zu einem eigenständigen Bereich innerhalb der Erlebnispädagogik entwickelt. Statt aufwändiger Abenteuerreisen in fremde Länder sollen Aktivitäten in der Stadt neue Erfahrungen im unmittelbaren Umfeld ermöglichen.

Aber stehen in hektischen Citys, in tristen Plattenbausiedlungen, im gewohnten Milieu der Alltagswelt wirklich geeignete Räume bzw. Gelegenheiten für Abenteueraktivitäten zur Verfügung? Immer mehr Menschen bevölkern den urbanen Ballungsraum. Geradezu idyllisch wirken deutsche Großstädte gegenüber den Metropolen der Welt: Tokio, Mexiko-City, São Paulo oder New York mit jeweils über

20 Millionen Einwohnern. Bogotá, die Hauptstadt Kolumbiens, hat mehr Einwohner als Berlin, Hamburg und München zusammen.

Zweifellos bieten Städte mit ihrer Dynamik, ihren schillernden Konsum- und Kontaktmöglichkeiten einen Erlebnis- und Aktionsraum, der für Menschen verlockend sein kann. Ein offener, aber zugleich verstellter Ort. Die Wege des Einzelnen sind auf wenige Plätze oder Routen begrenzt, gleich nebenan beginnt die andere, fremde Stadt: räumlich wie sozial.

Menschen leben zwar in der gleichen Stadt, doch auf unterschiedliche Weise, in verschiedenen Welten. Die jeweilige Lebenslage vermittelt spezielle Orientierungsmuster, die gleichzeitig als Abgrenzung nach außen dienen. Sie geben Sicherheit, halten den Einzelnen aber in Rastern gefangen. Entwicklung vollzieht sich jedoch gerade im Spannungsfeld zwischen Sicherheit und Unsicherheit, Bekanntem und Fremdem, zwischen subjektiven und objektiven Bezügen. Erst wenn das gewohnte Muster sich in der Praxis als unbrauchbar erweist, wächst die Bereitschaft einer Neuorientierung. Mit der Ausdehnung des äußeren Raumes geht zugleich eine Erweiterung der Innenwelt einher. Andere Normen und Lebensformen relativieren den eigenen Standort.

City-Bound-Projekte unterstützen durch ihre Lernszenarien individuelle Entfaltungsprozesse, versuchen Handlungskompetenzen in und mit dem Medium Stadt zu fördern. Sie sind vom Zivilisationsprozess, der gerade in urbanen Ballungsgebieten unverhüllt zutage tritt, direkt betroffen. Deshalb kann es nicht gleichgültig sein, wie diese Welt beschaffen ist: baulich, sozial, ökonomisch, politisch.

Hier wird die gesellschaftliche Verflechtung, aber auch Verantwortung der Erlebnispädagogik deutlich. Sie muss ihre Vorstellungen eines humanen Lebens in der Stadt in den öffentlichen Diskurs einbringen. Erst dann gewinnen ihre Projekte eine über den Abenteuercharakter hinausgehende Verankerung.

Eine ernsthafte Herausforderung stellt das Zusammenleben verschiedener Menschen, Gruppen und Kulturen in den Ballungszentren dar. Interaktion, Kommunikation, persönliche Begegnungen und Kontakte sind notwendig, um einem feindseligen Nebeneinander und dem Auseinanderdriften der Gesellschaft entgegenzuwirken. Zwar lassen sich dadurch letztlich keine strukturellen Probleme lösen, aber erlebnis- und handlungsorientierte Aufgaben besitzen das Potenzial, interkulturelle Verständigung zu fördern (vgl. Losche & Püttger 2010).

Das zeigen nicht nur Langzeitprojekte, sondern auch kleinere, auf den ersten Blick unscheinbare City-Bound-Aktivitäten. So reicht etwa das beliebte Gruppenfoto mit möglichst unterschiedlichen Menschen über eine bloße Aktionsaufgabe oder Initiativübung hinaus. Es besitzt eine Tiefendimension, die zuweilen gar nicht bemerkt oder begriffen wird. Das gilt für die agierenden ›Fotografen‹ wie für die angesprochenen Menschen. Sie alle finden sich unerwartet zusammen, nehmen sich gegenseitig wahr und fühlen sich in irgendeiner Weise verbunden, zumindest in dem Augenblick, in dem das gemeinsame Bild entsteht.

Neben Spannung und lustvoller Aktion können Kriminalspiele, Schatzsuchen oder Abenteuerrallyes in der Stadt fremde Gruppen zusammenführen, Kooperation fördern, neue Orte und Lebenswelten erschließen, wenn sie planvoll mit pädagogischem Anspruch arrangiert werden. Simulationsspiele, Rollentausch, Verkleidungen, spielerische Verwandlung bieten Anlass zu überraschenden Entdeckungsreisen, beispielsweise als Blinder, Fremder oder als Rollstuhlfahrer. Sie regen dazu an, die Welt aus der Perspektive der Betroffenen näher kennenzulernen.

Wie ergeht es jemandem, der sich in solche Situationen begibt? Eigene Empfindungen, Gefühle, Eindrücke sind zu klären, ebenso die Reaktionen der anderen. Durch die persönliche Betroffenheit kann eine Ahnung davon entstehen, was körperliche oder geistige Beeinträchtigungen bedeuten, welchen Stellenwert Behinderte in der Gesellschaft haben. Das Rollenspiel löst kritische Fragen aus, die auch die eigene Einstellung betreffen: Wie stehe ich zu Menschen mit Handicaps? Inwieweit bin ich mitgeprägt von gesellschaftlichen Strukturen, einer Praxis, die nur dem Sieger zujubelt, die Erfolgreichen im ›Survival of the Fittest‹ bewundert, den kosmetisch gestylten und chirurgisch perfektionierten Körper anbetet. Damit geht zwangsläufig die Gefahr einer, das Nicht-Perfekte abzuwerten, auszugrenzen. Die Verurteilung des ›lebensunwerten Lebens‹ ist noch lebendig und hängt wie ein Damoklesschwert über unseren Köpfen. Die angeblich vergangene Geschichte mahnt an solche Einbrüche, die jederzeit wieder möglich sind.

Was lernen (junge) Menschen durch solche Rollen- und Simulationsspiele? Einige werden das ganze Unternehmen als Gag und Action betrachten, die technischen Möglichkeiten des Rollstuhls ausloten, ihre Geschicklichkeit testen, Wettrennen veranstalten, andere den Aspekt der Behinderung nicht an sich heranlassen. Die Situation bleibt letztlich künstlich und stellt keinen Ernstfall dar, der sie wirklich betrifft. Bleibt am Ende nur ein flüchtiger Eindruck oder erweitert die Aktion den Erfahrungshorizont, stärkt sie Sensibilität, Offenheit, Solidarität? Erst der reale Umgang mit behinderten Menschen kann das zeigen. Nur im konkreten Handeln werden moralische Einstellungen oder altruistische Verhaltensweisen erprobt und auf die Probe gestellt.

Rollen- und Simulationsspiele, Performance-Aktionen können Zugänge öffnen, erste Erfahrungen vermitteln, wirklichen Ernstcharakter gewinnen sie durch ein längerfristiges persönliches Engagement. Der Lebensraum Stadt bietet dazu vielfältige Anlässe: Mitarbeit in ökologischen oder sozialen Projekten, in Altenheimen, in der Jugendarbeit, bei der Betreuung von Menschen mit Behinderungen. All dies sind Lernfelder für die Entwicklung von Empathie und Verantwortung – auch für die Pädagogen selbst.

Die Erkundung einer Stadt lässt für die beteiligten Akteure viele Möglichkeiten offen: Was wollte ich immer schon einmal in der Stadt machen? Unbekannte Orte und Ziele gibt es überall. Welche Orte bevorzugen Kinder, Jugendliche, Erwachsene? Wie müsste die Stadt meiner Träume aussehen? Verbindlichkeit gewinnen solche Aktionen durch konkrete Veränderungsvorschläge. Dokumentationen, Fotoausstellungen in öffentlichen Gebäuden, Diskussionsrunden mit zuständigen Politikern.

Erlebnispädagogische Freizeitangebote im institutionellen Rahmen von Verbänden, Vereinen, Kommunen

Viele Vereine und Verbände, staatliche und kommunale Institutionen haben inzwischen erlebnispädagogische Angebote in ihre Arbeit integriert und berücksichtigen erlebnispädagogische Prinzipien – ein Prozess, der sich exemplarisch an der Entwicklung der Jugendherbergen zeigen lässt.

Jugendherbergen als Anbieter erlebnisorientierter Freizeitprogramme

Hundert Jahre, nachdem Richard Schirrmann die erste Jugendherberge der Welt in der Burg Altena gründete, gibt es allein in Deutschland über 500 Herbergen mit rund 10 Millionen Übernachtungszahlen pro Jahr. Von reinen Übernachtungsquartieren mit spartanisch eingerichteten Schlafsälen, Eisenstockbetten und Sammelduschen haben sie sich zu professionellen Unternehmen weiterentwickelt.

Erlebnispädagogische Angebote gehören inzwischen zum Standard: Das Spektrum der Möglichkeiten reicht weit über das traditionelle Wandern der Anfangszeit hinaus. Rafting, Mountainbiking oder Bergtouren haben einen festen Platz in den Programmen. Selbst anspruchsvolle Unternehmungen wie Gleitschirmfliegen oder Tauchkurse fehlen nicht. Eigene Kletterwände laden zu ersten Steigversuchen, zum Sport- und Speedklettern ein. Angehende Artisten, Fakire, Jongleure oder Feuerspucker können sich in der Herberge Nettetal-Hinsbeck eine Woche lang erproben und die Schlussaufführung in einem richtigen Zirkuszelt gestalten. Workshops animieren zu künstlerischem Schaffen im Bereich Theater oder bildender Kunst. Neue Körpererfahrungen, sinnliches Erleben bieten ›Wellnessherbergen‹ mit Snoezelraum und Entspannungsmassagen. In alten Burgen (Altena, Bacharach), prunkvollen Schlössern (Augustusburg), bei Übernachtungen auf Schiffen (Rostock) ist Romantik angesagt. Die Jugendherberge Hellenthal in der Eifel präsentiert sich als spezielles »Erlebnispädagogik- und Outdoor-Zentrum« mit einem in Deutschland einmaligen ganzjährig zu nutzenden überdachten Hochseilgarten sowie einem eigenen Camp für Nachwuchszirkuskinder – ideale Voraussetzung für: betreute Ferienfreizeiten, erlebnispädagogische Kurse, soziale Trainings für Jugendgruppen und Schulklassen, Bildungsprogramme zur Förderung persönlicher Fähigkeiten/Soft Skills, Handlungsorientierten (Fremd-)Sprachenerwerb.

Der Schwerpunkt »Naturerleben und Ökologie« vieler Herbergen öffnet wieder einen Bezug zur ursprünglichen Idee der Wandervögel, ihrer Suche nach einem freien, selbstbestimmten Leben in der Natur und in der Gemeinschaft. Ökologische oder soziale Projekte in der unmittelbaren Umgebung wie auch im Ausland bieten Gelegenheit, sich für andere Menschen bzw. die Natur zu engagieren, Verantwortung über persönliche Freizeitinteressen hinaus zu übernehmen.

Jenseits eingeschliffener Routine – erlebnisorientierte Aktivitäten im Seniorenbereich

Während die Unterhaltungs- und Vergnügungsindustrie sowie die Reise- und Tourismusbranche die Senioren als Zielgruppe schon längst entdeckt und vereinnahmt haben, hat sich die Erlebnispädagogik der ›dritten Generation‹ erst seit einigen Jahren intensiver zugewandt. Nennenswerte Ansätze gibt es vor allem im Gesundheitswesen in Kooperation mit Krankenkassen, Sportverbänden, Vereinen und Institutionen, die spezielle Programme für ältere Menschen entwickeln.

Die geringe Präsenz hängt mit dem methodischen Ansatz der Erlebnispädagogik, ihrer ursprünglichen natursportlichen Orientierung wie auch der eigenen geschichtlichen Tradition zusammen. Im Mittelpunkt des Interesses stehen zunächst Kinder und Jugendliche, erst später rücken Erwachsene im Rahmen von Resozialisierungs- bzw. Rehabilitationsmaßnahmen oder beruflicher Qualifizierung (Outdoor-Trainings) stärker ins Blickfeld.

Annäherungen ergeben sich durch Veränderungen der Erlebnispädagogik selbst wie auch durch die gewandelte Rolle der Senioren in der Gesellschaft und das neue Bild vom Alter. Alter ist relativ. Folgt man einer repräsentativen Umfrage der BAT Stiftung für Zukunftsfragen, ist der Mensch erst dann alt, wenn er von anderen abhängig wird und sein Leben nicht mehr eigenständig gestalten kann.

Die Mehrzahl der Senioren widerlegt das Stereotyp vom passiven, starren, unflexiblen alten Menschen. Das Bild des betulichen und senilen Rentners ist überholt. Reisen, Sport, Wellness, Gesundheit und attraktive Angebote der Erlebnisgesellschaft stehen ganz oben auf der Prioritätenliste. Bei Wildnis-Trails und Insel-Hopping, bei Wüstenwanderungen und sogar auf dem Gipfel des Kilimandscharo sind die Trendsetter zu finden.

Der erlebnisorientierte Lifestyle des 21. Jahrhunderts – Abenteuer, Spaß, Aktivität und Entspannung gepaart mit Komfort und kommunikativen Elementen – weckt eine anspruchsvolle Erwartungshaltung, die sich nicht mehr mit den üblichen Maßnahmen traditioneller Altenbildung erfüllen lässt und der Erlebnispädagogik besondere Chancen eröffnet. Jenseits eingeschliffener Routinen schafft sie durch ihre Angebote Ausnahmesituationen und bietet so Gelegenheiten für Lebendigkeit, Spaß, Freude – und Erfolgserlebnisse. Lebensträume und Wünsche älterer Menschen können noch in Erfüllung gehen.

Segeln

Bei einem einwöchigen Segeltörn mit behinderten, zum Teil über 80-jährigen Altenheimbewohnern ergeben sich erstaunliche Entwicklungsprozesse:

> »So hielten sich beispielsweise die älteren Mitsegler, die sich im Altersheim vor allen möglichen Krankheiten fürchteten oder vor jedem Luftzug ängstigten, stundenlang auch bei strömendem Regen auf Deck auf. [...] Alle lernten Verantwortung für sich und für die Mannschaft zu übernehmen, was sich auch weiterhin im Heimalltag bemerkbar machte« (Schöttler 1994, 26).

»Alten-Theater«

Das Freie Werkstatt Theater in Köln hat mit seinem eigenen Alten-Theater-Ensemble seit 1979 inzwischen schon Geschichte geschrieben. Ein bemerkenswerter und anregender Modellversuch. Hier wurden keine bereits vorhandenen Stücke übernommen, sondern selbst entworfen. Die Akteure des Ensembles – alle zwischen 60 und 90 Jahre alt – thematisierten dabei ihre Lebens- und Zeitgeschichte und setzen sich kritisch damit auseinander.

Mit dem Präventionsprojekt »Ausgetrickst – Nicht mit uns« griffen sie ein aktuelles, sie hautnah betreffendes Problem unserer Tage auf. Es ging um die Listen und Täuschungen, die Betrüger und Diebe bei älteren Menschen anwenden, vor allem darum, wie man sich davor schützen kann. In Kooperation mit der Polizei erarbeiteten sie realistische Lösungsvorschläge.

Theater: Mehr als nur passiver Konsum, Unterhaltung, Spaß, Zeitvertreib, Erlebnis – ein exemplarisches Beispiel für gelingende Lebens-Kultur-Gestaltung. Zugleich ein Vermächtnis – musste das Alten-Theater Köln doch nach 43 Jahren erfolgreicher Arbeit 2022 seine Pforten schließen. (https://altentheater.de/projekte/alter-im-rampenlicht/)

Zirkusaktivitäten

Im ältesten Mit-Spiel-Zirkus der Schweiz, dem »Circolino Pipistrello«, bereiten Senioren, Kinder und Jugendliche gemeinsam eine Zirkusaufführung vor. Gleichberechtigt entwickeln sie das Programm und begeben sich auf einen ebenso spannenden wie herausfordernden Weg. Je nach individuellen Interessen entscheiden sie, ob sie als Clown, oder Zauberer auftreten, im Orchester mitmachen, den Part des Zirkusdirektors oder eine andere Rolle übernehmen wollen. Sie erleben, wie die Aufführung langsam Gestalt annimmt, wie das Gesamtkunstwerk Zirkus funktioniert, vom Zeltaufbau bis zu seinem Abbau, denn »Circolino Pipistrello« ist mobil, reist mit bunten Planwagen jeweils an den Ort des Geschehens. (https://www.pipistrello.ch/aktuell/)

Spielerisch proben die ›Artisten‹ für den Ernstfall: den eigenen Auftritt. Die Absicht der Initiatoren des Zirkusprojekts geht dabei über das Erlernen einer einzelnen Fertigkeit oder bestimmten Handlungskompetenz hinaus. Sie verbinden mit ihrem Projekt die Hoffnung, Menschen gleich welchen Alters für den Zauber und die Poesie der Zirkuswelt zu öffnen, verborgene oder nicht gelebte Träume wirklich werden zu lassen. Mehr noch: Die Akteure sollen »wieder etwas anderes als ihren Alltag, eine Art Gegenwelt zur Welt des Geldes, des Erfolges, der Zwänge und der Macht erfahren« (ebd.). Deutlich tritt hier die gesellschaftskritische Verankerung des Projekts hervor. Sie verweist zugleich auf das dem Zirkus, dem Theater oder der Kunst innewohnende Potenzial, ungewohnte Sichtweisen zu öffnen, Anstöße zur Veränderung zu vermitteln. Allein dem Narren, dem Schelm, war es an den Höfen der Könige und Mächtigen vergönnt, bisweilen die Wahrheit zu sagen.

Die Beispiele zeigen, wie erlebnispädagogische Szenarien zu einer neuen Alterskultur beitragen können. Sie unterstützen Offenheit, Lebenszufriedenheit, soziale Integration und wirken so vorzeitigem Altersabbau entgegen. Altern stellt nicht nur einen biologischen Prozess dar, sondern hängt mit seelischen und geistigen Dimensionen eng zusammen. Für Albert Schweitzer sind Fantasie, Schwung, Begeisterung, Abenteuerlust kein Privileg der Jugend. Wer sich Zuversicht, Selbstvertrauen, Hoffnungen oder Ideale erhält, bleibt für Albert Schweitzer auch im Alter noch innerlich jung.

Alter bedeutet nicht nur Abbau und Degeneration. Das Gehirn hat das Potenzial, ein Leben lang aktiv zu sein – wenn es beansprucht wird. Es kann sogar noch wachsen. Wissenschaftler der Universitätskliniken von Hamburg und Jena haben dies in einem interessanten Versuch nachgewiesen. Sie ließen Menschen zwischen 50 und 67 Jahren mit Bällen jonglieren. Nach drei Monaten Training zeigte sich nicht nur eine Vergrößerung der auf Bewegungsaktivitäten spezialisierten Gehirnregion, sondern auch bei dem für das Lernen zuständigen Bereich. Ein ähnlicher Effekt trat ebenfalls im Bereich des hirneigenen Belohnungssystems auf. Damit bestätigt sich zugleich die entwicklungsfördernde Dimension der Bewegungskünste über ihren Unterhaltungswert hinaus.

Trotz des Versprechens der Werbung »Forever young« und aller medizinischen Fortschritte fordert der Alterungsprozess seinen Tribut. Mit zunehmendem Alter lässt die Risikobereitschaft nach, vergrößern sich die Hemmschwellen. Umso wichtiger ist es, Anlässe und Gelegenheiten zu schaffen, Senioren zu motivieren, etwas Neues auszuprobieren, aus eingefahrenen Mustern auszubrechen.

Selbst in der Hospizarbeit und lm Bereich der palliativen Versorgung haben sich über die rein medizinische Behandlung ganzheitliche Pflegeansätze durchgesetzt. Erlebnisorientierte Module öffnen emotional berührende Momente, Tiefenschichten, die sonst nicht mehr erreicht werden können, den Tagen mehr Leben geben, Ruhe und Trost spenden (Körperarbeit, Klinik-Clowns, Musiktherapie).

8.4 Erlebnispädagogik als Alternative zur Event-Kultur der Freizeitindustrie

Erlebnispädagogische Freizeitangebote bieten Alternativen zur Event-Kultur der Freizeitindustrie mit ihren Fun- und Vergnügungsparks, Incentives und ultimativen Kickveranstaltungen. Spektakuläre Wasserrutschen, Luftschaukeln, ›freier Fall‹ oder das Eintauchen in fantastische virtuelle Welten werden hier als einmaliges Erlebnis angepriesen und verkauft. Das vorgestanzte Fertigprodukt braucht nur noch konsumiert zu werden. Die Berücksichtigung der inneren Prozesse der Teilnehmenden oder weitergehende Überlegungen zum Transfer liegen dabei außerhalb des kommerziellen Interesses.

Der Unterschied zwischen Angeboten des Freizeitmarkts und erlebnispädagogischen Programmen lässt sich auch an den favorisierten Aktivitäten erkennen. So bieten Unternehmen und Freizeitparks beispielsweise Paintball an – ein Spiel, bei dem es darum geht, den Gegner mit Farbkugeln oder Laserpistolen zu treffen. Die Aktion kann durchaus bewegungsintensiv sein, Konzentration wecken, strategisches Denken herausfordern – als erlebnispädagogisches Medium ist sie jedoch nicht geeignet. Auf Menschen zu schießen, sie außer Gefecht zu setzen, aus dem Weg zu räumen, läuft pädagogischer Intention und ethischen Prinzipien entgegen. Die Erlebnispädagogik bevorzugt Abenteuerspiele, (GPS-)Orientierungstouren oder New Games, die Kooperation und die Auseinandersetzung mit der Sache selbst, nicht Konkurrenzkampf, Wettbewerb oder bloßen Konsum in den Vordergrund stellen.

Erlebnisorientierte Kulturangebote: Museen und Ausstellungen

Rauch und Flammen im Museum – kein Störfall. Im Gegenteil: beabsichtigtes Experiment. Auf den Spuren unserer Vorfahren gelingt es Besuchern auf ihrer Reise in die Steinzeit nach mehreren vergeblichen Versuchen mit einfachen Naturmaterialien, ein offenes Feuer zu entfachen. Es ist ein Beispiel für das Konzept experimenteller Archäologie bzw. der Living History, gelebter und erlebter Geschichte.

Längst haben Museen ihr verstaubtes Image hinter sich gelassen. Anstelle zahlreicher Exponate hinter verschlossenen Glasvitrinen, anstelle dicker Kataloge oder ermüdender Vortragsführungen hält handlungsorientiertes Lernen Einzug in Museen, Ausstellungen und andere kulturpädagogische Projekte. Lesenächte, interaktive Festivals, Workshops oder themenorientierte (Freizeit-)Aktivitäten laden zum Mitmachen, Anfassen, Experimentieren ein.

Das Museum als lebendiger Anschauungs-, Lern- und Arbeitsort, als offener Bildungsraum, wie es einst Alfred Lichtwark, Pionier der Kunsterziehungsbewegung, proklamiert hatte, gewinnt reale Gestalt in Form von Erlebnismuseen: Heimat-, Volkskunde-, Freilicht-, Natur-, Technik- oder Wissenschaftsmuseen – sie alle betrifft dieser Wandel.

Selbst das renommierte Deutsche Museum in München versucht, seinen jährlich 1,4 Mio. Besuchern mehr zu bieten als bloße Exponate. Auch wenn manche Ausstellungsstücke zum Betrachten und Verweilen einladen, wie z. B. das begehbare Bergwerk oder der berühmte Doppeldecker der Gebrüder Wilbur und Orville Wright, so bleibt den meisten Besuchern doch ein bestimmtes Experiment in Erinnerung: der Versuch mit dem Faraday'schen Käfig, einer Drahtgitterkugel, in der ein Mitarbeiter des Deutschen Museums einer 270.000 Volt-Spannung ausgesetzt wird – und diese unbeschadet übersteht.

Konsequent baut das Museum seine Experimentierstationen aus. Durch die Verbindung klassischer Exponate, multimedialer Ergänzungen sowie eigener Versuche im Labor ermöglicht die Museumspädagogik einen direkten Zugang zu Geschichte, Anwendung und Wirkung neuer Technologien. Sie macht die dahinterstehende Forschung erlebbar und bezieht darüber hinaus gesellschaftspolitische und ethische Probleme ein.

Im Kinderreich können junge Entdecker ab drei Jahren erste praktische Schritte in die Welt der Technik und Naturwissenschaften unternehmen. Im DNA-Labor lösen Schüler in weißen Laborkitteln einen spannenden Kriminalfall: »Wer war der Täter?« Über einen genetischen Fingerabdruck gelingt es ihnen, ein fiktives Verbrechen aufzuklären. In einem anderen Experiment können sie die eigene Erbsubstanz aus ihrer Mundschleimhaut herauslösen und mit nach Hause nehmen – Welt der Forschung hautnah. (www.deutsches-museum.de)

Aber treten die beabsichtigten Effekte wirklich ein oder verhindert die Erlebnisdichte der rasch wechselnden Attraktionen die Aufnahmefähigkeit und Konzentration der Besucher? Welche Umstände führen dazu, dass die emotionalen Reize nicht nur flüchtige, impressionistische Eindrücke auslösen, sondern in Erinnerung bleiben, nachhaltiges Lernen fördern? Noch gibt es darüber keine aussagekräftigen Langzeitstudien, auch wenn Untersuchungen des Instituts für Freizeitwissenschaft und Kulturarbeit in Bremen (IFKA) die wachsende Bedeutung emotional fundierten, informellen Lernens für die Entwicklung von Interessen und die Allgemeinbildung aufzeigen.

So präsentieren sich auch Science Center, Freizeit- und Themenparks oder Ausstellungen als Erlebniswelten. Mit ihren Mitmach-Aktionen, Lernstationen und Lern-Events fördern sie aktivierende Beteiligungsmöglichkeiten. Sie intensivieren damit die Lern-Erlebnis-Situation und bieten in methodisch-didaktischer Hinsicht die Chance, selbstgesteuertes Lernen zu »modellieren«, ohne dabei individuelle Gestaltungsspielräume oder die Entscheidungsfreiheit der Nutzer einzuschränken – im Unterschied zu formalisierten Schulungsprogrammen. Die angebotenen Lernszenarien finden umso größeres Interesse der Besucher, je stärker sie mit der Lebenswelt und gesellschaftlichen Zukunftsfragen verankert sind (vgl. Freericks 2006, 34).

8.5 Ausblick: Erlebnispädagogik in der »Zeitenwende«

Die gegenwärtigen globalen Entwicklungen und gesellschaftlichen Umbrüche betreffen uns alle: Pandemien, Erderwärmung/ökologische Krise, Migration, aber auch der Kampf um knapper werdende Ressourcen, die Kollision von wirtschaftlichen Interessen und politischen Systemen, weltweite Aufrüstung, Kriege. In diesen Prozess ist auch die Erlebnispädagogik involviert und dadurch zugleich herausgefordert, die sozialen, gesellschaftlichen und politischen Verhältnisse mitzugestalten. Welchen Beitrag kann sie dazu leisten? Wie steht es mit ihrer gesellschaftspolitischen Verantwortung?

Auf den ersten Blick scheint es, als würde sie sich mit der Favorisierung naturnaher Aktivitäten sowie der Schaffung eigener Erlebniswelten aus der gesellschaftlichen Realität ausklinken, das Hauptgewicht auf die Entwicklungsförderung des Einzelnen und seine Erlebnisfähigkeit legen, Rückzug in die Innerlichkeit statt Lebensweltbezug.

In der Tat hat die Erlebnispädagogik in den vergangenen Jahren ihren ursprünglichen gesellschaftsbezogenen Ansatz vernachlässigt, wie er etwa im Konzept Kurt Hahns mit seinen Projekten, Expeditionen und Diensten (!) angelegt war. Diesen Bezug gilt es wieder stärker ins Bewusstsein zu rücken und in der Praxis umzusetzen.

Auf der anderen Seite bietet die moderne Erlebnispädagogik gerade durch ihre Vielfalt animierende Einstiege und auffordernde Anlässe für gesellschaftspolitisches Engagement:

- Der direkte Bezug zur Natur/Umwelt sowie das unmittelbare Betroffensein, die Sensibilisierung für den Lebensraum von Tieren und Pflanzen sowie die Eingriffe des Menschen in die Natur und Landschaft können als Impuls dienen, in öko-

logischen Problemfeldern mitzuarbeiten (Natur-, Umweltprojekte). Denn nur wer unmittelbar betroffen ist, von einer Sache berührt wird, sie als bedeutsam erachtet, wird sich für sie einsetzen.
- Durch die Distanz zur gewohnten Lebenswelt und die Rückkehr entsteht ein fremder Blick auf das bisher Selbstverständliche, auf die konkreten Verhältnisse. Die Dinge erscheinen in einem anderen Licht, regen zur Auseinandersetzung und Neubewertung der zivilisatorisch-kulturellen Errungenschaften und ihrer Ambivalenzen.
- Die Gruppe als wesentliches Element erlebnispädagogischer Arbeit vermittelt als spannungsvoller Erfahrungsraum gemeinsamen Handelns Impulse für die Notwendigkeit sozialer Interaktion und Kommunikation, für solidarisches Verhalten. Wie der Einzelne nur in der Gruppe in der Lage ist, den »Wall« zu überwinden, so können gemeinsame Ideenfindung und Zusammenarbeit neue Handlungsmöglichkeiten eröffnen, die dem Einzelnen so nie möglich gewesen wären. Die Gruppe diente schon Kant als ausgezeichnetes Medium auf dem Weg zur Mündigkeit. So sehr der einzelne Mensch als »Selbstdenker« dazu aufgerufen ist (»Sapere aude«), so ist doch eine größere Gruppe notwendig, um den Prozess der Aufklärung weiter voranzutreiben (Kant 1784).
- City-Bound-Projekte sind, wenn sie sich nicht auf (natur-)sportliche oder Abenteueraktivitäten beschränken, unmittelbar in das gesellschaftliche Feld eingebunden. Sich in der Öffentlichkeit präsentieren, sich einklinken in den Puls der Städte, in die soziale, kulturelle und gebaute urbane Lebenswelt, in ihre Administration und Verwaltung, die Zukunftsgestaltung – ein weites und offenes Feld sich einzumischen.
- Eine wichtige kompensatorische Funktion kommt erlebnispädagogischen Freizeitangeboten heute paradoxerweise durch die Pädagogik selbst und die nach dem jüngsten Pisa-Schock ausgerufene »Bildungsoffensive« zu.
- Ziel der proklamierten Bildungsoffensive ist es, die vorhandenen Bildungsressourcen auszuschöpfen, damit sie dem Arbeitsmarkt und gesellschaftlichen Anforderungen zur Verfügung stehen. Das betrifft auch die 50.000 Schüler, die jährlich die Schule ohne Abschluss verlassen. Sie zu fördern und zu unterstützen, ist zweifellos eine wichtige Aufgabe.

Aber es entsteht der Eindruck, dass es bei der eingeläuteten Bildungsoffensive in erster Linie darum geht, (junge) Menschen zu »qualifizieren«, d. h. für den Verwertungsprozess der Gesellschaft fit und verfügbar zu machen. Damit wird der Einzelne zum bloßen Funktionsträger degradiert, als selbstverständliche Verfügungsmasse in den gesellschaftlichen Apparat eingepasst. Die proklamierte Bildungsoffensive degeneriert zur bloßen Ausbildung.

Ein solches Verständnis und ihre Praxis laufen aber der Idee einer ganzheitlichen Bildung diametral entgegen. In der Tradition klassischen humanistischen Denkens wird Bildung dagegen als selbstständige schöpferische Tätigkeit begriffen: Es ist ein Prozess, der über die Seite des Wissenserwerbs, der Aneignung von (Spezial-)Kenntnissen hinausreicht, vielmehr die Entwicklung aller Anlagen, der Körperlichkeit, Emotionalität, Fantasie, Kreativität wie auch der moralischen Kräfte, des Weltverständnisses und des eigenen Urteilsvermögens einschließt – notwendige

Voraussetzungen und Grundlagen für eine gelingende Lebens-Kultur-Gestaltung. Dazu bietet die Erlebnispädagogik Anlässe und Gelegenheiten, Alternativen und Chancen.

Literatur

Becker, P. (2002): Nec Plus Ultra. Die Neugier des Ulysses und ihre Folgen – Zum Mythos der Abenteuerpädagogik. In: F. H. Paffrath; H. Altenberger (Hrsg): Perspektiven zur Weiterentwicklung der Erlebnispädagogik. Augsburg: ZIEL, S. 25–43.
Crowther, Chr. (2005): City Bound. Erlebnispädagogische Aktivitäten in der Stadt. München: Reinhardt.
Deubzer, B., Feige, K. (Hrsg.) (2004): Praxishandbuch City Bound. Erlebnisorientiertes soziales Lernen in der Stadt. Augsburg: ZIEL.
Gilsdorf, R., Kistner, G. (2022): Kooperative Abenteuerspiele 1–3. Eine Praxishilfe für Schule, Jugendarbeit und Erwachsenenbildung. Bd. 1: 25. Unveränd. Aufl. Hannover: Klett Kallmeyer.
e & l – erleben und lernen. Internationale Zeitschrift für handlungsorientiertes Lernen.
Freericks, R: (2006): Lernen in Erlebniswelten. Erlebnisorientierte Lernorte und ihre Potenziale für ein nachhaltiges Lernen. In: DIE – Zeitschrift für Erwachsenenbildung, (4), S. 31–35.
Hahn, K. (1958): Erziehung zur Verantwortung. Reden und Aufsätze. Stuttgart: Klett.
Hildman, J. in Zusammenarbeit mit Claudia Seuffert. (2021): Schatzkiste der Simple Things. Eine Sammlung erlebnisorientierter Lernprojekte mit Alltagsmaterialien. 2., komplett überarb. Aufl. Augsburg: ZIEL.
Kant, I. (1784): Beantwortung der Frage: Was ist Aufklärung? In: Berlinische Monatsschrift, (2), S. 481–494.
Losche, H., Püttger, S. (2010): Interkulturelle Kommunikation. Theoretische Einführung und praktische Interaktionsübungen. 5., erw. Aufl. Augsburg: ZIEL.
Merk, R. (2006): Klassenzimmer unter Segeln. Ein Erziehungs- und Bildungskonzept für junge Menschen. Hamburg: Czwalina.
Michl, W.; Seidel. V. (Hrsg.) (2018): Handbuch Erlebnispädagogik. München: Reinhardt.
Paffrath, F. H. (2017): Einführung in die Erlebnispädagogik. 2., überarb. Aufl. Augsburg: ZIEL.
Paffrath, F. H. (2018): »Einmischen possible« oder »Mission impossible«? Die gesellschaftspolitische Dimension der Erlebnispädagogik. In: Internationale Zeitschrift für handlungsorientiertes Lernen. erleben und lernen, (5), S. 4–7.
Reiners, A. (2019): Praktische Erlebnispädagogik: Bewährte Sammlung motivierender Interaktionsspiele. 10. Aufl. Augsburg: ZIEL
Reiners; A. (2022): Praktische Erlebnispädagogik 2. Neue Sammlung handlungsorientierter Übungen für Seminar und Training. 3. Aufl. Augsburg: ZIEL.
Sand, M. (2015): Die Auswirkungen des sechsmonatigen Segel-Schulprojektes Klassenzimmer unter Segeln auf die Persönlichkeitsbildung Jugendlicher. Hamburg: Feldhaus.
Schädel, T.; Paffrath, F. H.; Gregor, H.-J. (1996): Treppenhaus Galerie Universität Augsburg. Augsburger Urgeschichte. Augsburg: Documenta naturae. Sonderband 7.
Schöttler, B. (1992): Statement zur Podiumsdiskussion. In: A. Bedacht; W. Dewald; B. Heckmair; W. Michl; K. Weis (Hrsg.): Erlebnispädagogik: Mode, Methode oder mehr? Tagungsdokumentation des Forums Erlebnispädagogik 1991. 2. Aufl. München: Sandmann.
Soitzek, D. (2007): Ein Schiff kommt und nimmt Dich mit – Segeln auf dem Dreimast-Toppsegelschoner Thor Heyerdahl – Erziehung durch die See. In: T. Fischer; J. Lehmann (Hrsg.): Bewerten – Orientieren – Erleben. Aachen: Shaker, S. 388–391.

9 Fußball ist unser Leben!? – Leerformel oder gesellschaftspolitische Herausforderung[1]

Gunter A. Pilz

»Massensport, das heißt heute: Zweiundzwanzig spielen Fußball, Tausende und Zehntausende sehen zu. Sie stehen um das Spielfeld herum, kritisieren, johlen, pfeifen, geben ihr sachverständiges Urteil ab, feuern die Spieler an, bejubeln ihre Lieblinge, beklatschen einzelne Leistungen, reißen den Schiedsrichter herunter, fanatisieren sich, spielen innerlich mit. Sie verfallen der Fußballpsychose, und sie benehmen sich auf dem Sportplatz, als hinge nicht nur ihr eigenes Wohl und Wehe, sondern das Wohl und Wehe der ganzen Welt von dem Ausgang dieses lumpigen Fußballspiels ab«.

So charakterisierte 1931 der Sozialdemokrat Helmut Wagner das Fußballspiel und machte damit auch bereits deutlich, dass für viele Menschen Fußball mehr als ein 1:0 ist, wie der heutige Ehrenpräsident des DFB Egidius Braun sagen würde.

Ich möchte mich dem anspruchsvollen Thema in folgenden Schritten nähern. Nach einer Beschreibung des Fußballalltags in den 1930er Jahren werde ich die Wandlungen der Fußballzuschauer vom leidenschaftlichen Anhänger, zum fanatischen Fan und elitären Hooligan bis hin zu den neuzeitlichen Ultras beschreiben und die Bedeutung, die der Fußball, das Fußballwochenende für diese Gruppierungen in ihrem Leben hat, aufzeigen, um dann auch auf der Folie der Betrachtung jener Bedeutung, die das aktive Fußballspielen für junge Menschen hat, der Frage nach der gesellschaftspolitischen Herausforderung nachzugehen. Abschließen möchte ich meinen Beitrag mit der Frage nach der Faszination des Fußballspiels und nach möglichen Entwicklungen bzw. Konsequenzen.

9.1 Fußballalltag in den 1930er Jahren: Fußball als Bestandteil des Familienlebens

In den 1930er bis weit in die 1950er Jahre war das Verhältnis von Zuschauer und Spieler durch Interaktion geprägt. Sehr schön verdeutlicht dies Albert Reckel (Mitglied der 38er-Meistermannschaft und noch bis 1952 Vertragsspieler bei Hannover 96):

---

[1] Vom Verfasser autorisierte Wiedergabe seines leicht gekürzten Referates auf der Tagung des Württembergischen Fußballverbandes e. V. 2001: »Der Fußball – ein Beitrag zu einer Gesellschaftskultur der Zukunft«.

> »Es war ja damals so gewesen – ich gehe jetzt mal ganz weit zurück, auf unser altes Clubhaus auf der Radrennbahn. Wenn sie da vom Clubheim aus auf den Platz gingen, mussten sie durch die Zuschauer durch. Und je nachdem [...] die Zuschauer [...] sie waren immer sehr freundlich, sie klopften uns auf die Schulter, sie riefen uns zu, sie sprachen mit uns [...] also man konnte schon durch die Zuschauer gehen. Auch, wenn man vom Platz kam: Man musste ja durch die Zuschauer gehen. Und jedes Mal war es ein gutes Verhältnis. Unser Clubheim war brechend voll – nach jedem Spiel. Denn die Zuschauer, die da waren, die wollten gerne mit der Mannschaft noch mal sprechen. Es war immer so: Wenn wir im Frühjahr – wir hatten ja kein Flutlicht und mussten immer früh spielen – [...] also wenn wir geduscht hatten, sind wir immer nach oben gegangen – ins Clubheim – und haben mit den Leuten gesprochen. Hinterher war eine Kaffeetafel, und nach der Kaffeetafel gab es noch ein Abendbrot. Und nach dem Abendbrot war natürlich geselliges Beisammensein an der Theke – zusätzlich. Immer mit einer gewissen Menge Anhänger. Das Clubheim war immer voll. Also man konnte damals schon sagen – das, was heute immer missbraucht wird: Wir waren eine wirklich große Familie« (Fritsch & Pilz 1996, 208).

Dass dabei die Anhänger als »Schlachtenbummler« bezeichnet wurden, hat seine Ursache in der militärischen Tradition des Fußballsports. Es war das Militär, das in Deutschland am gesellschaftlichen Aufstieg des Fußballspiels wesentlich beteiligt war. Der Durchbruch des Fußballsports zu einem Massenphänomen in den 1920er Jahren erfolgte, wie S. Eisenberg, (hier zit. nach Peiffer & Tobias 1996, 46) aufzeigt, u. a. durch die aktive Unterstützung des Militärs. »Das Persönlichkeitsbild eines idealen Fußballspielers entsprach dem des modernen Soldaten«. Es wundert so denn auch nicht, dass in die Fußballsprache die Sprache des Militärs Eingang gefunden hat: Angriff, Abwehr, Flanke, Schuss, Bombe, Bomber, Granate sind heute noch gängige Begriffe im Fußballerlatein. Konsequenterweise trafen sich die gegnerischen Mannschaften zu »Schlachten« und lieferten sich auch nicht selten »Schlachten« auf dem »Schlacht«feld. Zu diesen Schlachten »bummelten« denn auch die »Schlachtenbummler«, die »Schlachtrufe«, »Schlachtgesänge« anstimmten. Schlachtruf, so steht im Bundesligakurier vom 12. Februar 1966 zu lesen, ist der »Ausdruck einer begeisterten Zuschauermenge im sportlichen Geschehen, die eine ihr genehme Mannschaft durch einen periodisch wiederkehrenden, bestimmten Slogan zu Höchstleistungen beflügelt«.

Die Nachbarschaftsderbys führten bereits in den 1930er Jahren zu einem regelrechten Fan-Tourismus. Bereits damals organisierten die Vereine für ihre Anhänger Fahrgelegenheiten zu nahegelegenen Auswärtsspielen. Die Wurzeln vieler Fußballvereine und Fußballsparten von Sportvereinen deuten auf eine enge soziale und kulturelle Beziehung zwischen Spielern und Zuschauern hin. Das Vereinsleben war ein unschätzbares und unverzichtbares Erfahrungsfeld von Kameradschaft und Solidarität. Zusammengehörigkeitsgefühl und Solidaritätsgefühl fanden dabei besonders im Bereich der Geselligkeit und im sportlichen Wettkampf ihren Ausdruck. Spiele gegen auswärtige Gegner waren meist Anlass zu regelrechten Familienausflügen. Bei gutem Wetter wanderte man früh morgens gemeinsam mit Frauen und Freundinnen, versehen mit Thermosflasche und Butterbroten, zum Spielort. Nach dem Spiel blieb man oft bis in den späten Abend hinein noch in geselliger Runde beisammen. Die räumliche Nähe der eigenen Wohnung zum Vereinslokal, zum Stadion, zur Trainingsstätte führte zusätzlich dazu, dass sich ein dichtes Netz zwischenmenschlicher Beziehungen aufbaute, das ein wenig den Mythos, der vor allem die Vereine der ersten Stunde noch heute umgibt (z. B. Schalke), verständlicher macht.

Schon ein kurzer Blick in moderne Fußballstadien zeigt, wie sich die Zeiten gewandelt haben: Aus breitflächigen Stadien, in denen die Zuschauer bis unmittelbar am Spielfeldrand standen, sind Arenen mit Drahtverhauen geworden, hinter denen Zuschauer und Fans wie Raubtiere gehalten und von den Akteuren ferngehalten werden. Hinter der Zuschauerbegeisterung der 1920er und 1930er Jahre verbarg sich die eindeutige soziale Zuordnung der Vereine »Arbeiter«- gegen »Bonzen-Verein« – in Hannover: die »Roten« (= 96er) gegen die »Blauen« (= Arminen), in München die Bayern gegen die 60er, womit auch Fußballspiele zu »Klassenkämpfen« avancierten und vor allem die lebensgeschichtliche Verbundenheit mit dem Verein zeigten.

9.2 Wandlungen vom »begeisterten« Anhänger, über den »Kutten«-Fan, zum Hooligan und Ultra

Die Beziehungen zwischen den Spielern und Zuschauern und damit auch das Verhalten und die Begeisterung der Zuschauer veränderten sich in dem Maß, wie sich die Vereine und der Spielbetrieb fortentwickelten. Waren die Spieler für die Zuschauer noch »greifbare Repräsentanten«, die mit der Stadt oder dem Ortsteil, dessen Verein sie angehörten, verbunden und verwurzelt waren, waren sie ihren Anhängern sozial, kulturell und bezüglich der Einkommens- und Vermögensverhältnisse noch nahe, beschränkten sich also die Interaktionen nicht nur auf Begegnungen vor und nach den Spielen, sondern fanden – auf Grund der unmittelbaren Nähe zum Spielfeldrand – oft auch während des Spieles statt und wurden entsprechend diese Spielertypen, oft als »lokale Helden der Arbeiterklasse« gefeiert, so haben sie mit der Professionalisierung des Fußballsports einem neuen Typus Platz gemacht: einem von den Medien mitgeformten Star, für den die Treue zum Verein nur noch so lange gilt, wie der Verein erfolgreich ist (siehe Lindner & Breuer 1979). Dieser neue Spieler zeichnet sich durch Mobilität aus und selbst während der Saison kann er den Verein wechseln. Und er ist vor allem auch mehr auf Distanz zu seinen Anhängern bedacht.

So wundert es denn auch nicht, wenn das, was früher selbstverständlich war, der Kontakt zwischen Spielern und Anhängern, fortan einer mediengerechten Inszenierung bedurfte und von cleveren Managern den Spielern ins Pflichtenheft geschrieben werden muss.

»Der Showcharakter des professionellen Fußballsports hat aber auch Folgen für die Einschätzung des Gebotenen durch die Zuschauer. Auch der Fußballanhänger von früher war enttäuscht über Niederlagen »seines« Vereins (der in einem substantielleren Sinne allerdings tatsächlich ›sein‹ Verein war); auch er hat einen versagenden Spieler als ›Krücke‹ oder ›Flasche‹ bezeichnet.«

Heute aber herrscht zwischen Publikum und Spieler, wie Hortleder treffend beschrieben hat, »ein Verhältnis voller emotionaler Spannung, einer Emotion, bei der die Pole Verehrung und Verachtung dicht beieinander liegen. […] Man ist bereit, ihn begeistert zu feiern, wenn er gut ist, um ihn ebenso schnell zu verfluchen, wenn er versagt« (Hortleder 1974, 68).

> »Dieses Spannungsverhältnis, das bereits in der Ambivalenz des ›Star‹-Begriffs angelegt ist, diese Cäsarenhaltung des Publikums ist nur ein Zeichen dafür, dass der Zuschauer im Grunde genommen sehr genau weiß, dass der Fußballspieler als Star, wie nah er ihm auch immer durch die mediale Aufbereitung gebracht wird, was Alltagsleben und Lebensperspektive anbetrifft, entrückt ist. Übriggeblieben sind verstümmelte Formen der Identifikation, Formen gleichwohl, die einen realen Kern enthalten.« (Lindner & Breuer 1979, 167)

Der Showcharakter des Profifußballs bringt einerseits einen Zuschauertyp hervor, der mehr und mehr zum wählerischen Konsumenten wird, worauf die Vereine ja zum Teil bei besonders brisanten Spielen mit so genannten Topp-Zuschlägen reagieren bzw. dessen Aufkommen sie durch solche Aktionen zusätzlich fördern. Andererseits bringt er aber auch die *fußballzentrierten (Kutten-)Fans* hervor, für die der Verein ihr Leben, der Erfolg des Vereins alles ist.

9.3 Der Verein als Lebensinhalt: Kuttenfans

Kuttenfans gehen ins Stadion, um ihre Mannschaft gewinnen zu sehen, sie stehen leidenschaftlich und bedingungslos hinter ihrer Mannschaft und kämpfen für die Ehre ihrer Mannschaft. Die gegnerische Mannschaft wie auch deren Anhänger werden automatisch zu Gegnern, ja oft auch Feinden, die es unter allen Umständen zu besiegen gilt. Um die Ehre der eigenen Mannschaft zu verteidigen, werden auch Auseinandersetzungen mit Vertretern des gegnerischen Vereins, mit dem Schiedsrichter und vor allem gegnerischen Fans gesucht. Durch die Teilhabe am Erfolg der eigenen Mannschaft lässt sich die eigene missliche Lebenslage erträglicher gestalten. Am Sieg der Mannschaft kann man sich aufrichten, werden Notlagen erträglicher, lassen sich eigene Misserfolgserlebnisse kompensieren, was eben aber auch umgekehrt gilt. Die fußballzentrierten Fans identifizieren sich total mit der »ihrer« Mannschaft, mit »ihrem« Verein, was sie durch ihre Bekleidung (Kutten, Fahnen, Schals, Mützen etc. mit den Vereinsemblemen und in den Vereinsfarben) nach außen hin offen zur Schau stellen.

Fußballzentrierte Fans sorgen mit ihren Gesängen, Sprechchören für die typische Atmosphäre in den Stadien, sie sind es auch, die selbst bei einem hoffnungslosen Rückstand ihre Mannschaft bis zum Schlusspfiff lauthals unterstützen. Der Verein, die Mannschaft wird zum zentralen Lebensinhalt für diese Jugendlichen, wie ein Fan des 1. FC Kaiserslautern sehr plastisch schreibt:

> »Es gibt Fans, die nichts wollen, als einen Traditionsclub vor dem Abstieg zu bewahren. Bei mir ist das jetzt alles ein paar Jahre her. Mittlerweile ist der FCK wie eine Familie für mich geworden. Ich brauche ihn, es ist mein Lebensinhalt. Bei uns in der Kurve sind wir alle

Freunde. Jeder kennt jeden, kennt die Probleme des anderen. [...] Gerade wenn man selbst Probleme hat, kann man beim Fußball abschalten. *Man will keine Niederlage miterleben, weil es die im Alltag schon genug gibt. Ein Sieg des Vereins wird zu einem persönlichen Sieg«* (Becker & Pilz 1988, 9, Hervorh. d. Verf.).

Gewandelt haben sich also, wie Lindner und Breuer (1979) schreiben, vor allem die Erwartungshaltungen und die Wahrnehmungsweise des Publikums, die Interaktionsformen zwischen Spieler und Zuschauer sowie das Verhältnis von Verein, Spieler und Zuschauer. Die Mannschaft, die das Viertel repräsentiert, deren Spieler man kennt und zuweilen, und sei es nur an der Theke des Vereinslokals, trifft, hat kaum mehr etwas mit der zusammengekauften Profitruppe zu tun, die man mit einigem Glück gerade noch, bevor sie in ihren Porsche, Mercedes oder Maserati steigen, zum Autogrammgeben erwischt. »Die Veränderung dieser Rahmenbedingungen, des Fußballsports, droht dem Fußball seine kulturelle, soziale und geschichtliche Dimension zu rauben und ihn zu einem, wenn auch aufgrund seiner spezifischen Faszination nicht beliebig austauschbaren Segment der Unterhaltungsbranche« (Lindner & Breuer 1979, 167) zu machen.

Mit der hier beschriebenen zunehmenden sportlichen, sozialen und wirtschaftlichen Distanz zwischen Spielern und Zuschauern geht auch ein weiterer, von dem Publizist Nutt (1988) beschriebener Trend einher: Die mit der wachsenden Professionalisierung des Sports einsetzende immer klarere Trennung zwischen Zuschauer und Sportler, die wachsende Distanz zwischen beiden, führt dazu, dass die Zuschauer eine immer größer werdende Sensibilität für ihre eigene Anwesenheit entwickeln. Die immer häufiger zu beobachtende Stadionwelle ist ein schönes Beispiel dafür, dass sich die Zuschauer heute mehr und mehr mit sich selbst befassen, da ihnen die Sportler selbst zu weit entrückt sind. Dies kann sogar so weit gehen, dass Zuschauer und Sportler die Rollen tauschen. Diese ästhetische Form des Sich-Befassens mit sich selbst kann jedoch auch in andere, z. B. gewalttätige Formen münden. Es ist somit nicht auszuschließen, dass die geringe Beachtung der Fans durch Spieler wie Verein auch dazu führt, dass die Fans ihre eigene »Aktion« im Stadion suchen und realisieren. Treffend auf den Punkt bringt dies ein Fan: »Sollen sie doch spielen, wie sie wollen, darum geht's doch längst nicht mehr. Wir feiern jetzt uns selbst«.

Angesichts dieser Entwicklung verwundert es auch nicht, dass sich die Fankultur, die Fanszene ebenso vielschichtig und bunt wie widersprüchlich präsentiert. Das Spektrum reicht vom kleinen Jungen bis zum graubärtigen Opa, von den »mit den Wölfen heulenden Mädchen« bis zur gereiften Oma, vom hemmungslos jubelnden bis hin zum distanziert konsumierenden Fan, vom friedfertigen Zuschauer bis hin zum gewaltfaszinierten Hooligan, vom Abstinenzler bis zum Alkoholiker, vom »Linken« bis zum »Rechten«, vom Fan, der an seinem 50. Geburtstag seine Geburtstagsgäste zwei Stunden warten lässt, um das Spiel seiner Mannschaft nicht zu verpassen, bis zu dem jungen Brautpaar, das im Anzug und Brautkleid das Hochzeitsbankett für zwei Stunden mit der Fankurve tauscht, vom jugendlichen Fan, der eine Kerze in einer Wallfahrtkirche anzündet und für den Klassenerhalt der 96er betet, bis hin zum Arbeitslosen, der sein letztes Kleingeld für eine Eintrittskarte zusammenkratzt, bzw. dem 14-jährigen Günther Bartels, der seine Tarzan- und Akimhefte für einen Spottpreis veräußerte, um den Eintritt ins Niedersachsenstadion zusammenzubekommen, von Danny, für den 96 gleichbedeutend ist mit Spaß, Stimmung und Freunde, bzw. Sabrina, für die 96 einer der größten Späße und eine »Sucht in ihrem Leben« ist, bis hin zu den Mädchen, die für ihre Freunde Waffen und verbotene Gegenstände in zum Teil abenteuerlichen Verstecken, die nur Polizistinnen aufspüren dürfen, ins Stadion schmuggeln (Pilz 1996).

9.4 »Hurra, wir leben!« – Hooligans und die Suche nach dem »Kick«

Der Begriff »Schlachtenbummler« wird – verfolgt man die Berichterstattung in den Tageszeitungen – ab Mitte der 1970er Jahre mehr und mehr durch Begrifflichkeiten wie »Fußballfans« und – in den negativen Versionen – »Fußballrowdies«, »Fußballrocker« und Mitte/Ende der 1980er Jahre »Hooligans« ergänzt, ja ersetzt. Heute hat sich die Gewalt der Fans und vor allem der Hooligans weitestgehend vom Zusammenhang mit dem Spielgeschehen gelöst und eine gefährliche Eigendynamik erfahren. Dabei können wir eine interessante Parallele festmachen bezüglich der Entwicklung, Ausdifferenzierung von Spieler- und Zuschauertypen: So wie aus dem Spieler zum Anfassen, dem Spieler als »greifbarem subkulturellen Repräsentanten« der distinguierte Star wurde, dessen Treue, Verbundenheit zum Verein nicht einmal mehr langfristige Verträge, geschweige denn die soziokulturelle, lokale Verwurzelung, sondern allein die Höhe der finanziellen Zuwendungen bestimmen, so wandelte sich denn auch der kumpelhafte Anhänger zum leidenschaftlichen Fan und schließlich zum coolen distinguierten Hooligan, als letzte Stufe der Distanz von Spieler, Verein und Zuschauer.

Der Fan und Star sind zwei Seiten einer Medaille, deren aktuelle und fortgeschrittene Variante der ausgekochte Profi ist, der flexibel und cool wie ein elitärer Hooligan die regionale Vereinsgebundenheit ebenso abstreift wie sein Trikot und dort auftritt, wo das meiste Geld bezahlt wird, respektive beim Hooligan, wo die »beste Action« abgeht. So steht im Erstgutachten der Unterkommission Psychologie der Gewaltkommission der Bundesregierung:

> »Das Fanverhalten spiegelt die Erfolgs(Leistungs)betonungen unserer Gesellschaft wider. Der Erfolg wird recht einseitig am Spielergebnis (Spielstand) gemessen. Dagegen treten andere Werte zurück. Der Spielerfolg setzt sich auch direkt in Geld um. Es entsteht die Gleichung ›Erfolg = Geld‹. Dies impliziert: Im Leistungssport sind Leistungsträger käuflich. Auf dem Spielermarkt ist offensichtlich die Mitsprache der Sportler so weit eingeengt, dass ernsthaft darüber diskutiert werden müsste, wie weit hier die Menschenwürde verletzt wird. Die Heranwachsenden nehmen diese Art von Degradierung ihrer Idole wohl diffus wahr, ohne sich im Allgemeinen davon kritisch distanzieren zu können. Der aggressive Konkurrenzkampf um einen Stammplatz in der Mannschaft nimmt Einfluss auf die aggressiven Tendenzen der Fans. Dies wird kaum durchschaut, denn es ist eingebettet in eine Vielzahl von Normen, die vom jungen Mann aggressives Durchsetzungsverhalten verlangen« (Lösel et al. 1990, 75).

Entgegen den allgemeinen Vorurteilen bezüglich der sozialen Herkunft und schulischen, beruflichen Situation sind dabei unter den Hooligans kaum – zumindest nicht überrepräsentiert – Arbeitslose zu finden. Hooligans rekrutieren sich aus allen Sozialschichten, unter ihnen befinden sich viele Abiturienten, Studenten, Menschen in guten beruflichen Positionen, Akademiker. Hooligans haben entsprechend meist zwei Identitäten: eine bürgerliche Alltagsidentität und eben ihre sub- bzw. jugendkulturelle Hooliganidentität. So ein Hooligan:

> »Der *Fußball ist wie ein zweites Privatleben.* Ich kann mit meiner Freundin weggehen, da habe ich meine Sonntagshose an, da geh' ich Essen ganz fein, geh' ins Kino ganz fein, sitz abends daheim und guck Fernsehen. Und dann gibt's wie ein Bildschnitt, dann schlaf' ich eine Nacht, steh' morgens auf und dann ist Fußballtime. Dann guck' ich halt, wo ich gut kann, wo geht 'ne Party ab.«

Die hannoversche Polizei hat denn auch vor ein paar Jahren hannoversche Hooligans nach einer Schlägerei festgenommen, unter ihnen ein Dipl-Ing. und ein Rechtsanwalt und Notar. Blinkert (1988) hat dabei aufgezeigt, dass sich im »Verlauf industriewirtschaftlicher Modernisierung in zunehmendem Maße ein ganz spezifischer Typ der Orientierung gegenüber sozialen Normen durchsetzt«, den er als »utilitaristisch-kalkulative Perspektive« bezeichnet. Der mit der industriewirtschaftlichen Modernisierung verbundene Trend zur Ökonomisierung und Prozesse der Rationalisierung und Individualisierung führen dazu, dass verstärkt Situationen entstehen, in denen »eine größere Zahl von Normadressaten die Kosten für illegitimes Verhalten als niedrig und den Nutzen von abweichendem Verhalten als relativ hoch einschätzen«. Illegitimes Verhalten wird entsprechend nicht als pathologisch angesehen, sondern als durchaus rationale Form der Konfliktlösung. Dies kann sogar so weit gehen, dass der Verzicht auf Regelverstöße als pathologisch, zumindest als dumm und naiv gebrandmarkt wird.

Auf Grund dieser hedonistischen, Kosten und Nutzen kalkulierenden Haltung, die sich zunehmend in modernen Industriegesellschaften ausbreitet, können wir anlehnend an Blinkert Hooligans als die Avantgarde eines neuen Identitätstyps bezeichnen, die sich – was den Zeitgeist anbelangt – nicht abweichend verhalten, sondern – um es mit den Worten Blinkerts (1988) zu sagen – in einer »fatalen Weise übergangepasst sind an die Mobilitäts- und Flexibilitätserfordernisse unserer Gesellschaft« und des Erfolgssports. Soziale Normen haben eben in wachstums- und erfolgsorientierten Handlungsfeldern – wie Blinkert zu Recht konstatiert – »die Bedeutung von Alternativen. Man kann sich für aber auch gegen sie entscheiden – und zu welcher Entscheidung man kommt, hängt von Opportunitätserwägungen ab.«

Den Hooliganismus im Fußballsport können wir auch als eine Folge der Modernisierungsprozesse unserer Gesellschaft begreifen. Hooligans verkörpern in exakter Spiegelung die einseitigen Werte und Verhaltensmodelle des verbreiteten Zeitgeistes: Elitäre Abgrenzung, Wettbewerbs-, Risiko- und Statusorientierung, Kampfdisziplin, Coolness, Flexibilitäts- und Mobilitätsbereitschaft, Aktionismus, Aggressionslust, Aufputschung und atmosphärischer Rausch. Blinkert weist schließlich noch daraufhin, dass die geringe Verankerung des Individuums in Institutionen und sozialen Bezügen dabei zur Konsequenz hat, dass bei der Entscheidung zwischen Alternativen die externen Kosten eigenen Handelns kaum noch eine Rolle spielen. Diese Problematik verdeutlicht der Dialog zwischen einem Hooligan und dem Präsidenten des HSV anlässlich eines vom Hamburger Fan-Projekt organisierten Gesprächsabends, bei dem sich das Präsidium des HSV und die Hooligans etwas näherkommen wollten, Vorurteile abgebaut und für mehr gegenseitiges Verständnis geworben werden sollte:

> »Wir wollen, dass Sie wissen, wie wir denken. Wir sitzen hier, um den Verein zu unterstützen. ... Darum geht es, dass Sie wissen, wie wir denken« (so ein Hooligan zu Präsident Hunke). – »Was Sie da denken, interessiert uns nicht, mich interessiert nur verkaufen, dass der Verein Geld kriegt. ... Ich bin nicht hier wegen Ihnen, interessiert mich nicht Euer Ding. Es interessiert mich null. Ich sitze hier, weil Ihr ein Wirtschaftsfaktor seid ... Es geht um Kohle im Fußball« (Antwort von HSV-Präsident Hunke; vgl. Löffelholz 1993, 3).

Das Persönlichkeitsprofil eines gewaltbereiten, gewaltfaszinierten Hooligans unterscheidet sich denn auch in der Selbstbeschreibung nicht von dem eines mittleren deutschen Managers oder Spitzensportlers: freundlich-locker; cool-knallhart; durchsetzungsstark; respektiert; überlegen; selbstbewusst; Menschenkenner.

Allein: Mit dieser Beschreibung wird man dem Hooliganismus nicht ganz gerecht. Es kommt eine weitere Dimension hinzu, die der »authentischen Erfahrung« und die ihre Ursache u. a. in der Verengung, Verregelung, dem Verschwinden von Bewegungsräumen, Räumen zum Spielen, zum Ausleben der Bewegungs-, Spannungs- und Abenteuerbedürfnisse, hat. Die folgenden Aussagen von Hooligans mögen dies verdeutlichen.

> »Wenn man im Dunkeln durch den Wald rennt, über Zäune und durch Gärten, und die anderen jagt, und die Polizei ist hinter einem her – das ist fantastisch, da vergisst man sich«.

> »Es ist ein unheimlich spannendes Gefühl, wenn man in so einer riesigen Gruppe von 100 bis 120 Leuten mitläuft, und man muss wirklich aufpassen, ob jetzt links oder rechts aber irgend welcherlei – jetzt wirklich in Anführungszeichen – feindliche Hooligans kommen. Das erinnert mich irgendwie immer so an diese Geländespiele, die man früher immer gemacht hat mit Jugendgruppen. Das ist wirklich so, wie wenn man Räuber und Gendarm spielt. Und was das ganze manchmal noch spannender macht, ist dass höchst überflüssiger Weise die Polizei dann auch noch mitmischt, weil das macht die Sache dann interessanter, weil es schwieriger ist, weil man dann auf zwei Gegner achten muss und nicht nur auf einen.«

> »Wenn du natürlich jetzt mit so 'nem Übermob antobst und dann eben alles niedermachst, also das schönste Gefühl ist das eigentlich. Dann fliegen vielleicht 'n paar Flaschen oder Steine. Und dann rennt der andere Mob und dann jagst du die anderen durch die Gegend. Also siebenter Himmel. Das würdest du mit keiner Frau schaffen oder mit keiner Droge. Dieses Gefühl, das ist schön.«

> »Gewalt ist das Geilste, was es gibt. Es ist ein irres Gefühl«

> »Vor mir Braunschweiger, hinter mir die Bullen. Ich dazwischen, ganz alleine. Ich hab' die Prügel meines Lebens bekommen: ein Wahnsinnserlebnis!«

> »Der Reiz liegt in dem Moment, wenn du um die Ecke biegst und 40 Mann auf dich zurennen. Das ist der Kick für den Augenblick. Das ist wie Bungee-Springen – nur ohne Seil«.

> »Was mich anzieht, sind die Momente, wo das Bewusstsein aufhört: Momente, in denen es ums Überleben geht, Momente von animalischer Intensität, der Gewalttätigkeit, Momente,

wenn keine Vielzahl, keine Möglichkeit verschiedener Denkebenen besteht, sondern nur eine einzige – die Gegenwart in ihrer absoluten Form. Die Gewalt ist eines der stärksten Erlebnisse und bereitet denen, die fähig sind, sich ihr hinzugeben, eine der stärksten Lustempfindungen [...] Und zum ersten Mal kann ich die Worte verstehen, mit denen sie diesen Zustand beschreiben. Dass die Gewalttätigkeit in der Masse eine Droge für sie sei. Und was war sie für mich? Die Erfahrung absoluten Erfülltseins« (Bill Buford 1992, 234, in seinem Buch »Geil auf Gewalt«, in dem er über seine Erfahrungen und Erlebnisse einer fünfjährigen Begleitung englischer Hooligans durch Europa berichtet).

Wenn wir uns diese Aussagen vergegenwärtigen, wird schnell deutlich, dass man mit Pädagogik, auch mit Erlebnispädagogik nichts mehr erreicht, wenn junge Menschen erstmals an der Faszination der Gewalt Gefallen gefunden haben. Da hilft dann wohl nur noch Repression. Entsprechend sehen Fan-Projekte ihre Hauptaufgabe auch mehr im Verhindern, dass junge Menschen in diese Szene abdriften bzw. hineinwachsen, und weniger darin, gewaltfaszinierte Hooligans vom Ausleben ihrer Gewaltfantasien abzubringen. Hier scheint die Aufgabenteilung klar: Im ersten Fall ist die Sozialpädagogik, sind körper- und bewegungsbezogene Angebote gefordert, im zweiten Fall die Polizei.

Lassen wir aber noch einen Hooligan zu Wort kommen: »Gewalt ist die Tankstelle für Selbstbewusstsein«. Mit diesem Zitat komme ich auf einen weiteren Aspekt zu sprechen. Auf die personale Dimension des Sports: Ich meine die Suche nach Sinn, nach Möglichkeiten des kreativen Gestaltens. Das Jugendalter gilt als Lebensphase, in der der Heranwachsende eine psychosoziale Identität aufbauen muss. Diese Verwirklichung von personaler Identität ist heute erschwert. Junge Menschen wollen nicht nur passiv Lernende in Institutionen sein, sie brauchen auch Bestätigung, Engagement und sinnvolle Aufgaben. Herausbildung einer positiven Identität, die im Jugendalter geleistet werden muss, heißt deshalb positive Antworten auf die drängenden Fragen geben: »Wer bin ich?« »Was kann ich?« »Wozu bin ich da?« »Wohin gehöre ich?« »Was wird aus mir?« Dabei wird im Gewaltgutachten der Bundesregierung (Schwind & Baumann 1990) zu Recht beklagt, dass junge Menschen vor allem in der Schule heute fast nur noch erfahren, was sie *nicht* können, nicht aber das, was sie können.

Oskar Negt (1998) hat deshalb zu Recht darauf hingewiesen, dass der Kampf vieler junger Menschen eigentlich um die Frage geht: Was bin ich in dieser Gesellschaft? Was bin ich überhaupt, wer nimmt mich wahr? Daraus ergeben sich kulturelle Suchbewegungen junger Menschen, mit denen sie diese Probleme zu lösen versuchen, die Negt mit den Begriffen der Subjektivierung, Ontologisierung, Potenzierung, Sinnsuche und Suche nach Kontakt umschreibt. Für die Begründung einer körper- und bewegungsbezogenen Sozialen Arbeit besonders bedeutsam sind dabei zum einen die Potenzierung: Die Intensivierung des Lebens. Man denke an die vielen selbstgefährdenden Freizeitaktivitäten, jugendkulturellen Aktivitäten wie waghalsige Autorennen, S-Bahn-Surfen, Airbagging u. ä., aber eben auch an die Hooligans. Man muss gar nicht irgendwo in die Alpen oder in die Wüste gehen, um diese bis zu tödlichen Risiken eingehende Erfahrung der Intensität des Lebens, meines eigenen Lebens, der Potenzierung meines eigenen Lebens zu machen, sondern hier vollzieht sich eine Art Ausdruck aus der Langeweile des gesellschaftlichen Lebens, das natürlich für Jugendliche besonders groß ist. Zum anderen die Subjektivierung auf der sich die These von der Erlebnisgesellschaft gründet, das Erlebnis der Körper. Wenn ich gar nichts mehr habe, wenn sie mir meinen Geist noch nicht geben und meine Seele nicht, dann ist doch sichtbar, dass ich einen Körper habe. Das ist mein letzter Besitz, den können sie mir nicht nehmen, und ich kann sogar beweisen, dass ich existiere. Nicht »cogito ergo sum« nach Descartes, sondern ich habe einen Körper, »in corpore ergo sum«, ich bin im Körper, also existiere ich, und das zeige ich denen, in dem ich ihnen eins auf die Mütze haue, das ist eine Art Anwendung des Kausalitätsprinzips, das hat Ursache und Wirkung, das ist erkennbar, was ich mache. Ich bin da. (Negt 1998,118).

Bieten sich Jugendlichen keine oder kaum Möglichkeiten, sich durch etwas hervorzutun, bleibt ihnen oft nur noch der Körper als Kapital, den sie entsprechend ausbilden (modellieren) und Anerkennung und Aufmerksamkeit suchend einsetzen. Hier ist eine der Wurzeln für den »Kult des Körpers« und der Gewalt zu sehen, sie sind so besehen auch eine Form jugend-, meist jungenspezifischer Identitätssuche, Identitätsentwicklung.

Und eine letzte Anmerkung hierzu: In der letzten Zeit müssen wir im Fußballumfeld zunehmend feststellen, dass sich unter die gewaltfaszinierten Fußballfans und Hooligans mehr und mehr Rechtsradikale mischen. Dies hat nach Wippermann (2001, 7) auch damit zu tun, dass

> »rechtsradikale Gewalttaten für die Täter (unbewusst) den Charakter eines Events haben. Sie werden begriffen als eine Veranstaltung mit einer besonderen Ästhetik, emotionalen Aufladung und Gemeinschaftserleben und sind darin motivationspsychologisch anderen Events ähnlich. Rechtsradikale Gewalt hat also heute diese Doppelstruktur von Ideologie und Erlebnissehnsucht«.

Der hohe, von Buford so treffend wie auch beängstigend nüchtern beschriebene Eventcharakter macht die gewaltfaszinierte Hooliganszene für rechtsradikale Gewalttäter so attraktiv.

Der englische Kultursoziologe Critcher (o.J.) hat auf Grund der hier beschriebenen Entwicklung des Fußballsports dem Fußball eine schlechte Zukunft prophezeit:

> »Er wird tot sein, nicht, weil er nicht länger als ein schnelles und hartes Spiel von den unterdrückten Massen in den Blechbuden-Stadien verfolgt wird, sondern weil er nicht mehr länger kulturell verwurzelt ist. Er wird dann nicht mehr aus einer lebendigen Volkskultur heraus geprägt, sondern von außen, von den Ideen des Massenkultur-Spektakels, die unter den Kontrolleuren der Kultur des ausgehenden 20. Jahrhunderts vorherrschen. Strukturierter ausgedrückt: der Fußballsport wird seine Teilautonomie von den herrschenden ökonomischen und kulturellen Kräften, seine Teilautonomie als Bestandteil der Volkskultur verlieren«.

Und vor allem: »Der Fußballsport wird geschichtslos und historisch folgenlos werden; er wird so wenig und so viel Geschichte haben wie das Flipperspiel, das Bowling-Treffen und der Abend in der Diskothek. Gereinigt von lebensgeschichtlichen Erinnerungen, in die zugleich ein Stück historischer Erfahrung eingegangen ist«, wie Lindner und Breuer (1979, 169 f.) ergänzend hinzufügen.

9.5 Fußball ist unser Leben: Ultras als Bewahrer der atmosphärischen Seele des Fußballs

Just in diese Entwicklung drängt aber eine neue Gruppierung, die Ultras, die sich verstärkt der (Wieder-)Herstellung der traditionellen Stimmung und Atmosphäre im Stadion durch entsprechende Inszenierungen, Choreografien, »Schlacht-« und Stimmungsgesänge verschrieben haben. Das Fußballstadion wird hier wieder zu einem wichtigen Ort des Ausgleichs des Seelenhaushaltes der Menschen moderner Industriegesellschaften. In einer Gesellschaft, wo die Menschen nur noch daran gemessen werden, was sie haben, und nicht danach, was sie sind, steigt auch das Bedürfnis, selbst kreativ zu sein, etwas schaffen, nach eigenen Vorstellungen aufbauen und verändern zu können, etwas zu bewegen, auf etwas Einfluss zu haben, wie uns Negt (1998) ja gezeigt hat.

Dieses ganz normale Bedürfnis – zusätzlich durch die bereits beschriebene Zurückdrängung der Affekte und Emotionen, den Zwang zur Selbstdisziplin und -kontrolle genährt – stößt aber permanent an seine Grenzen. Wo die meisten Menschen hinkommen, ist meist schon alles fertig, organisiert, wirklich nicht mehr beeinflussbar, sind sie von Vorschriften, Verordnungen oder gesetzlichen Normen umgeben, die ihre Handlungsmöglichkeiten, ihren Spielraum erheblich einengen. Genau diese Gefahr droht den Ultras nun auch im Stadion. Daraus entstehen Enttäuschungen, Gefühle der Ohnmacht und Einflusslosigkeit, die in Resignation, Flucht oder in Vandalismus und Gewalt enden können.

Dem Fußballstadion kommt deshalb eine wichtige Rolle im Sinne der Kompensation zu. Hier wird es deshalb in Zukunft sehr entscheidend sein, wie weit es gelingt, den Ultras Räume zur (Selbst-)Inszenierung zu geben, zu belassen, das heißt den (überwiegenden) Teil der Ultras, der sich vorwiegend der Stimmungsmache und dem Herstellen einer fußballspezifischen Atmosphäre verschrieben hat, zu stärken. Dies ist umso wichtiger, als zu beobachten ist, dass die Inszenierungs- und Choreografiebedürfnisse der Ultras immer stärker mit ordnungspolitischen und sicherheitstechnischen Bestimmungen und Regelungen in den Stadionordnungen in Konflikt geraten (bengalische Feuer, Rauchbomben, Papierschnipsel, Konfetti u. ä.).

Gelingt es nicht, diese Kriminalisierungstendenzen zu stoppen, den Ultras Räume für ihre Inszenierungen und Choreografien zu schaffen, droht die Ultraszene ins rechte und/oder gewaltbereite, gewaltfaszinierte Lager abzudriften. Große Fahnen, Lärminstrumente, Konfetti, Wunderkerzen bis hin zum bengalischen Feuer sorgen für die unvergleichliche – in den Medien als südländische, gut zu vermarktende und hochgelobte dargestellte – Begeisterung, Stimmung und Atmosphäre im Stadion. Werden diese Dinge verboten, wird dem Fußball nicht nur seine atmosphärische Seele genommen, sondern es besteht auch die Gefahr, dass die Bedürfnisse nach Atmosphäre, Stimmung, Emotionalität anders und dann auch problematischer und gefährlicher ausgelebt werden. Zu Recht fordern deshalb auch im Gewaltgutachten der Bundesregierung die Kriminologen:

»Bei der Bewältigung des gesellschaftlichen Phänomens gewalttätiger Fanausschreitungen muss vor einem rigorosen Vorgehen gewarnt werden. Aus der Sicht der Fans in einer auf Passivität ausgerichteten Konsumgesellschaft bietet die Fanszene jedoch eine hoch einzuschätzende kompensatorische Möglichkeit, um Alltagsfrustrationen zu verarbeiten und ›Urlaub‹ vom gewöhnlichen und zumeist langweiligen Tagesrhythmus zu machen. Wenn die Erwachsenenwelt dann nur mit Verbot und Bestrafung reagiert, kann sich das Gewaltpotential andere ›Freiräume‹ suchen, die noch schwerer zu beeinflussen sind. Insofern käme es darauf an, verstärkt über positive Wege der Kanalisierung von Aktivitätsbedürfnissen nachzudenken« (Kerner et al. 1990, 550).

Weshalb also nicht auch das Stadion als Ort des Auslebens von Bedürfnissen nach Abenteuer, Spannung, nach dem Erleben von Affekten und Emotionen erhalten, ja sogar ausbauen? Zu Recht haben Weis et al. (1990, 652 ff.) auf das Problem der fortschreitenden Verengung gesellschaftlicher Räume, der Zerstörung der Räume und Lebenswelt Fußball hingewiesen und für deren Erhalt plädiert. Die Forderung nach reinen Sitzplatzstadien ist deshalb auch kein Beitrag zur Besänftigung der Gewalttätigkeit. Nicht nur dass in den Stehplatzbereichen auf Grund der dort noch möglichen Mobilität, Kommunikation zwischen sozialen Schichten und Generationen möglich ist, nur im Stehen kann richtig Stimmung gemacht werden. Sehr schön hat dies Rittner (1986, 145) einmal beschrieben:

»Die Sprechchöre, die ritualisierten Beschimpfungen, die Inszenierungen des Körpers beim Marschieren zeigen gleichsam die Maschinerie bei der Arbeit, einer Maschine mit Kehlen, Füßen, Oberkörpern, die auf ihre Besitzer durch Suggestion einwirken und den Gruppengeist in die Physis transportieren. [...] Atmosphäre ist dabei die Währung, mit der die Institutionen ihre Fans entlohnen, gleichsam klingend mit einer Verdichtung der Realität. Die Luft wird buchstäblich dick und in dieser Qualität genossen.«

Es waren im Übrigen die Ultras, die sich vehement gegen die Zersplitterung des Fußballspielplanes zur Wehr setzten. Mit ihrer Aktion »pro 15:30« erreichten sie, dass wenigstens die Spiele der 1. Bundesliga wieder auf den Samstag konzentriert wurden und die Zersplitterung von Freitags- bis Sonntagsspielen in der 1. Liga rückgängig gemacht wurde. Der Grund für diese Aktion lag darin, dass Fahrten zu Auswärtsspielen immer beschwerlicher wurden und die Begleitung der eigenen Mannschaft aus beruflichen oder schulischen Gründen oft nicht mehr möglich war, wenn freitagabends oder sonntags, geschweige denn montags Fußball gespielt wurde. Dies hatte im Übrigen auch zur Folge, dass immer mehr traditionelle Fanfreundschaften in die Brüche gingen. Früher wurde freitags angereist, am Samstag gespielt und abends die Sause gemacht. Am Sonntag fuhren dann alle glücklich nach Hause. Da gab viele gut funktionierende Fanfreundschaften, die heute fast alle kaputtgegangen sind. Ein Problem, das sich in der zweiten Liga immer noch und zum Teil viel dramatischer stellt: Da wird kaum mehr samstags gespielt, Freitags- und Montagsspiele verhindern oft aufwändige Auswärtsfahrten.

Auch die Proteste gegen den späten Fernsehübertragungsbeginn wurde wesentlich von den Ultras mitgetragen, womit aber auch deutlich wird, dass Fußball nicht alles im Leben ist, dass es auch andere Bedürfnisse gibt, und der Fußball tut gut daran, dies zu respektieren. Ein Blick in die Homepage der Ultragruppierung »Red Supporters« (www.red-supporters.de) möge zum Verständnis der Ultras beitragen. Dort steht zu lesen:

»Die Red Supporters Hannover sind eine Ultragruppierung in Hannover. Wir haben uns zusammengefunden, weil alle den Verein HANNOVER 96 von ganzem Herzen unterstützen. Unser Interesse liegt darin, den Verein mit voller Kraft zu unterstützen und immer beiseite zu stehen. Die Red Supporters Hannover sind im I-Block vertreten und ordnet sich der Dachorganisation Ultras Hannover voll und ganz unter. Im Vordergrund steht nämlich immer der Verein, und für dessen Unterstützung tun wir alles. Unter den Mitgliedern der Red Supporters herrscht ein freundschaftliches Verhältnis, das auch sehr gepflegt wird, damit wir als Gruppe immer nach außen hin unseren Zusammenhalt zeigen können. Wir arbeiten grundsätzlich als Gruppe, Einzelgänger gibt es bei uns nicht.«

Das Ultramanifest, das die deutschen Ultras von der Homepage der AS Roma übernommen und »nur unwesentlich verändert, bzw. an die Verhältnisse in Deutschland angepasst« haben, verweist zusätzlich auf die sehr bewusste und sensible Wahrnehmung der Entwicklung, Wandlungen des (Profi-)Fußballsports seitens der Ultras hin. Unter der Überschrift »Zukunftsvisionen« steht dort zu lesen:

»Es wird Zeit, dass alle Fußballfans verstehen, was die UEFA, die FIFA und die Fernsehanstalten unter tatkräftiger Mithilfe der nationalen Verbände mit unserem Fußballsport veranstalten. Die Bestrebungen der Spitzenclubs gehen dahin, eine Europaliga einzurichten, die im Endeffekt nur für die finanzstarken Vereine der einzelnen Verbände gedacht ist. Dies würde diesen Vereinen auf Grund der Vermarktung der TV-Rechte enorme Einnahmen sichern, die kleineren Vereine würden aber ausgeschlossen und auf lange Sicht in den Ruin getrieben. Die Anzahl der Fernsehzuschauer würde sicherlich steigen, während der Stadionfußball in seiner ursprünglichen Form nach und nach verschwinden wird. In ein paar Jahren wird selbst der Rasen in den Stadien mit Sponsorenwerbung verunstaltet werden und Choreographien werden verboten, weil sie die Aufmerksamkeit der Zuschauer am Bildschirm von den Werbetafeln abziehen. Es werden hunderte Ordner in den Blöcken stehen, die Fans werden im ganzen Stadionbereich von Videokameras aufgenommen, um zu verhindern, dass große Fahnen, Transparente oder Feuerwerkskörper ins Stadion gelangen können. Und in ein paar Jahren werden selbst die Leibchen unserer Spieler aussehen, wie die Anzüge von Formel-1-Piloten, jeder Fleck von Werbung besetzt. In den Köpfen der Funktionäre nimmt die Zukunft bereits Gestalt an: Es wird der gezähmte Fan erwünscht, der moderate Stimmung verbreitet, aber nur so viel, wie als Hintergrundeinspielung für die Fernsehübertragung notwendig ist, der brav applaudiert, wenn man es verlangt und ansonsten still auf seinem Platz sitzt. Es wird keinen Platz mehr für Ultras geben. Es gibt eine UEFA-Richtlinie, die besagt, dass die Fans sitzen müssen, man will keine Fans, die aktiv am Spiel teilhaben, man will die Art von Zuschauer, die man in einem Kino oder einem Theater antrifft. Diese Menschen verstehen nicht, dass Fußball unser Leben ist, dass wir für unseren Verein leben, dass wir unsere Schals und unsere Kleidung tragen, die unsere Stadt oder Region repräsentiert. All die ›Kurven‹ dieser Welt sollten in diesem Fall zusammenhalten und eine mächtige Einheit gegen die Fußball-Fabrik bilden.«

Entsprechend wurde folgendes *Ultramanifest* verfasst:

»Echte Fans wollen diese Fußballregeln:

1. Spielertransfers sollten in den Saisonpausen abgewickelt werden, nicht während der Saison.
2. Die Freiheit für die Spieler, ihre Freude nach einem Tor auszudrücken. Es ist möglich, diese Zeit nachspielen zu lassen.
3. Förderung heimischer Nachwuchsspieler durch eine Regel der Verbände.
4. Eine Sperre von einem Jahr von Spielern, die ihren Vertrag nicht erfüllt haben, weil ein anderer Verein mehr Geld geboten hat.
5. Die Beschränkung, dass Funktionäre eines Vereines nicht in einem zweiten Verein tätig sein dürfen, um »Farm Teams« zu verhindern.

6. Die Wiederherstellung des alten Landesmeisterpokals mit einem automatisch qualifizierten Meister aus jedem Verband, anstelle einer Liga, in der der Ligavierte eines Landes »Champions-League-Sieger« werden kann.
7. Das Verbot, dass Clubs oder Verbände Karten für Auswärtsspiele exklusiv an Reiseveranstalter weitergeben dürfen.

Ultras sollten:

1. Jeden unnötigen Kontakt oder Hilfe durch die Vereine oder die Polizei verweigern.
2. Untereinander besser zusammenarbeiten.
3. In Eigenorganisation zu Auswärtsspielen reisen.
4. Mit den Ultras anderer Vereine zusammenarbeiten, und die »Ware TV-Fußball« unattraktiver zu machen.
5. Sich nicht von den Autoritäten unterdrücken lassen und bei Spielen unbedingt Präsenz zeigen.«

Das Ultramanifest scheint mir dabei genau von der Sorge bestimmt zu sein, die Paris bereits 1983 (162) wie folgt zusammenfasste:

»Das grundlegende Problem dieser zukünftigen Entwicklung sehe ich darin, ob und wieweit es gelingt, die das Spiel paralysierenden Mechanismen der Kommerzialisierung und Professionalisierung, die sich aus der Durchkapitalisierung der Rahmenbedingungen des Fußballsports heraus ergeben, zumindest in dem Maße zurückzudrängen und einzudämmen, daß die spezifische Eigendynamik und die Spannung des Spiels als solche erhalten bleibt, daß also im Endeffekt die hier angesprochene Hierarchie der verschiedenen Situationsdefinitionen im Stadion nicht nur ad hoc, sondern auch strukturell gesichert werden kann. [...] Mit anderen Worten: Entweder es gelingt, das Spiel gegen seine schleichende Aushöhlung und Pervertierung durch seine kommerziellen Apologeten dauerhaft zu verteidigen – dann hat es nicht zuletzt auch kommerziell eine Zukunft; oder aber dies gelingt nicht – dann wird die Faszination und die Freude am Spiel über kurz oder lang abbröckeln und der Fußball wird seine Vorzugsstellung als sportliches Massenvergnügen nach und nach einbüßen.«

9.6 Fußball – mehr als nur ein sportlicher Zeitvertreib: Fußball als Klassenkampf – Zur Bedeutung des Fußballsports in sozialen Brennpunkten und bei Migranten

Haben wir bislang uns nur mit dem Konsumenten des Fußballspiels befasst, so lohnt zum Schluss auch ein Blick auf die aktiven Fußballer. »Fußball ist unser Leben«, das gilt nicht nur für die fanatischen, fanatisierten Fans, Ultras und Hooligans, das gilt auch für viele junge Menschen, besonders aus sozialen Randlagen und der ethnischen Minderheiten. Dies nicht zuletzt auch deshalb, weil Bewegung, Spiel und Sport für junge Menschen Medien sind, sich vor anderen zu präsentieren. Junge Menschen erfahren – wie wir von Negt (1998) gelernt haben – ihren gesellschaftlichen Wert oft erst über ihre Körperpräsentationen und der Fußball spielt eine sehr wichtige, ja die gewichtigste Rolle. Dabei sind der geregelte Spiel- und Trainingsbetrieb in den Vereinen oft ein Hindernis, sie bedürfen der Ergänzung durch offene, freie Angebote, die zunächst nicht an die Mitgliedschaft in Vereinen gebunden und auch nicht an genormte Sportstätten und feste Zeiten gebunden sind. Der Verlust von freien Spielmöglichkeiten muss deshalb durch entsprechende Angebote wie Straßenfußball, Mitternachtssport und ähnlichen aufgefangen werden. Wer einmal beobachtet hat, mit welcher Begeisterung und Ausdauer junge Menschen nachts von 22:00 Uhr bis um 4:00 Uhr in der Früh der runden Kugel nachrennen, der kann erahnen, welche Bedeutung der Fußball für diese junge Menschen in ihrem Leben hat (Pilz & Peiffer 1998). Er ist nicht nur Zeitvertreib, körperliche Betätigung, er ist oft das einzig übriggebliebene Erfahrungsfeld, auf welchem sie Erfolg, Selbstbestätigung, positives Gruppenerlebnis mit Anerkennung und Gruppenerfolg erfahren können. Dabei – und dies wird immer wieder übersehen – ist Fußball gerade bei diesen jungen Menschen die Sportart Nummer 1. Es sind eben nicht die Funsportarten, sondern es ist in erster Linie der Fußball, der Jugendliche in sozialen Brennpunkten, aus Randgruppen fasziniert und begeistert.

Vor allem bei unseren ausländischen Mitbürgern, den Migranten, stellen wir zusätzlich eine wachsende Begeisterung für den Fußballsport fest, ohne sie würden viele Vereine Schwierigkeiten haben, ihre Jugendmannschaften vollzubekommen. Leider müssen wir aber auch in diesem Kontext eine Zunahme der gewalttätigen Auseinandersetzungen feststellen. Zur Erklärung von Unfairness und Gewalthandlungen werden dabei vorschnell nur die Mentalitätsunterschiede im Sinne eines »hitzigeren« Temperaments von Südeuropäern angeführt. Die Schärfe der meisten Ausschreitungen, vor allem nach verbalen Provokationen oder nach als inkorrekt angesehenen Schiedsrichterentscheidungen, lassen sich allerdings damit nicht hinreichend erklären. Vielmehr kommt man den Ursachen erst näher, wenn man erkennt, dass der sportliche Wettkampf auf dem Spielfeld für den Kampf um soziale Anerkennung und Gleichbehandlung eine Stellvertreterfunktion angenommen hat.

Der Sport ist Austragungsort eines sozialen Konflikts, in dem Mehrheitsgesellschaft und Migranten um die Veränderung der sozialen Rangordnung, die Verteilung von Ressourcen und die Anerkennung kultureller Normen kämpfen. Die überaus hohe Sensibilität der Migranten gegenüber jeglicher Form von Nichtachtung der persönlichen Integrität und Ungleichbehandlung im Fußballsport erklärt sich angesichts ungleicher gesellschaftlicher Teilhabechancen sowie herrschender Fremdenfeindlichkeit. Das Unterliegen in Konkurrenzsituationen wirkt dabei konfliktverstärkend. Fußball als Nationalsportart in Deutschland wie in den Herkunftsgesellschaften der größten Minderheitengruppen bietet Anlässe für symbolische Konfliktaustragungen. Sieg oder Niederlage im Spiel werden als Symbol ethnischer Über- oder Unterlegenheit gewertet. Mit der zunehmend breiteren Organisationsbasis der Minderheiten im Sport und mit dem Gefühl von kollektiver Stärke, das aus der Rückbindung an die soziale Gemeinschaft resultiert, wächst zudem die Bereitschaft, auch im Sport gegen vermeintliche und tatsächliche Benachteiligungen und Diskriminierungen anzugehen. So wie der Fußball in seinen Anfängen der Arbeiterklasse, so scheint der Fußball heute den jungen Migranten als

Mittel des Klassenkampfes und sozialen Aufstiegs zu dienen. Was sich dahinter verbirgt, hat Paris (1983, 155) wie folgt zusammengefasst:

»Es ist also meines Erachtens gerade die spezifische Legierung von Leistung und Glück, die den Fußball für die Arbeiterklasse so attraktiv und die Arbeiterklasse für den Fußball so empfänglich machte; die zentralen Elemente des Spiels (körperliche Leistung, Ausdauer, männliche Härte und eben auch Glück) repräsentieren zugleich zentrale kulturelle Orientierungen der Arbeiterklasse, die sich auf diese Weise im Spiel wiedererkennt.«

9.7 Was ist zu tun?

Ich möchte für meine abschließenden Ausführungen gerne den Begriff »Raum« aufgreifen, denn er scheint mir der Schlüssel zur Beantwortung der Frage, wie wir sicherstellen, dass die Fußballuntergangsstimmung, wie sie Charles Critcher skizziert hat, eine positive Wendung erfährt und Fußball sowohl im aktiven Tun als auch im aktiv-passiven Konsumieren auf unproblematische Weise einen wichtigen Sinn im Leben junger, aber nicht nur junger Menschen behält. Die gesellschaftlichen, sportpolitischen, sozialpolitischen Herausforderungen bestehen darin,

- den Ultras und Fans Räume zu belassen, zu geben, wo sie ihren Bedürfnissen nach Selbstinszenierung, Selbstpräsentation, Choreografien und Identifikation gerecht werden können, sie aber gleichzeitig auch bezüglich des Einhaltens von Regeln, von allgemein gültigen Normen des Fairplay, der Abkehr von Gewalt und rechtem Gedankengut in die Pflicht zu nehmen;
- die Räume der Hooligans einzuengen, vor allem da, wo sie entregelt werden;
- jungen Menschen wohngebietsnahe, stadtteilbezogene Räume für ihre Bewegungs-, Erlebnis- und Spannungsbedürfnisse zu eröffnen. Hier sei auch auf das Gewaltgutachten der Bundesregierung verwiesen, in dem u.a. zu lesen steht: »Ganz besonders wichtig erscheint es im Übrigen, dass adäquate Freiräume für kindliches und jugendliches Gruppenverhalten geschaffen werden, also Räume, in denen sich Bewegungsdrang, Abenteuerlust, Aggressionserprobung in spielerischer Art und anderes, was für ›Jugendlichkeit‹ kennzeichnend ist, ausagieren können, ohne sofort auf den Zorn der Bürger oder die totale Reglementierung zu stoßen, die zunehmend den öffentlichen Raum in Städten, aber auch bereits in Gemeinden charakterisiert.« Um dann selbstkritisch hinzuzufügen: »Es hat den Anschein, als ob etliche nach den Vorstellungen etablierter Erwachsener gestaltete Abenteuerspielplätze genau denjenigen Grad von Sterilität vermitteln, der Kinder und Jugendliche nach kurzer Zeit entweder abhält, sie noch einmal zu aufzusuchen, oder aber gerade umgekehrt einlädt, durch Zerstörung kreatives Chaos herzustellen« (Kerner et al. 1990, 541).

Es gilt also, Freiräume für die Jugendlichen zu schaffen, bzw. zu bewahren, die es ihnen ermöglichen, sich selbst zu verwirklichen, einen Sinn in ihrem und für ihr Leben zu finden, Perspektiven für die Zukunft zu entwickeln und eben auch einfach ein wenig Spannung und Abenteuer zu erfahren.

Im diesem Kontext sei aber auch auf die Gefahr verwiesen, dass sich der Fußball überhebt, überfordert. Der Fußball ist nicht die Reparaturwerkstatt für gesellschaftlich produzierte, soziale Problemlagen bzw. der problematischen Verarbeitungsformen. So wurde auf der DFB-Fachtagung »Toleranz und Fairness – Gewaltprävention im Fußball« die in Barsinghausen stattgefunden hat, u. a. zu Recht festgestellt, dass Fußballvereine dann zunächst in der Lage sind, gewaltpräventiv und integrativ zu wirken, wenn sie sich primär auf ihre eigentliche Aufgabe besinnen: Sportangebote für Gleichgesinnte anzubieten. Darüber hinausgehende integrative und gewaltpräventive Aufgaben kann der Sport nur mit Unterstützung von funktionierenden Netzwerken lösen, z. B. Kooperation mit Institutionen der Sozialen Arbeit.

9.8 Fußball ist unser Leben? – Fußball wird, Fußball muss jedenfalls überleben!

Der Fußball wird und muss überleben, weil er eine wichtige »Auszeit« – wie Klaus-Peter Weinhold sagen würde – ist bzw. weil – worauf Hortleder (1974, 139f.) zu Recht hinweist – die Faszination des Fußballs nicht allein in der Perfektion liegt,

»sondern vor allem auch in jenem dramatischen Geschehen, das die Grenzen der Perfektion sprengt. Insofern werden im Fußballsport die Wertvorstellungen industrialisierter Gesellschaften kopiert und zugleich in Frage gestellt. Ein Fußballspiel ist auch ein Protest gegen diese Werte. Zu den Grundprinzipien gehören Leistung, Objektivität und Disziplin, aber dramatisch wird ein Spiel zu weilen erst, wenn diese Werte gleichzeitig ins Wanken geraten. Wenn der berühmte Außenstürmer einen schlechten Tag erwischt, der Schiedsrichter zum wiederholten Mal einen eindeutigen Elfmeter nicht gibt, die Spieler sich überhaupt nicht um die taktischen Anweisungen ihres Trainers kümmern. Der Schiedsrichter wird in der Regel respektiert als derjenige, der für Ordnung sorgt, nicht selten aber auch verprügelt. Der Trainer wird heute umjubelt als uneingeschränkte Autorität (»mein taktisches Konzept ist heut voll aufgegangen«) und eine Woche später fristlos entlassen. Die Heimmannschaft wird frenetisch angefeuert und noch im selben Spiel erbarmungslos ausgelacht, als Objekt der Identifikation und der Aggression in einem. Gesellschaftliche Ideale werden im Fußballstadion kopiert und verworfen zugleich. Eine Gesellschaft, in der der Fußball eine dominierende Rolle spielt, leistet sich nicht selten den Luxus, Teile ihres eigenen Wertesystems für 90 Minuten außer Kraft zu setzen.«

»Das Fußballspiel ist ein Plädoyer für das nicht Planbare, für Überraschung und Sensation, für Symbolik inmitten einer sehr nüchternen Realität. Die Begeisterung für den Fußballsport spiegelt den Wunsch einer Gesellschaft nach Irritationen wider oder nach Mythen, was nicht unbedingt das Gleiche ist. Die Sehnsucht nach einem spannenden und schönen Fußballspiel ist, gemessen an dem, was in dieser Gesellschaft besser sein könnte, ein überflüssiger Traum, gewiss. Vielleicht gehört es zu jenem Überflüssigen, von dem Ortega gesagt hat, es allein sei notwendig für die Menschen« (Hortleder 1974, 18).

Norbert Elias (1983, 21) hat deshalb in seiner zivilisationstheoretischen Analyse des Fußballsports zu Recht festgestellt:

»Spannung und Entspannung im Fußballspiel ist ein – gewiss ein besonders gelungenes – Beispiel für ein psychosoziales Muster unseres Lebens, das, wenn ich mich einmal so ausdrücken darf, als Antwort auf ein sehr elementares menschliches Bedürfnis verdient, ernst genommen zu werden.«

Und mahnend fügt Elias (1983, 21) hinzu:

»Die Freizeitbeschäftigungen der Industriegesellschaften, ob es sich um Konzerte oder Fußballspiele, um Schauspiele oder Jazz handelt, entsprechen offenbar einem mächtigen Bedürfnis. Ich bin nicht sicher, dass wir Freizeitbedürfnisse, wie sie etwa auch bei der Anteilnahme am Fußballspiel zum Ausdruck kommen, so wie sie das verdienen, schon wirklich verstehen.«

Literatur

Becker, P. & Pilz, G. A. (1988): Die Welt der Fans. Aspekte einer Jugendkultur. München: Copress.
Blinkert, B. (1988): Kriminalität als Modernisierungsrisiko. In: Soziale Welt, 39 (4), S. 397–412.
Buford, B. (1992): Geil auf Gewalt. München: Hanser.
Critcher, C. (o.J.): Football Since the War: Study in Social Change and Popular Culture (Typosript) Birmingham, hier zitiert nach: R. Lindner & H. T. Breuer (1979): Fußball als Show. Kommerzialisierung, Oligopolisierung und Professionalisierung des Fußballsports. In: W. Hopf (Hrsg.): Fußball – Soziologie und Sozialgeschichte einer populären Sportart. Bensheim: Päd. Extra, S. 170.
Elias, N. (1983): Der Fußballsport im Prozess der Zivilisation. In: Modellversuch Journalisten-Weiterbildung der Freien Universität Berlin (Hrsg.): Der Satz »Der Ball ist rund« hat eine gewisse philosophische Tiefe. Berlin: Transit, S. 12–21.
Fritsch, S. & Pilz, G. A. (1996): Von »Schlachtenbummler« zum »Hooligan«. Zur Sozialgeschichte der Fußballbegeisterung und Fußballrandale bei Hannover 96. In: L. Peiffer & G. A. Pilz (Hrsg.) Hannover 96–100 Jahre – Macht an der Leine. Hannover: Schlütersche Verlagsanstalt, S. 204–226.
Hansen, K. (1993): Fußball ist Fußball. In: Ders. (Hrsg.): Verkaufte Faszination – 30 Jahre Fußball-Bundesliga. Essen: Klartext, S. 25–27.
Hortleder; G. (1974): Faszination des Fußballspiels. Soziologische Anmerkungen zum Sport als Freizeit und Beruf. Frankfurt a. M.: Suhrkamp.
Kerner, H. J. Kaiser, G., Kreuzer, A. & Pfeiffer, C. (1990): Ursachen, Prävention und Kontrolle von Gewalt aus kriminologischer Sicht. In: H.-D. Schwind, J. Baumann, F. Lösel, H. Remschmidt, R. Eckert, H.-J. Kerner, A. Stümper, R. Wassermann, H. Otto, W. Rudolf, F. Berckhauer, M. Steinhilper, F. Kube & W. Steffen (Hrsg.): Ursachen, Prävention und Kontrolle von Gewalt. Analysen und Vorschläge der Unabhängige Regierungskommission zur Verhinderung und Bekämpfung von Gewalt (Gewaltkommission). Band II. Berlin: Duncker & Humblot), S. 415–606.
Lindner, R. & Breuer, H. T. (1982): »Sind doch nicht alles Beckenbauers«. Frankfurt a. M.: Syndicat.

Löffelholz, M. (1990): Zur Rolle der Fan-Projekte in den Modernisierungsprozessen. Unveröff. Manuskript. Hamburg.

Lösel, F., Selg, H. & Schneider, U. (1990): Ursachen, Prävention und Kontrolle von Gewalt aus psychologischer Sicht. In: H.-D. Schwind, J. Baumann, F. Lösel, H. Remschmidt, R. Eckert, H.-J. Kerner, A. Stümper, R. Wassermann, H. Otto, W. Rudolf, F. Berckhauer, M. Steinhilper, F. Kube & W. Steffen (Hrsg.): Ursachen, Prävention und Kontrolle von Gewalt. Analysen und Vorschläge der Unabhängigen Regierungskommission zur Verhinderung und Bekämpfung von Gewalt (Gewaltkommission) Berlin, Band II, S. 4–156.

Negt, O. (1998): Jugendliche in kulturellen Suchbewegungen. Ein Persönliches Resümée. In: F.-W. Deiters & G. A. Pilz (Hrsg.): Aufsuchen, akzeptierende, abenteuer- und bewegungsorientierte, subjektbezogene Sozialarbeit mit rechten, gewaltbereiten jungen Menschen – Aufbruch aus einer Kontroverse. Münster: lit, S. 113–124.

Nutt, H. (1988): Sport: Nur noch Kampf gegen sich selbst? In: psychologie heute, 15 (1), S. 40–55.

Paris; R. (1983): Fußball als Interaktionsgeschehen. In: Modellversuch Journalisten-Weiterbildung der Freien Universität Berlin (Hrsg.): Der Satz »Der Ball ist rund« hat eine gewisse philosophische Tiefe. Berlin: Transit, S. 146–164.

Peiffer, L. & Tobias, S. (1996): Das furchtlose Zugreifen – die den 96ern von jeher eigen gewesene Eigentümlichkeit. In: L. Peiffer & G. A. Pilz (Hrsg.): Hannover 96–100 Jahre – Macht an der Leine. Hannover: Schlütersche Verlagsanstalt, S. 14–55.

Pilz, G. A. (1991): Die Suche nach dem Abenteuer. Hooliganismus als Modernisierungsrisiko – Hooligans als Avantgarde eines neuen Identitätstyps? In: Sozial Extra, 6, S. 5–7.

Pilz, G. A. (1993): »Öffentliche Bedürfnisanstalt« – Das Fußballstadion als besonderer Ort in der verregelten Gesellschaft. In: K. Hansen (Hrsg.): Verkaufte Faszination – 30 Jahre Fußball-Bundesliga. Essen: Klartext, S. 130–141.

Rittner, V. (1986): Sportausübung, Selbstdarstellungsrituale und zeremonielle körperliche Gewalt. Die sozialen und symbolischen Grundlagen abweichenden Verhaltens im Sport. In: Polizeiführungsakademie (Hrsg): Sicherheit bei Sportveranstaltungen. Münster: Eigenverlag, S. 133–150.

Schwind, H.-D. & Baumann, J., Lösel, F., Remschmidt, H., Eckert, R., Kerner, H.-J., Stümper, A., Wassermann, R., Otto, H., Rudolf, W., Berckhauer, F., Steinhilper, M., Kube, F. & Steffen, W. (Hrsg.) (1990): Ursachen, Prävention und Kontrolle von Gewalt. Analysen und Vorschläge der Unabhängigen Regierungskommission zur Verhinderung und Bekämpfung von Gewalt (Gewaltkommission). Berlin (4 Bände).

Weis, K., Alt, C. & Gingeleit, F. (1990): Probleme der Fanausschreitungen und ihrer Eindämmung. In: H.-D. Schwind, J. Baumann, F. Lösel, H. Remschmidt, R. Eckert, H.-J. Kerner, A. Stümper, R. Wassermann, H. Otto, W. Rudolf, F. Berckhauer, M. Steinhilper, F. Kube & W. Steffen (Hrsg.): Ursachen, Prävention und Kontrolle von Gewalt. Analysen und Vorschläge der Unabhängigen Regierungskommission zur Verhinderung und Bekämpfung von Gewalt (Gewaltkommission). Band III. Berlin: Duncker & Humblot, S. 575–670.

Wippermann, C. (2001): Die kulturellen Quellen und Motive rechtsradikaler Gewalt – Aktuelle Ergebnisse des sozialwissenschaftlichen Instituts Sinus Sociovision. In: jugend&GESELLSCHAFT, 1, S. 4–7.

10 Aktuelle Trends und Transformationsprozesse der Kulturellen Bildung in der Freizeitgestaltung

Susanne Keuchel

Welche Rolle spielt Kulturelle Bildung in der Freizeitgestaltung? Und was kann in der heutigen Zeit unter Kultureller Bildung gefasst werden angesichts einer zunehmenden Kulturalisierung (Reckwitz 2016) aller gesellschaftlichen Lebensbereiche? Wie haben sich kulturelle Freizeitaktivitäten innerhalb des gesellschaftlichen Wandels verändert? Und wie werden sie sich künftig verändern?

In diesem Beitrag werden nach einer ersten Eingrenzung der Begriffe Inhalte, Orte und Teilhabedimensionen Kultureller Bildung in der Freizeitgestaltung skizziert. Abschließend werden auf Grundlage dieser Bestandsaufnahme aktuelle gesellschaftliche Herausforderungen, Trends und Transformationsprozesse der Kulturellen Bildung in der Freizeitgestaltung abgeleitet und in einem Fazit künftige Entwicklungsszenarien diskutiert.

10.1 Zur Eingrenzung der Begriffe Kulturelle Bildung und Freizeit

Es gibt keine verbindliche Definition von Kultureller Bildung. Definitionsversuche variieren in Abhängigkeit von zeitgeschichtlichen, ressort-, sparten-, handlungsspezifischen, regionalen und nationalen Perspektiven. In Deutschland wurde der Begriff »Kulturelle Bildung« in den 1970er Jahren von Akteuren non-formaler kulturpädagogischer Handlungsfelder als Alternative zu dem damals vorherrschenden Begriff der »musisch-ästhetischen Erziehung« in den Diskurs gebracht. Sollte musisch-ästhetische Erziehung »zu einer Kultur erziehen«, lag der Anspruch bei der Kulturellen Bildung darin, dass sich »Bildung durch Kultur vollziehen sollte« (Liebau & Zirfas 2004, 579). Damit wurde nicht nur eine Kritik bezüglich eines zu vermittelnden Kulturkanons formuliert. Mit dem Kulturbegriff wurde zugleich die Perspektive auf ästhetische Lebenspraktiken geweitet, wie mediale oder jugendkulturelle Ausdrucksformen. So sieht Karl Ermert Kulturelle Bildung als einen »Lern- und Auseinandersetzungsprozess des Menschen mit sich, seiner Umwelt und der Gesellschaft im Medium der Künste und ihrer Hervorbringungen«. Sie ermögliche die Fähigkeit »zur erfolgreichen Teilhabe an kulturbezogener Kommunikation mit positiven Folgen für die gesellschaftliche Teilhabe insgesamt« (Ermert 2009).

Ein gewisses Spannungsfeld zwischen der Auseinandersetzung mit klassischen künstlerischen Ausdrucksformen auf der einen Seite und kulturbezogener Kommunikation auf der anderen Seite spiegelt sich national, aber auch international, vor allem in Europa wider, wo es Länder gibt, die von »arts education« sprechen und denen, die »culture education« bevorzugen. So wurden in einer Vorstudie (Keuchel 2016) zu einem internationalen Monitoring (MONAES) internationale Experten aus 16 Ländern und fünf Kontinenten gebeten, in einer offenen Frage das nationale Verständnis von Kultureller Bildung kurz zu skizzieren. Als eine gemeinsame Ausgangsbasis wurde die Auseinandersetzung mit den Künsten im Kontext von Produktion, Rezeption und Reflexion genannt. Es wurden aber noch weitere Perspektiven hervorgehoben, die in den Ländern unterschiedlich gewichtet wurden. Ein Aspekt lag in der Bedeutung von Kultureller Bildung für die schulische Vermittlung, hier sich mit künstlerischen Mitteln Wissen zu erschließen in anderen Fachbereichen, wie Geschichte oder Mathematik, das so genannte Prinzip des »learning through the arts« (Bamford 2006). Ein weiterer Aspekt lag in der Bedeutung Kultureller Bildung für den gesellschaftlichen Zusammenhalt, so beispielsweise die Stärkung nationaler kultureller Identitäten, etwa durch Vermittlung des materiellen und immateriellen Kulturerbes. Ein gesellschaftsstärkender Aspekt der Kulturellen Bildung wurde auch im Umgang mit kultureller Vielfalt gesehen, hier vor allem in Ländern, die eine hohe Migration und/oder eine kolonialistische Geschichte haben. Ein anderer Aspekt der Stärkung des gesellschaftlichen Zusammenhalts wurde in der aktiven gemeinschaftlichen Kommunikation mit künstlerischen/kulturellen Mitteln gesehen. So beschrieben vor allem Experten aus dem angloamerikanischen Raum die Förderung der Fähigkeit, sich ästhetisch und künstlerisch ausdrücken und mit Dritten kommunizieren zu können, als »Bürgertraining«.

Kulturelle Bildung wurde aber auch – und dies galt bisher vor allem in Deutschland – als ein wichtiger Aspekt der Subjektstärkung bzw. Persönlichkeitsbildung gesehen, in eine Richtung, wie sie auch Karl Ermert als »Lern- und Auseinandersetzungsprozess des Menschen mit sich, seiner Umwelt und der Gesellschaft« hervorhebt.

Damit können die Inhalte der Kulturellen Bildung sehr breit gefasst werden: von dem Umgang mit Medien, wie Büchern, Filmen bis hin zu sozialen Medien, der kulturellen Lebensstilgestaltung, dem Umgang mit immateriellem Kulturgut bis hin zu den künstlerischen Sparten in einer Breite, die beispielsweise auch Zirkus, Design oder Kunsthandwerk umfasst.

Bei der Betrachtung von Kultureller Bildung in der Freizeitgestaltung gilt zu berücksichtigen, dass auch der Freizeitbegriff nicht einfach einzugrenzen ist, vor allem in der heutigen Zeit, in der sich Lebensbereiche immer mehr überlagern. Denn die Abgrenzung von Freizeit trägt sich vor allem durch Abgrenzungen zu anderen Lebensbereichen, wie Arbeit oder Schule, so vor allem »einer klaren raumzeitlichen Trennung von Arbeit« (Fromme 2001, 610). Opaschowski (1996) bringt dabei noch ein weiteres Entscheidungskriterium ins Spiel, und zwar positiv und negativ erlebte Freizeit. Positiv erlebte Freizeit wird dabei zur selbstbestimmten Zeit. Nach Opaschowski wird aus dem »Frei von« Arbeit immer mehr ein »Frei für« lebenswerte Zukunft (Opaschowski 2008, 13). Die Unabhängigkeit von Freizeit sieht er in »zeitlich verfügbaren Lebenssituationen, die relativ frei sind von physiologischen Grundbedürfnissen und ökonomischen, sozialen und normativen Zwängen« (Opaschowski 1996, 95). Freiwilligkeit spielt damit eine entscheidende Rolle bei einer positiv erlebten Freizeitgestaltung, die sich in dieser Form nach Opaschowski auch auf Edukation beziehen kann, also freiwilliges Lernen und Weiterbildung (ebd., 94). Es betont dabei den Trend, Freizeit mehr und mehr als sinnfüllenden »Investitionsfaktor« zu verstehen, so Investitionen in »Gesundheitsförderung«, »Entspannungsprogramme« oder eben »lebenslanges Lernen« (vgl. Opaschowski 2008, 13).

In Zeiten mobiler Endgeräte und Home-Office wird es sowohl räumlich und zeitlich immer schwieriger, »Freizeit« abzugrenzen. Denn es findet eine zunehmende Verschränkung und Entgrenzung von Arbeit, Schule und Freizeit statt (Baxmann et al. 2009). Dies gilt allerdings auch für den »Sinnfaktor«. So wird auch Arbeit selbst immer mehr als eine sinnstiftende Tätigkeit verstanden. Für die junge Generation wird dieser Faktor zunehmend wichtiger, oft wichtiger als die Höhe des Verdiensts.

Eine zunehmende Überlagerung der Kulturellen Bildung kann aktuell in Deutschland auch verstärkt zwischen Schule und Freizeit beobachtet werden durch den Ausbau der Ganztagsschulen. Im Zuge dieses Ausbaus kooperiert die non-formale kulturelle Bildungspraxis zunehmend mit Schule. Möglicherweise wäre es daher einfacher, im Folgenden den Fokus allgemein auf non-formale kulturelle Bildung zu setzen, die besser eingrenzbar ist als kulturelle Freizeitgestaltung. So unterscheidet die UNESCO zwischen formal, non-formal und informeller Bildung. Während formale Bildung immer mit Schule und dem erwerbstätig relevanten Lernen verknüpft ist, deckt die Definition der non-formalen Bildung weitgehend die Aspekte ab, die vorausgehend auch für die Abgrenzung der Freizeitaktivitäten genutzt wurden. So werden innerhalb der non-formalen kulturellen Bildung die Freiwilligkeit sowie positiv erlebte Bildungsräume, die geprägt sind von Partizipation, der Erfahrung von Selbstwirksamkeit, Fehlerfreundlichkeit und Stärkenorientierung, hervorgehoben (Braun & Schorn 2012). Die Europäische Kommission definierte »non-formal learning« im Jahr 2000 als eine Form des Lernens, das außerhalb »der Hauptsysteme der allgemeinen und beruflichen Bildung« (Kommission der Europäische Gemeinschaften 2000, 9) stattfindet, aber schon in strukturierten Formen über zivilgesellschaftliche Einrichtungen, wie beispielsweise Jugendorganisationen, Gewerkschaften oder Einrichtungen, die Bildungsangebote ermöglichen. Dabei stellt sich bei der Betrachtung der kulturellen Freizeitgestaltung die Frage, ob neben der non-formalen Bildung auch die informelle Bildung einbezogen werden sollte, die deutlich schwieriger einzugrenzen ist. Merkmale informeller Bildung sind eine scheinbar unbewusste Wissensaneignung in unstrukturierten Lernsettings beispielsweise im Alltag, in der Familie oder mit Freunden (Baumbast et al. 2014, 17). Über diese informellen kulturellen Bildungsprozesse gibt es jedoch nur wenige Forschungserkenntnisse. Es wird daher nachfolgend der Fokus auf non-formale kulturelle Bildung in der Freizeitgestaltung gerichtet.

10.2 Zu den Orten, Angeboten und Zielgruppen (non-formaler) Kultureller Bildung in der Freizeitgestaltung

Die Auseinandersetzung mit dem Medium der Kulturellen Bildung, den Künsten, kann, wie vorausgehend skizziert, auf unterschiedlichen Ebenen erfolgen: Bestehende Kunstformen und kulturelle Ausdrucksformen können bewusst wahrgenommen und reflektiert werden oder künstlerische und kulturelle Ausdrucksformen können selbst aktiv für die eigene künstlerische Produktion genutzt werden.

Dabei kann Kulturrezeption und -produktion eigeninitiativ in informellen Kontexten oder auch angeleitet innerhalb non-formaler Kultureller Bildungspraxis erfolgen. Sowohl Kulturrezeption als auch Kulturproduktion können in medialen, digitalen oder analogen Kontexten erfolgen. Die Reflexion erfolgt in Form einer eigenen Positionierung zu dem Gesehenen, Gehörten, Erlebten und/oder in einem Austausch mit Dritten über das Erlebte.

Wie gestalten sich nun aktuelle Freizeitpraktiken innerhalb der (non-formalen) kulturellen Bildung? Wo finden sie statt? Welche Zielgruppen erreichen sie? Und welche aktuellen Trends sind dabei zu beobachten?

10.2.1 Zu den Orten und Angeboten (non-formaler) kultureller Bildung

Für die informelle kulturelle Bildungspraxis liegen, wie schon erwähnt, wenig Erkenntnisse vor. Dies gilt vor allem für autodidaktische Zugänge. Mehr Daten existieren zur medialen Rezeption kultureller Inhalte, hier die Nutzung kultureller Sendeinhalte, die zunehmend innerhalb der medialen Rezeptionsforschung auch auf Inhalte des Internets ausgeweitet werden, so beispielsweise die KIM- oder JIM-Studien (Medienpädagogischer Forschungsverbund Südwest 2022), die die mediale Nutzung von Kindern und Jugendlichen untersuchen, oder auch die ARD/ZDF-Langzeitstudien »Massenkommunikation« (Eggert et al. 2021).

Non-formale kulturelle Bildung findet an vielen unterschiedlichen Orten und in Begleitung unterschiedlicher zivilgesellschaftlicher Akteursgruppen statt. Auch Schule kann ein Ort non-formaler kultureller Bildungspraxis sein, wie vorausgehend schon dargelegt, und dies auch unabhängig des Ausbaus von Ganztagsschulen, beispielsweise in außerunterrichtlichen Formaten, wie die Theater-AG oder die Schüler-Zeitung. Im Zuge gesellschaftlicher Wandlungsprozesse bezogen beispielsweise auf Ökonomisierung, Diversität oder Digitalität haben sich neben traditionellen, schon länger existierenden Orten non-formaler kultureller Bildungspraxis neue Orte etabliert.

»Klassische« öffentlich geförderte kulturelle Bildungseinrichtungen und Vereine

Es gibt heute ein breites Spektrum an öffentlich geförderten non-formalen kulturellen Bildungseinrichtungen, -verbänden und -angeboten. Eine der ältesten öffentlich geförderten Einrichtungsarten ist die Musikschule. Heute existieren im Verband der deutschen Musikschulen (VdM) rund 930 öffentlich geförderte Musikschulen (Dartsch 2019). Die Jugendkunstschule hat sich in Deutschland im Zuge der Etablierung des Begriffs Kulturelle Bildung in den 1970er Jahren mit der Perspektive der »Spartensegmentierung« entwickelt, die damals kritisiert wurde, eine Alternative bieten, und zwar »alle Künste unter einem Dach« (Kamp & Nierstheimer 2012). Sehr verbreitet sind auch Tanz- und Ballettschulen. In Ostdeutschland gab es zudem eine flächendeckende Zahl an Klub- und Kulturhäusern (Mandel & Wolf 2020, 92 f.) zur Versorgung von Kultur- und kulturellen Bildungsaktivitäten in der Freizeit, die im Rahmen der Wiedervereinigung jedoch vielfach in dieser Form nicht weitergeführt wurden. Hervorzuheben sind auch die Vielzahl an Laienverbänden und -vereinen im Feld der Kulturellen Bildung, wie Orchester, Blaskapellen, Laientheatergruppen, Laientanz- oder Trachtenvereine.

In den letzten 20 Jahren kann eine zunehmende Vielfalt an neuen spartenspezifischen Einrichtungsarten und -angeboten beobachtet werden: von der Kreativen Schreibwerkstatt über die Medienwerkstätten, der Zirkuspädagogik bis hin zu pädagogischen Escape-Rooms. Sind diese Einrichtungen vor allem Bildungsorte für Kinder und Jugendliche, finden sich für die erwachsene Bevölkerung im Bereich öffentlich geförderter kultureller Bildungsangebote die Angebote der Volkshochschulen. So fielen 2021 beispielsweise 15 % aller Kurse der VHS in den Programmbereich Kultur – Gestalten (Ortmanns et al. 2023, 23). »Die größten Fachgebiete in diesem Programmbereich, gemessen am prozentualen Anteil an der Gesamtzahl der Unterrichtsstunden, haben eine praxisorientierte Ausrichtung«, wie »Malen/Zeichnen/Drucktechniken (25,5 %), Musikalische Praxis (15,7 %) und Textiles Gestalten (11,5 %)« (ebd., 24 f.).

Zum Bildungsangebot der Kultureinrichtungen

Bis etwa Ende der 1990er Jahre lag der Schwerpunkt der klassischen Kultureinrichtungen in Deutschland, wie den Museen, Theatern oder Orchestern, weniger auf Bildung als vielmehr auf der Kunstproduktion, Forschung, der Bewahrung von Kunst und kulturellem Erbe. Eine etwas andere Position nahmen dabei die Bibliotheken ein, die schon früher das Selbstverständnis einer Bildungseinrichtung entwickelten (Umlauf 2001, 10 f.). Hilmar Hoffmanns Forderung »Kultur für alle« in den 1970er Jahren (Hoffmann 1979) führte nicht zu einer Öffnung der klassischen Kultureinrichtungen, sondern zum Ausbau neuer Orte, hier soziokulturellen Zentren in Deutschland, die »eine auf breiter Ebene mit dem Leben, den Sorgen und Wünschen der Menschen eng verbundene neue Kunst und Kunstförderung« (Hoffmann 1979, 262) als Aufgabe sahen. Kulturelle Bildungsangebote spielten für soziokulturelle Zentren daher von Beginn an eine wichtige Grundlage.

III Exemplarische Beispiele freizeit-kultureller Entwicklungen

Seit den 2000er Jahren entdecken auch die klassischen Kultureinrichtungen zunehmend die zielgruppenspezifische Ansprache der soziokulturellen Zentren als wichtige Strategie für sich, um Kulturelle Teilhabe für heterogene Bevölkerungsgruppen als neue maßgebliche kulturpolitische Zielvorgabe zu ermöglichen. Ein Auslöser für diesen Strategiewandel war die zunehmende Ökonomisierung kommunaler Strukturen in den 1990er Jahren, die zu einer stärkeren Bürgerorientierung führte. Ein Beispiel hierfür war das Projekt »Kultur im Bürgerurteil« (Keuchel 1998), das die Bertelsmann-Stiftung finanzierte. Ein weiterer Auslöser waren neue Erkenntnisse der Publikumsforschung. So wurde bis zu den 2000er Jahren davon ausgegangen, dass sich Jugendliche für jugendkulturelle Angebote interessieren und wenn sie älter werden, sich (wieder) dem klassischen Kulturangebot zuwenden. Dabei gilt zu berücksichtigen, dass es noch wenig Erfahrung mit kommerzialisierten Jugendkulturen gab, wie sie seit den 1950er Jahren existieren. In Zeitreihen wurde jedoch deutlich, dass auch die Elterngeneration klassische Kultureinrichtungen immer weniger besuchte. Kulturelle Bildung wurde daher zunehmend als wichtiger Garant für die Bindung eines Nachwuchspublikums gesehen. Eine bundesweite Infrastrukturerhebung in klassischen Kultureinrichtungen zeigte bis 2010 eine nahezu Vervierfachung der kulturellen Bildungsformate (Keuchel & Weil 2010). Dabei kann eine zunehmende zielgruppenspezifische Ausdifferenzierung der Formate beobachtet werden, vor allem altersspezifische, beispielsweise für Kleinkinder, Senioren etc., aber beispielsweise auch für migrantische Zielgruppen oder Familien.

Zugleich wurde der Eventcharakter der Bildungsangebote ausgebaut. Ein anschauliches Beispiel hierfür ist die Entwicklung der Bildungsangebote des Senckenberg Museums in Frankfurt am Main: 1935 wurden erste Führungen für Familien an Sonn- und Feiertagen durchgeführt, seit 1948 die so genannten Mittwochabendführungen für Erwachsene, ab den 1980er Jahren Schulklassenführungen, in den 1990er Jahren Taschenlampenführungen für Familien nachts in Museen, seit 2007 Bildungsangebote, wie »Senckenberg der jungen Forscher« oder »Science after work« mit Bereitstellung kulinarischer Kleinigkeiten (Keuchel & Weil 2010, 19). Mittlerweile können im Senckenberg Museum auch Kindergeburtstage gefeiert werden oder Kinder mit der kostenfreien Spiele-App »twiddle – the museum riddle« gemeinsam mit einem Dino das Museum erkunden, mit bedrohten Arten sprechen oder mit Molly dem Pottwal auf Tauchstation in die Tiefsee gehen.

Ein weiterer Trend in Kultureinrichtung liegt in dem gewandelten Selbstverständnis, sich zunehmend als »Dritte Orte« der Begegnung zu verstehen. Der Begriff »Dritter Ort« wurde u. a. von dem Soziologen Ray Oldenburg (Oldenburg 1989) in den 1990er Jahren eingeführt. Dritte Orte sollen als Alternative zum Zuhause und dem Arbeitsplatz einen Raum ermöglichen, »der durch seine Offenheit die Begegnung von Menschen unabhängig von ihren privaten oder beruflichen Kontexten sowie den damit verbundenen Rollen und Privilegien ermöglicht« (Thiele & Klagge 2020, 555). Kultureinrichtungen gehen daher zunehmend dazu über, Räume zu schaffen, in denen nicht vorrangig die Kulturrezeption oder kulturelle Bildungsangebote im Vordergrund stehen, beispielsweise durch Schaffung attraktiver Aufenthaltsräume mit gastronomischen Angeboten. Ein aktuelles Beispiel, das diesen Gedanken weiterführt, wäre das Fitness-Training im Louvre, wo im Rahmen eines Parcours des Tänzers Mehdi Kerkouche Interessierte zu einem Workout bei Funk und Disco auf Marmorboden, zum Auspowern bei Dance Hall Music in der Nähe von Relikten aus dem 8. Jahrhundert vor Christus und zum Cardio-Training im Mittelalter-Teil des Louvre eingeladen wird (Deutschlandfunk Kultur 2024).

Neue Orte im Zuge der Ökonomisierung

Die Ökonomisierung hat nicht nur kommunale Steuerungsprozesse angestoßen, die innerhalb des Kulturbereichs zu einer stärkeren Dienstleistungsorientierung führten. Parallel haben sich seit den 1990er Jahren zunehmend auch privatwirtschaftliche Kulturunternehmen im Freizeitbereich etabliert, private Rundfunksender, Veranstaltungshallen, Musicalhäuser und vieles mehr. So hat sich 1997 der Bundesverband der Freien Musikschulen (bdfm) gegründet, der derzeit rund 450 Musikschulen vertritt. Eine Vielzahl privatwirtschaftlich geführter Einrichtungen findet sich auch im Bereich von Tanz-, Ballett- oder Hip-Hop-Dance-Schulen. Eine zunehmende Vielzahl an kulturellen Bildungsangeboten findet sich auch im wachsenden Ausbau des Kulturtourismus (Mandel 2011). Die Existenz privatwirtschaftlicher Anbieter im Feld der Kulturellen Bildung hat ebenfalls den Trend zu einer Eventisierung kultureller Freizeitangebote wie auch den Trend beschleunigt, sich als kulturelle Bildungseinrichtung noch stärker als Dienstleister zu verstehen.

Innerhalb der Kulturellen Bildung können seit den 1990er Jahren Ökonomisierungstendenzen auch in der Intention und den Argumenten zur Förderung von Kindern und Jugendlichen beobachtet werden, hier beispielsweise der Trend zur Selbstoptimierung gestützt durch so genannte Transfer- und Wirkungsstudien (Winner et al. 2013). Eine der ersten deutschen Studien dieser Art ist die so genannte Bastian-Studie (Bastian 2002), die zu dem Ergebnis kam: »Musik macht intelligent«. Damit entwickelt sich ein Trend, nicht mehr um der Musik, des Tanzes und der Kunst wegen zu tanzen, zu malen oder zu musizieren als vielmehr um die eigene Intelligenz, Kreativität, Konzentration und soziale Kompetenzen zu fördern. Dabei wird Kulturelle Bildung zunehmend als Basis gesehen, um die Leistungsmotivation junger sozialbenachteiligter Menschen zu ändern, wie bei dem Tanzprojekt der Berliner Philharmoniker »Rhythm is it«, das mit dem Projektslogan arbeitete: »You can change your life in a dance class«.

Neue Orte im Zuge von Diversität

Es hat lange gedauert, bis sich Deutschland als Einwanderungsland definierte, und es wurden daher lange Zeit keine Angebote im öffentlich geförderten Kulturbereich entwickelt, die die besonderen Interessen und kulturellen Hintergründe migrantischer Bevölkerungsgruppen mitdenken (Keuchel 2015). Daher entwickelten migrantische Selbstorganisationen alternative kulturelle Bildungsangebote im Freizeitbereich. Diese reichen von Lesungen, Konzerten, Theateraufführungen von Künstler mit Migrationshintergrund bis hin zum Aufbau konkreter kultureller Bildungseinrichtungen, so beispielsweise Musikschulen, die sich auf spezifische Musikinstrumente und Musikpraktiken aus spezifischen Ländern spezialisiert haben, wie die Orientalische Musikakademie Mannheim (OMM) oder das Arabic

Music Institute Berlin (AMIBerlin). Das Multikulturelle Forum e. V., das 1985 gegründet wurde, hat das Bildungswerk Multikulti aufgebaut, vergleichbar mit einer VHS, das über ein umfassendes Kursangebot – von kultureller Bildung über Deutsch- und Fremdsprachenkurse bis hin zu Gesundheitskursen –verfügt.

Diese Angebote werden nicht nur zunehmend von nichtmigrantischen Bevölkerungsgruppen wahrgenommen. Auch die öffentlich geförderten Kultur- und kulturellen Bildungseinrichtungen haben seit etwa 2010 angefangen, migrantische Bevölkerungsgruppen als potentielles Publikum zu entdecken. Ein erster wichtiger Auftaktimpuls war hier der Bundesfachkongress Interkultur. Ein frühes Beispiel hierfür war die »Alla turca«-Reihe des Education Programm der Berliner Philharmoniker in der Spielzeit 2007/08. Dabei wurden Begegnungen von Künstler und Musik aus Orient und Okzident in Form kultureller Dialoge initiiert.

Aktuell werden solche Formate unter postkolonialistischen Diskursen (Bhabha 1994) eher kritisch gesehen, zum einen bezogen auf das »Othering« und Fragestellungen, worin sich migrantische Bevölkerungsgruppen der zweiten und dritten Generation von nichtmigrantischen Bevölkerungsgruppen in ihren kulturellen Kontexten unterscheiden. Zum anderen werden Fragen der Kulturellen Aneignung diskutiert. Damit ist nach Distelhorst gemeint, dass

> »Mitglieder oder Gruppen einer Dominanzkultur sich die Symbole um Emanzipation kämpfender diskriminierter Gruppen zu eigen machen, um diese zu eigenen Zwecken zu recodieren oder in Konsumartikel zu verwandeln, wodurch sie in ihrer Bedeutung verschoben und für die Repräsentation unbrauchbar gemacht werden« (Distelhorst 2021, 128).

Außerdem werden in postkolonialistischen Diskursen die Interpretationen und in Kontextsetzungen von Kunst, Kultur und Kulturgeschichte in Kultureinrichtungen kritisch reflektiert, da bis heute kolonialistische Sichtweisen und Traditionen mitschwingen würden, beispielsweise bei der Darstellung von Kolumbus als »Entdecker« Amerikas oder das Ausstellen von afrikanischer Kunst und Kulturgüter im Völkerkundemuseum.

Daraus ableitend wird zunehmend die Forderung postuliert, dass es in Kultur- und Bildungseinrichtungen wichtig sei, nicht nur Vielfalt im Programm zu repräsentieren, sondern Vielfalt auch innerhalb der personellen Strukturen der Programm- und Bildungsverantwortlichen abzubilden, was laut einer Studie des Deutschen Kulturrats (Zimmermann 2021) bezogen auf Menschen mit Migrationsgeschichte noch sehr selten in Deutschland gegeben ist. Daher werden zunehmend Forderungen gestellt, mehr bürgerliche Beteiligungsprozesse in Kultur- und Bildungseinrichtungen zu ermöglichen. So wird beispielsweise innerhalb der Porto Santo Charter, die im Rahmen der portugiesischen EU-Ratspräsidentschaft zur Demokratisierung der Kulturpolitik verabschiedet wurde, das Einrichten von Bürgerräten in den Einrichtungen gefordert, »to create consulting councils within cultural institutions, thus inviting members of the communities« (Portugal 2021, 13).

Neue Orte im Zuge der Digitalität

Das Freizeitverhalten junger Menschen ist stark durch die Nutzung digitaler Medien charakterisiert. So ermittelte die schon erwähnte JIM-Studie 2023, dass »93 Prozent der Jugendlichen [12- bis 19-Jährigen in Deutschland] […] täglich ihr Smartphone« nutzen (Medienpädagogischer Forschungsverbund Südwest 2022, 14). »95 Prozent sind regelmäßig online« (ebd., 13). Wurden in der Medienforschung zu Beginn des Internetzeitalter *Digital Natives* und *Digital Immigrants* durch das breitere Nutzungsspektrum junger Generationen definiert (vgl. Prensky 2001), wird in der erweiterten Perspektive der *Digitalität* (vgl. Castells 2017) bzw. Postdigitalität (Negroponte 1998) davon ausgegangen, dass junge Menschen, die mit mobilen Endgeräten aufgewachsen sind, nicht mehr zwischen virtuellen und realen Welten unterscheiden. In der Pädagogik wird auch von *Virtualitätslagerung* gesprochen (vgl. Jörissen & Marotzki 2009).

Vor diesem Hintergrund ist es nachvollziehbar, dass jüngere Generationen Unverständnis dafür zeigen, dass öffentlich geförderte kulturelle Bildungsangebote vielfach noch rein im Analogen verortet sind. In einer bundesweiten repräsentativen Befragung der 14- bis 24-Jährigen innerhalb des vom BMBF geförderten Forschungsprojekts »Postdigitale kulturelle Jugendwelten« (Keuchel & Riske 2020) forderten 65% der 14- bis 24-Jährigen, dass die Inhalte von Kultureinrichtungen digital zugänglich sind, 62%, dass der Zugriff auf digitale Bücher im Internet genauso öffentlich gefördert werden sollte wie analoge Bibliotheken.

Im »InnovationsBarometer« (Keuchel & Riske 2021), einer standardisierten bundesweiten Online-Befragung 2020, innerhalb derer die in der Bundesvereinigung Kulturelle Kinder- und Jugendbildung e. V. (BKJ) organisierten Organisationen, wie Musikschulen, Jugendkunstschulen, Bibliotheken, Jugendtheater oder Laienverbände Kultureller Bildung befragt wurden, wurde diesbezüglich deutlich, dass etwa die Hälfte (51%) neben dem analogen kulturellen Bildungsangebot auch digitale kulturelle Bildungsangebote ermöglichte. Weitere 20% realisierten dies in Kooperation mit Dritten. Nur 27% bieten das Bereitstellen einer eigenen Onlineplattform an, auf der künstlerische Beiträge eingestellt werden können. 13% kooperieren hier mit Dritten. Ernüchternd war die technische Ausstattung der befragten Organisationseinheiten. So besaßen nur 51% Digitalkameras, etwa 10% einen generellen Zugriff auf 3D-Drucker bzw. VR-Brillen im eigenen Besitz oder über Kooperationen mit Dritten. 15% verfügten über spezifische digitale Technik für konkrete künstlerische Anwendungen, wie Musikinstrumente mit digitalem Interface (Keuchel & Riske 2021, 46). Bei der Bewertung dieser Zahlen ist zu berücksichtigen, dass die Befragung Ende 2020 während der Corona-Pandemie durchgeführt wurde, als also digitale Formate vielfach gefordert waren. Berücksichtigt werden sollte bei der Bewertung aber auch, dass im Gegensatz zu den Schulen und Kultureinrichtungen, die jeweils von den Programmen Digitalpakt und Neustart bezüglich Technikaufrüstung profitieren konnten, für die Einrichtungen der außerschulischen kulturellen Bildung bis heute kein Förderprogramm zur Digitalität aufgelegt worden ist.

Es existieren jedoch vielfältige analog-digitale Formen kultureller Bildungspraxis, die junge Menschen selbst initiieren. Ein Beispiel hierfür sind Escape-Rooms, die in

Analogie zu frühen Atari-Spielewelten von jungen Menschen in analoge Escape-Rooms transferiert wurden. Mittlerweile finden sich hier auch viele kommerzielle Anbieter. Die Vorteile von Escape-Rooms für die Bildungsarbeit werden aber zunehmend auch von Akteuren der Kulturellen Bildung entdeckt. Auch Computerspiele werden für die Bildungsarbeit zunehmend als »Serious Games« entdeckt. Diese finden nicht nur in der kulturellen Kinder- und Jugendbildung Anwendung, sondern zunehmend auch im Bereich der Erwachsenenbildung (vgl. Metz & Theis 2022). Mit »Serious Games« experimentiert beispielsweise die Museumspädagogik. Ein Beispiel ist das tschechische History Game »Attentat 1942. A World War II game through the eyes of survivors«, das 2017 als Kooperationsprojekt zwischen der Karls-Universität Prag und der Akademie der Wissenschaften der Tschechischen Republik entwickelt wurde.

Der Trend, virtuelle Praktiken in Analoge zu überführen und vice versa, manifestiert sich anhand vieler weiterer Beispiele, wie das analoge Musizieren von Computerspielemusik. Es bleibt dabei oft nicht bei einer analogen Praktizierpraxis, sondern es wird auch interdisziplinär *performt*, indem nach Vorlage des Computerspiels Kostüme angefertigt und während des gemeinsamen Musizierens getragen werden.

Ein weiteres Merkmal postdigitaler kultureller Bildungspraxis sind interaktive Gemeinschaftsaufführungen, losgelöst von Zeit und Raum, wie dies digitale Techniken ermöglichen. So singen oder musizieren Menschen gemeinsam grenzübergreifend auf unterschiedlichen Kontinenten, ohne sich analog jemals begegnet zu sein. Eines der ersten prominenteren Beispiele dieser Art war der damals weltweit getanzte Gangnam Style des südkoreanischen Rappers Psy. Auch bilden sich innerhalb des Digitalen eine Vielzahl an interaktiven kulturellen und künstlerischen Plattformen für sehr spezifische Interessen, wie das Erstellen von *creepypasta*, oft gemeinschaftlich in Eigenproduktion entwickelten Grusel- und Horrorgeschichten. Auf solchen Plattformen werden nicht nur künstlerische Werke eingestellt und rezipiert, sondern sie werden auch kommentiert, um künstlerische Weiterentwicklungen der Autoren zu ermöglichen.

Allgemein haben all diese Formate die Charakteristik, dass das bisherige Sender-Empfänger-Prinzip im Kulturbereich und auch eine anleitende Praxis innerhalb der Kulturellen Bildung in Frage gestellt wird. Das zeigt sich auch in den vielen Tutorials, die von jungen Menschen auf Youtube für alle möglichen kulturellen Bildungspraktiken, wie das Erlernen eines Musikinstruments oder das Spielen eines ganz spezifischen Musikstücks, eingestellt werden. Dabei kann ein einheitliches Phänomen beobachtet werden: kulturelle Bildungs- und Produktionsräume werden zunehmend in Alltagsräume verlagert, die jedoch – gemessen an Clicks – höhere Teilnehmer- bzw. Rezipientenzahlen erzielen als im Konzertsaal, der VHS oder der Musikschule.

10.2.2 Zur Zielgruppenreichweite (non-formaler) kultureller Bildung

Es ist schwer, verbindliche Aussagen über das Ausmaß kultureller Bildungspraxis in der Freizeit zu treffen. Kennziffern hierzu werden über Teilnehmer- bzw. Besucherstatistiken ermittelt, die sich auf die Besuche eines konkreten Einrichtungsangebots beziehen, und über repräsentative Bevölkerungserhebungen, die sich auf die Aktivitäten jeweils einer bestimmten Person beziehen.

Besucher- und Teilnehmerstatistiken werden von einschlägigen Bundesverbänden erhoben, wie dem Bibliotheksverband oder dem Museumsverband. Innerhalb der kulturellen Bildungseinrichtungen gibt es nur wenige Verbände, die so ausgestattet sind, dass sie regelmäßig Teilnehmerstatistiken erheben können, hervorzuheben sind hier der Musikschulverband und die VHS.

Ein Nachteil der Besucherstatistiken ist, dass sie in der Regel keine Aussagen über die Personen machen können, die hinter den Besuchen stehen: Beispielsweise kann eine Person etwa zehn Mal im Jahr ein Theater besuchen oder einen VHS-Kurs belegen oder auch nur ein Mal.

In Deutschland existieren nur wenige Studien, die empirisch kulturelle Teilhabe ermitteln. Zu nennen ist hier die KulturBarometer-Reihe des Zentrums für Kulturforschung, die im Zeitraum zwischen 1990 und 2011 regelmäßig bundesweit repräsentativ kulturelle Interessen, Besuche und Einstellungen der Bürger in Deutschland zu verschiedenen Spartenbereichen erhob. Hervorzuheben sind dabei sehr umfangreiche Erhebungen zu speziellen Zielgruppen, so das Jugend-KulturBarometer, die letzte Erhebung war 2011 (Keuche & Larue 2012), das KulturBarometer 50+ von 2007 (Keuchel & Wiesand 2008) oder das InterKulturBarometer, ebenfalls von 2011 (Keuchel 2012), das einen Schwerpunkt auf kulturelle Interessen und Aktivitäten migrantischer Bevölkerungsgruppen legte.

2018 wurde auf Erfahrungen des Jugend-KulturBarometers ein neues Erhebungsformat im Rahmen der vom BMBF geförderten Studie »Postdigitale kulturelle Jugendwelten« (Keuchel & Riske 2020) entwickelt und durchgeführt, das die neuen postdigitalen Lebenswelten, Rahmenbedingungen und das durch Digitalität erweiterte kulturelle Angebot berücksichtigt. Einige Ergebnisse dieser Studie wurden im vorangegangenen Kapitel schon dargestellt (▶ Kap. 10.2.1). Daneben hat es punktuell vereinzelt Erhebungen gegeben, so beispielsweise die MediKuS-Studie (Grgic & Züchner 2016), die bundesweit 9- bis 24-Jährige zu ihren medialen, musisch-künstlerischen und sportlichen Aktivitäten befragte, im Rahmen der Bildungsberichterstattung 2012 mit dem Schwerpunktthema Kulturelle Bildung.

Weitere Studien, die punktuell auch über die Nutzung kultureller Angebote Auskunft geben, sind die schon erwähnten KIM- und JIM-Studien, die allgemein mediale Aktivitäten von Kindern und Jugendlichen in den Blick nehmen. So wurde beispielsweise in der JIM-Studie 2023 ermittelt, dass »knapp jeder Fünfte Jugendliche […] regelmäßig in der Freizeit« musiziert, »14 Prozent basteln« und »jeweils vier Prozent […] mehrmals pro Woche in Leih-Büchereien/Bibliotheken [gehen]« (Medienpädagogischer Forschungsverbund Südwest 2023, 10). Punktuell kulturelle

Aktivitäten erheben auch die ARD-/ZDF-Studien zur Medienforschung. Sehr ausführlich geschah dies in einer älteren Studie von 1991 (Frank et al. 1991).

Daneben gibt es noch eine Vielzahl an regionalen Studien (vgl. Keuchel 2003), die Kulturelle Teilhabe in speziellen Regionen untersuchen. In Berlin hat sich beispielsweise das Institut für kulturelle Teilhabe gegründet, das empirische Erhebungen innerhalb Berlins durchführt (Allmanritter et al. 2020). Weitere Anhaltspunkte bieten zudem die Studien von Eurostat (Eurostat 2020), die in Zeitabständen auch einzelne Fragen zur kulturellen Teilhabe europaweit erfassen und eine länderspezifische Aufschlüsselung ermöglichen.

Auch Bevölkerungsumfragen sind nur begrenzt in der Lage, aussagekräftige Hinweise zu kulturellen Bildungsaktivitäten in der Freizeit zu geben. Denn ein Dilemma besteht in der Eingrenzung von Kultureller Bildung, die wie eingangs schon beschrieben, sehr unterschiedlich definiert werden kann. Die Ergebnisse der Bevölkerungsumfragen unterscheiden sich daher in Hinblick darauf, ob Orte oder Spartenbereiche gewählt wurden, beispielsweise Musizieren oder der Besuch einer Musikschule, wie breit oder eng der Kulturelle Bildungsbegriff gefasst wurde und ob der Kontext der in den Erhebungen genutzten Begriffe für unterschiedliche Generationen gleichermaßen verständlich ist.

Wie unterschiedlich allein Vorstellungen innerhalb der Generationen zum Verständnis von Kultur sein können, wurde in der KulturBarometer-Reihe deutlich, die zu Beginn der standardisierten Befragung in einer offenen Frage vorab nach der persönlichen Bedeutung von Kultur fragte. So hatte beispielsweise die Generation 50+ 2006 (Keuchel & Wiesand 2008) ein deutlich weiteres Kulturverständnis als die 14- bis 24-Jährigen 2004 (Keuchel & Wiesand 2006), die den Begriff vor allem auf klassische Kultureinrichtungen fokussierten. Eine Ausnahme bildete 2004 ein Teil der 14- bis 24-Jährigen, vor allem mit migrantischem Hintergrund, die auf unterschiedliche Kulturen der Länder und Völker referierten, eine Kulturdeutung, die bei den älteren Befragten 2006 kaum vertreten war.

Bei der Interpretation der Ergebnisse sollte daher sehr sorgfältig auf den zugrunde liegenden Fragetext geschaut werden. So kam beispielsweise das Eurobarometer 2007 zu dem Ergebnis: »Cultural participation highest amongst the youngest, educated and urbanised respondents« (European Commission 2007, 16). Als Indikatoren hierfür wurden Aktivitäten, wie mindestens einmal im Jahr ein Buch zu lesen, ein Museum, eine Sehenswürdigkeit oder eine Bibliothek zu besuchen, herangezogen. Dabei wurde jedoch nicht differenziert, ob dies in der Freizeit/freiwillig erfolgte oder von der Schule oder dem Elternhaus initiiert wurde. So lesen Schüler in der Regel mindestens ein Buch jährlich in der Schule. Eltern und Schulen organisieren Ausflüge ins Theater oder ins Museum. Im Jugend-KulturBarometer (Keuchel & Larue 2012), das explizit nach außerschulischen Aktivitäten unterschied, wurde deutlich, dass die 14- bis 24-Jährigen vielfach in Begleitung klassische Kultureinrichtungen besuchten, jedoch zugleich mehrheitlich angaben, sich für diese Aktivitäten selbst persönlich nicht zu interessieren.

Auch wenn es zum Teil deutliche Unterschiede bei den Ergebnissen der Bevölkerungsumfragen gibt, können dennoch einige Trends festgehalten werden, die weitgehend einheitlich innerhalb aller Studien beobachtet werden können und daher im Folgenden kurz vorgestellt werden.

Zum Einflussfaktor Bildung

In allen Studien kann eine Beziehung zwischen kulturellen Bildungsaktivitäten und dem formalen Bildungshintergrund der Befragten und des Elternhauses festgestellt werden. Diese Beziehungen sind bei Studien besonders ausgeprägt, wenn es um den Besuch von öffentlich geförderten Kultur- und Bildungseinrichtungen geht, wie Museen, Musikschulen oder Jugendkunstschulen. Kulturelle Aktivtäten in Laienverbänden korrelieren in der Regel weniger stark mit dem Bildungshintergrund. Dabei spielen auch die künstlerischen und kulturellen Inhalte eine Rolle. Bei eher klassischen Angeboten, wie Theater zu spielen oder im Orchester mitzuwirken, zeigt sich ein höherer Einfluss des Bildungshintergrunds, als beispielsweise in einer Blaskapelle oder einem Trachtenverein aktiv zu sein. Auch in der Studie »Postdigitale kulturelle Jugendwelten« (Keuchel & Riske 2020) konnten, obwohl hier beispielsweise alle 14- bis 24-Jährigen angaben, kulturelle Angebote zu rezipieren, Bildungsunterschiede beobachtet werden: zum einen bezogen auf die eigene künstlerische Produktion, zum anderen bezogen auf das Spartenspektrum. So interessierten sich der Studie zufolge die 14 bis 24-Jährigen mit formal hohen Bildungsabschlüssen bzw. dem Ziel, einen formal hohen Schulabschluss zu erwerben, neben Musik und Film – Spartenbereiche, die von allen in den befragten Altersgruppen rezipiert werden – auch deutlich stärker für andere Spartenbereiche, wie beispielsweise Bildende Kunst.

Weitgehende Einigkeit besteht innerhalb der Studien über den starken Einfluss des sozialen Umfelds auf kulturelle Interessen und Aktivitäten. So gaben die 14- bis 24-Jährigen in der Studie zu postdigitalen kulturellen Jugendwelten an, dass vor allem die Eltern und der eigene Freundeskreis auf die Auswahl von kulturellen analogen wie digitalen Angeboten und Online-Plattformen Einfluss haben. Einen dritten vergleichbar hohen Stellenwert nahmen dabei noch eigene Recherchen und Empfehlungen auf digitalen Plattformen ein. Mit dem Wissen um die Selbstreferenzialität des Internets (Filipovic 2013, 195) kann jedoch davon ausgegangen werden, dass solche Empfehlungen auf Plattformen unter Berücksichtigung der Steuerung von Algorithmen nicht zu neuen kulturellen Erfahrungen führen, sondern die bestehenden kulturellen Erfahrungen und damit auch den Einfluss des sozialen Umfelds noch verstärken.

Zum Einflussfaktor Alter

Bevölkerungsgruppen, die sich in der Elternzeit oder im Aufbau ihrer Karriere befinden, sind in der Freizeit weniger kulturell aktiv als junge Menschen bis zum Schulabschluss und ältere Menschen ab 50 Jahren. Dabei gilt zu berücksichtigen, dass die öffentliche Förderung im Bereich der Kulturellen Bildung sehr stark auf junge Menschen fokussiert wird. Ein Bewusstsein, kulturelle Teilhabe auch im Alter stärker als öffentliche Förderaufgabe zu begreifen, hat sich erst punktuell seit den 2000er Jahren entwickelt, so beispielsweise seit dem Ausbau der Kulturgeragogik in Deutschland (Fricke & Hartogh 2016).

Bezüglich der Interessenlage von Jung und Alt konnte, wie schon erwähnt, in Zeitvergleichen (vgl. Hamann 2005; Keuchel 2006) die bis zu den 2000er Jahren noch sehr verbreitete These, junge Menschen interessieren sich für jugendkulturelle Ausdrucksformen und wenden sich dann im Alter klassischen Kulturangeboten zu, widerlegt werden. Einiges deutet daraufhin, dass die späte Jugendphase für die weiteren kulturellen Aktivitäten im Lebensverlauf besonders prägend zu sein scheint (vgl. Keuchel 2013).

Eine weitere Beobachtung bezieht sich auf den Einfluss des Zeitpunkts, wann erstmals kulturelle Erfahrungen gemacht wurden, auf das weitere Interesse an kulturellen Aktivitäten im Lebensverlauf. So wurde in den beiden Jugend-KulturBarometern deutlich, dass junge Menschen, die im Vorschulalter schon an kulturellen Aktivitäten teilnahmen, sich später anteilig besonders stark für Kunst und Kultur interessierten. Umgekehrt konnte im KulturBarometer 50+ (Keuchel & Wiesand 2008) festgestellt werden, dass die 50-Jährigen und Älteren, die im Kindes- und Jugendalter in ihrer Freizeit nicht mit Kunst und Kultur in Berührung in Berührung gekommen waren, auch im Alter keine entsprechenden Angebote besuchten. Auch lassen Auswertungen des Jugend-KulturBarometers (Keuchel 2017) vermuten, dass formale kulturelle Bildungsangebote in der Regel nicht für eine nachhaltige kulturelle Interessensbildung ausreichen, sondern im Umgang mit kulturellen Kommunikationstechniken lediglich notwendige Grundlagen schaffen. Für die nachhaltige Interessenbildung sind non-formale Erfahrungen notwendig, die innerhalb von Freiräumen das Experimentieren ohne Zwang und konkrete Zielvorgaben ermöglichen. Um kulturelle Teilhabe dann in einem dritten Schritt nachhaltig zu verankern, müssten – auch das legen die Ergebnisse der Studien nahe – kulturelle Praktiken im eigenen sozialen Umfeld relevant werden.

10.3 Fazit: Trends und Transformationsbedarf der Kulturellen Bildung in der Freizeitgestaltung

Es wurde eingangs auf die Entgrenzung von Freizeit durch die Auflösung von zeitlichen und räumlichen Strukturen im Zeitalter der Digitalität verwiesen, die zu einer Überlagerung formaler, beruflicher und Freizeitaktivitäten führen. Dieses Phänomen kann in zweifacher Hinsicht auf Kulturelle Bildung übertragen werden. So wurde vorausgehend deutlich, dass Kulturelle Bildung in der Freizeit zunehmend in hybriden Strukturen zeit-, raum- und oft auch institutionslosgelöst stattfindet unter Auflösung des Prinzips von Sender- und Empfänger.

Parallel kann die eingangs ebenfalls erwähnte starke Kulturalisierung aller gesellschaftlichen Lebensbereiche inhaltlich dazu beitragen, dass sich die Grenzen zwischen Kultureller Bildung und Alltagserfahrungen zunehmend auflösen. So verweisen Soziologen auf eine »expansive Ästhetisierung der Lebensstile« hin, »einer Ästhetisierung des Berufs und der persönlichen Beziehungen, des Essens, Wohnens,

Reisens und des Körpers, die sich vom Ideal eines ›guten Lebens‹ leiten lässt« (Reckwitz 2016). Auch Opaschowski nutzt, wie vorausgehend dargelegt, diese Vorstellung eines guten Lebens als alternative Abgrenzung der Freizeit zu der immer schwierigeren Abgrenzung der Arbeitszeit, wenn er betont, dass aus dem »Frei von« Arbeit immer mehr ein »Frei für« lebenswerte Zukunft (Opaschowski 2008, 13) wird.

Wenn sich Alltagsaktivitäten zu kulturell wertvollen Aktivitäten wandeln, stellt sich die Frage, welche kulturellen Ausprägungen von Alltagsaktivitäten sind erstrebenswert und welche nicht? Oder führt allein derjenige ein gutes Leben, der eine Ästhetisierung von Alltagsprozessen anstrebt? Diese Fragen verdeutlichen, warum Kulturalisierung innerhalb vorausgehend skizzierter postkolonialer Diskurse im Zuge der schon erwähnten kulturellen Aneignung durchaus kritisch reflektiert werden kann. Denn oft wird im Rahmen dieser Ästhetisierung auf globale, im eigenen kulturellen Kontext weniger bekannte kulturelle Praktiken zurückgegriffen, so beispielsweise Musik oder Mode aus einem anderen Kulturkreis, um die eigene »Individualität« bei der Ausgestaltung eines »guten Lebens« zu unterstreichen.

Wie wird sich Kulturelle Bildung in der Freizeit künftig weiterentwickeln angesichts der vorausgehend skizzierten Einflussfaktoren, wie Kulturalisierung, Digitalität oder Diversität?

Zum Trend der Ästhetisierung der eigenen Rahmenbedingungen

Der gesellschaftliche Trend der Ästhetisierung führt auch zu der Notwendigkeit, die eigenen Rahmenbedingungen non-formaler kultureller Bildung immer stärker zu »ästhetisieren«. Dieser Prozess der »Ästhetisierung« und »Eventisierung« hat, wie vorausgehend skizziert, schon seit einiger Zeit eingesetzt. Populäre Beispiele sind die Nacht der Museen, aber auch die schon erwähnte Bereitstellung ästhetischer Begegnungsräume in Kultur- und kulturellen Bildungseinrichtungen.

Trend zu einer individualisierten Wissensvermittlung

Der Trend zur Auflösung des Sender-/Empfängerprinzips, mehr zielgruppenspezifische, interaktive Formate sowie die Weiterentwicklung digitaler Techniken ermöglichen innerhalb der kulturellen Bildungspraxis eine immer stärkere individualisierte Wissensvermittlung eingebettet in Edutainment. Mit digitalen Techniken, insbesondere Techniken der Künstlichen Intelligenz werden künftig individuelle Führungen bezogen auf individuelle Interessen und Vorlieben unter Berücksichtigung des persönlichen Wissensstands möglich. Virtuelle Realität schafft dabei besonders unterhaltende Zugänge, so das direkte Eintauchen in kulturgeschichtliche Zusammenhänge, beispielsweise mittelalterliche Erlebniswelten.

Kulturelle Bildungsräume als »Dritte Orte«

Die Konnotation des Kultur- und kulturellen Bildungsbereichs als Nährboden für das Phänomen individualistischer Kosmopoliten im Zuge einer »globalen Kulturkapitalismus«-Kritik (Reckwitz 2016, 4) führt zu Abwehrreaktionen des Kulturbereichs, beispielsweise in Form des Bedürfnisses, sich als Dritte Orte, als Orte der Begegnung zu präsentieren, die wie vorausgehend skizziert »die Begegnung von Menschen unabhängig von ihren [...] Rollen und Privilegien« (Thiele & Klagge 2020, 555) ermöglichen. Problematisch für die Öffnung von Kultur- und kulturellen Bildungseinrichtungen als Dritte Orte könnte dabei ihre spezifische Ästhetisierung sein, die möglicherweise auf Kosmopoliten einladend wirkt. Es stellt sich jedoch die berechtigte Frage, ob diverse Bevölkerungsgruppen diese Orte als ihre »Dritten Orte« akzeptieren.

Trend zur aufsuchenden kulturellen Bildungsarbeit

Um ein offener Ort für heterogene Bevölkerungsgruppen zu werden, verstärkt sich daher der Trend des so genannten »Outreach« innerhalb der Kulturellen Bildung, das bewusste Zugehen auf Zielgruppen, die bisher nicht erreicht wurden, beispielsweise durch mobile sozialräumliche Maßnahmen. Kulturelle Bildungseinrichtungen haben in den letzten zehn Jahren schon verstärkt sozialräumliche Projekte angestoßen. Ein Beispiel ist hier das seit 2013 vom BMBF geförderte Programm »Kultur macht stark. Bündnisse für Bildung« mit einer Fördersumme von bis zu jährlich etwa 50 Millionen Euro, um solche Vernetzungen zwischen kulturellen Einrichtungen, außerschulischen Bildungsorten und Einrichtungen, die direkten Zugang zu den jungen Menschen haben, z. B. Jugendzentren, Horte oder Sportvereine, zu fördern, um so junge Menschen aus schwierigen sozialen Kontexten zu erreichen.

Als ein wichtiges Erfolgskriterien werden dabei Beteiligungsprozesse gesehen. Scharf und Wunderlich sehen für Outreach-Verfahren in Kultureinrichtungen eine Synergie von drei Strategien: »Audience Development, Partizipation und soziale Inklusion« (Scharf & Wunderlich 2014, 4).

Trend zu mehr Mitspracherechten und Demokratisierungsprozessen

Ein noch tiefergehender Ansatz ist der einer »Demokratisierung« von Kultur- und Bildungspolitik, wie sie in der schon zitierten Porto Santo Charter gefordert wird. Bürger- oder Beratungsgremien sollen systematisch an programmatischen Prozessen und Inhalten der Kultur- und kulturellen Bildungseinrichtungen beteiligt werden. Ein Experiment in diese Richtung hat das Stadttheater Dortmund gestartet, so die Gründung einer »Stadt-Intendanz«, wo Bürgern über das Programm des Schauspiels mitbestimmen und eigene Veranstaltungen organisieren können: beispielsweise die »Dortmunder Bürger*innenOper«, bei der erwachsene Menschen jeden Alters gemeinsam mit professionellen Theaterschaffenden ihre ganz persönlichen Stücke erarbeiten, die sie dann dem Publikum präsentieren. Diese Einbindung soll zugleich sicherstellen, dass vielfältige kulturelle Perspektiven einer Einwanderungsgesellschaft und unterschiedlicher Generationen einfließen.

Mehr globale Perspektiven

Allgemein wird eine künftige Herausforderung kultureller Bildungspraxis darin bestehen, sich in den Inhalten internationaler und globaler aufzustellen. Das 2024 verabschiedete UNESCO Framework for Culture and Arts Education fordert explizit: »Recognize cultural diversity as a defining feature and common heritage of humanity« (UNESCO 2024, 4). Im Zuge weltweiter Migration, postkolonialistischer Diskurse, aber auch gesellschaftlicher Spaltung und Polarisierung wird es zunehmend wichtig, globale kulturelle Perspektiven einzubinden und sich von einer einseitigen westlich-europäischen Sichtweise auf Kunst und Kultur zu verabschieden.

Mehr Verantwortungsbereitschaft für digitale Territorien

Zugleich wird auch eine stärkere Verantwortungsübernahme der Kulturellen Bildung im Kontext der digitalen Technikentwicklung gefordert: »to ensure that the digital space is a public space« (Portugal 2021, 11). Innerhalb des UNESCO Framework wird der Kulturellen Bildung im Umgang mit digitalen Techniken dabei eine wichtige Rolle für die gesellschaftliche Weiterentwicklung eingeräumt, hier: »promoting the creative, emancipated, ethical and responsible use of digital technologies« (UNESCO 2024, 8). Dabei wird explizit auch die Notwendigkeit einer Auseinandersetzung der Kulturellen Bildung mit KI betont.

Trend zu einer aktiven gesellschaftspolitischen Mitgestaltung

Allgemein zeigt sich ein Trend in der Kulturellen Bildung zu einer aktiven gesellschaftspolitischen Mitgestaltung. So sieht das UNESCO Framework for Culture and Arts Education ein großes Potential der Kulturellen Bildung für die Umsetzung der UN-Agenda 2030 für nachhaltige Entwicklung.

Die Zielvorgabe einer stärkeren Gemeinwohlorientierung wirft im Sinne sozialer Gerechtigkeit langfristig einige grundsätzliche Fragen auf, so zur Zukunft der vielfach in Deutschland noch praktizierten finanziellen Mitbeteiligung der Bürgerschaft bei Inanspruchnahme von kulturellen Bildungsangeboten. In Europa finden sich zunehmend Länder, die freien Eintritt für ihre Bürger in Museen ermöglichen: Ein Vorreiter war hier Großbritannien. In Frankreich existiert seit 2009 freier Eintritt für bis 26-Jährige und Portugal ermöglicht seit Herbst 2023 portugiesischen Bürgern und Einwohnern Portugals an 52 Tagen im Jahr und an jedem Wochentag freien Eintritt in 37 Museen, Denkmäler und Paläste.

Der Trend zu einer stärkeren Gemeinwohlorientierung wird auch sichtbar bei der Wiederbelebung des Ansatzes der Community Education (Buhren 1997) im Kulturbereich, wie Community Music oder die Community-Dance-Bewegung. Community Education hatte sich erstmals in den 1920er und 1930er Jahren in Großbritannien und den USA etabliert mit dem »Anspruch, erodierenden Sozial- und Bildungsstrukturen entgegenzuwirken und ein demokratisches Gemeinwesen zu re-etablieren« (Dietrich & Wischmann 2016, 18). Entsprechende Bewegungen der

Community Arts Education (Lin et al. 2023) möchten mit künstlerischen Mitteln Menschen in ihrem Sozialraum zusammenbringen und sie »empowern«.

Das Konzept des »Artistic Citizenship« (Elliott et al. 2016) tendiert in eine ähnliche Richtung. Auch hier geht es um einen Beitrag für die Gemeinschaft und zugleich einen gesellschaftspolitischen Auftrag unter der Prämisse, dass den »Künsten angesichts der [...] tiefgreifenden Krisen unserer Zeit nicht nur das Recht, sondern regelrecht die Verpflichtung zugesprochen wird, sich direkt und kämpferisch in gesellschaftspolitische Prozesse einzumischen und engagiert für grundlegende soziale Veränderungen einzustehen« (Lessing 2023, 17).

Ein abschließendes Fazit: Mehr Gemeinwohlorientierung, weniger Subjektstärkung?

Die vorausgehend dargestellten Trends verweisen auf zwei unterschiedliche Stoßrichtungen: Einige stehen für das Ziel einer Subjektstärkung (Fuchs 2016), wie dies seit den 1968er Jahren im Zuge der Etablierung des Begriffs Kulturelle Bildung als Ziel postuliert wurde, so die Ästhetisierung der Rahmenbedingungen oder eine individualisierte Bildungsvermittlung.

Die Mehrheit der Trends und Transformationsbedarfe stehen jedoch für eine künftige stärkere gemeinwohlorientierte Ausrichtung der non-formalen Kulturellen Bildung. Dies würde eine noch stärkere Verknüpfung der Kulturellen Bildung mit allgemeinen gesellschaftlichen Transformationsprozessen begünstigen. Das konkrete Lernen über Kunstproduktion und Repertoirevermittlung würde dabei in den Hintergrund treten. Zugleich würde die kulturelle Deutungshoheit innerhalb der Kulturellen Bildung zu einem gemeinschaftlichen Aushandlungsprozess, zu einem Bürgertraining, der »bottom up« und nicht »top down« erfolgt.

Damit könnte es bei Kultureller Bildung in der Freizeit zugleich künftig weniger um einen sinnfüllenden »Investitionsfaktor« für das Individuum gehen (Opaschowski 2008, 13) oder um das individuelle Streben nach einem »guten Leben«, als vielmehr um einen sinnstiftenden Beitrag für den gesellschaftlichen Zusammenhalt, damit verbundene notwendige Aushandlungsprozesse und eine neue gemeinwohlorientierte Haltung.

Literatur

Allmanritter, V., Renz, T., Tewes-Schünzel, O. & Juhnke, S. (2020): Kulturelle Teilhabe in Berlin 2019. Soziodemografie und Lebensstile. Berlin: Institut für kulturelle Teilhabe. Online verfügbar unter: https://stiftung-kulturelle-weiterbildung-kulturberatung.berlin/wp-content/uploads/2021/03/Kulturelle_Teilhabe_Berlin_2019_IKTf_lang.pdf, Zugriff am 4.2.2025.

Bamford, A. (2006): The Wow Factor: Global research compendium on the impact of the arts in education. Münster, New York: Waxmann

Bastian, H. G. (2002): Musik(erziehung) und ihre Wirkung. Eine Langzeitstudie an Berliner Grundschulen. Mainz: Schott.

Baumbast, S., Hofmann-van de Poll, F. & Lüders, C. (2014): Non-formale und informelle Lernprozesse in der Kinder- und Jugendarbeit und ihre Nachweise. München: Deutsches Jugendinstitut e. V.

Baxmann, I., /Göschel, S., Gruß, M. & Lauf, V. (Hrsg.) (2009): Arbeit und Rhythmus. Lebensformen im Wandel. München: Fink.

Bhabha, Homi K. (1994): The location of culture. London, New York: Routledge.

Braun, T. & Schorn, B. (2012): Ästhetisch-kulturelles Lernen und kulturpädagogische Bildungspraxis. In: Bockhorst, Reinwand & Zacharias (Hrsg.): Handbuch Kulturelle Bildung. München: kopaed, S. 128–134.

Buhren, C. G. (1997): Community Education. Münster: Waxmann.

Castells, Manuel (2017): Der Aufstieg der Netzwerkgesellschaft. Das Informationszeitalter. Wirtschaft – Gesellschaft – Kultur. Bd. 1. Wiesbaden: Springer VS.

Dartsch, Michael (2019): Außerschulische musikalische Bildung. Online verfügbar unter: https://www.kubi-online.de/artikel/ausserschulische-musikalische-bildung, Zugriff am 16.7.2024.

Deutschlandfunk Kultur (2024): Louvre bietet zu Olympischen Spielen auch ein Sportprogramm. Online verfügbar unter: https://www.deutschlandfunkkultur.de/louvre-bietet-zu-olympischen-spielen-auch-ein-sportprogramm-100.html, Zugriff am 12.8.2024.

Dietrich, C. & Wischmann, A. (2016): Kulturarbeit in regionalen Bildungslandschaften: ein Fallvergleich zwischen England und Deutschland. In: Zeitschrift für Sozialpädagogik, 01, S. 17–37.

Distelhorst, L. (2021): Kulturelle Aneignung. Hamburg: Edition Nautilus.

Egger, A., Gattringer, K. & Kupferschmitt, T. (2021): Kohortenanalysen auf Basis der ARD/ZDF-Massenkommunikation Langzeitstudie. Generationenprofile der Mediennutzung im digitalen Umbruch. in: Media Perspektiven. 5/2021, S. 270–291.

Elliott, D. J., Silverman, M. & /Bowman, W. D. (Hrsg.) (2016): Artistic Citizenship: Artistry, Social Responsibility, and Ethical Praxis, New York: Oxford University Press.

Ermert, K. (2009): Was ist Kulturelle Bildung? Online verfügbar unter: http://www.bpb.de/gesellschaft/kultur/kulturelle-bildung/59910/was-ist-kulturelle-bildung, Zugriff: 26.6.2012).

European Commission (2007): European Cultural Values. Special Eurobarometer 278. Brüssel: European Commission.

Eurostat (2020): Culture statistic. Online verfügbar unter: https://ec.europa.eu/eurostat/statistics-explained/index.php?title=Culture_statistics_-_introduction, Zugriff am 12.8.2024.

Filipovic, Alexander (2013): Die Enge der weiten Medienwelt. Bedrohen Algorithmen die Freiheit öffentlicher Kommunikation? In: Communicatio Socialis, 46 (2), S. 192–208.

Frank, B., Maletzke, G. & Müller-Sachse, K. H. (1991): Kultur und Medien. Angebote – Interessen – Verhalten; eine Studie der ARD/ZDF-Medienkommission. Baden-Baden: Nomos.

Fricke, A. & Hartogh, T. (Hrsg.) (2016): Forschungsfeld Kulturgeragogik – Research in Cultural Geragogy. München: kopaed.

Fromme, J. (2001): Freizeitpädagogik. In: H.-U. Otto & H. Thiersch (Hrsg.): Handbuch Sozialarbeit/Sozialpädagogik. Neuwied, Kriftel: Luchterhand, S. 610–629.

Fuchs, M. (2016): Das starke Subjekt. Lebensführung, Widerständigkeit und ästhetische Praxis, München: kopaed.

Grgic, M. & Züchner, I. (2016): Medien, Kultur und Sport. Was Kinder und Jugendliche machen und ihnen wichtig ist. Die MediKuS-Studie. Weinheim: Belz Juventa.

Hamann, T. K. (2005): Die Zukunft der Klassik. In: Das Orchester, 9, S. 10–19.

Hoffmann, H. (1979): Kultur für alle. Perspektiven und Modelle. Frankfurt a.M.: Fischer.

Jörissen, B. & Marotzki, W. (2009): Medienbildung. Eine Einführung, München: Klinkhardt.

Kamp, P. & Niersteimer, J. (2012): Alle Künste unter einem Dach – Jugendkunstschule als konzeptioneller Rahmen. In: Bockhorst, Reinwand & Zacharias (Hrsg.): Handbuch Kulturelle Bildung. München: kopaed.

Keuchel, S. (1998): Im Fadenkreuz der Forschung – Bürgerinteressen im Kultur- und Freizeitbereich. In: Kulturbüro der Stadt Dortmund: Perspektiven der Freizeitstadt. Dortmund: Kulturbüro Stadt Dortmund, S. 39–49

Keuchel, S. (2003): Rheinschiene – Kulturschiene. Mobilität – Meinungen – Marketing. Bonn: ARCult Media.
Keuchel, S. (2006): Der Untergang des Abendlandes oder: Eine Erkenntnis zur rechten Zeit. In: Das Orchester, 4, S. 17–21.
Keuchel, S. & Wiesand, A. J. (Hrsg.) (2006): Das 1. Jugend-KulturBarometer. Bonn: ARCult Media.
Keuchel, S. & Wiesand, A. J. (2008): KulturBarometer 50+. Bonn: ARCult Media.
Keuchel, S. & Weil, B. (2010): Lernorte oder Kulturtempel. Köln: ARCult Media.
Keuchel, S. & Larue, D. (2012): Das 2. Jugend-KulturBarometer. Köln: ARCult Media.
Keuchel, S. (2012): Das 1. InterKulturBarometer. Migration als Einflussfaktor auf Kunst und Kultur. Köln: ARCult Media.
Keuchel, S. (2013): Jugend und Kultur – Zwischen Eminem, Picasso und Xavier Naidoo. In: A. Scheunpflug, Annette & M. Prenzel (Hrsg.): Zeitschrift für Erziehungswissenschaft, Sonderheft 21, S. 99–122.
Keuchel, S. (2015): Internationalität in der Kulturellen Bildung In: S. Keuchel & V. Kelb (Hg.): Diversität in der Kulturellen Bildung. Bielefeld: transcript S. 129–161.
Keuchel, S. (2016): Different Definitions and Focus on Arts Education. In: A. B. Saebo (Hrsg.): International Yearbook for Research in Arts Ecucation. Vol. 4. Münster, New York: Waxmann, S. 31–40.
Keuchel, S. (2017): Kulturelle Teilhabe. Kulturelle Bildung und soziale Ungleichheit. In: K. Hübner, V. Kelb, F. Schönfeld & S. Ullrich (Hrsg.): Teilhabe. Versprechen?! München: kopaed. S. 347–358.
Keuchel, S. & Riske, S. (2020): Postdigitale kulturelle Jugendwelten – Zentrale Ergebnisse der quantitativen Erhebung. In: S. Timm, J. Costa, C. Kühn & A. Scheunpflug (Hrsg.): Kulturelle Bildung. Münster: Waxmann, S. 79–96.
Keuchel, S. & Riske, S. (2021): InnovationsBarometer Kulturelle Bildung 2020. Eine Online-Befragung von Akteur*innen der Kulturellen Bildung in Deutschland. Berlin: Bundesvereinigung kulturelle Kinder- und Jugendbildung. Online verfügbar unter: https://www.bkj.de/digital/wissensbasis/beitrag/innovationsbarometer-kulturelle-bildung-2020/, Zugriff am 4.2.2025.
Kommission der Europäischen Gemeinschaften (2000): Arbeitsdokument der Kommissionsdienststellen. Memorandum über Lebenslanges Lernen. www.bologna-berlin2003.de/pdf/MemorandumDe.pdf (03.04.2012)
Lessing, W. (2023). Artistic Citizenship. Überlegungen zur Grundlegung eines musikpädagogischen Orientierungsbegriffs. In: üben & musizieren, Sonderausgabe Artistic Citizenship, S. 16–53. Online verfügbar unter: https://uebenundmusizieren.de/artikel/research_artistic-citizenship_lessing, Zugriff am 1.6.2024.
Liebau, E. & Zirfas, J. (2004): Kulturpädagogik, pädagogische Ethnographie und kulturelle Stile. In: Pädagogische Rundschau, 58 (5), S. 579–592.
Lin, C-C, Sinner, A. & Irwin, R. L. (Hrsg.) (2023): Community Arts Education, Transversal Global Perspectives. Bristol: Intellect Books.
Mandel, B. (2011): Kulturelle Lernorte im (Massen-)Tourismus? Potentiale und Strategien kultureller Bildung von Musentempel bis Disneyland. In: A. Hausmann & L. Murzik (Hrsg.) Neue Impulse im Kulturtourismus. Wiesbaden: VS Verlag für Sozialwissenschaften.
Mandel, B. & Wolf, B. (2020): Staatsauftrag »Kultur für alle«: Ziele, Programme und Wirkungen kultureller Teilhabe und Kulturvermittlung in der DDR. Bielefeld: transcript.
Medienpädagogischer Forschungsverbund Südwest (2022): JIM-Studie 2022. Jugend, Information, Medien. Basisuntersuchung zum Medienumgang 12- bis 19-Jähriger. Stuttgart: Medienpädagogischer Forschungsverbund Südwest.
Metz, M. & Theis, F. (Hrsg.) (2022): Digitale Lernwelten – Serious Games und Gamification Didaktik, Anwendungen und Erfahrungen in der Beruflichen Bildung. Wiesbaden: Springer Fachmedien.
Negroponte, N. (1998): Beyond Digital, in: Wired.com, 6/12. Online verfügbar unter: https://www.wired.com/1998/12/negroponte-55/, Zugriff am 13.2.2023.

Oldenburg, R. (1989): The Great Good Place: Cafés, Coffee Shops, Community Centers, Beauty Parlors, General Stores, Bars, Hangouts, and how They Get You Through the Day. New York: Paragon House.

Opaschowski, H. W. (1996): Pädagogik der freien Lebenszeit. Opladen: Leske und Budrich.

Opaschowski, H. W. (2008): Einführung in die Freizeitwissenschaft. Wiesbaden: VS Verlag.

Ortmanns, V., Huntemann, H., Lux, T. & Bachem, A. (2023): Volkshochschul-Statistik 60. Folge. Berichtsjahr 2021. Bielefeld: Deutsches Institut für Erwachsenenbildung – Leibniz-Zentrum für Lebenslanges Lernen.

Portugal (Hrsg.) (2021): Porto Santo Charter. Culture and the Promotion of Democracy: Towards a European Cultural Citizenship. Online verfügbar unter: https://portosantocharter.eu/the-charter/, Zugriff am 21.7.2024.

Prensky, M. (2001): Digital Natives, Digital Immigrants Part 1. In: On the Horizon, 9 (5), S. 1–6. DOI: https://doi.org/10.1108/10748120110424816.

Reckwitz, A. (2016): Zwischen Hyperkultur und Kulturessenzialismus: Die Spätmoderne im Widerstreit zweier Kulturalisierungsregimes. Online verfügbar unter: https://nbn-resolving.org/urn:nbn:de:0168-ssoar-80524-8, Zugriff am 4.2.2025.

Scharf, I & Wunderlich, D. (2014): Museen und Outreach. Online verfügbar unter: https://www.kubi-online.de/artikel/museen-outreach, Zugriff am 14.9.2023.

Thiele K. & Klagge, B. (2020). Öffentliche Bibliotheken als dritte Orte und Bildungsgerechtigkeit in Zeiten von Covid-19. In: BIBLIOTHEK – Forschung und Praxis, 44 (3), S. 552–559.

Umlauf, K. (2001): Die Öffentliche Bibliothek als Lernort. Bestandsaufnahme und Perspektiven. Berlin: Institut für Bibliothekswissenschaft der Humboldt-Universität zu Berlin.

UNESCO (2024): All Steps. A Framework for Culture and Arts Education. Online verfügbar unter: https://www.UNESCO.org/en/frameworkcultureartseducation, Zugriff am 7.5.2024.

Winner, E., Goldstein, T. R. & Vincent-Lancrin, S. (2013): Art for Art's Sake? The Impact of Arts Education. Paris: OECD.

Zimmermann, Olaf (Hrsg.) (2021): Diversität in Kulturinstitutionen 2018–2020. Berlin: Initiative Kulturelle Integration.

IV Verzeichnisse

Die Autorinnen und Autoren

Dr. Dieter Brinkmann ist Lektor an der Fakultät Gesellschaftswissenschaften der Hochschule Bremen und Vorstandsmitglied des Instituts für Freizeitwissenschaft und Kulturarbeit (IFKA).

Prof. Dr. Elmar Drieschner lehrt am Institut für Erziehungswissenschaft der Pädagogischen Hochschule Ludwigsburg mit dem Schwerpunkt Frühkindliche Bildung.

Ayaan Güls B. A. und M. A., verfügt über einen B. A. in mehrsprachiger Kommunikation und einen M. A. in Europäischer Kultur und Wirtschaft, ist Leiterin der Presse- und Öffentlichkeitsarbeit sowie der Geschäftsstelle der BAT-Stiftung für Zukunftsfragen in Hamburg.

MMag.a Martina Heichinger absolvierte Universitätsstudien für Veterinärmedizin und Psychotherapiewissenschaft. Sie ist Lektorin, Lehrtherapeutin und Supervisorin für Individualpsychologie an der Sigmund-Freud-PrivatUniversität Wien sowie Psychotherapeutin in eigener Praxis.

Prof. Dr. Susanne Keuchel ist Geschäftsführender Vorstand der Stiftung Genshagen, Vorsitzende der Bundesvereinigung kulturelle Kinder- und Jugendbildung (BKJ) und Honorarprofessorin an der Universität Hildesheim.

Prof. Dr. F. Hartmut Paffrath lehrte Pädagogik an der Philosophisch-Sozialwissenschaftlichen Fakultät der Universität Augsburg u. a. mit dem Schwerpunkt Erlebnispädagogik und war Gastprofessor an der Leopold-Franzens-Universität Innsbruck.

Prof. h. c. Dr. Gunter A. Pilz lehrte mit dem Schwerpunkt Sportsoziologie am Institut für Sportwissenschaft an der Leibniz Universität Hannover und ist Vorsitzender der AG »Qualitätssicherung der Fanprojekte nach dem NKSS« (Nationales Konzept Sport und Sicherheit).

Univ.-Prof. Dr. Reinhold Popp ist Professor für human- und sozialwissenschaftliche Zukunfts- und Innovationsforschung an der Sigmund Freud PrivatUniversität Wien sowie Gastwissenschaftler am Institut Futur der Freien Universität Berlin.

Dr. Michael Pries ist Erziehungswissenschaftler und Lernortdidaktiker. Mit seiner Lernortwerkstatt in Edemissen berät er Bildungseinrichtungen und andere Träger bei der Einrichtung und Weiterentwicklung von Lernorten. Er ist Lehrbeauftragter für Freizeitwissenschaft an der Hochschule Coburg und Mitglied in verschiedenen Netzwerken für außerschulische Bildung.

Prof. Dr. Ulrich Reinhardt ist wissenschaftlicher Leiter der BAT-Stiftung für Zukunftsfragen in Hamburg, Professor für empirische Zukunftsforschung an der Fachhochschule Westküste in Heide sowie adjunct Professor an der University of North Carolina Wilmington (UNCW) in den USA.

Prof. Dr. Udo Wilken lehrte als Erziehungswissenschaftler und Theologe an der Fakultät Soziale Arbeit und Gesundheit der Hochschule für angewandte Wissenschaft und Kunst in Hildesheim.